서울법대
법학총서

16

고령사회의
법적 과제

전종익 · 김도균 · 정긍식 · 강광문 · 이동진 · 이계정

박영사

머리말

고령사회의 법적 과제는 2020년부터 2년간 서울대학교 법학연구소 지원을 받아 수행된 공동연구이다. 이 공동연구에는 총 6분의 교수가 참여하였다. 연구결과 중 일부는 학술지에 게재된 바 있으나, 그 연구결과를 한 곳으로 모아 고령사회의 법적 쟁점을 한눈에 파악할 수 있도록 이 책을 출간하게 되었다.

UN이 정한 기준에 따르면, 65세 이상 노인 인구가 전체 인구에서 차지하는 비율이 7% 이상 14% 미만이면 고령화 사회, 14% 이상 20% 미만이면 고령사회, 20% 이상이면 초고령사회라고 하는데, 우리나라는 2017년에 고령사회에 진입하였고, 2025년에는 초고령사회에 진입할 예정으로 급속한 고령화가 진행되고 있다.

우리 사회의 급속한 고령화가 가져올 사회적 파장을 심각하게 고려하여 그 대처방안을 진지하게 고민해야 한다. 연금제도, 요양, 의료, 노인 복지 등에서 새롭게 야기될 법적 문제를 파악하고 문제해결 방안이 제시되어야 한다. 본 책은 그러한 시도를 담은 것이다. 현재까지 고령사회의 법적 문제에 대한 종합적인 연구가 부족한 상황이었는데, 이 책은 종합적인 연구의 필요성을 부각하고 고령사회의 법적 시사점을 학계 · 실무에 제시하고 있다는 점에서 중요한 의의가 있다.

어니스트 헤밍웨이는 <노인과 바다>에서 "인간은 파괴될지언정 패배하지 않는다(Man can be destroyed but not defeated)"라고 하였다. 우리 사회가 고령사회를 잘 대비함으로써 인간의 강인함을 다시 한 번 증명하였으면 하는 바람이며, 이 책이 이러한 숙명적 과제에 조금이라도 도움이 되기를 바란다. 향후 이 책에 기반하여 고령사회에서 예상되는 법적 쟁점에 대한 추가 연구가 촉발되었으면 한다.

이 책이 나오기까지 여러 분의 도움을 받았다. 우선 이 책이 출간될 수 있도록 함께 연구를 진행한 서울법대 김도균 교수님, 정긍식 교수님, 전종익 교수님, 강광문 교수님, 이동진 교수님께 감사를 드린다. 그리고 서울법대 법학총서의 일부로 이 책의 발간을 허락해 주신 송옥렬 법학연구소장에게 고마움을 표시하고 싶다. 끝으로 출판을 맡아 주신 박영사 안종만 회장님, 안상준 대표님, 조성호 이사님, 편집과 교정을 위해 수고해 주신 한두희 과장께도 깊은 감사의 뜻을 표하고 싶다.

2023. 6.
집필자를 대표하여
이계정

차 례

제6장 고령사회에서 의료법의 과제
- 원격의료, 공동결정, 자원투입제한 -   이동진

제1장
연구의 배경과 요약

1. 학문으로서의 법학은 이미 발생한 분쟁을 해결하는 기능뿐만 아니라 장차 발생할 분쟁을 예상하고 그에 대한 혜안을 제시하는 분쟁예방기능도 담당해야 한다.

2017년 고령사회에 들어선 한국은 고령화가 전 세계에서 가장 빠른 속도로 이뤄져 약 50년 후인 2067년에는 전체 인구 중 65세 이상 인구 비중이 유례를 찾아볼 수 없는 46.5%까지 치솟을 예정이라고 한다. 우리 사회의 가장 중요한 당면 과제는 고령사회에서 발생할 수 있는 제반 문제에 대한 대비책의 마련이고, 법학 분야에서도 고령사회에서 새롭게 부각될 법적 문제를 예상하고 그 해법을 제시해야 할 책무를 외면하기 어렵다. 법은 법리에 의해서만 구축되는 것이 아니라 사회의 현실, 정책이라고 할 수 있는 사회적 명제(social propositions)를 반영하면서 구축되어야 하기 때문이다.

이에 필자들은 「고령사회의 법적 과제」라는 주제로 2020년부터 2년간 공동연구를 진행하였는데, 각 장의 구체적 내용을 요약하면 다음과 같다.

2. 제2장 <고령사회 연금의 헌법적 문제>는 고령사회에서 예기될 연금개혁의 헌법적 문제를 다루고 있다. 급격한 고령화에 따라 연금제도의 개편은 각종 급여의 금액과 대상을 축소하고 가입자의 보험료를 인상하는 이른바 '많이 내고 적게 받는' 방향으로 이루어질 수밖에 없다. 이에 제2장에서는 그간 있었던 헌법재판소의 결정들을 토대로 연금제도 개편시에 문제될 수 있는 인간다운 생활을 할 권리 및 재산권의 침해, 신뢰보호원칙의 위반 등 주요한 헌법상의 쟁점들을 검토하고 헌법재판소가 연금제도 개선과

관련한 현재까지의 위헌판단에서 사회보험으로서의 특성을 고려하여 개별 쟁점들에 대하여 상당히 완화된 심사의 입장을 일관되게 취해왔음을 확인하였다. 그럼에도 불구하고 지금까지 있었던 점진적인 개혁을 넘어 향후 급격한 제도의 변화가 있을 경우에는 더욱 치열한 헌법적 논쟁이 이루어질 것임을 예상하였다.

3. 제3장 <고령 노인의 인간 존엄성 존중>은 고령노인에 특유한 인간 존엄성의 문제를 다루고 있다. 고령사회의 특징에 비추어 볼 때, 고령 노인을 돌보는 것은 더 이상 가족이 아니라 요양보호시설과 요양보호사들의 몫이 될 것이다. 고령 노인들이 이들과의 관계에서 매우 취약한 지위에 있게 될 것임이 분명하고, 고령 노인들의 인간 존엄성 문제는 이런 상황적 맥락 속에서 심각하게 등장하게 될 것이다. 이에 제3장에서는 고령 노인이 존엄한 인간으로서 존중받아야 하는 이유를 철학적으로 논증하고, 고령 노인에 특유한 인간 존엄성의 문제를 의존성과 취약성의 맥락에서 고찰하여 고령 노인의 인간 존엄성 유지에 장애가 되는 요인들과 인간 존엄성의 증진에 필요한 조건을 제시하였다. 무엇보다 고령 노인의 존엄성을 존중하기 위해서는 고령 노인의 정체성과 자존감을 유지하기 위한 사회적 대우가 중요하다는 점을 설파하고 있다.

4. 제4장 <조선시대 노인 관련 법제의 고찰>은 조선시대 노인 관련 법제를 개괄적으로 소개하고 있는데 그 핵심적인 내용은 다음과 같다. "형사법에서는 ≪대명률≫에 따라 70세 이상자를 노인으로 우대하였고, 봉양을 위한 규정을 정비하였다. 60세 이상을 노인으로 규정하여 본인과 자식들의 군역 등을 면제하였다. 80세 이상자에게 老人職에 제수하였으며, 후기에는 사족부녀로 확대되었지만 신분적 차별은 유지하였다. 원로대신을 우대하는 예우기관인 '耆老所'와 '奉朝賀'를 두었다. 60세 이상자에게는 군역을 면제하였으며, 어버이 봉양을 위해 80세 이상의 어버이가 있는 아들의 군역을

면제하여 효를 중시하였다. 기근 등 재난 시에 노인에 대한 배려는 국가적·사회적 차원보다 가족 등 개인적 구휼을 강조하였다."

5. 제5장 <일본에서 고령사회의 법제에 관한 논의>는 고령자법의 법이념과 고령자 인권을 중심으로 일본의 관련 법제도를 개관하고 있다. 우선, 일본의 고령화 현황과 고령자 법제의 주요 내용을 간략히 소개하고 성년후견제도 등 대표적인 고령자 관련 법제의 도입과정을 설명한 후, 일본에서 고령자 법제의 기본적인 법이념을 '자기결정 존중'과 '보호의 원리'로 개괄할 수 있다고 분석하였다. 요컨대, 고령자를 주체적인 인간으로서 존중하고 동등하게 대우하는 동시에 약자로서 보호하는 것이다. 이러한 두 가지 법이념은 일본국헌법이 보장하는 고령자 인권의 두 측면, 즉 국가의 개입을 원칙적으로 배제하는 자연권적 권리와 국가를 통해 실현하는 사회권적 권리에 대응한다. 물론 이러한 두 측면은 서로 보완적 역할을 하는 한편 상호 충돌하는 일면을 가지고 있음으로, 향후 일본의 고령자 법제에 관한 논의도 이 두 가지 이념 및 그에 대응하는 헌법적 권리와 가치를 둘러싸고 전개되게 될 것이라고 전망하였다.

6. 제6장 <고령사회에서 의료법의 과제>는 고령사회에서 예상되는 의료법적 쟁점을 다루었다. 고령 노인은 다수의 만성질환을 갖고 있고 거동이 불편하므로 주치의제와 결합한 원격의료를 검토하여야 하고, 고령 노인은 전형적으로 결정능력이 약화되어 있으므로 의료의 영역에서 고령 환자와 가까운 관계에 있는 사람들의 결정을 대신 개입시켜 자기결정의 질을 제고할 필요가 있으며, 고령사회에서 노인 환자에게 한정된 의료자원을 어느 정도만큼 배분할 것인지와 관련하여서는 자기결정과 정치(책)적 접근이 필요하고 고령자 차별로 접근할 문제는 아니라는 점을 밝혔다.

7. 제7장 <고령사회에서 신탁의 역할>은 고령사회에서 발생하는 여러

문제점의 해결을 위해 신탁이 어떤 역할을 해야 하는지 논의하였다. 급속한 고령화로 인하여 빈곤 고령 인구의 증가, 고령 노인의 정신적 능력 결여에 대한 보완 및 고령 노인의 의사를 존중하는 재산승계가 문제가 될 것인바, 위 문제들에 대한 해법으로 신탁의 공익적 기능을 주목해야 함을 논증하고 있다. 우선 고령 노인의 생활보장을 위하여 특별수요신탁과 신탁의 재산전환기능을 활용하여 고령자 소유의 부동산을 정기금채권으로 전환시키는 담보신탁의 도입을 제안하고 있다. 아울러 후견제도의 한계를 보완하기 위하여 후견제도지원신탁을 활성화해야 함을 강조하고 있다. 끝으로 유언대용신탁이 고령 노인의 의사를 지속적으로 관철할 수 있고 피상속인이 생각하는 가치를 상속인들에게 물려주는 가치상속을 가능하게 해주는 강점이 있음을 역설하는 한편, 신탁의 분쟁예방기능을 제고하기 위해 현행 유류분제도를 개선해야 함을 설파하고 있다.

8. 제8장 <고령사회에서 기부문화 활성화를 위한 법적 제언>은 고령사회에서 발생하는 사회적 문제의 해결에 있어서 기부문화의 활성화가 중요함을 밝히고, 공익신탁이 고령자의 적절한 기부모델이 될 수 있음을 밝히고 있다. 구체적으로 공익신탁법의 주요 내용, 공익신탁의 거버넌스와 법적 쟁점으로 논함으로써 공익신탁이 가지는 장점을 제시하고 있다. 특히 공익신탁이 수탁자의 적정한 기부금 집행을 신인의무의 부과, 신탁관리인 선임의 강제, 공동수탁자와 이사회에 의한 감시, 공시의무의 부과 등에 의해 강제하고 있는 점, 소액으로 설정할 수 있다는 장점이 있음을 강조하고 있다. 나아가 향후 공익신탁의 활성화를 위해서는 사익신탁과 결합하는 형태의 공익신탁을 인정하고, 공익활동 전문가가 수탁자로 활동하며, 영국의 공익위원회와 같이 전문적으로 공익신탁을 관리·지원하는 기관이 설치되도록 공익신탁법이 개정되어야 하고, 현재의 경직된 공익신탁재산의 운용 방식을 재검토해야 함을 주장하고 있다.

9. 제9장 ＜고령사회에서 계약법·소비자법＞은 고령자가 소비자거래와 관련하여 갖는 특성에 착안하여 고령사회에서 계약법·소비자법의 문제를 다루고 있다. 고령소비자의 특성을 이용한 상술(商術)과 고령소비자를 대상으로 한 상품, 서비스가 증가하고 있음을 지적하고, 종래의 소비자법적 대응 이외에 거래와 관련하여 주변의 조언을 구할 것을 구체적으로 권하는 별도의 안내 내지 설명을 의무화하고, 건강기능식품이나 노인복지시설과 같이 전형적으로 고령자를 대상으로 하는 상품이나 서비스에 대하여는 강화된 사전규제와 적절성 통제가 도입되어야 하며, 폭리행위 규정을 개정하는 외에 특히 전형적으로 고령소비자를 노린 상술(商術)에 대한 부정경쟁방지법적 대응이 필요하다고 주장한다.

제2장

고령사회 연금의 헌법적 문제[*]
- 재정안정성을 중심으로 -

전종익

Ⅰ. 서 론

우리나라 인구구조의 고령화는 이미 1980년대부터 예측되어 왔고 2000년대에 들어 빠르게 진행되고 있다. 저출산과 기대수명의 연장으로 유소년 인구 감소와 노년 인구증가가 계속되어 인구구조가 크게 달라지고 있다. 15세 미만 유소년 인구의 전체 인구 대비 비중은 지난 1960년 42.3%에서 1990년 25.6%, 2017년 13.1%로 빠른 감소 추세를 보이고 있으며, 이러한 하락세는 미래에도 지속되어 2040년 10.8%, 2065년 9.6%에 이를 것으로 추계되고 있다. 반면 65세 이상 인구의 비중은 1960년 2.9%에 불과하였으나 2000년 7.2%, 2017년 13.8%까지 증가하였다. 이후 2026년 21.1%, 2065년 42.5%를 기록할 것으로 추계되고 있다.[1] 고령화는 고령 세대의 비중이 높아짐에 따라 생산가능인구가 고령 세대를 부양할 부담이 빠르게 커지는 것을 의미한다. 특히 종래 이루어졌던 개인이나 가족의 고령 세대 부양책임 부담은 가족제도의 변화[2]로 말미암아 더 이상 작동하기 어려워졌

---

[*] 이 글은 같은 제목으로 사회보장법연구 제11권 제2호(2022.12)에 게재되었음을 밝혀 둔다.

1) 성명기 편, 「고령화가 공적연금과 국민경제에 미치는 영향: 한국과 일본 비교 연구」, 국민연금공단 국민연금연구원, 2019, 25면.

2) 예를 들면 1960년대 이후 산업화시기 구축된 정상가족 모델은 생계부양자 아버지, 전업주부 어머니, 미혼의 두 자녀로 구성되는 4인 가족의 형태였다. 그러나 2000년대 들

고, 이는 온전히 사회적 책임으로 변경되어 부양받을 세대와 부양할 세대 간의 관계는 각종 사회보장제도를 둘러싼 공적인 관계로 전환되었다.[3]

세대 간의 부양문제가 가장 대표적으로 나타나는 영역이 공적연금 분야이다. 고령 세대의 노후소득보장을 위해 가장 핵심적인 역할을 하는 연금제도의 위기는 고령화와 맞물려 지속가능성의 측면에서 예견되고 있다. 기대수명의 연장에 따라 연금수급기간이 길어지면 그 결과 연금지출이 급증하고, 반면 저출산과 고용의 불안정은 연금의 수입구조를 악화시킨다.[4] 더구나 연금제도를 비롯한 각종 사회보장제도가 한국 경제의 고도성장기에 도입되었고 그에 따라 당시 재정 계산시 사용하였던 주요 거시변수들인 실질경제성장률, 실질금리, 기금투자수익률 등이 모두 하락하며 예측을 벗어남으로써 연금의 재정상태가 예상처럼 유지되기 어려운 상황이 되었다.[5] 대표적인 공적연금인 국민연금의 경우 2018년 재정계산에 따르면 2042년부터 적자를 보이기 시작하여 2057년에는 기금이 고갈될 것으로 예상되고 있다.[6] 이와 같은 사정은 공무원연금 등 특수직역연금에서도 크게 다르지 않다. 이에 따라 1990년대부터 연금제도의 개혁이 계속하여 논의되고 있다.[7]

고령화에 따른 연금제도의 개편은 연금의 지속가능한 지급을 위해 재정

어 4인 가족의 비중은 감소하기 시작하여 2017년 현재 전체 가구의 17.66%에 불과하며 1인가구 내지 2인가구가 절반을 넘는 55.30%에 달하고 있다. 조은주, "인구구조의 변화와 새로운 법규범의 요청: 저출산·고령화기본법 비판", 「법과사회」, 제61호, 법과사회이론학회, 2019, 10면.

3) 오영수, 「고령사회의 사회보장과 세대충돌」, 박영사, 2021, 55면.

4) 전광석, 「한국사회보장법의 역사」, 집현재, 2019, 367면.

5) 오영수, 앞의 책, 56면.

6) 위의 책, 58면.

7) 예를 들면 헌법재판소는 1996.10.4. 선고한 96헌가6 사건 결정에서 당시의 보험료율·노령연금의 지급개시연령·급여수준 등을 변경하지 않는다는 전제하에서 계산하면 2025년경에는 총지출액이 총수입액(보험료 + 적립금의 운용수익)을 초과하게 되고 2033년경에는 기금 자체가 고갈될 것으로 예상된다고 밝혔다. 헌재 1996.10.4. 96헌가6, 판례집 8-2, 308, 326.

상황에 따라 각종 급여의 금액과 대상을 축소하고 가입자의 보험료를 인상하는 방법으로 이루어진다. 그간 있었던 각종 연금법의 개정에는 이와 같은 조정을 위한 조치가 포함되어 있었다. 이와 같은 개정과정에서 불가피하게 가입자나 급여수급권자 등 불이익을 받는 연금관련자들이 발생하였고 이는 곧 기본권침해 등 각종 위헌주장으로 이어져 헌법재판소의 판단대상이 되어 왔다. 물론 연금의 위기는 계속되고 있으며 일정 시점에 기금이 고갈되어 현재와 같은 적립방식의 연금제도는 유지되지 못하고 부과방식으로 전환될 수 있다. 그와 같은 근본적인 제도의 전환과 관련하여서도 많은 헌법적 쟁점들이 있을 수 있으나, 다만 이는 상당한 시간이 지난 이후 발생할 상황을 전제로 하는 것이어서 현재 구체적으로 살펴보기는 적절하지 않다. 오히려 현재와 같은 제도가 유지되는 것을 전제로 지속가능한 연금의 지급을 위한 각종 법개정과정에서 발생할 수 있는 구체적인 헌법적 쟁점들을 점검하는 것이 앞으로 연금제도 개편을 위한 지침이 되는 점에서 의미가 있다.

따라서 이 글에서는 고령화현상에 따른 연금제도의 개편과 관련하여 발생할 수 있는 개별적인 헌법적 쟁점들을 살펴보려고 한다. 이를 위해 먼저 공적연금제도의 설계와 구조를 살펴본 후 각종 연금급여와 수급권자 등과 관련된 기본적인 헌법적 쟁점들을 이론적으로 분석해본다. 이후 금액과 대상의 축소 등 개별적인 제도의 변화와 관련된 헌법적 문제들을 앞선 헌법재판소 판례를 중심으로 확인하여 헌법이 용인하는 제도개선의 방법을 찾아보기로 한다. 현재 공적연금은 국민연금과 함께 공무원연금 등 특수직역연금으로 구성되어 있고, 국가와 지방자치단체가 전액 비용을 부담하는 기초연금을 제외하면 모두 연금보험 방식으로 운영되고 있다. 기초연금은 국민기초생활보장의 보충을 위한 것으로서 시행된 지 얼마 되지 않았고 고령화의 진전에 따른 재정문제로 인하여 개혁의 필요성이 주로 논의되고 있는 것이 연금보험들인 점에서 이글의 논의대상은 보험방식으로 운영되는 공적연금으로 한정하기로 한다.

Ⅱ. 공적연금의 구조와 헌법적 쟁점

1. 공적연금의 구조

공적연금은 노령 혹은 장애로 인하여 소득이 감소 혹은 상실되거나 소득근로자가 사망하여 유족이 부양의무자를 상실하는 위험을 보호하는 사회보험으로서[8] 노령, 장애와 같은 위험이 발생하였을 때에 그 부담을 국가적인 보험기술을 통하여 대량적으로 분산시킴으로써 그 구제를 도모하는 것이다. 사회보험에는 최저생활보장, 소득재분배, 국민연대의 효과를 위한 적용의 보편성 및 강제가입 그리고 재원의 사용자, 피용자, 국가의 분담 등의 기본원리가 적용된다.[9] 헌법재판소는 보험가입이 강제되고, 보험관계의 내용이 법률에 의하여 정해지며, 사용자 또는 국가가 보험비용의 일부를 부담함으로써 급부와 반대급부 균형의 원칙이 유지되지 못하고, 보험료를 강제징수할 수 있는 점의 4가지를 보험원리에 부양원리가 도입되어 있는 공적연금의 사회보장제도로서의 특징으로 판시하고 있다.[10]

공적연금의 재정방식은 크게 부과식과 적립식으로 구분된다. 부과식 연금제도는 근로세대에 부과되는 기여금 수입으로 은퇴자들의 연금을 지급하는 소득이전방식이며, 적립식은 근로세대에 부과된 보험료의 원리금으로 기금을 조성하여 노령연금 급여를 충당하는 방식이다.[11] 현재 각종 공적연금보험 재정은 기본적으로 모두 적립방식으로 운용되고 있다. 재정계산에 따라 적자가 계속되고 결국 기금이 고갈되면 연금의 재정방식은 적립식에서 부과식으로 전환될 수 있다.[12] 이렇게 되면 정부는 연금재정을 조

---

8) 전광석, 「한국사회보장법론」, 집현재, 2019, 256면.

9) 헌재 2001.2.22. 99헌마365, 판례집 13-1, 301, 310.

10) 헌재 1996.10.4. 96헌가6, 판례집 8-2, 308, 322; 헌재 1998.12.24. 96헌바73, 판례집 10-2, 856, 865; 헌재 2003.9.25. 2001헌가22, 판례집 15-2상, 231, 244.

11) 윤희숙 외, 「연금연구: 연금개혁을 중심으로」, 한국개발연구원, 2015, 19면.

세방식으로 전환할지, 아니면 기존의 연금보험료를 유지하면서 적자부분만 정부재정으로 지원할지 등을 검토하게 된다.[13] 다만 국민연금과 달리 특수직역연금은 보험의 기능과 더불어 근무에 대한 보상의 기능을 수행하며 「근로기준법」상의 퇴직금과 유사한 퇴직수당도 두고 있다. 공무상 원인에 의하여 발생한 위험에 대한 급여나 퇴직수당의 경우 국고를 재원으로 지급하므로[14] 고령화와 관련하여 국민연금과 특수직역연금 중 전형적인 적립식으로 논의될 수 있는 것은 이들 연금 중 노령에 대한 각종 급여라 할 수 있다.

적립식으로 운용되는 현행 공적연금보험제도의 구성요소로는 퇴직 및 노령의 보호되는 위험과 보호의 인적대상으로서의 가입자, 보호되는 위험 발생시의 각종 급여, 그리고 재원으로서 보험료와 국고보조 그리고 조성된 기금의 운영주체가 있다. 각종 특수직역연금의 퇴직 및 노령급여에 한정해서 보면 보호의 대상이 한정되며 재원이나 기금의 운영주체에서 일부 차이가 있을 뿐 기본적인 구조는 국민연금과 같다. 고령화의 진전에 따른 재정 문제 해결을 위한 연금의 개혁은 공통적으로 가입자 범위의 조정, 각종 급여의 지급요건이나 금액의 제한, 보험료의 인상 또는 국고보조의 증가, 기금운영의 효율화 등으로 나타난다. 이중 일반 국민의 입장에서 가장 민감하게 받아들일 수밖에 없는 것은 각종 급여와 보험료의 조정이다.

모든 국민에게 노후소득보장으로 기능하고 있는 국민연금은 1988년 10인 이상 사업장 근로자로 대상이 한정되어 있던 것이 점차 1995년과 1999년 농어촌 주민 및 도시지역 주민으로 적용이 확대되면서 전국민보험으로 발전하였다. 그러나 이와 같이 가입자 범위가 확대되면서 초기부터 재정의 지속가능성에 의문이 제기되었고, 1998년과 2007년 연금수준을 조정하는

---

12) 초기 적립식으로 도입되었던 독일, 미국 등의 노령연금들도 이후 재정위기를 거쳐 부과식으로 전환되었다. 위의 책, 20-21면.

13) 오영수, 앞의 책, 58면.

14) 전광석(2019, 주 8), 앞의 책, 256면.

법개정이 이루어졌다.[15] 이는 아직 수급권자의 규모가 크지 않았던 시기에 선제적으로 재정안정을 위해 조치를 취한 것으로서 기존 수급권자의 급여를 조정한 「공무원연금법」 등 특수직역연금법의 개정과는 차이가 있었고, 이에 따라 헌법적 쟁점 역시 다를 수밖에 없었다.[16] 다만 고령화의 영향으로 있을 연금의 개혁은 그간 있었던 특수직역연금법의 개정과 유사할 것으로 생각되므로 관련된 헌법재판소의 결정례들을 살펴보면 이후 있을 연금 개혁의 헌법적 쟁점들을 파악하고 그 결과를 예측해 볼 수 있을 것이다.

2. 연금제도와 헌법적 쟁점

⑴ 인간다운 생활을 할 권리

헌법은 제34조 제1항에서 인간다운 생활을 할 권리를 규정하고 제2항에서 이를 구체적으로 실현하기 위한 내용의 하나로서 국가에게 사회보장·사회복지의 증진에 노력할 의무를 부과하고 나아가 제4항과 제5항에서 노인의 복지향상을 위한 정책을 실시할 의무와 질병·노령 기타의 사유로 생활능력이 없는 국민의 보호를 규정하고 있다. 사회보험은 인간다운 생활을 할 권리를 보장하기 위한 사회보장의 하나이므로 사회보험인 연금수급권이나 연금의 가입 등이 제한되면 바로 인간다운 생활을 할 권리의 침해가 문제될 수 있다.

인간다운 생활을 할 권리는 "여타 사회적 기본권에 관한 헌법규범들의 이념적인 목표를 제시하고 있는 동시에 국민이 인간적 생존의 최소한을 확보하는 데 있어서 필요한 최소한의 재화를 국가에게 요구할 수 있는 권리를 내용"으로 하는 것[17]으로 그 침해 여부의 판단은 "입법부나 행정부가 국민

---

15) 전광석, "국민연금법의 헌법적 쟁점-헌법재판소 결정을 중심으로", 「사법」, 제53호, 사법발전재단, 2020, 737면.

16) 위의 글, 741-742면.

17) 헌재 1995.7.21. 93헌가14, 판례집 7-2, 1, 20.

으로 하여금 인간다운 생활을 영위하도록 하기 위하여 객관적으로 필요한 최소한의 조치를 취할 의무를 다하였는지의 여부를 기준으로 국가기관의 행위의 합헌성을 심사"하며 따라서 "국가가 생계보호에 관한 입법을 전혀 하지 아니하였다든가 그 내용이 현저히 불합리하여 헌법상 용인될 수 있는 재량의 범위를 명백히 일탈한 경우에 한하여 헌법에 위반"되는 것으로 판단된다.[18] 특히 연금수급권과 같은 사회보장수급권은 그 구체적인 내용인 수급요건, 수급권자의 범위, 급여금액 등이 법률에 의하여 확정되어야 하며 "입법자는 국가의 재정능력, 국민 전체의 소득 및 생활수준, 기타 여러 가지 사회적·경제적 여건 등을 종합하여 합리적인 수준에서 이들을 결정"할 수 있다. 따라서 "그 결정이 현저히 자의적이거나, 사회적 기본권의 최소한도 의 내용마저 보장하지 않은 경우에 한하여 헌법에 위반된다."는 것이 헌법 재판소의 확립된 입장이다.[19]

　이러한 헌법재판소의 입장에 대하여 헌법상 사회적 기본권이 없는 독일 이나 미국의 영향을 받은 것으로서 광범위한 입법재량론에 입각하여 지나 치게 완화된 심사기준을 적용한 잘못이 있다는 비판이 존재하며,[20] 이러한 기준에 의하여 사실상 입법부와 행정부를 통제하는 헌법적 기준으로서의 인간다운 생활을 할 권리를 유명무실하게 만든 것으로 평가되기도 한다.[21] 이러한 경향은 연금과 관련된 헌법재판소의 판례들에서도 일관되게 나타 나서 인간다운 생활을 할 권리의 침해가 인정되는 사례는 찾아보기 어렵다.

---

18) 헌재 1997.5.29. 94헌마33, 판례집 9-1, 543, 552-553; 헌재 2001.4.26. 2000헌마390, 판례집 13-1, 977, 989.

19) 헌재 2001.9.27. 2000헌마342, 판례집 13-2, 422, 433; 헌재 2003.7.24. 2002헌마522 등, 판례집 15-2상, 169, 179-180; 헌재 2009.9.24. 2007헌마1092, 판례집 21-2상, 765, 782-783 등.

20) 김복기, "헌법상 사회보장권 보장에 관한 소고", 「사회보장법학」, 제7권 제1호, 한국 사회보장법학회, 2018, 63면.

21) 최규환, 「인간다운 생활을 할 권리의 심사기준」, 헌법재판연구원, 2019, 2-3면.

(2) 재산권

헌법상 재산권의 보장은 개인이 각자의 인생관에 따라 자신의 생활을 자기 책임 하에 형성하도록 그에 필요한 물질적 · 경제적 조건을 보장해주는 것으로서,[22] 재산권의 범위는 전형적인 소유권을 넘어 연금과 같은 사회보장적 성격의 권리에 이르기까지 자유실현의 물질적 바탕이 되는 모든 권리로 점차 확대되어 왔다.[23] 따라서 「헌법」 제23조의 재산권은 "경제적 가치가 있는 모든 공법상 · 사법상의 권리를 뜻"하며 여기에는 "동산 · 부동산에 대한 모든 종류의 물권은 물론, 재산가치 있는 모든 사법상의 채권과 특별법상의 권리 및 재산가치 있는 공법상의 권리 등이 포함되나, 단순한 기대이익 · 반사적 이익 또는 경제적인 기회 등은 재산권에 속하지 않"는다.[24]

헌법재판소는 공법상의 권리가 헌법상 재판권 보장의 보호를 받기 위한 요건을 "첫째, 공법상의 권리가 권리주체에게 귀속되어 개인의 이익을 위하여 이용가능해야 하며(사적 유용성), 둘째, 국가의 일방적인 급부에 의한 것이 아니라 권리주체의 노동이나 투자, 특별한 희생에 의하여 획득되어 자신이 행한 급부의 등가물에 해당하는 것이어야 하며(수급자의 상당한 자기기여), 셋째, 수급자의 생존의 확보에 기여해야 한다."고 제시하고 이에 따라 "사회부조와 같이 국가의 일방적인 급부에 대한 권리는 재산권의 보호대상에서 제외되고, 단지 사회법상의 지위가 자신의 급부에 대한 등가물에 해당하는 경우에 한하여 사법상의 재산권과 유사한 정도로 보호받아야 할 공법상의 권리가 인정된다."고 판시하였다.[25]

이러한 입장에 의하여 사회보험에 의한 각종 연금수급권은 재산권으로 보호받게 된다. 다만 사회보험수급권은 재산권의 보호를 받는다고 하여도

---

22) 한수웅, 「헌법학」, 법문사, 2019, 853면.
23) 헌재 2000.6.29. 99헌마289, 판례집 12-1, 913, 948.
24) 헌재 1998.7.16. 96헌마246, 판례집 10-2, 283, 309-310.
25) 헌재 2000.6.29. 99헌마289, 판례집 12-1, 913, 948-949.

앞서 살펴본 바와 같이 사회적 기본권의 성격을 아울러 지니고 있으므로 구체적인 보장의 범위가 사법상의 재산권과 같을 수는 없다. 게다가 재산권은 "그 행사의 대상이 되는 객체가 지닌 사회적인 연관성과 사회적 기능이 크면 클수록 입법자에 의한 보다 광범위한 제한이 정당화"되는 속성을 가지고 있다.[26] 사회보험에서 보험의 원리는 사회적 요소에 의하여 수정되며 이는 사회적 연대의 원칙으로 표현된다. 이에 따라 보험료는 가입자의 소득에 비례하고, 저소득자의 급여가 적정한 수준이 유지될 수 있도록 하여 소득재분배가 이루어지도록 한다.[27] 여기에 재정이 현세대의 이익을 위하여 소진되면 그 부담이 후세대에 전가되어 미래세대가 자신들의 수요를 충족시킬 가능성을 상실하게 되는 세대간 정의의 문제가 발생할 수 있다.[28] 따라서 연금수급권이 재산권으로 보장된다 하더라도 이와 같은 사회적 연관성과 기능에 의하여 입법자에 의한 넓은 제한이 가능하게 된다. 이러한 연금수급권의 재산권으로서의 특성은 연금급여의 제한에 관한 많은 판단에서 결과적으로 위헌판단이 많지 않은 결과로 나타난다.

(3) 신뢰보호원칙

헌법상 신뢰보호의 원칙은 "국민이 종전에 정착된 법질서내의 계속적인 법률관계나 제도가 장래에도 지속될 것이라는 합리적인 신뢰를 바탕으로 이에 적응토록 개인의 법적 지위형성을 다져 왔을 때에는 그 장래에 있어서의 예측 가능성, 법적 안정성과 신뢰를 국가가 되도록 보호할 것을 요구하는 것"[29]으로, 이는 법령의 개정에 의하여 과거에 발생한 사실관계에 새로운 규정을 확대하여 적용하는 것이 헌법적으로 허용되는가 하는 문제와 관

---

26) 헌재 1998.12.24. 89헌마214 등, 판례집 10-2, 927, 945.

27) 전광석(2019, 주 8), 앞의 책, 75면.

28) 전광석, "사회보장재정의 규범적 논의구조", 「사회보장법학」, 제4권 제1호, 한국사회보장법학회, 2015, 19면.

29) 헌재 1992.10.1. 92헌마68 등, 판례집 4, 659, 683.

련되어 있다. 신뢰보호원칙은 일차적으로 소급효와 연관되어 논의되나 법률의 소급효란 과거의 법률관계를 변경하는 것이라는 점에서 과거에 이미 형성된 법적인 관계를 장래에 향하여 달리 규율하는 경우에 문제되는 신뢰보호원칙과는 구별된다.[30]

국민들은 국가에 의하여 시행된 법률이나 제도가 장래에도 존속될 것이라고 신뢰하고 이를 바탕으로 일정한 법적 지위를 형성하게 된다. 반면 공동체의 조건과 삶의 환경 변화에 따라 새로운 법질서의 형성과 제도의 변화는 불가피하며 변경된 새로운 법질서와 기존 법질서 사이에 상충하는 이해관계를 조정할 필요성이 생기게 된다. 신뢰보호원칙은 이러한 조정의 필요성을 반영한 것이다.[31] 신뢰보호원칙 위반 여부의 판단은 "한면으로는 침해받은 이익의 보호가치, 침해의 중한 정도, 신뢰가 손상된 정도, 신뢰침해의 방법 등과 다른 한면으로는 새 입법을 통해 실현하고자 하는 공익적 목적을 종합적으로 비교·형량"[32]하는 방식으로 이루어지며, 개인의 신뢰가 합리적이어서 보호할 가치가 있고 새 입법에 의한 공익보다 우위에 있을 때 신뢰보호의 원칙 위반으로 인정될 수 있다. 유의할 것은 여기에서 공익은 단순한 법률개정의 이유와는 구별된다는 점이다. 신뢰보호의 원칙은 법률의 개정시에 구법의 존속에 대한 신뢰를 보호해야 한다는 것이므로 단순한 법률개정의 이유만으로는 신뢰를 보호하지 아니할 이유로 충분하다고 할 수 없다. 따라서 신뢰이익을 제한하기 위해서는 법률의 개정 목적과는 다른 별도로 기존 법질서를 신뢰한 자들의 이익을 제한하기에 충분한 추가적인 공익이 존재하여야 한다.

연금제도의 개혁으로 각종 급여의 금액과 범위 등이 조정되면 이를 지급

---

30) 헌법재판소의 판례는 기본적으로 신뢰보호의 문제를 부진정소급입법이라 하여 진정소급입법과 구별하고 있다.

31) 정종섭, 「헌법학원론」, 박영사, 2018, 184-185면.

32) 헌재 1995.6.29. 94헌바39, 판례집 7-1, 896, 910; 헌재 1997.11.27. 97헌바10, 판례집 9-2, 651, 668.

받고 있는 사람들, 가입자로서 미래의 급여를 기대하고 있는 사람들 등 각자의 위치에서 신뢰보호의 문제를 제기하게 된다. 실제로 지금까지 연금과 관련된 많은 사례에서 신뢰보호원칙의 위반 여부가 주요한 쟁점이 되어왔다. 특히 고령화의 진전으로 인한 연금 급여의 축소와 관련된 많은 사례에서 신뢰보호원칙은 주요한 쟁점이 될 것이다.

(4) 평등권 등

연금제도의 가입, 보험료, 급여의 대상이나 금액 등을 정하기 위해 입법자는 일정한 범위와 조건을 통하여 규율대상을 일반화 또는 유형화하게 된다. 그 경우 규율대상에 포함된 자와 포함되지 않은 자 사이에 구분취급이 생기게 되고 여기에서 평등권의 침해 여부가 쟁점으로 나타나게 된다. 평등권의 침해 여부의 판단에 대하여 헌법재판소는 "심사기준이 되는 통제규범으로서의 평등원칙은 단지 자의적인 입법의 금지기준만을 의미하게 되므로 입법자의 결정에서 차별을 정당화할 수 있는 합리적인 이유를 찾아 볼 수 없는 경우에만 평등원칙의 위반을 선언하게 된다."[33]며 일반적인 평등심사의 척도로서 자의금지심사를 제시하는 한편 "헌법에서 특별히 평등을 요구하고 있는 경우나 차별적 취급으로 인하여 관련 기본권에 대한 중대한 제한을 초래하게 된다면 입법형성권은 축소되어 보다 엄격한 심사척도가 적용"[34]된다고 밝혔다. 이러한 엄격한 심사척도인 비례심사는 "차별을 정당화하는 이유와 차별 간의 상관관계에 대한 심사, 즉 비교대상간의 사실상의 차이의 성질과 비중 또는 입법목적(차별목적)의 비중과 차별의 정도에 적정한 균형관계가 이루어져 있는가를 심사"하는 것이다.[35] 따라서 연금의 개혁에서 헌법에서 특별히 평등을 요구하는 성별이나 종교 등에 의하여 차

---

33) 헌재 1998.9.30. 98헌가7 등, 판례집 10-2, 484, 504.

34) 헌재 2011.2.24. 2008헌바56, 판례집 23-1상, 12, 18.

35) 헌재 2001.2.22. 2000헌마25, 판례집 13-1, 386, 403; 헌재 2011.2.24. 2008헌바56, 판례집 23-1상, 12, 19; 헌재 2008.5.29. 2005헌마1173, 판례집 20-1하, 216, 224-225.

별취급하거나 결과적으로 관련 기본권이 중대하게 제한되는 것으로 인정되지 않는다면 평등권 침해가 쟁점이 되는 사례에서 위헌 여부의 판단은 자의금지심사에 의하게 된다.

그 밖에 강제가입과 관련하여 계약의 자유 등 행복추구권 침해가 문제되기도 하고 법형식적으로 포괄위임금지원칙 등이 쟁점이 되는 사례들도 찾아볼 수 있다.

Ⅲ. 연금개혁의 헌법적 문제

1. 가입자의 범위

국민연금의 가입자는 점차 확대되어 현재 「공무원연금법」 등을 적용받는 공무원, 군인, 교직원 및 별정우체국 직원 등을 제외한 18세 이상 60세 미만의 국내에 거주하는 모든 국민은 가입대상자에 해당한다(「국민연금법」 제6조). 현재까지 가입자의 범위와 관련된 헌법적 문제는 가입이 강제되는 부분에 있었다. 국민연금의 가입이 법에 정해진 바에 따라 강제되면 연금보험료를 납부해야하는 의무가 주어지므로 국민연금에 가입하지 않고 스스로 노령 등의 위험에 대처하고자 하는 개인들로서는 「헌법」 제10조 행복추구권의 하나로 보장되는 계약의 자유가 침해되었다고 주장할 수 있다. 실제 「국민연금법」상의 사업장가입자 및 지역가입자들이 국민연금제도로 인하여 개인들이 자신의 노후대책을 스스로 선택할 수 있는 행복추구권을 침해하였다고 주장한 사건에서 헌법재판소는 연금보험료 산정을 위한 소득상한선을 정하고 "사회보험의 원칙에 따라 국민 개개인의 사회적 위험을 국민 전체 또는 사회 전반으로 분산시켜 국민연금제도가 진정으로 노후소득보장을 위한 사회안전망의 역할을 하도록 하는" 공익이 개인의 선택권이라는 사익보다 월등히 크다는 이유로 헌법에 위반되지 않는다고 판시하였다.[36)]

이후 가입의 범위과 관련하여 문제된 것은 가입연령이었다. 70대인 청구인들은 국민연금의 가입연령이 18세 이상 60세 미만으로 정해져 있어 60세 이상의 국민들이 노후의 안정된 생활을 영위하지 못하고 연령에 의하여 차별을 받고 있다고 주장하며 헌법소원심판을 청구하였다. 이 사건에서 쟁점은 연령에 의하여 불합리하게 차별대우를 받았는지, 즉 평등권이 침해되었는지 여부와 국민연금가입이 제한됨으로써 헌법상의 인간다운 생활을 할 권리가 침해되었는지 여부였다. 헌법재판소는 "우리나라 국민의 60세 전·후 시기는 소득활동이 중단되거나 축소됨으로써 연금급여가 개시되어 소득보장을 받아야 하는 때"이며, "60세 이상의 국민에게 국민연금제도의 가입이 허용된다고 하더라도 대다수는 보험료 부담능력이 없거나 있더라도 최소가입연한을 충족하기가 쉽지 아니하고, 최소가입연한을 충족하더라도 연금혜택을 받을 수 있는 기간은 기대여명에 비추어 단기간에 그치게 될 것으로 예상"되므로 이미 노령기에 접어든 60세 이상의 국민에게 연금제도 가입을 허용하는 것은 노후의 소득보장이라는 제도의 입법취지에 부합하지 않고 따라서 60세 이상 연령의 청구인들이 불합리하게 차별대우받지 않아 평등권이 침해되지 않았다고 보았다. 나아가 인간다운 생활을 할 권리의 침해 여부도 국민연금 이외의 노인을 위한 각종 급여와 부담의 감면, 시설제공 등을 총괄적으로 보면 이들의 인간다운 생활의 보장을 위한 객관적 내용의 최소한도의 보장에도 이르지 않았다고 볼 수 없다며 마찬가지로 침해에 이르지 않은 것으로 판단하였다.[37]

유의해야 할 것은 위 결정에서 헌법재판소가 다음과 같이 국민연금제도에 대한 입법자의 재량을 인정한 점이다.

"국민연금제도는 국민의 노령·폐질 또는 사망과 같은 사회적 위험에 대비하기 위한 것으로 위와 같은 위험이 발생한 때에 그 부담을 국가적인 보험기술을 통하여

---

36) 헌재 2001.2.22. 99헌마365, 판례집 13-1, 301, 314-315.
37) 헌재 2001.4.26. 2000헌마390, 판례집 13-1, 977, 987-991.

분산시킴으로써 그 구제를 도모하는 보험원리에 사회적 부양원리가 결합된 공적보험제도이다. 따라서 국민연금의 가입대상, 가입기간, 보험료, 연금수급자격 및 급여수준 등을 구체적으로 어떻게 정할 것인가는 국민의 소득수준, 경제활동연령, 정년퇴직연령, 평균수명, 연금재정 등 여러 가지 사회적, 경제적 사정을 참작하여 입법자가 폭넓게 그의 형성재량으로 결정할 수 있는 사항이라고 할 것이고, 그 결정이 명백히 자의적인 것으로서 입법재량을 벗어나지 않는 한 헌법에 위반된다고 할 수 없다."[38]

비록 평등원칙 위반에 대한 판단에서 언급된 내용이기는 하나 이러한 입법재량의 인정은 국민연금제도의 개별 규정의 위헌판단을 위한 일반적인 심사기준으로 작용하게 된다. 이에 의하면 명백히 불합리한 경우를 제외하고 「국민연금법」에 대한 헌법재판에서 위헌결정이 나오기는 쉽지 않을 것임을 알 수 있다.

고령화의 진전에 따라 국민들의 노후 소득보장의 필요성이 더욱 커지고 있는 상황에서 국민연금의 재정상황이 문제된다 하더라도 국민연금의 가입자를 제한하는 것은 예상하기 어렵다. 국민연금에 가입되지 않는다 하더라도 생활능력이 없는 노약자에 대한 일정한 수준 이상의 생활 여건 보장을 위해 국가재정에 의한 사회부조의 지급은 어차피 이루어져야 하므로, 전체적인 재정지출의 면에서 국민연금의 가입대상을 제한한다 하더라도 실익이 있을 수 없다. 따라서 일정한 연령의 모든 국민을 대상으로 하는 현재의 기본적인 규정은 이후에도 계속 유지될 것으로 보인다.

다만 평균 기대수명이 높아짐에 따라 경제활동연령도 같이 올라가게 되면 현재의 가입연령은 보다 고령으로 확대될 수 있다. 이러한 경우 앞의 결정례들에 비추어 보면 강제가입이나 가입배제에 합리적인 이유가 존재한다면 헌법에 위반되지는 않을 것으로 예상된다.

---

38) 헌재 2001.4.26. 2000헌마390, 판례집 13-1, 977, 987-988.

2. 연금급여의 수급연령 및 수급권자의 범위

(1) 수급연령의 조정

고령화의 진전으로 평균 기대수명이 높아지고 고령층의 경제활동이 활발하게 이루어지면 연금수급연령의 상향은 불가피하다. 이 경우 과거에 연금에 가입하여 일정한 연령에 이르면 퇴직연금을 수급할 수 있으리라 기대하던 사람들의 신뢰보호가 문제된다. 국민연금에 가입하여 연금보험료를 납부하던 중 국민연금법이 개정되어 조기노령연금의 수급개시연령이 59세에서 60세로 인상되자 기존 가입자들이 재산권과 평등권이 침해되었다고 주장하며 헌법소원심판을 청구하였다. 이 사건에서 헌법재판소는 1988년 시행될 당시 20년 가입에 55세를 조기노령연금의 수급요건으로 하였으나 1998년 10년 가입에 59세로, 2011년에 60세로 변경된 것에 대하여 "연금수급권의 성격상 그 급여의 구체적인 내용은 불변적인 것이 아니라, 연금의 재정, 다음세대의 부담정도, 사회정책적 상황 등에 따라 변경될 수 있는 것"이며 "조기노령연금의 수급개시연령을 포함한 조기노령연금의 수급요건도 사회정책적 상황 등에 따라 변화될 수 있는 것"이어서 수급개시연령에 대한 신뢰는 보호가치가 크지 않다고 보았고, 재원의 한정과 인구의 노령화로 "급여수준은 국민연금재정의 장기적인 균형이 유지되도록 조정되어야 할 필요"가 크다고 하며 신뢰보호원칙을 위반하여 청구인들의 재산권이 침해되지 않는다고 판시하였다. 또한 수급연령의 단계적인 조정이 입법형성권의 자의적인 행사에 해당하지 않아 평등권 역시 침해하지 않는다고 판단하였다.[39]

이와 같은 수급연령의 조정은 특수직역연금에서도 찾아볼 수 있다. 「공무원연금법」 및 「사립학교교직원연금법」상 퇴직연금지급개시 연령을 제한한 것에 대하여 공무원 및 사립학교교직원으로 재직하고 있는 자들이 재

---

[39] 헌재 2013.10.24. 2012헌마906, 판례집 25-2하, 327, 334-337.

산권이 신뢰보호원칙에 위반되어 침해되었다고 주장한 사안에서 헌법재판소는 마찬가지로 합헌을 선고하였다. 헌법재판소는 연금수급권의 구체적인 내용은 사정의 변화에 맞추어 변경될 수 있는 것임을 전제로 심판대상규정은 과거 실시하다 폐지되었던 60세의 연금지급개시연령제를 부활하여 실시하는 것으로 보호해야 할 신뢰의 가치가 크지 않고 이미 재직기간이 20년을 경과한 자의 경우 종전 규정에 의하고 나머지의 경우에도 순차적으로 향상시키고 있는 점에 비추어 신뢰의 손상정도가 크지 않다고 보았다. 또한 연금재정악화로 인한 연금재정안정의 도모와 연금제도의 기본원리에 충실한 합리화라는 것은 긴급하고도 중대한 공익이므로 신뢰보호의 원칙에 위반되지 않는다고 판단하였다.[40] 이후 「군인연금법」의 유사한 규정에 대하여도 같은 취지의 결정을 하였다.[41]

이러한 판례들의 입장에 의하면 연금재정의 악화에 대비한 수급연령의 단계적인 조정은 헌법적으로 문제될 것이 없는 것으로 보인다. 다만 위의 결정들은 모두 현재 근무하고 있는 자들과 관련된 것으로서 수급연령의 조정이 현재 연금을 수급하고 있는 사람들 또는 수급요건을 모두 충족한 자들의 수급권을 제한하는 경우에는 달리 판단될 수 있음에 유의하여야 한다.

(2) 연금수급권자인 유족의 범위

연금법상 가입자는 당연히 연금의 수급권자가 되므로 노령 또는 퇴직급여나 장애급여의 경우에는 수급권자의 범위에 문제가 발생할 여지는 없다. 다만 국민연금 및 특수직역연금법 상 유족연금의 수급권자인 유족의 범위와 요건과 관련하여서는 일찍부터 문제가 되어 왔다. 특히 특수직역연금에서 유족연금의 수급권자인 유족의 범위가 「민법」상의 상속권자와 달리 규

---

40) 헌재 2003.9.25. 2001헌마93 등, 판례집 15-2상, 319, 365-367. 같은 취지의 공무원 임용 당시에는 없었던 「공무원연금법」상 퇴직연금지급 개시 연령의 제한에 대한 위헌판단은 헌재 2015.12.23. 2013헌바259, 판례집 27-2하, 542.

41) 헌재 2003.9.25. 2001헌마194, 판례집 15-2상, 391.

정되어 있음에 따라 이러한 제한에 대한 위헌 주장이 많이 있었다. 헌법재판소는 이에 대하여 연금수급권이 단순히 재산권이 아닌 사회보장적 성격을 가진 것으로 입법목적에 따라 독자적인 입법이 가능하다고 하면서 일관되게 합헌 결정을 선고해왔다.[42]

이와는 별도로 「국민연금법」상 유족연금의 수급권자인 배우자의 범위와 관련하여서는 50세에 달한 때에 수급할 수 있는 처와는 달리 남편의 경우에만 60세 이상이거나 장애등급 2급 이상에 해당하는 자에 한하도록 규정한 것이 평등권을 침해하는지 여부가 문제가 된 사안이 있었으나 입법자의 폭넓은 재량과 함께 시행 당시의 사정과 이후 개정되어 이 규정이 삭제된 점을 근거로 합헌을 선고한 사례가 있다.[43] 또한 헌법재판소는 사실상 혼인관계를 포함하여 배우자의 재혼을 유족연금수급권 상실사유로 규정한 「공무원연금법」 조항에 대한 위헌판단에서 유족연금의 사회보장적 성격에 주목하여 재혼을 통하여 새로운 부양관계의 형성되었다면 보호의 필요성이 인정되기 어렵다며 합헌을 선고하였다.[44]

한편 별거나 가출 등으로 실질적인 혼인관계가 존재하지 아니하여 연금형성에 기여가 없는 이혼배우자에 대하여 법률혼 기간을 기준으로 분할연금 수급권을 인정하는 「국민연금법」 규정에 대한 위헌 판단에서 헌법재판소는 분할연금제도에 대하여 "이혼한 배우자가 혼인 기간 중 재산 형성에 기여한 부분을 청산·분배하는 재산권적인 성격과 이혼배우자의 노후를 보장하는 사회보장적 성격을 함께" 가지고 "두 요소 중 어느 요소를 더 중시할지는 입법자의 재량에 맡겨져 있다."고 하면서도 실질적인 혼인관계가

---

42) 공무원연금 헌재 1998.12.24. 96헌바73, 판례집 10-2, 856; 헌재 1998.4.29. 97헌마 333, 판례집 11-1, 503; 헌재 2014.5.29. 2012헌마515, 판례집 26-1하, 423; 헌재 2014.5.29. 2012헌마555, 판례집 26-1하, 435; 사립학교교직원연금 헌재 2010.4.29. 2009헌바102, 판례집 22-1하, 37; 군인연금 헌재 2012.6.27. 2011헌바115, 판례집 24-1하, 731.

43) 헌재 2008.11.27. 2006헌가1, 판례집 20-2하, 1.

44) 헌재 2022.8.31. 2019헌가31, 공보 311, 1086, 1090.

해소되어 노령연금 수급권의 형성에 아무런 기여가 없었다면 당해 기간 동안은 분할을 청구할 전제를 갖추지 않았으므로 심판대상 규정은 노령연금 수급권자의 재산권을 침해한다고 판시하였다.[45]

　유족연금과 관련된 이와 같은 규정들에서 유족의 범위를 적절하게 조정하지 않으면 고령화의 진전에 따라 더 많은 재정적 부담으로 작용할 수 있으므로 이후 더 많은 조정의 가능성은 충분히 인정된다. 앞의 판례의 입장에 의하면 이후 유족연금의 수급권자의 범위와 요건과 관련하여「민법」상의 가족관계 및 상속과는 달리 사회보장제도의 성격을 강조하며 생계보호 등의 필요성에 따라 독자적인 규율이 이루어진다 하더라도 위헌의 문제가 발생할 가능성은 크지 않은 것으로 보인다.

3. 연금급여액

(1) 연금급여액의 조정

　고령화에 따른 연금재정 악화에 대비하기 위한 연금제도의 개혁에서 피할 수 없는 것은 연금급여액의 조정이다. 연금개혁의 목표인 '많이 내고 적게 받는 것'을 실현하기 위한 연금급여액의 조정은 연금산정의 기초가 되는 기준 소득액이나 소득대체율의 개정으로 이어질 수밖에 없다. 이 경우 지급받고 있던 또는 기대하였던 연금액이 감소되는 것에 대하여 위헌문제가 발생하게 된다.

　연금산정의 기초를 변경한 연금법 개정에 대한 위헌판단은「공무원연금법」및「사립학교교직원연금법」의 개정과 관련하여 이루어졌다. 2000년「공무원연금법」개정으로 종래의 급여액산정의 기초가 종전 '퇴직 당시의 보수월액'에서 '평균보수월액'으로 변경되었고, 종래 보수연동의 방식으로 연금금액을 조정하던 것이 소비자물가변동율에 따라 조정하는 물가연동제

---

45) 헌재 2016.12.29. 2015헌바182, 판례집 28-2하, 391, 398-399.

로 변경되었으며, 이러한 새로운 규정들은 기존의 연금수급자들에 대하여
도 적용되었다. 이에 따라 전·현직 공무원 및 사립학교 교원들이 이러한
제도변경은 신뢰보호원칙에 위반되어 자신들의 재산권 등을 침해한다고
주장하며 헌법소원심판을 청구하였다. 헌법재판소는 우선 법개정의 배경
으로 재정문제의 해결과 안정적인 연금제도의 운영을 위한 근본적인 제도
개선의 필요성을 인정하면서 이번 개정이 그러한 필요성에 의한 것임을 명
백히 하였다. 또한 종래 판례의 입장의 연장선에서「공무원연금법」상의 각
종 급여가 가지고 있는 사회보장적 급여, 공로보상 내지 후불임금 및 재산
권으로서의 성격을 모두 인정하면서 일반적인 재산권에 비하여 입법자에
게 상대적으로 보다 폭넓은 재량이 헌법상 허용됨 역시 분명히 하였다. 이
에 따라 평균보수월액으로의 변경에 대해서 "연금급여의 후불임금적 성격
을 고려"하면 퇴직연금급여는 "공무원으로 재직한 전 기간 평균보수월액으
로 하는 것이 그 성격에 부합"한다고 하며 다음과 같이 판시하였다.

"연금재정이 파탄에 이르러 그 제도 자체를 유지·존속하기 어렵게 된 상황에 직
면하여 국회가 공무원·정부·연금수급자 3자의 책임분담을 통하여 부담률을 높이
고 지급수준을 낮추어 40년간 누적되어 온 연금적자문제를 해소하고 연금재정안정
을 도모하는 일련의 연금제도개선책의 일환으로 위 법률조항과 같이 개정한 것으
로, 그로 인하여 달성되는 공익은 실로 중대하다."[46]

또한 물가연동률의 적용에 대해서도 "실질구매력을 유지시켜 주어 연금
수급자의 생활안정을 기하기 위한 것"으로 현저히 자의적인 것이라 볼 수
없고 보수인상률에 맞추어 연금액이 조정되리라는 기대가 형성된 것을 부
인할 수 없으나 "연금수급권의 성격상 그 급여의 구체적인 내용은 불변적
인 것이 아니라, 국가의 재정, 다음세대의 부담정도, 사회정책적 상황 등에
따라 변경될 수 있는 것이고, 공무원연금제도는 공무원신분보장의 본질적

---

46) 헌재 2003.9.25. 2001헌마93 등, 판례집 15-2상, 319, 358.

요소라고 하더라도 적정한 신뢰는 '퇴직후에 연금을 받는다.'는 데에 대한 것이지, '퇴직 후에 현 제도 그대로의 연금액을 받는다.'는 데에 대한 것으로 볼 수는 없다."고 판시하였다. 나아가 "연금수급자는 단순히 기존의 기준에 의한 연금지급이 지속될 것이라는 기대 하에 소극적인 연금수급을 하였을 뿐이지, 그 신뢰에 기한 어떤 적극적 투자행위를 한 것이라고 볼 수는 없다."고 하며 보호해야 할 연금수급자의 신뢰의 가치는 크지 않고 신뢰의 손상 또한 연금액의 상대적인 감소로서 그 정도가 심하지 않는 반면, 연금재정의 파탄을 막고 공무원연금제도와 사학연금제도를 건실하게 유지하는 것은 긴급하고도 대단히 중요한 공익에 해당하므로 헌법상 신뢰보호의 원칙에 위반되지 않는다고 판단하였다.[47]

물론 이와 같은 법개정에는 기존 연금수급권자들의 불이익을 방지하기 위한 많은 경과규정들과 구체적인 조정규정들이 포함되어 있는 점이 합헌 결정에서 고려되었다. 그럼에도 불구하고 헌법재판소의 위와 같은 특수직역연금의 개혁에 대한 기본적인 입장이 유지된다면 국민연금의 경우에도 연금급여액의 축소 · 조정이 당시 연금을 수급하고 있는 자들에게까지 적용한다 하더라도 연금재정안정 및 제도유지를 위한 공익을 인정하여 합헌으로 결정될 가능성이 높다. 다만 조정이 합리적인 범위에서 점진적으로 이루어져야 하는 것은 물론이다.

(2) 연금급여 지급의 제한

연금법상 이미 발생한 연금급여의 지급을 사후에 제한하는 것은 재정악화 등에 따른 일반적인 연금액의 조정과는 구별되어야 한다. 현재까지의 사례들에 비추어 보면 사회보장으로서의 연금제도의 기본적인 성격에 따라 보장의 필요성이 없어지는 경우에는 폭넓은 제한이 가능하나 그 외의 경우에 인정된 예를 찾아보기 어렵다.

---

47) 위 판례, 364-365.

우선「국민연금법」상 이미 발생한 연금급여의 지급을 제한하는 경우에 대한 위헌 판단은 둘 이상의 수급권이 발생한 경우 그 중 하나만을 지급받도록 한 규정에 대한 것이었다. 청구인은 국민연금에 가입하여 특례노령연금을 받아오던 중 자녀가 사망하자 유족연금의 수급자가 되었고, 이에 중복지급을 제한하는「국민연금법」규정에 대하여 헌법소원심판을 청구하였다. 헌법재판소는「국민연금법」상의 급여수급권은 기본적으로 인간다운 생활을 보장하기 위한 사회보장적 급여로서의 성격을 가지는 한편 급여에 필요한 재원을 이루는 보험료를 "사업장가입자의 경우 가입자 본인이 사용자와 각 2분의 1씩 부담하고 지역가입자 및 임의가입자의 경우 가입자 본인이 전부를 부담"하므로 "각종 급여수급권은 재산권으로서의 성격도 가지고 있는 것으로 보아야 한다"고 판시하였다. 이어서 "연금수급권의 사회보장적 성격에 비추어 한정된 재원으로 보다 많은 가입자들에게 최저생활을 유지하는데 필요한 급여를 지급하기 위하여는 한 사람의 수급권자에게 여러 종류의 연금의 수급권이 발생한 경우 그 연금을 모두 지급하는 것보다는 일정한 범위에서 그 지급을 제한하여야 할 필요성"이 있으며 특히 "급여수준은 수급권자가 최저생활을 유지하는데 필요한 금액을 기준으로 결정해야 할 것"이므로 둘 이상의 수급권이 발생한 경우 그 중 가장 유리한 급여를 선택하여 지급받도록 한 것은 필요하고 적정한 것으로서 재산권, 평등권, 인간다운 생활을 할 권리를 침해하지 않았다고 판시하였다.[48]

헌법재판소는 연금수급권이 사회보장적 급여로서의 성격과 재산권의 성격을 모두 가지고 있다고 하면서 급여수준에 대한 입법자의 재량을 인정하여 사회보장적 성격에 더욱 초점을 맞추는 입장을 취하고 있다. 이 판례의 "급여수준을 어느 정도로 정할 것인지의 문제는 입법자가 국민연금재정, 국민의 생활수준, 물가, 최저생계비 등 여러 가지 사정을 고려하여 결정

---

48) 헌재 2000.6.1. 97헌마190, 공보 제46호, 466, 468.「공무원연금법」상의 유사한 규정에 대한 합헌 결정으로 헌재 2020.6.25. 2018헌마865, 판례집 32-1하, 441.

할 입법정책상의 재량사항으로서 그 입법형성이 헌법 제37조 제2항이 정하는 기본권제한의 입법적 한계를 벗어나지 않는 한 헌법에 위반되는 것은 아니다."는 판시를 보면 사회보장적 급여의 성격이 우선이라는 입장은 분명해 보인다.

이미 발생한 연금급여의 금액을 제한하는 입법의 위헌 여부에 대한 판단은 특수직역연금과 관련된 많은 사례에서 발견된다. 이들 판례들은 크게 두 가지 종류로 나누어진다. 우선 퇴직연금 등의 수급권자가 일정한 자리에 채용되거나 일정한 정도 이상의 소득이 있는 경우 연금의 전부 또는 2분의 1의 범위에서 지급을 정지하는 규정에 대한 위헌판단이 있다. 예를 들면 현재 「공무원연금법」 제50조는 퇴직연금 또는 조기퇴직연금의 수급자가 공무원·군인 또는 사립학교교직원으로 임용된 경우 및 공공기관 중 국가 또는 지방자치단체가 전액 출자·출연한 기관에 임직원으로 채용된 경우에는 해당 연금의 전부, 연금 외의 사업소득이나 근로소득 금액이 일정한 금액을 초과하는 경우에는 2분의 1의 범위에서 액수에 따라 지급이 정지되도록 규정하고 있고, 「사립학교교직원연금법」 제42조는 이를 준용하고 있다. 「군인연금법」 역시 제27조에서 같은 취지의 규정을 두고 있다.

이와 같은 규정들은 그간 헌법재판소의 결정취지를 충실히 반영한 것이라 할 수 있다. 헌법재판소는 초기 국가 또는 지방자치단체 등이 자본금의 2분의 1 이상을 출자한 기관으로부터 보수 또는 급여를 받는 경우 대통령령이 정하는 바에 따라 퇴역연금의 전부 또는 일부의 지급을 정지할 수 있도록 한 「군인연금법」 규정에 대한 위헌판단에서 국고의 이중부담 또는 이중수혜와 그로 인한 국고의 부담과중 및 소득 재분배의 왜곡현상을 방지하기 위하여 지급을 정지하는 것은 정당하나 재원 중 2분의 1을 국고가 부담하는 점에서 퇴역연금의 2분의 1을 초과하여 지급을 정지시키는 것은 재산권과 평등권을 침해한다며 한정위헌 결정을 선고하였고[49] 이후 유사한 「공무원

---

49) 헌재 1994.6.30. 92헌가9, 판례집 6-1, 543.

연금법」 규정이 문제된 사례에서도 임금후불적 성격이 강한 기여금 부분에
관해서는 재산권적 보호가 더욱 강조되어야 하므로 입법형성의 여지가 보
다 좁다고 하면서 퇴직연금의 2분의 1을 초과하지 않는 범위에서 지급을 정
지할 수 있도록 기준을 명시하여 위임하지 않았다는 이유로 포괄위임금지
원칙의 위반으로 위헌을 선언[50]한 이래 유사한 사례에서 일관되게 포괄위
임금지원칙 위반의 위헌을 선언하였다.[51]

　이와는 달리 헌법재판소는 공무원 퇴직 후 사립학교 취업시,[52] 군인 퇴
역 후 사립대학교 전임강사 임용시[53] 또는 공무원이나 사립학교 교직원 임
용시[54] 퇴직 또는 퇴역연금의 전액이 지급정지되는 규정에 대하여는 일관
되게 "직역연금은 보험대상이 서로 달라 각각 독립하여 운영되고 있을 뿐
동일한 사회적 위험에 대비하기 위한 하나의 통일적인 제도"이고 퇴직 또
는 퇴역연금수급권은 "사회보장수급권과 재산권의 두 가지 성격이 불가분
적으로 혼화"되어 있는 것으로 "입법자가 구체적 내용을 정할 때 재산권보
다 사회보장수급권적 요소에 중점을 둘 수 있고 이 점에 관하여 입법형성의
자유가 있다."며 심판대상 규정은 한정된 재원으로 보다 많은 사람들에게
생활안정과 복리향상에 기여하도록 하기 위한 것으로서 합리적인 이유가
있다는 이유로 합헌으로 결정하고 있다. 이들 판례들을 보면 퇴직연금수급
자의 취업시 연금지급 정지를 경우에 따라 전액지급정지 또는 2분의 1 지급
정지를 나누어 규정하는 것이 적절하며, 현행 각종 연금법들은 이러한 판례
의 취지에 따른 것임을 알 수 있다.

　고령화와 관련하여 유의해야 할 사례로는 「공무원연금법」 또는 「사립학

---

50) 헌재 2003.9.25. 2000헌바94 등, 판례집 15-2상, 254.
51) 헌재 2003.9.25. 2001헌가22, 판례집 15-2상, 231; 헌재 2005.10.27. 2004헌가20, 판
　　례집 17-2, 205; 헌재 2005.12.22. 2004헌가24, 판례집 17-2, 625.
52) 헌재 2000.6.29. 98헌바106, 판례집 12-1, 833.
53) 헌재 2007.10.25. 2005헌바68, 판례집 19-2, 447.
54) 헌재 2015.7.30. 2014헌바371, 판례집 27-2상, 256.

교교직원연금법」상의 퇴직연금을 지급받던 중 법이 개정되어 수급자가 연금 이외의 일정한 소득이 있는 경우 소득정도에 따라 퇴직연금 중 일부를 지급정지하도록 한 규정이 신설되었고 개정규정을 그 시행일 이전에 급여의 사유가 발생한 사람에 대하여도 적용하도록 하는 것이 헌법상의 신뢰보호원칙에 위반되는지 여부에 대한 헌법재판소의 결정이다. 헌법재판소는 우선 「공무원연금법」상의 적립식 재정방식은 "연금발생 초기에는 수급권자와 급부지출이 적기 때문에 잉여금이 계속 축적되지만, 시간이 지나면서 급부지출이 늘어나 연금수지가 악화되는 특색"이 있고 연금재정의 급격한 악화로 말미암아 "수급구조상 불균형구조 및 연금환경 변화 등에 따른 재정문제를 해결하지 않고는 더 이상 연금제도를 운영하기 어려운 실정"이라고 하면서 위 규정이 신뢰보호원칙에 위반되어 재산권을 침해하는지 여부에 대하여 판단하였다. 헌법재판소는 "기존의 퇴직연금 수급자들에게 소득심사제를 적용하여 퇴직연금 중 일부(2분의 1 범위 내)를 지급정지함으로써 달성하려는 공익은 공무원연금 재정의 악화를 개선하여 공무원연금제도의 유지·존속을 도모하려는 데에 있고, 그와 같은 공익적 가치는 매우 크다."고 하고 반면 연금 수급자들의 퇴직연금제도에 대한 신뢰는 반드시 "퇴직후에 현 제도 그대로의 연금액을 받는다."는 데에 대한 것으로는 볼 수 없고, 또 퇴직연금 수급자는 단순히 기존의 기준에 의하여 연금이 지속적으로 지급될 것이라는 기대에 기하여 어떠한 적극적인 투자 등의 조치를 취하는 것도 아니라며 제한되는 신뢰의 가치가 크지 않아 신뢰보호의 원칙에 위반되지 않는다고 판단하였다.[55]

　이러한 판시에 의하면 이미 퇴직연금을 수급하고 있는 경우에도 수입의 수준에 따라 적절하게 제한을 한다면 법의 개정으로 지급이 일부 정지되는 것은 헌법에 위반되지 않는다. 개정된 「사립학교교직원연금법」에 따라 퇴직연금을 수급하던 자에 대한 연금의 지급이 같은 사유로 정지된 사례에서

---

55) 헌재 2008.2.28. 2005헌마872 등, 판례집 20-1상, 279, 298.

도 헌법재판소는 같은 취지의 합헌결정을 하였다.[56] 또한 「공무원연금법」
상 퇴직연금수급자가 지방의회의원에 취임한 이후 법이 개정되어 그 재직
기간 중 퇴직연금 전부의 지급이 정지된 사례에서도 "공무원연금재정의 악
화를 개선하여 공무원연금제도의 유지·존속을 도모하고자 하는" 공익은
매우 중대한 반면 연금제도의 유지에 대한 신뢰나 계속 연금지급에 대한 신
뢰는 보호가치가 크지 않고 확고한 것이 아니라며 신뢰보호원칙에 반하여
재산권이 침해되는 것으로 볼 수 없다고 결정하였다.[57]

   연금제도가 기본적으로 사회보장을 위한 것이므로 퇴직급여의 수급자
에게 일정한 수입이 발생하게 되면 노령에 의한 소득상실이라는 보호되는
위험 자체가 존재하지 않는 것이 되며, 이 경우 급여를 제한하는 것은 사회
보험으로서의 연금제도의 본질에 부합하는 것이다. 따라서 이러한 지급제
한 자체가 헌법에 위반되는 것으로 생각하기는 어렵다. 다만 이러한 지급제
한사유를 사후에 신설하는 것이 문제될 수 있으나 위에서 살펴본 특수직역
연금법들의 개정에 의한 퇴직연금지급의 정지에 대한 결정례들에 비추어
보면 국민연금의 경우에도 소득발생 요건을 새롭게 설정하는 취지로 법을
개정하여 급여의 일부 또는 전부를 정지한다 하더라도 합리적인 이유가 있
다면 헌법에 위반되는 것으로 볼 수 없을 것으로 예상된다.

   기타 특수직역연금에서 이미 발생한 연금급여의 금액을 제한하는 법률
규정에 대한 위헌판단은 재직 중의 범죄 등의 경우 감액하는 것에 대한 것
이었다. 초기 「공무원연금법」상 재직 중의 사유로 금고 이상의 형의 선고를
받은 경우 퇴직급여 등을 감액하는 규정에 대하여 합헌 판단[58]을 하던 헌
법재판소는 퇴직급여의 재산권성을 강조하면서 일반적인 재산권에 대한
위헌판단에 따라 과잉금지원칙을 적용하여 공무원의 신분이나 직무상 의
무와 관련이 없는 범죄, 특히 과실범의 경우에까지 감액하는 것은 수단의

---

56) 헌재 2009.7.30. 2007헌바113, 판례집 21-2상, 225.
57) 헌재 2017.7.27. 2015헌마1052, 판례집 29-2상, 201.
58) 헌재 1995.6.29. 91헌마50; 헌재 1995.7.21. 94헌바27 등, 판례집 7-2, 82.

적합성이나 피해의 최소성 등의 요건을 충족하지 못하여 재산권 등을 침해한다는 이유로 헌법불합치 결정을 한 이래[59] 유사한 사안에서 헌법불합치 결정을 하였다.[60] 이후 과실범을 제외한 개정입법에 대하여는 같은 심사기준을 적용하여 합헌결정을 하고 있다.[61] 특수직역연금이 국민연금과 같이 사회보장의 성격을 가지고 있기는 하나 이에 더하여 후불임금 및 공로보상적 성격을 가지고 있는 점에서 재직 중의 범죄 등의 행위에 대한 연금급여의 감액은 연금수급자가 일정한 수입이 있는 경우의 감액과는 구별된다. 따라서 이러한 감액은 연금재정의 악화와는 별도로 판단되어야 한다.

4. 보험료

고령화에 따른 연금개혁의 또 다른 중요한 부분은 연금보험료의 인상이다. 재정의 안정화를 위해서는 더 적게 받도록 연금급여액을 조정하는 것과 함께 더 많이 내도록 연금보험료를 인상하지 않으면 안 된다. 이 경우 국민의 재산권에 대한 침해가 문제된다.

연금제도는 가입자의 보험료를 재원으로 하여 가입기간, 기여도 및 소득수준 등을 고려하여 소득을 보장받는 사회보험제도로서, 보험료를 주된 재원으로 하며 세금에 의한 국가의 지원은 보조적인 역할을 수행한다. 헌법재판소는 국민건강보험에 대한 판례에서 사회보험료의 성격과 주요 원리를 밝혔다.[62] 이에 의하면 사회보험료는 "반대급부인 보험급여를 전제"로 하

---

59) 헌재 2007.3.29. 2005헌바33, 판례집 19-1, 211.

60) 헌재 2009.7.30. 2008헌가1 등, 판례집 21-2상, 18; 헌재 2010.7.29. 2008헌가15, 판례집 22-2상, 16.

61) 헌재 2013.8.29. 2010헌바354 등, 판례집 25-2상, 382; 헌재 2013.9.26. 2010헌가89 등, 판례집 25-2상, 586; 헌재 2013.9.26. 2011헌바100, 판례집 25-2상, 661; 헌재 2013.9.26. 2013헌바170, 판례집 25-2상, 761; 헌재 2016.6.30. 2014헌바365, 판례집 28-1하, 516; 헌재 2019.2.28. 2017헌마403 등, 판례집 31-1, 188.

62) 헌재 2000.6.29. 99헌마289, 판례집 12-1, 913, 943-944.

며 "급여혜택을 받지 못하는 제3자인 사용자에게도 보험료 납부의무가 부과된다는 점에서 수익자부담금과 그 성격을 달리"하는 독자적 성격의 공과금에 해당한다. 사회보험료를 형성하는 중요한 원리에는 보험의 원칙과 함께 사회국가원리를 실현하기 위한 사회연대의 원칙이 있다. 후자는 "보험료와 보험급여 사이의 개별적 등가성의 원칙에 수정을 가하는 원리일 뿐만 아니라, 사회보험체계 내에서의 소득의 재분배를 정당화하는 근거이며, 보험의 급여수혜자가 아닌 제3자인 사용자의 보험료 납부의무를 정당화하는 근거"이므로 사회보험에서 반드시 보험료와 보험급여 간의 등가성이 유지될 필요가 없음은 분명하다.

이러한 사회연대의 원리에 의하면 연금보험료를 상대적으로 많이 낸 사람들과 적게 낸 사람들 사이에 소득재분배 효과가 발생하게 되며, 이에 따라 국민연금과 관련하여 고소득자로서 보험료를 많이 낸 사람들이 자신들의 재산권의 침해를 주장할 수 있다. 헌법재판소는 이에 대하여 "사회보험의 하나로서 소득재분배 효과를 그 기본원리로 하고 있는 국민연금제도에서 연금보험료와 급여와의 관계를 어떻게 정할 것인가 하는 것은 (…) 입법자가 적절하게 선택하는 것으로서 연금보험료와 급여 사이에 비례관계를 반드시 상정할 것은 아니"라고 하면서 재산권 침해를 인정하지 않았다.[63]

다만 위 사례에서 헌법재판소가 "최고등급 소득자도 자신이 부담한 연금보험료의 합계액보다는 많은 금액의 급여를 수령"하므로 소득재분배로 인하여 고소득자들이 손해를 본다고 할 수 없다고 하며 "이는 현재 세대 간의 소득재분배가 아니라 미래 세대에 부담을 전가시키는 것"임을 명시한 점에 유의할 필요가 있다. 이에 의하면 연금제도를 많이 내고 적게 받는 방향으로 연금을 개혁한다 하더라도 연금보험료의 합계액과 수령하는 급여액 사이의 일정한 정도의 비례관계는 유지되어야 비로소 헌법에 위반되지 않는 것으로 보인다. 그러나 한편 헌법재판소는 「국민연금법」상 가입기간

---

63) 헌재 2001.2.22. 99헌마365, 판례집 13-1, 301, 312-313.

10년 미만인 자가 60세에 도달하였거나 사망·국적상실·국외이주 등으로 더 이상 국민연금에 가입할 수 없게 된 경우 가입자 본인 또는 그 가족에게 가입기간 동안 납부한 보험료 총액에 일정한 이자를 가산한 금액을 지급하는 반환일시금제도의 위헌 여부가 문제된 사안에서 반환일시금을 지급하면 연금제도의 성격이 강제저축제도로 바뀌게 되며 "사회연대성에 기초한 소득재분배의 기능을 상실하게 된다."고 하고[64] 나아가 이는 장기적으로 적립액을 감소시켜 미래세대의 보험료 납부부담을 가중시키는 결과를 초래하므로 제도 초기에 도입되어있다 하더라도 "전 국민이 공적연금에 편입되고 나면 제도를 존속할 필요성이 적어져 반환일시금 제도를 폐지하는 것이 일반적"이라고 판시하고 있다.[65] 이러한 판시에 의하면 연금제도에서 보험료의 합계와 이자를 하한으로 하는 급여 또는 금전지급의 보장이 필수적인 것이 아니며 그와 같이 보는 것이 사회연대원리에 기초한 사회보험제도인 연금제도의 본질에 부합하는 것은 분명하다.

나아가 세대간 비용부담과 관련하여 후자의 판시는 이러한 보험료 인상의 한계 설정이 특히 미래 세대에 부담을 전가시키는 것이라 하더라도 수용될 수 있음을 인정한 것으로 볼 수도 있다. 그러나 이 판시는 현 세대 중 고소득자가 보험료에 대하여 문제제기 한 것에 답을 하는 과정에서 나온 것으로 큰 의미를 부여하는 것은 적절하지 않다. 연금제도의 개혁 자체가 고령화에 따른 미래세대의 부담을 경감하기 위한 것임을 인정한다면 위의 헌법재판소의 판시는 받아들이기 어렵다. 오히려 보험료와 급여간 비례관계가 성립되지 않는다 하더라도 세대간 부담의 전가를 피할 수 있도록 연금의 개혁이 이루어져야 하며 그러한 목적에 의한 것이라면 보험료의 인상은 헌법적으로 허용되는 것이라 판단되어야 할 것이다.

---

64) 헌재 2004.6.24. 2002헌바15, 판례집 16-1, 719, 729.
65) 헌재 2014.5.29. 2012헌마248, 판례집 26-1하, 416, 421.

Ⅳ. 결 론

급격한 고령화에 따른 연금제도의 개편은 각종 급여의 금액과 대상을 축소하고 가입자의 보험료를 인상하는 이른바 '많이 내고 적게 받는' 방향으로 이루어지게 된다. 그간 있었던 각종 연금법의 개정 역시 이와 같은 일관된 방향에서 이루어져 왔고, 이러한 개정과정에서 불가피하게 가입자나 급여 수급권자 등 불이익을 받는 연금관련자들이 기본권침해 등 각종 위헌주장을 하게 되었다. 많은 연금과 관련된 헌법재판소의 판단에서 주된 쟁점은 인간다운 생활을 할 권리 및 재산권의 침해, 신뢰보호원칙의 위반이었고 기타 평등권이나 행복추구권의 침해 여부도 판단의 대상이 되었다. 헌법재판소는 사회적 기본권에 대하여 폭넓은 입법재량을 인정해왔고, 이에 따라 사회보험으로서의 연금제도에 대한 위헌판단에서도 개별 쟁점들에 대하여 엄격한 심사가 아닌 상당히 완화된 심사를 하는 입장을 일관되게 취해왔다. 지금까지의 사례들을 살펴보면 강제가입이나 가입연령의 제한, 연금급여의 수급연령 및 수급권자의 범위에 대한 제한, 연금급여액의 조정 및 지급되던 연금급여의 제한에 이르기까지 헌법재판소는 대부분의 연금판례에서 위의 입장에 따라 합헌을 선고하였다. 특히 이러한 제한 규정을 기존 연금급여 수급자들에게까지 적용하여 문제된 신뢰보호원칙 위반 여부에 대한 판단에서 헌법재판소는 연금재정의 안정과 지속가능성을 위한 공익이 크다는 점을 인정하여 헌법에 위반되지 않는다고 판시해왔다.

다만 지금까지 문제되어 온 연금법의 개정이 급격한 제도의 변화가 아닌 각종 경과규정과 대상에 따른 세부적인 맞춤 규정을 두면서 점진적인 제도개선의 방법으로 이루어진 점에서 이러한 판례의 입장에 대한 의미부여는 제한적일 수 있다. 또한 보험료와 관련하여 그 합계액보다 많은 금액의 급여를 받을 수 있도록 요구하는 판시에 의하면 이후에 있을 연금제도의 개혁의 한계 역시 제시하고 있는 것으로 볼 수 있다. 그러나 이러한 판시는 세대간 비용부담의 문제를 도외시한 것으로 적절하지 않으며, 이는 연금제도를 결과적으로 노년을 위한 강제저축제도와 유사한 것으로 보는 것과 같아 연금제도의 본질을 사회연대원리에 의한 사회보장제도로 보는 헌법재판소의 일관된 입장과 반대되는 것에 해당한다. 따라서 이후 연금개혁에서 가입자에게 반드시 보험료의 합계와 이자를 하한으로 하는 급여 또는 금전지급의 보장은 필수적인 것이 아님을 명심하여야 한다.

지금까지 살펴본 고령화에 따른 연금제도의 개혁과 관련된 헌법적 쟁점들은 현재와 같은 적립방식의 연금제도가 유지되는 것을 전제로 그 지속가능성을 유지하기 위한 제도개선시를 가정한 것이다. 그러나 이후 기금이 고갈되는 경우 연금제도는 부과방식으로 전환될 수 있고 그 경우에는 본격적으로 비용부담을 둘러싼 세대 간의 갈등이 법개정시 문제될 것이며, 개정법의 헌법적 쟁점에 대한 논쟁 역시 치열하게 이루어질 것이다. 이러한 경우에 대비한 연구 역시 연금의 개혁을 위한 과제로서 반드시 필요하다.

<참고문헌>

김복기, "헌법상 사회보장권 보장에 관한 소고",「사회보장법학」, 제7권 제1호, 한
　　국사회보장법학회, 2018.

성명기 편,「고령화가 공적연금과 국민경제에 미치는 영향: 한국과 일본 비교 연구」,
　　국민연금공단 국민연금연구원, 2019.

오영수,「고령사회의·사회보장과 세대충돌」, 박영사, 2021.

윤희숙 외,「연금연구: 연금개혁을 중심으로」, 한국개발연구원, 2015.

전광석, "국민연금법의 헌법적 쟁점-헌법재판소 결정을 중심으로",「사법」, 제53호,
　　사법발전재단, 2020.

전광석, "사회보장재정의 규범적 논의구조",「사회보장법학」, 제4권 제1호, 한국사
　　회보장법학회, 2015.

_____,「한국사회보장법론」, 집현재, 2019.

_____,「한국사회보장법의 역사」, 집현재, 2019.

정종섭,「헌법학원론」, 박영사, 2018.

조은주, "인구구조의 변화와 새로운 법규범의 요청: 저출산·고령화기본법 비판",
　　「법과사회」, 제61호, 법과사회이론학회, 2019.

최규환,「인간다운 생활을 할 권리의 심사기준」, 헌법재판연구원, 2019.

한수웅,「헌법학」, 법문사, 2019.

제3장
고령 노인의 인간 존엄성 존중[*]
- 자율성, 정체성, 취약성의 측면에서 -

김도균

Ⅰ. 머리말

'고령 사회'(aged society)란 출산율은 떨어지고 나이 든 사람들의 수명은 길어져서 인구 분포가 노령층 쪽으로 급격하게 옮겨가면서 65세 이상의 인구가 전체 인구의 14% 이상인 사회를 말한다. 한국 사회는 2019년 9월 기준 65세 고령자 인구는 768만 명으로 전체의 14.9%를 차지했는데, 2000년에 고령 인구 비율이 7%를 넘은 고령화 사회에 진입한 이후 급격하게 고령인구의 비율이 증가하면서 2026년경엔 고령 인구가 20% 이상인 초고령 사회로 진입할 것으로 예상된다.[1] 고령 사회에서 노령자들의 삶은 매우 불안정한 상태에 놓이게 된다. 사회가 신경 써야 하고 미리 대비해야 하는 질병의 유형도 달라지고, 사람들이 처하게 될 위험의 유형도 달라진다. 고령 사회에서 노령자들의 삶의 불안정성과 위험은 노령자들의 신체적·인지적 퇴화뿐만 아니라, 사회적 고립, 소득의 상실과 감소, 경제적 불안정과 정치적 주변화 등에 의해 강화된다. 또한 고령 사회에서의 구조적 불평등은 종래의 불평등과 속성도 다르고 유형도 다르다. 고령 사회에서의 노인층 내의 불평등이 종래의 노인차별주의와 결합되면서 노인에 대한 차별은 새로운 양상

---

[*] 이 글은 같은 제목으로 서울대학교 법학 제61권 제4호(2020. 12)에 게재되었음을 밝혀 둔다.

[1] BBC News/코리아, "초고령사회: 통계로 보는 20년 뒤 한국... 3명 중 1명은 노인" (2020. 10. 16).

으로 진화될 것으로 추측할 수 있다.

고령 사회의 특징에 비추어볼 때, 고령 노인의 돌봄은 더 이상 가족이 아니라 요양보호시설과 전문직업의 요양보호사들의 몫이 된다. 따라서 고령 노인들이 요양보호시설과 요양보호사들과의 관계에서 매우 취약한 지위에 있게 될 것임이 분명하고, 노인들의 존엄성 문제는 이런 상황적 맥락 속에서 심각하게 등장하게 될 것이다. 노화되면서 불가피하게 나타나는 노인의 본래적 속성에 더해서 요양 의존성이라는 상황에서 생겨나는 노인의 취약한 지위, 또한 사회적으로 강화되어 갈 특정 집단의 노인들에 대한 차별을 고려할 때 노인의 존엄성 문제는 고령 사회 이전과는 다른 양상으로 전개될 것이다.

고령 사회에서는 자율성과 독립성의 측면에서만 인간 존엄성을 바라보는 관점으로는 노인층의 존엄성을 제대로 포착해내기가 어려울 것이므로 노인의 존엄성을 바라보는 관점이 중요해지고, 설득력 있는 노인 존엄성관에 비추어 노인의 존엄성의 구체적 내용이 확보될 필요가 있다고 여겨진다.[2] 이 글은 모든 인간 존재가 공유하는 기본적 인간 존엄성 속성과 노년 인생 단계에 특유한 인간 존엄성 요소를 결합한다는 발상 위에서 인간 존엄성의 유지라는 측면에 주목하여 고령 노인의 존엄성 문제를 다루고자 한다.

Ⅱ. 인간 존엄성 일반론 개관

1. '그 핵심 본질이 다투어지는 개념'으로서 인간 존엄성

제2차 세계대전이 끝나고 1945년 이래로 인간 존엄성은 UN 헌장의 전문과 UN 세계인권선언문, 각종 국제인권협약, 각국의 헌법에 규정되고 있

---

2) H. Moody, "Why Dignity in Old Age Matters", *Journal of Gerontological Social Work* 29(2) (1998), pp. 13-38.

고, 각급 인권재판소와 헌법재판소 또는 최고법원의 법적 논증에서 활발하게 원용되고 있다. 그러나 이에 대한 반론도 만만치 않다. 인간 존엄성 개념은 공허해서 무용하다는 반론,[3] 더 이상 논증을 할 수 없을 때 동원되는 단순한 슬로건에 불과하다는 반론, 상반되는 법적 주장이 모두 인간 존엄성을 논거로 원용하면서 혼란을 야기하여 위험하다는 반론, 인간 존엄성은 자율성, 자기결정권, 동의, 생명 보호로 대체 가능하다는 반론이 대표적인 반론 유형들이다.[4] 이러한 반론들에 따르면, 인간 존엄성은 개인의 선택과 자율성을 보호하고 증진하기보다는 제약하는 법적 도구로 작용하게 된다.

사회구성원들이 존엄한 삶을 영위하기 위해 필요한 것이 무엇인지에 관한 특정한 견해가 국가에 의해 옹호될 경우, 존엄한 삶의 내용과 방식에 관한 국가의 견해에 비추어볼 때 개인들의 선택이 개인의 존엄, 사회 집단의 존엄, 인간 종 자체의 존엄을 침해한다고 여겨지면 국가는 개인들이 내린 선택의 자유를 제한하는 규제를 도입하는 것이 얼마든지 가능해진다. 인간 존엄성의 요청은 개인의 선택을 보호하고 증진하기보다는 제약하는 쪽으로 기능할 수도 있다는 것이다. 일단 인간 존엄성의 이상이 입법자와 법관의 손쉬운 도구가 되고나면, 인간 존엄성은 양날의 검으로 작용한다.[5]

인간의 존엄성에 관한 현재의 연구 수준에서 보자면 이런 반론들은 설득력이 있는데, 이는 자유, 정의, 평등, 민주주의, 법의 지배, 공익처럼 인간 존

---

3) R. Macklin, "Dignity is a Useless Concept: It Means No More Than Respect For Persons Or Their Autonomy", British Medical Journal Vol. 327, No. 7429 (Dec. 20-27, 2003), pp. 1419-1420; S. Pinker, "The Stupidity of Human Dignity", *The New Republic* (May 12, 2008), pp. 1-6에서 핑커는 인간 존엄성의 개념과 이상은 창조주 신의 명령과 법을 생명윤리 영역에 강요하는 신정(神政)보수 생명윤리학 ("theocon bioethics")의 주요 수단이 된다고 비판한다.

4) D. Feldman, "Human Dignity as a Legal Value: Part I", *Public Law* (1999), pp. 682-702.

5) D. Feldman, "Human Dignity as a Legal Value: Part I", p. 685.

엄성도 그 핵심 본질에 대한 심층적 의견 불일치가 존재하는 개념이기 때문이다. 이렇게 그 핵심 본질 내용에 대한 심층적 불일치가 숙명적으로 존재하는 개념의 특징을 이해한다면, 인간 존엄성 개념을 둘러싼 논쟁의 속성을 정확하게 이해할 수 있게 되고 인간 존엄성에 대한 이해도 증진될 것이다.

'그 핵심 본질이 다투어지는 개념'(an essentially contested concept)이란 '개념의 사용자들이 그 개념의 적절한 의미와 사용을 둘러싸고 끝없는 논쟁을 벌이는 것이 불가피한 개념'을 말한다.[6] 민주주의나 사회정의와 같은 개념에서 나타나듯이, 이런 개념들을 사용하는 사람들은 각자가 제시하는 특정한 의미를 열정적으로 옹호하고 상대방의 용법을 비판하게 된다. 본질적으로 다투어지는 개념들의 특징으로 '그 본질적 내용에 대한 심층적인 의견불일치와 끝없는 논쟁'이라는 일반적 요소에 다음과 같은 요소들이 부가된다.[7]

① 해당 개념으로 이루어낸 성취에 대해 매우 긍정적인 평가가 이루어져서 누구나 그 개념을 최고의 원리로서 받아들이면서 자기 입장을 지지하기 위해 사용한다.
② 해당 개념은 매우 복합적인 요소들로 구성된다.
③ 해당 개념의 복합적 요소들은 매우 다양하게 기술될 수 있고 요소들의 가치와 중요도는 상이하게 매겨져서, 입장에 따라 특정한 요소들을 중심 요소로 내세운다.
④ 해당 개념의 의미는 고정되지 않고 열려 있어서 상황의 변화에 따라 상당한 의미 변경이 이루어지며 그 의미 변경을 사전에 예측하기는 어렵다.
⑤ 해당 개념의 사용자들은 이 본질적으로 다투어지는 개념의 속성을 인정하면서, 논쟁 상대방의 용법보다 자신의 용법이 더 설득력이 있음을 논증하려 한다.

---

6) W. B. Gallie, "Essentially contested concepts", *Proceedings of the Aristotelian Society* 56 (1956), pp. 167-198.
7) W. B. Gallie, "Essentially contested concepts", p. 171 이하.

⑥ 해당 개념에는 반드시 개념 사용자들이 그 개념의 기원(원형)으로 삼는 사례들(original exemplar)이 있다.

⑦ 해당 개념의 의미와 용법에 대한 논쟁을 통해 개념에 관한 해석들 중 어떤 것들은 더 설득력이 있는 것으로 평가되면서 해당 개념의 의미로 통합되고, 그리하여 그 개념은 점점 더 정합적인 개념으로 발전해 간다.

민주주의나 사회정의나 자유와 평등처럼 인간 존엄성도 위의 기준에 부합하는 개념이다.[8] 인간 존엄성의 개념은 제2차 세계대전이나 그 이전에 인류가 겪어온 참혹한 비인간적 취급(노예화, 집단학살, 고문, 강제노동, 추방 등)을 원형으로 삼아 형성되었으며, 그 의미는 열려 있고 개념요소들은 매우 복합적이어서 입장에 따라 그중 어느 하나를 중심으로 내세우며, 그 개념에 담긴 성취에 대해 매우 높게 평가하여 각자의 입장을 옹호하는 최고의 원리로 각자 내세운다. 그렇다면 현재로서는 그 의미와 내용에 대한 해석이 각축을 벌이고 서로 경쟁하고 있어서 인간 존엄성 개념의 정합성이 떨어지는 듯이 보이지만, 논쟁을 통해 점진적으로 그 내용이 채워지면서 정합적인 개념으로 진전해갈 것으로 전망할 수 있다.

21세기에 들어서 인간 존엄성의 개념에 대한 연구가 넓고 깊게 수행되고 있으므로, 머지않아 인간 존엄성의 개념도 위의 개념들처럼 법적 실질을 갖춘 개념이자 이상으로 인정받게 될 것이다. '그 핵심 내용이 심층적으로 다투어지는 개념'의 속성을 공유하는 인간 존엄성은 많은 연구들이 축적되면서 진전(進展) 도상에 있는 개념으로 평가해도 좋지 않을까 생각한다.

2. 인간 존엄성 논의의 출발점

인간 존엄성이 무엇을 의미하는지, 인간 존엄성의 규범적 내용은 무엇인

---

8) P.-A. Rodriguez, "Human dignity as an essentially contested concept", *Cambridge Review of International Affairs* 28(4) (2016), pp. 743-756, 특히 p. 746 이하.

지에 관한 논쟁은 여전히 진행 중이다. 대별하자면, 인간의 존엄성을 파악하는 두 가지 관점과 흐름이 있다.[9]

첫째, 인지주의 관점(cognitivist approach)으로서 모든 인간이 공유하는 객관적인 본질적 속성에 기초해서 인간 존엄성을 파악하는 흐름이다. 인간 존재의 자연적 속성에서 인간 존엄성 토대를 구할 수도 있고, 경험적 방법으로 확인할 수 없는 인간의 형이상학적 속성에서 구할 수도 있다. 후자의 견해들 중에서 대표적인 기독교 교리는 창조주 신의 형상을 본으로 한 피조물이라는 점에서 인간의 존엄성을 찾는다. 칸트로 대표되는 인간 존엄성관은 보편화가능한 도덕법칙을 수립하고 그에 따라 행동할 수 있는 자율성 능력에서 인간의 존엄성을 찾는다.

둘째, 비인지주의적 관점(noncognitivist approach)에서는 공통되게 보유하는 모종의 객관적 속성이 아니라 인간에게 높은 위상/지위를 부여하고 존중하겠다는 우리 인류의 선택/결정에 의해 비로소 인간 존엄성이 인정된다. 인간 존엄성은 발견되는 것이 아니라 존엄성을 부여하겠다는 선택과 결정에 의해 주어지고 구성된다는 것이다.[10] 비인지주의적 관점에 의하더라도 인간이 지니는 모종의 속성에 의거해 인간 존엄성이 부여되지 않을 수 없다는 점에서 인지주의적 관점이 더 설득력이 있다고 생각한다. 따라서 이 글에서는 인지주의적 관점에 입각해서 노인에 특유한 존엄성 요소를 추출해 볼 것이다.

(1) 인간 존엄성의 기초

동등한 인간 존엄성을 보편적인 도덕 가치이자 보편적인 정치도덕 가치로 승격시킨 칸트에 의하면, 존엄성(dignity, Würde)은 실천이성의 능력을 가진 존재들이 지니는 가치를 말한다. 실천이성의 능력이란 여타의 이성적 존

---

9) R. Woodruff, "Aging and the Maintenance of Dignity", in: G. Scarre (ed.), *The Palgrave Handbook of the Philosophy of Aging* (London: 2016), p. 226.

10) R. Woodruff, "Aging and the Maintenance of Dignity", p. 228.

재자들이 모두 받아들일 수 있는 보편적 행동규범이 어떤 것일지 스스로 생각해서 그 규범을 수립하고, 그에 맞게 자신의 행동 목적을 설정하여 추구할 수 있는 자율성 능력이다. 칸트가 보기에, 인간이라면 모두 이런 자율성의 잠재력을 가지고 있으며, 그 자율성 능력은 일상에서 하는 각종 선택과 행위에 실제로 상당 정도 발휘되고 있다. 존엄성 있는 존재로 만들어 주는 이 자율성 능력은 인간만이 가지고 있는 것은 아닐 테고, 성인(成人)만이, '정상인'만이 지니는 것은 더더욱 아니다. 그러나 칸트는 대부분의 인간은, 그리고 대부분의 성인과 '정상인'은 그런 능력을 가지고 있기에 신분 고하를 막론하고 동등하게 존엄성을 가진다고 보았다.[11]

이 자율성 능력은 두 가지 자율성 기본능력으로 구체화할 수 있다. 하나는 인간이 일생 전반에 걸쳐 사회적 상호작용을 맺으면서 사회적 협동과정에 참여하는 사회적 존재로서 사회적 상호작용 및 협동과정을 규제하는 규칙들과 자기 삶에 중대한 영향을 미칠 규칙들의 수립에 관여할 능력이다. 사회적 상호작용 과정에서 각자가 원하는 대로 행동할 수는 없으므로 타인의 정당한 이해관계에 의해 행동반경에 제한이 가해지고, 보통의 사람들은 그런 상호제한이 반영된 공동의 규칙들을 준수하면서 행동할 수 있는 능력도 가지고 있다. 자신의 자유나 이익만을 추구하는 행위를 자제하고 공정한 사회적 상호작용과 협동에 필요한 규칙의 수립에 참여하고 그렇게 수립된 규칙을 준수하는 능력을 '공적 자치'(public autonomy) 능력이라고 부를 수도 있겠다.[12]

다른 또 하나의 기본능력은 보통의 우리는 각자 자신의 삶에서 무엇이 가

---

11) 이런 해석은 A. Reath, *Agency and Autonomy in Kant's Moral Theory* (Oxford: 2006), p.67 이하 참조. 이 절의 본문 내용은 김도균, 한국사회에서 정의란 무엇인가 (아카넷, 2020), 177-216면 중 관련된 일부를 요약한 것이다.

12) 이런 발상은 존 롤즈, 김주휘 옮김, 공정으로서의 정의: 재서술(이학사, 2018), 49면 이하. 또한 위르겐 하버마스, 한상진·박영도 옮김, 사실성과 타당성(나남, 2007), 133면 이하 참조.

치 있는지, 가치 있고 행복한 삶이 무엇인지에 대한 나름대로의 관념을 형성하고 이에 따라 나름의 인생 목표들을 설정하고 추구하며, 필요하다면 자신의 그 관념을 수정할 수 있는 능력이다. 이를 '사적 자치'(private autonomy) 능력이라고 부를 수도 있을 것이다.13) 이 두 가지 자율성 기본능력을 가진 존재로 인정받고 대우받는다면, 또한 두 가지 자율성 기본능력을 충분히 계발하고 행사하는 데 필수적인 여건들이 주어진다면, 각 개인은 "인간으로서의 존엄과 가치"를 보유한 존재로서 존중 받고 있다고 평가된다.14)

그런데 이런 식의 견해가 반드시 부딪치게 되는 난제가 있다. 사적 자치 및 공적 자치라는 두 가지 기본적 자율성 능력이 심각하게 부족하거나 결여된 인간 존재의 인간 존엄성을 설명하기 어렵다는 난제이다. 이런 난제에 대한 해법으로 두 가지 논변을 제시할 수 있다. 그 첫 번째 것은 지적 능력, 도덕적 능력, 자율성 능력, 공감 능력 등에서 개인 차이가 분명히 있다는 점을 인정하면서도 인간의 공통된 능력들의 최저한 임계 수준을 충족하는 개인들은 모두, 마치 원 내부의 점들처럼, 인간을 규정하는 영역 속성을 똑같이 가지는 것으로 간주할 수 있다는 논변이다. 롤즈의 '영역 속성'(range property) 논변이 대표적이다.

평등은 인간의 천부적 속성에 의존할 수 없다는 반론이 있을 수 있다. 모종의 자연적 특성이 있고 이와 관련해서 모든 인간 존재에게 평등한 것은 없지 않은가, 즉 모든 사람(혹은 굉장히 많은 사람들)이 똑같은 정도로 가지고 있는 자연적 특성이란 없지 않은가 하는 반론이다. (인간의) 자연적 능력들을 평등의 기반으로 삼는 것은 평등주의 견해와 양립할 수 없다는 주장은 맞지 않다. (…) (이 문제를 해결하기 위해서) 우리가 해야 할 일의 전부는 하나의 영역 속성(a range property)을 선정해서 그 조건을 충족시키는 사람들에게 평등한 정의를 부여하는 것이다. 예를 들면, 어떤 원의 내부에 있다는 속성은 그 원 평면 내의 점들이 갖는 영역 속성이다. 이 원

---

13) 존 롤즈, 김주휘 옮김, 공정으로서의 정의: 재서술, 49면 이하. 또한 위르겐 하버마스, 한상진·박영도 옮김, 사실성과 타당성, 133면 이하 참조.

14) 존 롤즈, 장동진 옮김, 정치적 자유주의(동명사, 2016), 123면 이하 참조.

안에 있는 모든 점들의 좌표가 일정 영역 안에서는 변하기는 하겠지만, 그 원 안의 점들은 그 영역 속성을 가진다. 또한 그 원 안에 있는 점들은 그 영역 속성을 동등하게 가지는데, 원의 내부에 있는 어떤 점도 그 원 내부의 다른 점보다 더 내부에 있거나 덜 내부에 있는 것은 아니기 때문이다. (이렇게 보면) 자연적 능력이 평등의 근거를 이룬다고 생각하는 데 아무런 장해가 없다. (…) 이 영역 속성이란 개념은 간과될 수 없을 정도로 너무도 명백한 것이다.[15]

기하학적 '영역 속성'을 지리적 비유를 들어 이렇게 설명해보자. 부산광역시에 속하는 지역들은 부산광역시 내의 어떤 지점에 있건 모두 부산광역시 내의 행정구역에 속한다. 설령 도로 하나만 건너면 경상남도나 경상북도라고 하더라도 마찬가지다. 이 '영역 속성 논변'의 방식을 택하면 지적 능력, 도덕적 능력, 자율성 능력, 공감 능력 등에서 개인차가 분명히 있다는 점을 인정하되, 이런 공통된 능력들의 최저 임계 수준(bottom threshold)을 충족하는 개인들은 모두 인간을 규정하는 영역 속성을 똑같이 가지므로 인간 존엄성을 지니는 것으로 간주할 수 있다.

두 번째 논변의 핵심 논지는 다음과 같다. 인간 존엄성의 토대로 중요한 것은 그런 속성과 능력을 향한 잠재력을 가진다는 점이지, 인간 존엄성의 토대인 속성과 능력을 실제로 충분히 실현하고 발휘하고 있다는 점이 아니라는 논변이다. 그렇다면 인간 존엄성의 토대인 인간적 능력들(의 집합)을 잠재력의 측면에서 파악하여 그 능력들이 서서히 펼쳐져서 발현되는 과정, 사고나 유전적 요인으로 인해 발현에 장애가 생기는 과정, 노령화로 능력 발현이 쇠퇴해 가는 과정에 주목하자는 입장이 가능하다. 이 두 번째 논변에 따르면, 인간적 능력들의 발현, 장애, 쇠퇴의 과정은 인간 모두에게 공통되게 발생할 수 있으므로 인간 존엄성의 토대인 공통 속성과 능력들을 실제로 발휘하거나 행사하지 못하는 사람들, 가령 영아, 코마 상태에 빠진 사람들, 알츠하이머병으로 인해 인식 능력이 심각하게 쇠퇴한 사람들도 인간 존

---

15) 존 롤스, 황경식 옮김, 정의론(이학사, 2004), 648면.

엄성을 보유한다는 결론을 이끌어낼 수 있다.16)

인간 존엄성에 관한 기존 논의의 초점은 인간 존엄성의 기초가 되는 인간 공통의 속성이나 능력 집합을 식별하고 이를 정당화하는 것이었다. 이런 작업의 성과로 인간 존엄성의 기초가 되는 속성이나 능력 집합과 관련해서 일종의 합의가 형성되었다. 그렇다면 인간 존엄성에 관한 논의는 인간 존엄성의 기초인 속성이나 능력의 '식별과 정당화'에 주목하던 데서 그런 속성과 능력의 '유지'와 '증진'으로 초점을 이동할 때가 되지 않았을까 생각해본다. 인간 존엄성은 모종의 공통된 인간적 속성과 능력을 '보유'한다는 것 이외에도 그 속성과 능력이 실현 또는 '행사·발휘'되는 것과도 관련이 있기 때문이다.17) 수감 중인 죄수는 비록 자기결정능력을 완전하게 행사할 수 없다고 하더라도 인간 존엄성을 여전히 보유한다. 그러나 자기결정능력을 유의미하게 행사할 수 없는 환경이거나 자기결정능력 행사를 할 수 없게 침해받는 상황이라면 존엄하다고 말할 수 없을 것이다. 인간 존엄성이 유지되지 못하기 때문이다. 따라서 인간 존엄성의 '유지'라는 측면에서 볼 때 공통된 인간 속성의 '보유'와 '행사·발휘' 양자를 포괄하는 인간 존엄성관이 필요하다고 여겨진다.

(2) 강력한 의무론적 규범으로서 인간 존엄성

인간 존엄성이 여타의 가치들과는 다른 특징을 꼽으라면 그 강력한 의무론적 속성(deontological property)에 있다. 인간 존엄성의 특징은 인간의 가치와 인간 삶의 가치를 긍정적으로 높게 평가하고 최대한 실현하라는 요청에 있다기보다는, 이 세상 모든 사람을 향해 각 개인의 인간 존엄성을 침해하지 말고 보호하고 존중할 것을 엄중하게 요구하는 가치라는 점에 있다는 것이다. 칸트의 입장이 대표적인 예이다. 인간의 가치는 상대방에게 또는

---

16) J. Waldron, *One Another's Equals* (Cambridge/Mass.: 2017), p. 247 이하.

17) R. Woodruff, "Aging and the Maintenance of Dignity", p. 225.

사회적으로 유용한 존재인지에 대한 평가에 따라 결정되지 않는다고 강조하면서 칸트는 인간이 사회적 평가를 통해 비교되면서 결정되는 가격을 뛰어넘는 본래의 가치를 지닌다고 보고, 이런 인간의 절대적 본래가치를 '존엄성'이라고 명명했다.

도덕적으로 어떻게 행동해야 하는지를 아는 실천이성의 소유자인 도덕적 주체(person)로 간주되는 인간은 가격 이상의 존재다. 왜냐하면 그런 도덕적 주체로서 인간은 타인의 목적 실현을 위한 한낱 수단, 심지어는 자기 스스로가 설정한 목적 실현을 위한 한낱 수단으로 가치 매겨져서는 안 되기 때문이다. 인간은 그 자체로 목적인 존재로서 가치를 지닌다. 즉, 인간은 존엄성(절대적인 본래가치)을 지니며, 바로 이 존엄성에 의거하여 인간은 이 세상의 모든 이성적 존재들을 향해 자신을 **존중해줄 것을 강제적으로 요구[abnötigen]한다.** 그리고 다른 모든 이성적 존재와 스스로를 견주어 평등의 지위에서 평가할 수 있게 된다.[18]

이렇게 강제적으로 요구하는 가치로서 인간 존엄성은 인간을 적절하게 잘 대우할 것을 요구하는 것에 머물지 않고, 의무론적 규범으로서 여타의 가치들과 맞바꿀 수 없는 강력한 규범적 위상을 지닌다. 세상의 모든 사람을 향하여 존중할 것을 엄중하게 명령하는 가치로서의 인간 존엄성이 양도 불가능한 가치로 간주되는 이유가 바로 여기에 있다. "그 누구에게도, 그 어디에서도 결코 행해져서는 안 되는 어떤 것들이 있으니, 사람의 생명(삶)이

---

18) I. Kant, "The Metaphysics of Morals", in I. Kant, *Practical philosophy* (translated and edited by Mary J. Gregor) (Cambridge: 1996), p. 557. 존엄성의 가치와 구별되는 사람의 가격에 대해서는 홉스(Thomas Hobbes)의 다음의 언급을 참조할 만하다: "여타의 모든 것과 마찬가지로, 한 인간의 가치는 그 사람의 가격인데, 사람의 가격은 그 사람이 지닌 능력의 쓰임새에 따라 주어진다. 그래서 [가격으로서] 사람의 가치는 절대적이지 않고 다른 사람들이 필요로 하는 바와 평가하는 바에 따라 결정된다."(T. Hobbes, *Leviathan*, edited by J. C. A. Gaskin (Oxford: 1998), p.59 (Ch.10[42].16). 국역본인 토마스 홉스, 진석용 옮김, 리바이어던 I(나남, 2008), 123-4면 참조.

라는 그 고유한 중요성을 부정하는 방식으로 사람들을 취급·처우해서는 결코 안 된다"는 요청은 강력한 의무론적 규범으로서의 인간 존엄성의 특징을 잘 보여주는 것이다. 매우 취약한 존재일지라도 어린 아이나 고령 노인들을 존중하지 않거나 학대하면 비난 받는 규범적 근거가 되는 것은 바로 인간 존엄성의 강력한 의무론적 속성 때문이다.[19]

Ⅲ. 고령 사회에서 고령 노인의 인간 존엄성

흔히 우리는 인간 존엄성 일반론에서 추출된 기준과 속성을 신생아와 어린아이들과 최중증 장애인들과 노인들에게 곧바로 적용하려 한다. 과연 이런 접근법이 타당할까? 모든 인간 존재에게 공통되는 인간 존엄성의 속성과 기준이 있는 반면, 인간이 살아가면서 반드시 거치게 되는 생애 주요 단계와 국면에 특유한 존엄성 요소가 있다. 노인에 특유한 존엄성 문제 틀과 존엄성의 규범적 요소가 있다면, 인간 존엄성 일반적 요소와 노인에 고유한 인간 존엄성 요소를 결합해서 복합적인 노인의 존엄성론을 구성해 가야 하지 않을까 하는 것이 이 글의 문제의식이다. 인간적 능력들의 쇠퇴와 취약함과 의존성과 지속되는 고통으로 특징지을 수 있는 노인의 삶에서 과연 어떤 존엄성이 있는지를 해명해야만 한다는 것이다.

1. 고령 노인의 인간 존엄성을 파악하는 관점: 인간 존엄성 유지의 측면에서

(1) '노인'의 정의(定義) 문제

얼마나 나이 들어야 '노인'일까? 이른바 '노인'의 의미론적 물음('how old

---

19) M. Midgley, "Towards an Ethic of Global Responsibility", in: T. Dunne (ed.), *Human Rights in Global Politics* (Cambridge: 1999), p. 160.

is old?')이다. 형식적으로 보자면, 정년퇴직과 연금 수령을 기준으로 정해질 수도 있다. 그런데 정년퇴직의 연령이 낮아지면 그에 따라 50대 초반도 노인에 해당하는 것일까? 평균 수명이 낮은 사회나 예전의 사회는 50대이면 노인으로 규정되었을지 모르지만 현대의 대부분 사회는 그렇지 않다. 인생 서사의 마지막 단계('기-승-전-결'의 결에 해당되는 인생 단계)로 볼 수도 있기에 노인은 일정 생물학적 연령대를 기준으로 정해지는 것은 분명하지만, 그 연령대 기준은 사회의 수준마다 다르다. 이런 점에서 노인학에서 일반적으로 통용되는 견해에서 '노인'의 정의는 사회적 요인에 의해 내려지며 해당 사회의 인구학적 구성이나 평균 수명, 사회적 인식 등에 의해 정해진다.[20] 이런 점에서 '노령' 또는 '노인'은 상대적인 개념이다.

노인의 의미론적 물음은 노인의 권리와 의무는 어떻게 정해야 하며, 노인에 대한 정책은 어떻게 수립되고 집행되어야 하는지 등의 규범적 문제와 연결된다. 이런 점에서 '노인' 개념은 해석적 개념(interpretive concept)이다. 사전상의 의미보다는 당대의 사회적 인식, 주관적 인식, 노인 문제에 대한 사회정의 및 정책적 관점 등이 어우러져서 그 의미가 정해진다는 것이다.

고령 노인은 피터 래슬릿의 인생 단계 구분에서 제4 연령기의 노인층을 말한다. 이를 받아들여 노인학 연구자들은 노령을 '제3 연령기의 젊은 노인'(또는 Third Age)과 '제4 연령기의 고령 노인'(Fourth Age)으로 구분하고, 전자는 65세를 기점으로 후자는 80세를 기점으로 하여 설명한다. 제3 연령기의 노인층은 대체로 65세에서 75세까지의 노인층으로서 직업 활동에서의 경쟁보다는 삶의 성취와 자아실현을 중심에 두고 소비활동도 왕성하다면, 제4 연령기는 80세 이후의 노인층으로서 건강상태와 생물학적 상태의 쇠퇴로 특징지어진다. 고령 사회에서 제3 연령기 노인들을 대상으로 한 보건의료, 사회보장, 평생교육, 문화 프로그램 등을 비롯한 노인 정책이 이루어져야

20) C. Overall, "How Old is Old? Changing Conceptions of Old Age", in: G. Scarre (ed.), *Palgrave Handbook of the Philosophy of Aging* (London: 2016), p. 13 이하 참조.

하는 것이 분명하지만, 제4 연령기 노인층의 문제도 매우 중요하다.[21] 이 글에서는 이 제4 연령기 고령 노인층 중에서도 노쇠를 체험하고 죽음을 생각하게 되는 연령의 사람들부터 실제로 죽음을 목전에 둔 노인들과 점점 인생의 종기로 가까이 다가가면서 신체적·정신적 노쇠로 인해 타인의 보살핌에 점점 더 많이 의존하게 되는 노인들을 염두에 두고 고령 노인의 존엄성 문제를 다루기로 한다.

이 제4 연령기의 고령 노인에 대한 부정적 고정관념은 매우 강력하다. 나날이 징그러워지는 외모, 하나둘씩 망가져서 성한 곳이 없는 몸뚱이와 고통으로 점철된 하루하루, 소득 감소와 사회적 열등감, 자신의 뜻을 표현하고 유의미한 활동에 참여해 인격체로서 인정받을 기회를 박탈당한 소외감, 괴팍함, 홀로 살아가거나 시설로 보내져서 투명인간 취급을 받거나 복용한 약으로 인해 늘 비몽사몽인 상태, 불쾌한 몸 냄새 등이 그런 이미지이다. 그러나 제4 연령기라는 구분 자체가 이런 고정관념에서 나온 것이어서, 사회적 낙인을 찍고 차별하는 용어라는 비판은 설득력이 있다.[22] 이런 점을 고려해볼 때 위에서 서술한 고령 노인에 대한 고정관념은 고령 노인의 불변의 속성이라기보다는 그 사회의 보건복지 정책에 따라 좌우되는 가변적 속성이라고 해야 할 것이다.

(2) 고령 노인의 존엄성: 생애주기 고려하기

고령 노인의 존엄성에 관한 논의에서 통상적인 답변은 고령 노인도 인간으로서의 존엄성을 갖는다는 것이다. 이런 답변의 문제점은 무엇일까? 일반적으로 인간의 존엄성에 대해 말할 때, 한 개인의 합리적 판단 능력과 실천 능력이 최고도로 올랐을 장년의 인생 단계에 고유한 인간 존엄성을 원형의

---

21) P. Laslett, *The Fresh Map of Life: the Emergence of the Third Age* (Cambridge/Mass.: 1991), p. 3 이하.

22) C. Gilleard and P. Higgs, "Aging without Agency: Theorizing the Fourth Age", *Aging and Mental Health* Vol. 14(2) (2010), pp. 121-128.

이미지로 상정한다. 그런데 한 개인의 삶이 겪어가는 다양한 단계에 고유한 존엄성을 해명하지 않고서는 성인과는 다른 어린 아이의 인간 존엄성이나 고령 노인의 인간 존엄성을 정확하게 포착하기는 어렵다.[23]

　생애주기를 고려한다는 것은 고령 노인의 존엄성을 다룰 때 인간의 삶이 '상향-정점-하향의 궤적'(생-노-병-사)을 거친다는 점을 고려할 필요가 있다는 점을 함축한다.[24] 이렇게 보면, 고령 노인의 인간 존엄성을 고찰할 때 취할 수 있는 두 가지 접근법이 있다. 하나는 인간의 존엄성은 불변이고 상수여서 인간이 어떤 상황에 있든, 어떤 인생 단계에 있든 상실되거나 감소될 수 없는 것으로 파악하는 접근법이다. 다른 하나는 고령 노인들이 처한 사회적 관계에 따라 인간 존엄성이 유지될 수 있거나 유지될 수 없거나 하는 침해 가능한 속성으로 파악하는 접근법이다. 첫 번째 접근법에 따르면, 인간 존엄성의 '유지'보다는 인간 존엄성을 존중하고 침해하지 않게 국가나 제3자가 행동하는 방식에 주안점을 두게 된다. 두 번째 접근법은 당사자들의 인간 존엄성 '유지'에 주안점을 두고, 국가나 제3자의 인간 존엄성 증진의 정책과 조치에 주목한다. 그래서 인간 존엄성이 상실되거나 무시되고 침해되는 상황과 조건을 강조한다.[25]

　인간 삶 그 자체의 존엄성과 그 전반적 궤적에서 시작해서 삶의 각 단계 국면에 특유한 존엄성을 동시에 포착하려는 견해는 두 가지 렌즈의 관점으로 인간 존엄성의 존중과 유지를 동시에 보장하려고 한다. 고령 노인의 인생 단계 국면의 특유한 존엄성 요소와 측면이라는 렌즈와 인간 존엄성의 일반적 요소와 측면이라는 렌즈를 결합해서, 일종의 '쌍안경'으로 고령 노인의 인간 존엄성을 고찰하자는 것이다.[26] 이런 방법은 고령 노인의 인간 존

23) J. Waldron, "The Dignity of Old Age", *New York University School of Law Public Law & Legal Theory Research Paper Series Working Paper* No. 17-41 (2017), pp. 1-32, 특히 p. 7 이하 참조.
24) J. Waldron, *One Another's Equals*, p. 127 이하 참조.
25) R. Woodruff, "Aging and the Maintenance of Dignity", p. 229.

엄성뿐만 아니라, 어린 아이의 인간 존엄성, 청소년의 인간 존엄성, 장애인의 인간 존엄성, 환자의 인간 존엄성, 난민의 인간 존엄성 등에도 적용해 볼 수 있으리라 생각한다.

2. 고령 노인의 인간 존엄성 존중: 세 가지 측면

이하에서는 인간 존엄성을 존중한다는 것의 의미를 자율성과 자기결정능력의 보호와 유지/증진, 정체성의 보호와 유지, 취약성을 부당하게 공격하여 인간에게 고통을 가하는 각종 행위로부터의 보호라는 세 측면과 요소에서 접근하여 고찰하고 고령 노인의 존엄성을 그에 비추어 해명하고자 한다.

(1) 고령 노인의 자기결정능력 존중과 관계 의존성 존중

우리는 스스로가 삶의 주인이 되어 삶의 서사를 써나가고 고유한 색깔로 채워나가는 것을 매우 중요하게 생각한다. 선택을 통해 학습하면서 결정을 내리는 법을 익혀가므로 선택의 결과만큼이나 선택 과정도 중요하게 여긴다. 선택 과정 자체가 인생 계획을 스스로 설계하고 실현해갈 능력이 있음을 느끼고 체험하는 과정이며, 삶에 의미를 부여하고 자신만의 삶의 무늬를 직조해 가는 과정이기 때문이다. 인간은 이성적인 선택을 하고 그 선택을 책임질 수 있는 능력이 있으며, 자신이 믿는 가치들에 입각해서 옳고 좋은 결정을 내리는 데 관심을 두는 독립된 개별적 인격체라는 점은 그 누구도, 그 어떤 철학이나 교리라도 합리적으로는 부정할 수 없는(이를 부정하면 건전한 상식과 이치에 반하여 비합리적일 수밖에 없는) 자명한 가치이자 원리이다.

그런데 자율적 능력이 최고도에 달한 장년성인의 결정과 삶에 담긴 존엄

---

26) 이러한 발상은 J. Waldron, "The Dignity of Old Age", pp. 7-8에서 개진된 견해를 수용한 것이다.

성의 요소로만 다 해명할 수 없는 고령 노인의 존엄성이 있음은 분명하다. 노인들도 인간 존엄성의 주체라는 점에는 그 어떤 의문도 없다. 인생의 종기에 가까운 사람들도 여전히 인간이므로 고유한 인간 본래의 존엄성을 보유한다. 하지만 통상적인 삶의 방식과 경로에 대한 노인들의 소망을 최대한 존중해야 한다고 말할 때 우리는 진정으로 무엇을 말하고 있는 것일까? 40-50대 성인의 존엄성과는 다른 유형의 자율성을 갖고 있다는 것일까? 아니면 고령 노인들의 존엄성에는 자율성 외의 다른 존엄성 요소가 더 중요하다는 것일까?[27]

이런 물음이 의미 있게 와 닿는다는 것은 인간 삶 단계에 특유한 인간 존엄성의 요소를 깊이 들여다보아야 한다는 점을 보여준다. 인생의 다른 단계와 마찬가지로 노년도 여러 모습을 가지며 다양하다. 인간의 존엄성도 자율성 능력이나 합리성이라는 단일 속성만으로 설명할 수 없듯이, 노년의 한 측면만을 가지고서 그 존엄성의 기반을 삼을 수 없다. 그렇다면 노년의 여러 특징들과 능력들을 상호 연관 지워서 노년의 인간 존엄성을 설명할 필요가 있지 않을까 싶다. 이제 의존성과 상호관계의 측면에서 자율성을 검토함으로써 고령 노인의 자율성 문제에 접근해 보도록 하자.

앞에서 설명했던 자율성의 두 측면인 사적 자치와 공적 자치라는 자율성의 능력은 갑자기 개인에게 주어지는 것이 아니며 애초부터 개인이 가지게 된 것도 아니다. 잠재력이라는 측면에서 설명을 할 수도 있지만, 실제의 인간을 보면 아주 어린 아기 때부터 타인에게 의존하면서 타인과의 관계 속에서 인간적 능력이 발현되고 자라난다. 자율성 능력 또는 역량의 발생과 형성 과정에 주목하면, 자율성은 타인과 관계를 맺으면서 타인에 의존함으로써 발생하고 형성된다는 점이 부각된다.[28]

이런 점에서 자율성은 비의존성 또는 독립성의 관점에서만 해석할 것은

---

27) 이런 문제의식은 J. Waldron, "The Dignity of Old Age", p. 10 참조.

28) J. Nedelsky, *Law's Relations: A Relational Theory of Self, Autonomy, and Law* (Oxford: 2010), p. 30.

아니고, 타인과의 관계맺음과 타인에의 의존을 자양분으로 삼아 자율성이 형성된다는 견해는 경청할 만하다. 모든 개인은 일련의 생물학적 자질을 가지고 태어나지만, 주어진 환경 속에서 사회적으로나 심리적으로 성장하고 부모와 또래들과 문화의 영향을 깊이 받으면서 서서히 성숙해 간다는 점에서 모두 나름의 역사를 자신 속에 지니고 있다는 것이다.[29]

우리의 언어 능력은 타고나는 것이지만, 타인에 의존해서 그리고 타인과의 관계 속에서 습득된다. 우리 인간의 인지 능력과 판단 능력 또한 타인의 관점을 수용할 능력을 필요로 한다는 점에서 타인에 의존하고 타인과 관계를 맺으면서 형성되고 발전된다. 자율성 능력도 이와 마찬가지의 메커니즘 하에서 발생하고 형성된다. 자율성 능력이 감소되었을 때 사람들은 타인에게 의존하는 것이 아니라, 자율성 능력 자체가 타인에 의존함으로써 비로소 발생하고 형성된다는 것이다. 그렇다면 상호 의존과 관계맺음은 자율성 능력을 구성하는 본질적 요소라고 하지 않을 수 없다. 이렇게 타인에의 의존과 타인과의 관계 속에서, 그리고 사회적 실천들과 사회문화적 제도 속에서 자율성 능력과 기예들을 습득하면서 개인들이 자율성을 갖추어 간다는 점[30]에 비추어보면 인간 존엄성을 관계적 측면에서 고찰하는 편이 훨씬 설득력이 있어 보인다.

의존과 관계 속에서 발생하고 형성되는 자율성 능력이 인간 존엄성의 기초로서 중요하게 여겨진다면, 관계의 관점으로 접근할 때 인간 존엄성의 복합적 측면이 제대로 포착될 수 있을 것이다.[31] 관계의 측면에서 자율성을 파악하는 관계적 자율성(relational autonomy) 이론은 자율성 능력(또는 잠재력)의 보유보다는 타인과의 관계 속에서, 또한 사회적 제도의 틀 내에서 자

---

29) G. Dworkin, *The Theory and Practice of Autonomy* (Cambridge: 1988), p. 20.

30) J. Nedelsky, *Law's Relations: A Relational Theory of Self, Autonomy, and Law*, p. 30 이하.

31) 관계적 자율성 이론에 관한 개관은 송윤진, "의료적 의사결정에서 자율성 능력 모델의 한계와 그 대안의 필요성", 법철학연구 19-3(2016), 45-88면.

율성이 자라나고 유지되기도 하고 감소되고 침해되기도 하는 면에 주목한다. 자율성을 증진하기도 하고 침해하여 감소시키기도 하는 관계의 구조와 특성에 주목하면, 자율성 증진 여건과 자율성 침해 여건은 인간 존엄성에서 매우 중요한 문제가 된다.

관계적 자율성의 관점은 자율성과 자기결정능력을 인간 존엄성의 핵심 요소로 받아들이되, 자율성과 자기결정능력이 현실에서 실현될 수 있게 자율성의 여건을 보호하고 증진하는 방향으로 존엄성 논의의 물꼬를 튼다.[32] 타인에 의존하는 사람들(아이, 장애인, 고령 노인 등)의 자율성 능력 유지와 증진이라는 측면에서 인간 존엄성의 이상을 실현할 수 있게 하겠다는 발상이다.[33] 이 관계적 자율성의 관점은 고령 노인의 존엄성을 해명하는 데도 적절한 이론적 관점이라고 하겠다.

사회적 존재로서의 인간이라는 점을 고려할 때 자신과 주위 세계와의 경계를 설정하는 자율성 능력뿐만 아니라, 자율성의 유지와 증진에 필수적인 좋은 관계를 창출하고 유지하는 것도 인간 존엄성의 주요 요소이다. 고령 노인의 인간 존엄성 문제를 다룰 때, 관계맺음의 질을 강조해야 하는 것도 이런 이유에서이다. 노인들의 존엄성 인식을 실증적으로 연구한 결과들도 가족과의 관계, 친구들과의 관계, 각종 공동체 내의 관계가 노인들의 존엄성 유지에 매우 중요한 역할을 한다는 점을 제시하고 있다.[34]

---

32) G. J. Agich, *Dependence and Autonomy in Old Age: An Ethical Framework for Long-term Care* (Cambridge: 2003), p. 13. 그리고 마찬가지의 입장은 J. Nedelsky, *Law's Relations: A Relational Theory of Self, Autonomy, and Law*, p. 13 이하.

33) 이런 재구성 전략은 G. J. Agich, *Dependence and Autonomy in Old Age*, p. 39 이하 참조. 또한 김도현, 장애학의 도전(오월의봄, 2019), 301면 이하.

34) 가령 G. Woolhead et al., "Dignity in older age: What do Older People in the United Kingdom think?", *Age and Ageing* Vol. 33(4) (2004), p. 165 이하 참조; T. Bayer et al., "Dignity: The Voice of Older People", *Quality in Ageing* Vol. 6(1) (2004), p. 22 이하 등 참조.

앞에서 인간 존엄성의 기초로서 두 가지 기본능력 집합을 서술한 바 있다. 하나는 사회적 상호작용 과정에서 발휘하는 기본능력이었고, 다른 하나는 자기 삶의 인생계획을 꾸리고 추구할 수 있는 기본능력이었다. 인간 존엄성의 유지라는 관점에서 보면, 이 두 가지 기본능력의 계발과 행사를 위해 반드시 각 개인이 갖추어야 할 추가의 필수 역량들이 있다. 인간존엄의 기본 능력을 유지하고 발현하는 데 필수적인 역량 목록을 마사 누스바움(M. Nussbaum)의 견해를 예로 삼아 정리해보자면 다음과 같다.[35]

① 생명의 역량: 보통의 정상적인 수명대로 삶을 영위할 수 있을 것
② 신체 건강의 역량: 건강한 신체를 유지하고, 적절한 영양을 섭취하고, 주거가 있을 것
③ 신체 온전성 역량: 이동의 자유가 있고, 성적 만족을 누릴 기회를 가지고, 생식 여부를 결정할 수 있고, 신체에 대한 침해들로부터 안전할 것
④ 감각 역량, 상상력, 사유 역량: 느끼고, 상상하고, 생각하고, 추론할 수 있을 것, 그렇게 되게끔 교육 받을 수 있을 것
⑤ 정서적 역량: 사랑하고, 슬퍼하고, 열망과 감사와 타당한 분노를 느낄 수 있을 것
⑥ 인생계획 수립 및 추구 역량: 어떻게 살아야 하는지에 관한 나름대로의 견해를 형성하고 자기 인생 계획에 대하여 비판적으로 성찰하여 변경할 수 있을 것
⑦ 관계맺음의 역량:
　ⓐ 타인과 함께 살고, 다른 사람들을 인정하고 그들에 대한 관심을 보일 수 있는 역량
　ⓑ 자신을 존중할 수 있고 비하당하지 않을 사회적 기반이 있을 것, 동등한 존엄성을 가진 존재로서 대우받을 수 있을 것
⑧ 다른 생물종 및 자연에 관심을 쏟으면서 적절하게 관계를 맺고 살아갈 역량
⑨ 여가 역량: 웃고, 놀고, 여가생활을 즐길 수 있을 것

---

35) 마사 누스바움, 역량의 창조(돌베개, 2016), 44면 이하 참조. 또한 M. Nussbaum, "Human Dignity and Political Entitlements", in: B. Lanigan, *Human Dignity and Bioethics* (New York: 2008), pp. 245-264, 특히 p. 249 이하 참조.

⑩ 정치적 자율성 역량과 경제적 자율성 역량:
　ⓐ 정치적 차원의 자율성 역량: 자신의 인생과 삶에 큰 영향을 미치는 정치적
　　선택과정에 참여할 수 있는 역량
　ⓑ 경제적 차원의 자율성 역량: 재산을 보유할 수 있는 기회를 누리며, 부당한
　　차별 없이 구직활동을 할 수 있고, 영장 없는 수색과 체포로부터 자유로워
　　서 인신과 사유재산을 보호할 수 있을 것

　위의 역량들 중에서 고령 노인의 자율성 및 자기결정능력과 관련해서 보
자면 ③, ④, ⑤, ⑦, ⑨의 역량이 큰 관련성을 가질 것으로 보인다.

(2) 정체성의 존중

　인간 존엄성의 기초로서 두 가지 자율성 기본능력이 중요하다고 여겨지
는 까닭은 각 개인이 자기 나름대로의 유의미한 삶을 영위할 수 있게 한다
는 데 있다. 유의미한 삶이란 무엇인가? 자신이 바라는 바와 소중하게 생각
하는 가치에 따라 선택하고 결정하면서 자신의 삶에 나름대로의 의미를 부
여하는 삶이다.36) 유의미한 삶의 영위라는 관점을 배경으로 할 때, 자율성
과 자기결정능력이 인간 존엄성의 토대이자 핵심 요소라는 견해의 요점이
분명하게 드러난다. 각국의 헌법과 법률에서도 이 자기결정능력을 인간 존
엄성의 핵심으로 간주하는 것도 바로 이런 맥락에서이다.

　우리는 모든 선택과 결정을 똑같이 중요하게 생각하지는 않는다. 보통
우리 대부분은 유의미하고 살만한 가치 있는 삶으로 여기는 자기만의 핵심
가치관을 가지고 있으며, 이에 비추어서 어떤 선택과 결정들은 특별히 자신
에게 중요하다고 여긴다. 자신의 핵심 가치관과 인생계획에 실질적 관련성
을 가지며 중요한 의의가 있는 선택과 결정들을 할 때 우리는 자긍심을 가
지게 되고, 그런 선택과 결정으로 이루어진 삶을 자신의 삶으로 여기에 된
다. 외부와 타인의 강제나 압박으로 그런 선택과 결정을 못하게 되거나 그

---

36) R. Woodruff, "Aging and the Maintenance of Dignity", p. 230 이하.

능력을 발휘하지 못할 때 자신의 삶이 훼손당했다는 느낌을 갖게 된다. 개인의 정체성을 이루는 핵심 영역이 침범 당했다고 여기기 때문이다.[37] 이런 현상은 자율성과 자기결정능력이 개인의 정체성과 깊은 연관성이 있음을 보여 주는데, 개인의 정체성은 어떤 삶이 자기에게 유의미한 삶인지를 말해주는 가치관과 인생계획에 의해 대체로 정해지기 마련이다.[38]

이렇게 보자면, 인간 존엄성의 두 번째 측면과 요소는 개인적 정체성의 형성과 유지에 있다. 우리 인간은 자신이 스스로 설정한 목표나 목적을 추구하고 실현하고, 사회적 관계를 맺고 유지하면서 그 속에서 삶을 영위한다. 자아에 대한 나름의 상, 세계와 자신의 관계에 대한 상 위에서 우리는 자신의 삶에 의미를 부여하고 자기 삶의 서사를 자신만의 의미와 무늬로 써간다. 여기에는 자신만의 심층적 가치지향 위에서 쌓아 올린 경험, 성취, 관계 등이 모두 어우러져 작동하고 담겨 있다. 자기만의 개성과 정체성을 형성하고 이 정체성을 인생 전반에 걸쳐 유지해 가는 것은 인격적 통일성(integrity)과도 깊은 관련이 있다.[39] 각 개인이 나름대로의 유의미한 삶을 창조하고 영위하는 것이 인간 존엄성의 중요한 요소라고 보면, 개인적 정체성의 형성과 유지를 인간 존엄성의 두 번째 측면과 요소라고 평가할 수 있다.

가령 학자로서 나는 나의 가치관과 인생계획 중에서 문헌들을 읽고 사유하고 연구하면서 논문과 책을 저술하며 강의하는 것을 중심으로 삼는다. 이렇게 파악한 학자로서의 개인적 정체성에 비추어서 실질적 관련성이 있고 중요하다고 생각하는 선택과 결정들을 자율적으로 내리면 나는 유의미한 삶을 살아간다고 스스로 평가한다. 그 이외의 영역에서는 나는 타인의 선택과 결정과 노동과 도움에 의존하지 않을 수 없지만, 그런 의존이 나의 존엄

---

37) R. Woodruff, "Aging and the Maintenance of Dignity", p. 232.

38) C. Mackenzie and N. Stoljar (ed.), *Relational Autonomy* (New York: 2000), p. 17.

39) R. Woodruff, "Aging and the Maintenance of Dignity", p. 234.

성을 감소시키지는 않는다. 그런 상호 의존과 도움이 없이 학자로서의 내 정체성과 관련된 영역에서 유의미한 삶을 꾸려가기는 어렵기 때문이다.[40] 이는 자율성과 정체성이라는 인간 존엄성 요소에서 타인과 관계 맺으면서 타인에게 의존한다는 점이 중요한 역할을 한다는 점을 보여준다. 타인과 관계 맺으면서 의존한다는 점이 반드시 자율성을 감소시키는 것이 아니라는 말이다.

이렇게 보면 사람들을 존엄성으로써 대우하라는 사상은 개개인이 스스로를 표현하고 남에게 자신을 표현하는 것 역시 존중받아야 한다는 견해와도 연결된다. 타인 앞에서 품위 있는 자기 이미지를 유지하고 그렇게 자신을 내보이는 능력을 가지며 또 실제로 그럴 수 있음은 동서고금을 막론하고 존엄성의 주요 부분으로 여겨져 왔다. 그렇기에 시설에 수용되거나 구금된 사람들을 모욕적으로 취급하는 처우를 절대 금지하는 인권법들의 규정들은 바로 이 점을 강조한다.[41] 마찬가지로 노인들이 다른 사람들 앞에서 스스로를 꾸미고 가다듬은 자세로 자기표현을 할 능력이 있음에 주의를 기울여서 그런 능력이 유지되고 발현될 수 있게 하는 것이 고령 노인의 존엄성 존중에서 매우 중요한 부분이라고 하겠다.

노인들 각자가 살아오면서 겪었던 고난과 극복의 경험들이 있다. 노인들이 자기 삶을 되돌아보면서 무엇이 중요했고 중요하지 않았는지, 삶에서 무엇이 진정한 문제이고 아닌지를 알게 되는데, 이런 경험에서 우러나온 통찰력을 인정받는 것은 노인의 존엄성 유지에 필수적이다. 이런 점을 진지하게 고려한다면 고령 노인의 존엄성을 보호하고 증진하려면 노인들의 삶을 통

---

40) J. Nedelsky, *Law's Relations: A Relational Theory of Self, Autonomy, and Law*, p. 39.

41) 이와 관련한 국제인권법의 전반적인 개관에 관해서는 A. Masferrer and E. Garcia-Sanchez, "Vulnerability and Human Dignity in the Age of Rights", in: A. Masferrer et al. (ed.), *Human Dignity of the Vulnerable in the Age of Rights* (Springer: 2016), pp. 1-24.

해 형성되어 온 개별적 정체성과 가치관이 존중받게끔 배려하는 것이 매우 중요하다는 결론에 이르게 된다.[42] 생애주기의 측면과 인간 존엄성 존중을 연결한다는 발상에서 보자면, 아동의 경우 자율성과 자기결정능력을 함양하는 측면이 강조되고 성인의 경우에는 자율성과 자기결정능력의 발휘와 행사 측면이 강조된다. 이와 비교하여 노인의 경우 정체성과 자존감을 유지하는 측면이 더욱 강조되어야 하지 않을까 싶다.[43] 생애주기에 따라 인간 존엄성이 가지는 독특한 속성과 내용을 분별해낼 수 있다면, 고령 사회에서의 고령 노인의 인간 존엄성 문제를 해명하는 데 기여를 할 수 있지 않을까 생각해본다. 생애주기와 인간 존엄성을 결합해 보면, 고령 노인의 특수성을 고려하여 '존엄하게' 대우하는 것이 중요하다는 인식으로 이어진다. 이는 특히 고령 노인들이 타인에 의존해서 살아가게 되는 취약한 상황에서 존엄성이 존중 받고 유지되도록 각별하게 배려하는 정책적 요청과 결부되면서 고령 노인의 취약성에 주목하게 만든다.[44]

(3) 몸을 가진 존재로서의 취약성 존중: 취약성의 세 차원

인간 존엄성의 세 번째 요소는 인간의 취약성이다. 너무도 당연한 말이지만 인간 존재는 몸을 가진 존재이다. 몸을 가졌다는 것, 육체적 존재라는 것은 존재론적으로나 규범적으로 중요한 함의를 담고 있다.[45] 근대의 과학과 의학은 몸을 사물이나 객체 또는 일종의 '신체기계'로 파악하였고, 노인의 신체와 질병에 대한 의학적 연구도 그런 관점에서 이루어져 왔다. 철학

---

42) J. Waldron, "The Dignity of Old Age", p. 20.

43) <고령사회의 법적 과제> 학술대회 발표 당시 공두현 교수님의 논평을 수용한 것이다. 귀중한 논평을 해주신 공두현 교수께 감사드린다.

44) 이런 문제의식에서 이원론적 또는 두 가지 층위의 인간 존엄성 모델(two-tired model of dignity)을 구성해보려는 R. Woodruff, "Aging and the Maintenance of Dignity", p. 230.

45) A. Masferrer and E. Garcia-Sanchez, "Vulnerability and Human Dignity in the Age of Rights", p. 2 이하.

의 영역에서도 인간의 주체성이나 자율성을 자기의식의 측면에만 주목해서 몸을 가진 존재로서의 인간에 대해 깊은 고찰을 하지 않아 왔다.[46] 후설(E. Husserl)과 메를로-퐁티(M. Merleau Ponty)의 현상학적 통찰력을 수용하고 발전시켜 최근에 와서야 몸을 가진 존재라는 의미와 중요성에 일부 철학자들이 눈을 돌려 인식 능력과 상상력과 추론 능력과 같은 위상의 상위 기능 작용과 의미를 몸에 부여하게 되었다.[47] 인간은 '체험하는' 존재이고, 당연히 체험은 몸으로 이루어진다. 인간 존엄성의 토대를 모든 개인 각각의 나름대로의 주체성과 개별성에서 찾을 수 있다면, 그 주체성과 개별성은 '살아 가는 몸'(lived body)이 체험하는 것들에서 출발하고 형성된다. 사람이 자고 있을 때도, 심지어 코마 상태에 빠져 있을 때도, 몸은 여전히 체험하고 '의미를 구성'하고 있다. 이렇게 본다면, 의식 능력과 자율성 능력이 현저히 감소한 상태의 인간도 존엄성을 갖는다는 결론을 내릴 수 있을 것이다. 생명의료윤리 영역에서 인간의 몸에 대한 각종 침습에 대해서 존엄성의 이름으로 제약을 가하고 있는 것도 이런 측면에서 이해할 수 있다.[48]

몸을 가진 육체적 존재로서의 인간은 생성-변화-쇠퇴-죽음의 경로를 밟고 여러 위험과 고통에 취약성을 갖는 존재라는 점에 주목해보자. 타인과의 관계 속에서 신체적 공격과 정신적·심리적 공격으로 상해를 입고 고통받는다는, 우리 인간이 피할 수 없는 이 숙명적 취약성을 특별히 인간 존엄성이라는 강력한 도덕적 요청과 규범으로 보호하려는 것이 제2차 세계대전 이후 발전된 각종 국제인권협약과 국제인권법의 기본 정신이다.[49] 빈곤,

---

46) P. Becci and R. F. Tibaldeo, "The Vulnerability of Life in the Philosophy of Hand Jonas", in: A. Masferrer et al. (ed.), *Human Dignity of the Vulnerable in the Age of Rights*, p. 81 이하 참조.

47) H. Jonas, *The Phenomenon of life: Towards a Philosophical Biology* (New York: 1966). 또한 M. Johnson, *The Body in the Mind: The Bodily Basis of Meaning, Imagination, and Reason* (Chicago: 1987).

48) J. Bullington, "Being Body: The Dignity of Human Embodiment", in: L. Nordenfelt (ed.), *Dignity in Care for Older People* (Oxford: 2009) p. 54 이하 참조.

차별, 모멸, 비하, 강제노역과 착취, 고문, 강간, 폭행, 집단학살 등을 방지하고 이로부터의 안전을 보장하겠다는 인권 사상은 바로 인간의 이런 취약성을 중심에 두고 있다. 우리가 기본적 인간 존엄성이라고 말할 때, 인간으로서의 공통된 속성 중에서 인간 누구에게나 보편적인 이런 취약성을 염두에 둔 것이라고 생각한다. 따라서 인간 존엄성의 세 번째 요소와 측면은 인간의 공통된 취약성 보호라고 하겠다.

육체적 존재로서 인간은 누구나 취약하다. 인간이라면 누구나 숙명적으로 지니는 이 존재론적 취약성(ontological vulnerability)의 문제는 관계적 자율성의 기본적 여건이면서 동시에 행사와 실현에 장애물이기도 하다.[50] 그런 점에서 인간의 취약성은 관계적 측면에서 인간 존엄성을 파악할 때 반드시 고려해야 할 요소이다. 아주 어린 아기에게도 인간 존엄성은 부여된다. 이처럼 스스로를 돌볼 수 없는 취약한 인간 존재들에게 인간 존엄성이 부여된다는 것은 이들을 어떤 상황에서도 존중하라는 엄중한 명령을 발하고 있음을 함축한다. 너무도 무력하여 항상 타인의 도움과 돌봄을 필요로 하는 어린 아이들도 개인적 존엄성을 박탈당할 수는 없다. 인간의 존엄성이 의미하는 바는 바로 취약한 상황에 처한 이들을 향한 특별한 관심과 존중을 보장하라는 요청으로 집약된다. 일반화해서 말하자면, 취약한 이들은 달리 보호받을 길이 없을 것이므로 인간 존엄성이라는 강력한 의무론적 내용을 담은 규범적 가치를 원용하여 이들을 보호해야만 한다는 것이다. 저항하기에는 너무도 연약한 사람들을 보호할 규범적 장치는 바로 인간 존엄성이라는 강력한 의무론적 규범이다.

개인이나 집단이 처한 취약성은 세 차원으로 구별해 볼 수 있다.[51] 우선,

---

49) R. Andorno, "Is Vulnerability the Foundation of Human Rights?", p. 257

50) A. Gear, *Redirecting Human Rights: Facing the Challenge of Corporate Legal Humanity* (Palgrave: 2010), p. 112 이하 참조.

51) 이 구분은 M. A. Fineman, *Vulnerability: Reflections on a New Ethical Foundations for Law and Politics* (London: 2016), p. 20. 또한 C. Mackenzie,

인간이면 누구나 보편적으로 가지는 인간 본래의 취약성(inherent vulnerability)이 있다. 이 보편적 취약성에 사람들의 상호 의존성이 뿌리를 두고 있고, 바로 이 취약성으로부터의 안전을 확보하기 위해 기본적인 인간 존엄성 보호 요청이 등장했음은 앞에서 살펴본 바 있다. 노인과 관련해서 말해보자면, 인간이 노령화되면 반드시 생겨나는 취약성이 있다. 이에 대한 대책으로 노령자의 취약성에 맞춘 사회보장 정책이 필요하게 된다.

둘째, 각 개인들 또는 집단이 처한 상황적 맥락에서 기인하는 취약성이다. 이 상황적 취약성(situational vulnerability) 유형은 앞의 인간이면 누구나 처하는 인간 본래의 취약성과는 달리 특정 관계에 처한 개인들 또는 사회집단에게만 현저하게 나타난다. 의료기관과 환자, 학교와 학생, 군대와 군인, 교도소와 재소자, 고용주와 피고용인 등의 관계에서 나타나는 취약성들이 그 예이다.[52]

셋째, 상황에 기인하는 취약성의 하위 범주로서 사회구조적 부정의에 기인한 취약성(pathogenic vulnerability)이 있다. 한 사회에 뿌리 깊이 박혀 있고 만연한 사회적 편견 및 낙인, 제도적·비제도적 차별, 사회적 불평등이나 정치적 억압 또는 사회적 지배예속 관계와 같은 사회적 부정의로 인해 다른 사회집단들이나 개인들보다 특정 집단이나 개인들에게 발생하는 취약성이다.[53] 예를 들어서, 난민수용소의 난민신청자 A가 정신질환을 겪고 있다고 하자. 질병이나 스트레스로 아프거나 정신질환을 겪는 것은 육체적 존재인 인간 누구에게나 발생할 가능성이 있는 취약성이다. 물론 A의 유전적·생물학적 요인 때문에 다른 난민신청자들과는 달리 유달리 질병에 잘

"The Importance of Relational Autonomy and Capabilities for an Ethics of Vulnerability", in: C. Mackenzie et al. (ed.), *Vulnerability: New Essays in Ethics and Feminist Philosophy* (Oxford: 2014), p. 35 이하.

52) C. Mackenzie, "The Importance of Relational Autonomy and Capabilities for an Ethics of Vulnerability", p. 36.

53) C. Mackenzie, "The Importance of Relational Autonomy and Capabilities for an Ethics of Vulnerability", p. 37.

걸릴 수도 있다. 여기까지는 인간의 본래적 취약성 범주에 속한다. 그런데 A는 난민수용소라는 상황 속에 있음으로써 비로소 생기는 취약성, 그렇지 않았더라면 처하지 않을 취약성 아래 놓이게 된다. 난민신청자라는 특수한 처지와 난민수용소라는 상황에서 비롯된 취약성은 두 번째 범주의 상황에 기인한 취약성이다. 그런데 A는 왜 난민이 되었을까? A 고국의 정치적 박해 등의 사회적 불의 때문이라면, A와 같은 난민신청자들이 처하게 된 취약성은 고국의 사회구조적 부정의에서 비롯된 것이다. 그리고 난민신청을 한 나라의 법제도나 사회적 편견과 차별 등이 더해져서 생겨난 것일 수도 있다. 그렇게 되면 A의 취약성은 세 번째 범주의 취약성도 포함하게 된다.[54]

특정 사회관계나 상황 속에 놓인 개인이나 사회집단이 처할 이 두 번째와 세 번째 범주의 취약성은 실제로 발생하는 것일 수도 있고, 아니면 실제로 발생하지는 않았을지라도 언제라도 발생할 잠재적 경향(위험성)을 가진 것일 수도 있다. 따라서 취약성으로부터의 안전한 보호를 통해 인간 존엄성을 존중하는 정책과 법제는 '실제로 발생한 취약성'(occurrent vulnerability)에 대처하면서도, '발생할 경향성이 크고 발생 위험성이 높은 취약성'(dispositional vulnerability)을 예방하는 데도 주목해야 한다.[55]

고령 노인의 존엄성 문제에 접근할 때 특히 의존성과 취약성의 측면을 고려하지 않을 수 없다. 고령 노인들은 쇠약해지면서 타인의 돌봄에 점점 더 의존해 가기 때문이다. 전 생애를 통해 독립성과 자립성을 높게 평가해 온 사람조차 나이가 들면 타인의 돌봄에 의존한다는 운명을 벗어나기 어렵다. 비의존성 또는 독립성을 자율성의 핵심 가치로 삼는 서구 문화에서, 그리고 이를 수용하여 점점 더 그렇게 바뀌어 가는 한국 사회의 문화에서 타인에게 전적으로 의존할 수밖에 없다는 것은 자신의 존엄성이 격하되는 것

---

54) 이 예는 C. Mackenzie, "The Importance of Relational Autonomy and Capabilities for an Ethics of Vulnerability", p. 38.

55) C. Mackenzie, "The Importance of Relational Autonomy and Capabilities for an Ethics of Vulnerability", p. 39.

처럼 느껴질 것이다. 특히 미적 측면에서의 자기관리를 강조하는 사회에서는 더욱 그러하다.

스스로 일어날 수도 없고, 식사를 할 수도 없고, 씻을 수도 없고, 용변을 볼 수도 없는 처지에서 느끼는 존엄성의 상실감은 엄청나다. 노인들의 기본적 존엄성을 존중한다는 것은 바로 이 의존 상태에 대한 부정적 인식을 불식시켜야 한다는 점을 함축한다. 의미 있는 삶을 영위한다는 것이 자율성에 담겨 있는 중요한 가치이고 이것이 존엄성의 기본을 이루고 있다면, 스스로 움직이고 식사하고 씻는다는 비의존성의 중요성은 덜 강조되어도 좋지 않을까? 남에게 의존하지 않고 독립해서 홀로 생활을 유지한다는 것이 고령 노인의 존엄성의 핵심으로 여겨지면, 오히려 고령 노인에 대한 사회적 낙인과 차별의 원인으로 작용하게 될 것이다.[56) 고령 노인 대부분이 그런 처지에 있지 못하기 때문이다. 아동과 노인 모두 의존성이 있지만, 아동의 경우 자기인식이 발달하는 단계와 의존도가 낮아지는 단계가 함께 진행되는 반면, 노인의 경우에는 치매 등 정신적 건강, 와병 등 신체적 건강의 상태에 따라 의존도가 강화된다는 차이가 있다.

그런데 노인들은 단지 의존하는 존재만은 아니다. 돌보아 주는 사람들의 무시와 학대에 매우 취약하기도 하다. 그렇다면 고령 노인에 특유한 취약성으로부터 고령 노인을 보호해야 한다는 점이 고령 노인의 존엄성 존중에서 매우 중요한 고려사항이 될 것이다. 앞에서 취약성을 인간 본래의 존재론적 취약성과 특정 집단의 사람들이 처한 상황에서 발생하는 취약성으로 구분하였다. 고령 노인이 처한 상황적 취약성은, 예를 들어 병원이나 요양보호 시설에 있게 되면서 고령 노인들이 의사-간호사-요양보호사와의 관계에서 발생하거나 발생할 가능성이 높은 취약성으로도 나타난다.[57) 또한 사회적

---

56) R. Woodruff, "Ageing and the Maintenance of Dignity", p. 234.

57) R. Tong, "Vulnerability and Aging in the Context of Care", in: C. Mackenzie et al. (ed.), *Vulnerability: New Essays in Ethics and Feminist Philosophy* (Oxford: 2014), p. 288

부정의로 인해 노인들에게 발생할 세 번째 범주의 취약성은 노인차별주의(ageism), 노인이라는 이유로 일자리를 갖지 못해 생겨나는 소득 불평등, 국가의 정책 부재나 미흡으로 인한 고독사와 노인 빈곤의 증가 등을 꼽을 수 있을 것이다.

취약성의 이 세 차원을 활용하면 인간 존엄성의 유지와 실현에 방해물이 되는 요인들을 식별할 수 있고, 고령 노인에 특유한 인간 존엄성의 문제를 분명하게 드러내고 법적 대책을 마련할 수 있을 것이다.[58] 예를 들어 설명해 보자면, 연명치료장치제거에 관한 대법원 판결[59]에 담겨 있는 인간 존엄성관을 자기결정능력 존중, 정체성 유지 존중, 취약성 보호라는 세 측면에서 재구성해 볼 수도 있다. 우리 대법원은 죽음에 대한 자기결정권의 행사를 고령 노인 환자의 인간 존엄성의 중요한 측면으로 인정하면서, 그 의사를 추정하거나 판단할 요소로 정체성과 자존감에 관계된 '환자의 평소 가치관이나 신념', '환자의 종교', '평소의 생활 태도' 등과 함께, 취약성의 보호 측면으로 볼 수 있는 '회복불가능한 상태에서 불필요한 고통을 받게 되는지'도 그 판단기준으로 제시한다고 해석해 보자는 것이다.[60]

물론 취약성을 고령 노인의 본질적 속성으로 간주하게 되면, 노인을 향한 사회적 낙인으로 고착될 위험성이 크다는 점은 분명하다. 노인은 본래적으로 취약한 존재라는 점만 부각하고, 그래서 고령 노인을 보호해야 한다는 주장은 오히려 노인의 정체성 유지의 측면을 침해하고 노인의 자기표현능력과 자율적 결정능력을 무시하면서 사회에서의 노인차별주의를 강화할

---

58) R. Tong, "Vulnerability and Aging in the Context of Care", in: C. Mackenzie et al. (ed.), Vulnerability, p. 288 이하. 또한 M. A. Fineman, "The Vulnerable Subject and the Responsive State", *Emory Law Journal* 60 (2010), p. 251; M. A. Fineman, "Elderly as Vulnerable: Rethinking the Nature of Individual and Societal Responsibility", *Elder Law Journal* Vol. 20(1) (2012), p. 71 이하 참조.

59) 대법원 2009. 5. 21. 선고 2009다17417 전원합의체 판결 [무의미한 연명치료 장치 제거 등]

60) 이 부분은 공두현 교수님의 의견을 적용해본 것이다.

위험성을 낮게 된다. 앞에서 설명한 바와 같이 노인이 취약한 것은 노인의 본래적인 속성에 나온 취약성 때문일 수도 있지만, 고령 노인이 처한 특별한 상황에서 비롯된 상황적 취약성일 수도 있고, 더군다나 사회 전반에 뿌리깊이 박혀 있고 만연한 사회적 부정의(편견과 낙인, 차별, 사회경제적 불평등, 정치적 과소대표 등)에 기인한 것일 수도 있기 때문이다. 따라서 고령 노인의 인간 존엄성 존중은 고령 노인에 특유한 취약성을 노령에 본래적인 취약성, 상황적 취약성, 사회구조적 부정의에 기인한 취약성에 따라 식별하여 각각에 맞는 대책을 세울 필요가 있을 것으로 보인다.

3. 고령 노인의 존엄성 증진 방향

최근에 수행된 병원 등 의료시설 내 환자들이나 시설수용자들의 인간 존엄성에 대한 경험적 연구들의 결과 이들의 관점에서 인간 존엄성은 구체적으로 무엇을 의미하는지에 대해 정확한 이해를 얻게 되었다. 이들 연구결과는 고령 노인의 존엄성 증진에 관련성이 있을 것으로 생각된다. 병원이나 요양보호시설 등에서 존엄성이 침해되는 주된 방식은 네 가지로 집약된다.[61] 첫째, 보이지 않는 존재로 취급하는 경우이다. 환자나 시설수용자들의 존재에 대해 아는 척을 하지 않는다거나 악수나 눈맞춤을 피한다거나 하면 존엄성이 침해되었다는 강한 느낌을 받는다는 것이다. 둘째, 개인으로서가 아니라 그저 집단의 일원으로만 취급되는 경우이다. 이런 식으로 각자의 개별성과 고유한 정체성이 존중받지 못할 때 존엄성 침해의 감정을 강하게 느낀다는 것이다. 셋째, 검진이나 치료, 또는 요양을 받을 때 당사자의 몸과 관련해서 본인의 동의를 제대로 얻지 않고 무례하게 취급되는 경우에도 존엄성이 침해된다는 느낌을 받는다는 것이다. 넷째, 모멸감을 주는 방식으로

---

61) 이에 대해서는 다음의 논문을 참조했다. M. Matiti and G. Trorey, "Patients' Expectations of the maintenance of their dignity", *Journal of Clinical Nursing* 17 (2008), pp. 2709-2717.

질문을 하거나 사생활에 개입해 오거나 사회경제적 지위에 따라 차별을 하는 경우에도 존엄성 침해의 감정을 강하게 느낀다는 것이다.

이러한 존엄성 침해의 양상에 대응하는 존엄성 증진의 기본 방향은 '눈앞에 있는 당사자를 인정하고 관계 맺기', '남에 보이기 부끄러운 점을 감춰주기', '가능한 한 독립성 보장하기', '비대칭적 관계를 최소화하기', '예술 활동과 같은 창의적 활동 격려하기', '통상의 대인관계에서 해야 할 예의를 보이기', '당사자 스스로 자신의 개별성과 인격을 존중할 수 있게 하기'로 집약된다.62) 이러한 존엄성 증진의 방향은 앞에서 살펴보았던 인간 존엄성 존중의 세 측면과도 일맥상통하는 것이다.

Ⅳ. 맺음말

인간 존엄성에 관한 종래의 논의는 인간 존엄성의 토대인 인간 공통의 속성을 찾는 데 주력했다. 고령 노인의 인간 존엄성은 자율성과 독립성을 주된 기준으로 삼던 종래의 인간 존엄성 견해로는 제대로 포착할 수 없는 측면이 있다. 삶의 생애주기를 고려하여 자율성과 자기결정의 측면 외에도, 정체성의 유지, 취약성으로부터의 보호와 같은 측면들을 입체적으로 고려할 때 고령 노인 고유의 존엄성 문제를 제대로 해결할 수 있다고 여겨진다. 이런 문제의식하에서 본문에서는 모든 인간 존재가 공유하는 기본적 인간 존엄 속성과 노년 인생 단계에 특유한 인간 존엄성 요소의 결합이라는 발상 위에서 인간 존엄성의 요소를 보유하는 측면과 그 행사(실현)를 포괄하는 인간 존엄성관을 제시해 보고자 했다. 특히 인간 존엄성의 유지에 주안점을 두고 인간 존엄성의 기반인 속성과 능력의 보유와 그 실현에 주목하면서, 유의미한 삶을 영위하는 것에 초점을 맞추어 인간 존엄성의 세 가지 측면과

---

62) N. Jacobson, "A Taxonomy of Dignity: a Grounded Theory Study", *BMC International Health and Human Rights* 9(3) (2009), pp. 1-9.

요소를 ① 자율성/자기결정능력, ② 정체성 형성과 유지, ③ 육체적 존재로서의 인간 공통의 취약성으로 분해하여 해명해보았다. 자율성의 측면에서 볼 때 관계적 자율성관의 입장에서 고령 노인의 관계적 자율성 능력을 보호하고 증진할 여건에 주목할 필요가 있음도 살펴보았다. 그리고 고령 노인에 특유한 인간 존엄성 요소로서 의존성과 취약성을 염두에 두고서 인간의 취약성을 세 차원으로 구분해 보았다. 고령 노인에 특유한 인간 존엄성의 문제를 의존성과 취약성의 맥락에서 고찰하여 고령 노인의 인간 존엄성 유지에 장애가 되는 요인들과 인간 존엄성의 증진에 필요한 조건을 심층적으로 탐구함으로써 고령 노인의 존엄성 존중을 위한 법제도가 정비되기를 희망해 본다.

<참고문헌>

마사 누스바움, 역량의 창조(돌베개, 2016).

송윤진, "의료적 의사결정에서 자율성 능력 모델의 한계와 그 대안의 필요성", 법철
학연구 19-3(2016).

존 롤즈, 김주휘 옮김, 공정으로서의 정의: 재서술(이학사, 2018).

_____, 장동진 옮김, 정치적 자유주의(동명사, 2016).

_____, 황경식 옮김, 정의론(이학사, 2004).

토마스 홉스, 진석용 옮김, 리바이어던 I(나남, 2008).

Agich, G. J., *Dependence and Autonomy in Old Age: An Ethical Framework for Long-term Care* (Cambridge: 2003).

Andorno, R., "Is Vulnerability the Foundation of Human Rights?", in: A. Masferrer et al. (ed.), *Human Dignity of the Vulnerable in the Age of Rights: Interdisciplinary Perspectives* (Springer: 2016).

Bayer, T., et al., "Dignity: The Voice of Older People", *Quality in Ageing* Vol. 6(1), (2004).

Bullington, J., "Being Body: The Dignity of Human Embodiment", in: L.-Nordenfelt (ed.), *Dignity in Care for Older People* (Oxford: 2009).

Dworkin, G., *The Theory and Practice of Autonomy* (Cambridge: 1988).

Feldman, D., "Human Dignity as a Legal Value - Part I", *Public Law* Vol (1999).

Fineman, M. A., "Elderly as Vulnerable: Rethinking the Nature of Individual and Societal Responsibility", *Elder Law Journal* Vol. 20(1) (2012).

_____, "The Vulnerable Subject and the Responsive State", *Emory Law Journal* 60 (2010).

_____, *Vulnerability: Reflections on a New Ethical Foundations for Law and Politics* (London: 2016).

Gallie, W. B., "Essentially contested concepts", *Proceedings of the Aristotelian Society* 56 (1956).

Gear, A., *Redirecting Human Rights: Facing the Challenge of Corporate Legal Humanity* (Palgrave: 2010).

Gilleard, C. and Higgs, P., "Aging without Agency: Theorizing the Fourth Age", *Aging and Mental Health* Vol. 14(2) (2010).

Jacobson, N., "A Taxonomy of Dignity: a Grounded Theory Study", *BMC International Helath and Human Rights* 9(3) (2009).

Johnson, M., *The Body in the Mind: The Bodily Basis of Meaning, Imagination, and Reason* (Chicago: 1987).

Jonas, H., *The Phenomenon of life: Towards a Philosophical Biology* (New York: 1966).

Kant, I. "The Metaphysics of Morals", in: I. Kant, *Practical philosophy* (translated and edited by Mary J. Gregor) (Cambridge: 1996).

Laslett, P., *The Fresh Map of Life: the Emergence of the Third Age* (Cambridge, Mass.: 1991).

Mackenzie, C., "The Importance of Relational Autonomy and Capabilities for an Ethics of Vulnerability", in: C. Mackenzie et al. (ed.), *Vulnerability: New Essays in Ethics and Feminist Philosophy* (Oxford: 2014).

Mackenzie, C. and Stoljar N. (ed.), *Relational Autonomy* (New York: 2000).

Macklin, R., "Dignity is a Useless Concept: It Means No More Than Respect For Persons Or Their Autonomy", *British Medical Journal* Vol. 327, No. 7429 (Dec. 20 - 27, 2003).

Masferrer, A. et al. (ed.), *Human Dignity of the Vulnerable in the Age of Rights: Interdisciplinary Perspectives* (Springer: 2016).

Matiti, M. and Trorey, G., "Patients' Expectations of the maintenance of their dignity", *Journal of Clinical Nursing* 17 (2008).

Midgley, M., "Towards an Ethic of Global Responsibility", in: T. Dunne (ed.), *Human Rights in Global Politics* (Cambridge: 1999).

Moody, H., "Why Dignity in Old Age Matters", *Journal of Gerontological Social Work* Vol. 29(2) (1998).

Nedelsky, J., *Law's Relations: A Relational Theory of Self, Autonomy, and Law* (Oxford: 2010).

Nussbaum, M., "Human Dignity and Political Entitlements", in: B. Lanigan, *Human Dignity and Bioethics* (New York: 2008).

Overall, C., "How Old is Old? Changing Conceptions of Old Age", in: G. Scarre (ed.), *Palgrave Handbook of the Philosophy of Aging* (London: 2016).

Pinker, S. "The Stupidity of Human Dignity", *The New Republic* (May 12, 2008).

Reath, A., *Agency and Autonomy in Kant's Moral Theory* (Oxford: 2006).

Rodriguez, P. -A., "Human dignity as an essentially contested concept", *Cambridge Review of International Affairs* 28(4) (2016).

Tong, R., "Vulnerability and Aging in the Context of Care", in: C. Mackenzie et al. (ed.), *Vulnerability: New Essays in Ethics and Feminist Philosophy* (Oxford: 2014).

Waldron, J., *One Another's Equals* (Cambridge/Mass.: 2017).

_____, "The Dignity of Old Age", *New York University School of Law Public Law & Legal Theory Research Paper Series Working Paper* No. 17-41 (2017).

Woodruff, R., "Aging and the Maintenance of Dignity", in: G. Scarre (ed.), *Palgrave Handbook of the Philosophy of Aging* (London: 2016).

Woolhead, G. et al., "Dignity in older age: What do Older People in the United Kingdom think?", *Age and Ageing* Vol. 33(4) (2004).

제4장

조선시대 노인 관련 법제의 고찰[*]

정긍식

I. 머리말

모든 사회는 개인적 능력과 무관한 생물학적 기준인 연령으로 사람을 구분하는 관습과 제도가 있다. 아프리카의 여러 사회에서는 인구 전체가 몇 개의 연배(age-set)로 이루어진 연령단계(age-grade)를 구성하여 연령단계에 따라 사회 유지에 필요한 책무가 분배되어 있으며, 대개는 젊은이는 육체적인 노동을, 노인은 지혜가 필요한 일을 맡는다. 그래서 연장자에게 존경을 표시해야 하는 규범도 있으며, 연장자가 연소자를 지도하기도 한다.[1] 농경사회에서는 경험에서 우러난 노인의 지혜가 소중하여 가족 등의 생존에 노인의 공경은 필수였다. 여기에 유교이념이 결합되면서 노인공경은 개인적 차원을 넘어서서 국가적 제도로 승화되었다. 삼강오륜으로 대표되는 유교 윤리에서 연장자에 대한 공경, 가정에서 어버이에 대한 효는 사회와 국가를 지탱하게 하는 근본윤리였다. 따라서 위정자들은 효를 확충하여 충이 강화되기를 기대하였으며, 효를 권장 나아가 강제하는 다양한 기제를 마련하였다. 그 가운데 하나는 노인을 우대하는 각종 정책과 제도이다.

조선 태조도 즉위교서에서 노인을 보호할 것을 천명하였으며,[2] 세종은

---

[*] 이 글은 2021년 12월 23일 서울대학교 법학연구소 공동학술대회 "고령사회의 법적 과제 II"의 발표문을 수정·보완한 것이다.

1) 한상복·이문웅·김광억, 『인류학개론』(서울대출판부, 1989), 174-6쪽.

2) 《태조실록》 태조 1년 7월 28일[정미]: 敎中外大小臣僚·閑良·耆老·軍民 ⋯ 一, 鰥寡孤獨, 王政所先, 宜加存恤. 所在官司, 賑其飢乏, 復其賦役. (하략)

노인구호를 최우선으로 하여 자손이 없는 80세 이상의 노인은 친척의 유무와 관계없이 관에서 조사하여 구호할 것을 명하였고, 지방관의 양로행사 거행 여부를 조사하도록 하였다. 또한 수령의 자질로 경로 내지 양로를 들었으며, 특히 세종은 양로연에서는 일어서서 인사를 받아 노인을 공경하는 뜻을 몸소 실천하였다. 이러한 국왕의 의지는 일회성이 아닌 제도로 완비되었다. 조선시대의 노인보호 정책 중요한 것은 ①무의탁 빈곤노인에 대한 생계 및 收容 보호, ②국왕 순행시 접견 및 의복 등 하사, ③國慶에 양로연 개최, ④기로소 설치, ⑤70세 이상 노인에게 물품 하사, ⑥노인직 설치 및 품계 하사, ⑦형사법에서 우대 등을 들 수 있다.[3]

조선시대의 노인 보호 내지 우대에 대해서는 '孝'사상의 탐구,[4] 사회복지 차원에서 연구가 진행되었다.[5] 그러나 법학적/법제사적 연구는 행사책임능력을 다룬 연구 외에는 없다.[6] 조선의 노인 관련 법제는 경로연 등 개별행사를 거행하면서 축적된 관례를 종합·정리하여 점차적으로 완비된 受敎를 법전에 수록하여 항구적으로 준행 한 점에 의의가 있다.

본장에서는 기존의 연구에 힘입어 공식적으로 노인과 관련이 있는 조선시대의 법제를 개괄적으로 소개하여 향후 연구의 토대를 제공하려고 한다. 먼저 노인의 범주(Ⅱ.1)와 일반적 형사책임(Ⅱ.2)을 소개하며, 이어서 노인직(Ⅲ.1)과 기로소 및 봉조하(Ⅲ.2)를 통해 관직에서 노인 우대를 검토한다.

---

3) 金大淵,「朝鮮朝의 敬老教育과 老人福祉 研究: 敬老思想과 老人保護策을 중심으로」(원광대학교 문학박사학위논문, 1985), 43-5쪽.

4) 박병호,「한국에 있어서의 법과 윤리도덕」및「효윤리의 법규범화와 그 계승」,『근세의 법과 법사상』(진원 1996) 참조.

5) 金大淵의 위 논문; 신윤희,「한국 노인복지제도에 관한 시대사적 연구」(동국대학교 석사학위논문, 1999); 이호일,「조선왕조의 노인인식과 경로제도에 관한 연구」(부경대학교 석사학위논문, 2010); 이영우,「朝鮮 正祖朝의 福祉政策에 관한 연구: 罹災民·兒童·老人福祉政策을 중심으로」(안동대학교 박사학위논문, 2015) 참조.

6) 趙志晩·金大洪,「조선시대 형사책임능력에 관한 연구: 법전 규정과 약간의 사례를 중심으로」,『법조』715(법무부, 2016) 참조.

마지막으로 일상생활에서 노인우대를 평민(Ⅳ.1)과 관원(Ⅳ.2) 그리고 재난 시에 노인 구휼(Ⅳ.3)로 살핀다.

Ⅱ. 노인의 범주와 일반적 형사책임

1. 노인의 범주

'노인'의 사전적 의미는 "나이가 들어 늙은 사람"이며,[7] ≪설문해자≫에서 '老'는 "나이가 들었다는 뜻이다. 70세를 '老'라고 한다. 수염과 머리카락이 하얗게 변했다"[8]라고 풀이하였다. 위계를 강조하는 중국에서는 연령을 1, 2세부터 100세까지를 세분하였다.[9] 하지만 사전적 의미만으로는 노인의 세부 범주를 알 수 없다. ≪예기≫에서는 나이에 따른 인생의 단계를 다음과 규정하였다.

<곡례 상> : 사람이 나서 10세는 '유幼'라고 하는데, 배우는 시기이다. 20세는 '약弱'이라고 하는데, 관례를 한다. 30세는 '장壯'이라 하는데, 아내를 맞이한다. 40세는 '강强'이라고 하는데, 벼슬에 나간다. 50세는 '애艾'라고 하는데, 국가의 政事를 맡는다. 60세는 '기耆'라 하는데, 지시하고 사람을 부린다. 70세는 '老'인데 집안일을 자식에게 넘겨준다. 80세와 90세는 '모耄', 7세는 '도悼'라고 하는데, 悼·耄인 사람은 처벌하지 않는다. 100세는 '기이期頤'라고 하는데, 봉양을 받는다. 대부는 70세에 벼슬을 그만두며, 만약 (임금이) 사직을 허용하지 않으면 궤장을 한다.[10]

---

7) 국립국어연구원, 『표준국어대사전』 '노인' 항목 참조.

8) 段玉裁, ≪說文解字注≫: 老, 考也. 七十曰老, 言須髮變白也. 염정삼, 「≪說文解字注≫ 部首字 譯解」(서울대학교 박사학위논문, 2003), 312쪽.

9) ≪吏學指南≫ 권5 老幼疾病에서는 다음과 같이 소개하였다: 襁褓(강보; 1, 2세), 黃悼(황도; 3~7세), 齠齔(초츤, 남 7세, 여 8세), 幼筓(유계; 남녀 15세)·稱中(남 15세), 成丁·弱冠(남 20세), 壯强(남 30, 40세), 艾耆(애기, 50세), 老耋(노질, 70세, 80세), 稱耄(칭모, 80세), 期頤(기이, 100세).

10) ≪禮記集說≫ <曲禮上> : 人生十年曰幼, 學. 二十曰弱, 冠. 三十曰壯, 有室. 四十曰

<왕제>: 양로는 … ①50세에는 향학에서, 60세는 나라의 소학에서, 70세는 대학에서 양로연을 열며, (이 예는) 천자부터 제후까지 같다. ②80세에 왕명을 받으면 머리를 한번 조아리고 무릎을 두 번 꿇으며 … 90세에는 사람을 시켜 받는다. ③70세이면 조회가 마치기를 기다리지 않고, 80세이면 임금이 달마다 안부를 물으며, 90세이면 임금이 매일 맛있는 음식을 보낸다. ④50세이면 힘든 부역을, 60세이면 병역을 지지 않는다. 70세이면 빈객을 접대하는 일에, 80세이면 제사와 관련된 업무에 종사하지 않는다. ⑤50세가 되면 대부의 벼슬을 받고, 60세가 되면 스승에게 직접 배우지 않으며, 70세가 되면 벼슬을 그만두고 衰麻최마의 복만 입는다. 3대의 임금은 양로의 예에서 나이에 따라 은사를 다르게 하였다. ⑥80세이면 한 아들의 부역을, 90세이면 그 집의 부역 전부를 면제한다.[11]

　　<곡례>에서는 연령단계에 따른 임무를 규정하면서 60세부터 노인의 범주에 포함시켰다. 즉 10세부터 준비하여 50세[艾]까지는 직접 업무에 종사하고 60세[耆]에는 직접 일하지 않고 지시하며, 70세[老]에는 가사를 자식에게 넘겨주도록 하였다. 80세, 90세[耄]에 죄를 지으면 처벌하지 않으며, 100세[期頤]는 자손의 봉양을 받았다. 또 대부는 70세에 벼슬에서 물러나는데, 만약 임금이 사직을 허락하지 않으면 편의를 위해 궤장을 하사하도록 하였다. 그리고 <왕제>에서는 "노인 봉양[凡養老]"에서 50세에서 90세까지 10세 단위로 나누어 양로행사의 지역적 단위[①], 왕명의 수령[②]과 조회의 방법[③], 본인의 면역[④]과 봉직[⑤] 및 자손의 면역[⑥] 등과 나이에 따른 음식과 의복, 장례 준비, 신체의 쇠약, 대외활동 등을 규정하였다.

　　强而仕. 五十日艾, 服官政. 六十日耆, 指使. 七十日老而傳. 八十九十日耄, 七年日悼, 悼與耄, 雖有罪, 不加刑焉. 百年日期頤. 大夫七十而致事. 若不得謝, 則必賜之几杖.

11) ≪예기집설≫ <王制>: 凡養老, … ①五十養於鄉, 六十養於國, 七十養於學, 達於諸侯. ②八十拜君命一坐再至, … 九十使人受. … ③七十不侯朝, 八十月告存, 九十日有秩. ④五十不從力政, 六十不與服戎, 七十不與賓客之事, 八十齊喪之事弗及也. ⑤五十而爵, 六十不親學, 七十致政, 唯衰麻爲喪. … 凡三王養老皆引年. ⑥八十者一子不從政, 九十者其家不從政.

≪예기≫에서는 50세 또는 60세를 기준으로 활동과 의무를 다르게 상정하였다. 즉 60세에는 현업에서 물러나 자손들을 지시하며 자신의 죽음을 준비하도록 하였으며, 70세에는 사직하고 가사는 자식에게 넘기도록 하였다. 50세에는 힘든 부역을, 60세에는 군역을 면제받는 등 나이가 들수록 의무를 줄였다. 80세 이상이면 자식의 역을 면제받았으며, 80세 이상이면 형벌을 면제하도록 하였다.

2. 형사책임

경전의 정신을 이어받아 漢 등에서도 노인의 형사상 책임능력을 제한하였다.[12] 한에서는 기원전 141년(景帝 后元 3)에 80세 이상의 노인에게는 형구를 채우지 않았으며, 기원전 62년(宣帝 元康 4)에는 무고와 살상을 제외하고는 형을 면제하였다. 이후 70세 또는 80세 이상의 노인을 보호하는 조칙이 계속 있었다.[13] 後魏에서는 488년(太和 12)에 70세 이상은 변경의 군진으로 遷徙시키지 않았고, 조부모·부모가 연로한데 돌볼 朞親[3촌 이내 친족]이 없으면 황제에게 보고하도록 하였으며 494년(太和 18)에는 首犯이 아닌 70세 이상자와 80세 이상자는 모두 본향으로 돌려보내도록 하였다.[14]

노인에 대한 개별적 규정은 중국고대 율의 집성인 ≪당률소의≫에서 통합되었다. <명례> 제30조 老小廢疾조와 <단옥> 八議請減老小조에서는 연령에 따른 노인의 형사책임 및 형사재판에서 고신과 증인자격을 제한하고 그 근거를 제시하였는데, 다음과 같다.[15]

---

12) ≪明律目箋≫ 老小廢疾收贖·犯罪時未老疾, (淸) 沈家本 撰/ 鄧經元·騈宇騫 點校, 『歷代刑法考(四)』(北京: 中華書局, 1985), 1800-2面 참조.

13) 程樹德 저/ 임병덕 역주, 『구조율고(1)』(세창출판사, 2014), 323-6쪽.

14) 程樹德, 위의 책(4), 231-2쪽.

15) 율문 등의 이해를 위해 해당 부분만 제시하였다.

제30조 老小廢疾: [율문] 70세 이상자가 流罪 이하의 죄를 범한 경우에는 收贖한다. [소의] ≪주례≫에 의하면, "나이 70세 이상인 자 … 모두 노비로 삼지 않는다"고 했다. 지금의 법에서는 나이 70세 이상 79세 이하인 자에 대해 그들이 늙은 것을 불쌍히 여기기 때문에 유죄 이하의 죄는 수속한다. [율문] 80세 이상자가 謀反·謀大逆·殺人을 범해서 死刑에 처해야 할 경우에는 上請하며, [소의] ≪주례≫에서 "三赦法은 … 둘째 '老耄'에게 … 적용한다."고 하였다. 여기에서 80세는 '노모'에 해당하며 모두 삼사법을 적용하고 있다. 다만 사면할 수 없는 경우에는 (80세 이상의) 老나 … (그들이 범한 죄의) 정상으로 보아 사면하기 어렵다. 그러므로 모반, 모대역 및 살인죄로 사형에 처해야 할 노인은 관원이 결정하지 않고 상주하여 황제의 재가를 받는 것이다. [율문] 절도했거나 사람을 傷害한 자는 역시 수속한다. 나머지 죄는 모두 논죄하지 않는다. 90세 이상자는 死罪를 지었더라도 刑을 집행하지 않는다. 만약 다른 사람이 敎唆하였다면, 그 敎唆한 자를 처벌한다. 만약 물건을 훔친 것[贓]이 있어서 배상해야 한다면, 장물을 받은 자가 배상한다. [소의] ≪예기≫에 "아흔 살을 耄라 하고, … 耄는 사형에 해당하여도 집행하지 않는다"라고 했다. 이는 어린이를 사랑하고 노인을 받든다는 뜻이다.16)

제474조 八議請減老小: [율문] 70세 이상자는 拷訊을 해서는 아니 되며 모두 여러 증거에 의해 죄를 결정한다. [소의] 70세 이상자는 고신을 해서는 아니 되며 모두 여러 증거에 의해 죄를 결정한다. [율문] … 80세 이상자는 … 증인으로 할 수 없다. [소의] … 80세 이상자는 … 형을 가하더라도 감당할 수 없으므로 모두 증인이 되는 것을 허락하지 않는다.17)

---

16) ≪唐律疏議≫ <名例> §30 老小廢疾: [律] 諸年七十以上 …, 犯流罪以下, 收贖. [疏議曰] 依周禮, 年七十以上 … 竝不爲奴. 今律, 年七十以上七十九以下·十五以下十一以上及廢疾, 爲矜老小及疾, 流罪以下收贖. ≪周禮≫ <秋官司寇第五> 司屬: … 凡有爵者與七十者與未齔者 皆不爲奴. [律] 八十以上…犯反·逆·殺人應死者, 上請, [疏議曰] 周禮, 三赦之法, … 二曰老耄. … 八十是爲老耄, … 竝合三赦之法. 有不可赦者, 年雖老小, 情狀難原. 故反·逆及殺人, 準律應合死者, 曹司不斷, 依上請之式, 奏聽勅裁. ≪周禮≫ <秋官司寇第五> 司刺, … 再赦曰老旄 三赦曰蠢愚. 以此三法者 求民情斷民中 而施上服下服之罪 然後刑殺. … [律] 盜及傷人者, 亦收贖. 餘皆勿論. 九十以上·七歲以下, 雖死罪, 不加刑. 卽有人敎令, 坐其敎令者. 若有贓應備, 受贓者備之. [疏議曰] 禮云, 九十曰耄, … 與耄, 雖有死罪, 不加刑. 愛幼養老之義也.
17) ≪唐律疏議≫ <斷獄> §474 八議請減老小: [律] 諸 … 若年七十以上 … 竝不合拷

≪당률소의≫에서는 죄인이 70세 이상이면 유죄 이하는 수속하여 처벌하지 않았고, 謀反, 謀大逆, 살인죄로 사형에 처해야 할 자가 80세 이상이면 황제의 승인을 받아야 하며 절도와 상해 역시 수속하였다. 90세 이상이면 사형에 해당하여도 처벌하지 않았다. 또한 형사절차에서도 70세 이상자에게는 고신을 금지하고, 80세 이상자에게는 증인이 될 수 없게 하였다. 또한 <투송> 囚不得告擧他事조에서는 수금된 자는 자기에 대한 옥관의 가혹행위 외에 다른 범죄를 고발할 수 없지만, 80세 이상자는 모반 등과 자손의 불효 등은 고발할 수 있게 하였다.[18] 죄수의 어버이도 배려하였다. <名例> 犯死罪非十惡조에서는 십악 외의 사죄를 지은 죄수는 노인인 어버이의 봉양을 대신할 자손이 없으면 황제에게 처리할 것을 청하였으며, 유죄수는 어버이를 봉양하도록 석방하였다.[19]

≪당률소의≫에서는 형사법상 노인 우대의 근거를 ≪주례≫와 ≪예기≫, ≪상서≫[20] 등 유가 경전에서 찾았다. 이 입법태도는 ≪대명률≫로 이어졌다. 우선 <명례율> 老少廢疾收贖조에서는 연령에 따른 노인에 대한 형벌의 수속이나 면제를 규정하였다.[21] 그리고 <명례율> 犯罪時未老疾조

訊, 皆據衆證定罪. … [疏議曰] 若年七十以上 … 並不合拷訊, 皆據衆證定罪. [律] … 即年八十以上 … 皆不得令其爲證, [疏議曰] … 其八十以上 … 以其不堪加刑, 故並不許爲證.

18) ≪唐律疏議≫ <鬪訟> §352 囚不得告擧他事: 諸被囚禁, 不得告擧他事, 其爲獄官酷己者, 聽之. < … > 即年八十以上 · 十歲以下及篤疾者, 聽告謀反 · 逆 · 叛子孫不孝及同居之內爲人侵犯者, 餘並不得告, 官司受而爲理者, 各減所理罪三等. < … >.

19) ≪唐律疏議≫ <名例> §26 犯死罪非十惡: 諸犯死罪非十惡, 而祖父母 · 父母老疾應侍, 家無期親成丁者, 上請. < … > 犯流罪者, 權留養親, …

20) 伏勝, ≪尙書大傳≫: 老弱不受刑, 有過不受罰. 故老而受刑謂之悖, 弱而受刑謂之克; 沈家本, 앞의 책, 1801面 재인용.

21) ≪대명률강해≫ <명례율> §21 老少廢疾收贖: 凡年七十以上 十五以下 及廢疾 犯流罪以下 收贖. 八十以上 十歲以下 及篤疾 犯反逆 · 殺人應死者, 議擬奏聞 取自上裁. 盜及傷人者 亦收贖, 餘皆勿論. 九十以上 七歲以下 雖有死罪 不加刑. 其有人敎令 坐其敎令者. 若有贓應償, 受贓者償之.

에서는 70세 이전에 지은 범죄가 70세 또는 80세에 발각된 경우에는 70세 이상의 노인 범죄로 취급하여 처벌하지 않았다.22) 즉 범죄시와 발각 시가 다를 경우에는 불처벌을 원칙으로 하였다.23)

≪大明律≫에서는 옥수는 다른 사건을 고소할 수 없도록 하였지만, 80세 이상이면 자손의 불효, 자신 또는 동거 가족의 재산범죄를 고소하는 것을 허용하였으며,24) 70세 이상자에게는 고신을, 80세 이상자는 증인이 되는 것을 금지하였다.25) 나아가 어버이가 노인인 경우도 배려하였다. 일반 사면에 해당하는 사죄수에게 봉양해야 할 늙거나 병든 조부모·부모가 있는데, 대신할 成丁이 없으면 황제에게 보고하여 처리하도록 하였으며, 도죄나 유죄는 장100만 집행하고 나머지 형은 수속하였다.26)

노인 우대에 대한 ≪대명률≫의 입장은 ≪형법대전≫(1905)에도 그대로 관철되었다. 70세 이상을 노인으로 정의하고(§52), 70세 이전의 범죄가 70세가 지나서 발각되면 노인으로 대우하였으며(§85), 이들의 범죄는 반란과 살인 외에는 수속하여 형벌을 면제할 수 있었다(§179). 80세 이상자는 본죄에서 2등을 감경하였으며(§143), 90세 이상자는 처벌하지 않았다(§91). 그리고 80세 이상자는 증인이 될 수 없게 하였다(§11).

조선시대에는 ≪대명률≫을 준거법으로 하여 조선의 사정을 고려하여 노인을 보호하는 입법을 하였다. 장죄 이상은 수금이 원칙이지만 70세 이상

---

22) ≪대명률강해≫ <명례율> §22 犯罪時未老疾: 凡犯罪時雖未老疾 而事發時老疾者 依老疾論. 若在徒年限內老疾 亦如之. 犯罪時幼小 事發時長大 依幼小論.

23) 趙志晩·金大洪, 위 논문, 13-9쪽.

24) ≪大明律講解≫ <刑律 訴訟> §363 見禁囚不得告擧他事: 其年八十以上 … 除謀反逆叛子孫不孝 或己身及同居之內 爲人盜詐侵奪財産及殺傷之類聽告, 餘並不得告 官司受而爲理者 笞五十.

25) ≪大明律講解≫ <刑律 [斷獄] §428 老幼不拷訊: 凡 … 年七十以上 … 並不合拷訊 皆據衆證定罪 違者 以故失入人罪論. … 年八十以上 … 皆不得令其爲證 違者笞五十.

26) ≪大明律講解≫ <명례율> §18 犯罪存留養親: 凡犯死罪 非常赦所不原者, 而祖父母·父母老疾應侍, 家無以次成丁者 開具所犯罪名奏聞 取自上裁. 若犯徒流者 止杖一百餘罪收贖 存留養親..

은 강도·살인 외에는 수금하지 않았으며, 절도범은 자자를 면제하였다.[27] 호적을 누락시킨 60세 이상은 수속하여 형벌을 면제하였고, 또 70세 이상은 그 아들을 입적하였으면 수속하고 아들을 처벌하지 않았다.[28] 그리고 세곡미에 물을 섞으면 梟首에 처하고 이를 안 자는 極邊에 정배하였지만 노인은 도3년 정배로 감경하였으며,[29] 연좌로 사형에 해당하는 역적의 부는 감면하여 외딴섬에 정배하였다.[30] 100세가 넘은 죄수의 명단을 삭제하도록 하였으며,[31] 살인죄의 미결수로 80세가 넘어 증거 등이 없으면 사형을 감경하여 정배하였고, 1790년(정조 14)에는 70세 이상은 국왕에게 보고하여 별도로 처리하였다.[32] 또 1843년(헌종 9)에 자식이 유배된 후에 어버이가 70세 이상이 되면 석방하도록 하였으며, 이는 ≪대전회통≫[33]에서는 국왕의 재가로 수속하였다.[34] 형사사법에서 우대는 어버이의 나이를 속이기도 하여 순조대에 편찬된 형사사건 처리 지침서인 ≪율례요람≫에는 이에 대한 사례를 제시하였다.[35]

---

27) ≪經國大典≫ <刑典> [囚禁]: 杖以上囚禁, <年七十以上·十五以下, 非强盜·殺人, 則勿囚. 犯盜者, 免刺.>; ≪秋官志≫ 考律部 除律 輕刑 悼耄不囚.

28) ≪續大典≫ <戶典> [戶籍]: 漏籍者<當身依漏戶主戶律論, 年過六十, 收贖 … ○年七十者及女人, 身雖漏籍, 其子入籍, 則只爲收贖, 勿罪其子.>

29) ≪續大典≫ <戶典> [漕轉]: 和水者梟示 <○和水知情者, 極邊定配, 老弱, 徒三年定配> 梟示.

30) ≪續大典≫ <刑典> [推斷]: 逆賊父年八十者, 減律絶島定配.

31) ≪新補受敎輯錄≫ <刑典> [禁制] §1111: 罪囚應配者, 年過百歲者及年久逃亡而徒存虛簿者, 取旨釐正. 雍正丁未承傳.

32) ≪大典通編≫ <刑典> [殺獄]:「增」殺獄久囚罪人, 年滿八十證援俱絶者, 減死定配. <「補」久囚年七十以上者區別, 狀聞稟處, 正宗庚戌, 下敎.>

33) ≪大典會通≫ <刑典> [推斷]: [補] 雜犯徒·流 獨身人之親年未滿七十, 而赴配後滿七十者, 稟旨許贖.

34) 조지만, 「≪大典會通≫ 刑典 규정의 成立沿革」, 『서울대학교 法學』 52-1(서울대학교 법학연구소, 2011), 70-1쪽.

35) ≪律例要覽≫ [親年增加 圖免定配]: 某矣矣身, 身犯罔赦, 至於勘配, 而敢生納贖之計, 增加親年十歲, 冒告營邑, 而查問之下, 一向瞞告云云. 大明律詐僞條云, 詐不以實者, 杖

조선시대에는 ≪대명률≫의 규정을 기본으로 하여 이를 보완하면서 노인의 형사책임을 감면하였다. 그 근거는 딱하고 가엾다는 '矜恤'과 판단력이 부족하다는 '無別'로 요약할 수 있다. 전자는 형사정책, 후자는 형사책임의 관점으로, 실제의 목적달성을 위해 양자를 모두 고려하였다.[36]

Ⅲ. 관직

1. 노인직

의술이 발달하지 않은 시대에는 長壽는 그 자체로 福이었으며 나아가 仁政의 징표이었으며, 노인을 공경하는 것은 孝의 실천 그리고 간접적으로 忠을 드러내는 교화의 수단이었다. 그래서 일정 연령 이상의 노인에게 명예인 품계를 내려주는 '老人職'을 두어 노인을 공경하는 뜻을 보이면서 동시에 장수를 통해 왕정[인정]의 성공을 과시하려고 하였다.

노인직은 1449년(세종 31)에 처음 논의되었고 ≪경국대전≫ <이전> [노인직]에 80세 이상의 남성을 대상으로 하여 규정되었다. 1691년(숙종 17)의 논의를 거쳐[37] ≪속대전≫에서는 90세 이상의 사족부녀까지 확대되었다. 나아가 영조는 이 정책을 강화하여 1735년(영조 11)에 인생 70세는 드문 일이어서 侍從臣과 閫帥의 父는 연초에 가자로 경축하지만, 서인은 100세이어도 자손의 상언이 없으면 관직을 제수하지 않는다. 자손의 마음은 다르지 않는데 차이가 있는 것은 타당하지 않다. 그래서 90세 이상자에게 관직을 제수하려고 하나 이는 관례에 구애되니 우선 100세 이상 노인에게는 허용하였다.[38] 1753년(영조 29)에는 90세 노인에 대한 가자도 승인하였다.

一百徒三年. 大典通編戶籍條云, 增減年歲, 十年以上者, 杖一百徒三年. 名例云, 罪各等者, 從一科斷云云. 某段, 從一科斷, 杖一百徒三年云云.

36) 趙志晚 · 金大洪, 앞의 글, 30-1쪽.

37) ≪숙종실록≫ 숙종 17년 9월 13일[갑자]; 지방의 보고가 부실하여 실시하지 않았다.

신분사회이므로 상천에 대해서는 문신 종1품 하계인 숭정대부를 주지 않았으나,[39] 정조는 100세 노인에게는 허용하였다.[40] 이러한 수교들은 각 대전의 [老人職]목에 다음과 같이 정리되었다.

≪경국대전≫: 80세 이상자에게는 양인·천인을 막론하고 한 자급을 주고, 원래 품계가 있는 자에게는 하나를 더 올려주되, 당상관은 왕의 特旨로 준다.
≪속대전≫: 사족 부녀로 나이가 90세인 자는 이조에서 조사하여 왕에게 보고하여 封爵하도록 하되, 그 남편은 처의 봉작으로 贈職하지 못한다. ○士庶로서 1백세인 사람에게 가자하는 것은 그 자손의 상언을 허용한다. <「增」1753년(영조 29), 다시 90세인 사람에게 상언으로 가자한다.>
≪대전회통≫: 士族과 庶人으로서 100세인 자는 바로 숭정대부로 올려준다.[41]

초기에는 남성 80세 이상자만으로 하였다가 사족 여성 90세 이상으로 확대되었으며, 이후 자손의 상언을 허용하였다. 초기에는 신분 차별이 없었는데, ≪대전통편≫에서는 평민과 천인에게는 문신 종1품 하계인 崇政大夫를 주지 않는 등 차별하였다가 ≪대전회통≫에서는 100세 노인에 대해서만 제한을 없앴다. 신분제를 유지하려는 태도는 노인직에도 반영되었다. 종친과 관인을 우대하면서 품계의 상한 과 함께 다음과 같이 각 대전에 수록되었다.

---

38) ≪新補受敎輯錄≫ <吏典> [京官職]: §38 人生七十者, 猶稀有, 況百歲者乎. 凡侍從臣·閫帥之父, 每於歲首, 別單擧行, 而惟於士庶, 年雖百歲, 非上言, 則未蒙其加. 人子愛日, 貴賤何異. 九十以下, 流來舊規, 難以遽更. 年過百歲, 則毋論士庶, 歲首, 京則京兆, 外則道臣, 訪問以啓. 雍正乙卯承傳.
39) ≪영조실록≫ 영조 39년(1763) 1월 17일[을해].
40) ≪정조실록≫ 정조 15년(1791) 12월 27일[정묘].
41) ≪大典會通≫ <吏典> [老人職]: 「原」年八十以上 勿論良賤 除一階, 元有階者又加一階, 堂上官有旨乃授.「續」士族婦女年九十者 令該曹抄啓封爵 而其夫則毋得因妻贈職. ○士庶百歲人加資, 許其子孫上言. <「增」英宗癸酉 更許年九十 上言加資.>「補」士庶百歲人直超崇政.

≪속대전≫: 70세 이상인 侍從臣[42]과 閫帥[병마절도사와 수군절도사]의 부로[종2품 하계인] 嘉善大夫 이상은 품계를 바꾸어 2자급 이상[超資]을 제수할 수 없다.

≪대전통편≫: 80세 이상으로 士夫는 관직[43]만 있으면, 중인과 서인은 정직을, 內官은 녹을 받은 것을 조건으로 그의 상언으로 가자를 허용한다. ○평민과 천인에게는 숭정대부를 허용하지 않는다. 정2품 이상인 正卿 이외에는 문신 정1품 하계인 보국숭록대부를 허용하지 않는다.

≪대전회통≫: 蔭官은 종1품인 判敦寧을 역임해야 허용한다. ○대소과 합격 60년을 기념하여 한 자급을 올려준다. <잡과도 같다.>[44]

≪대전통편≫: 노인직으로 [정2품 하계인] 資憲大夫를 제수받은 자는 문무과 및 음직 여부를 가리지 않고 4품의 實職을 거치지 아니하면 [정2품인] 知事에 임명하지 않는다.

≪대전회통≫: 100세 이상자는 同知事에 추가로 단일후보로 추천하여 임명한다.[45]

≪육전조례≫: ①100세 노인은 관례로 종2품 동지중추부사에 제수하고 3대를 추증한다. ②노인직으로 동지중추부사·첨지중추부사에 제수된 자는 비록 문신과 무신일지라도 3개월 후에는 교체한다.[46]

노인직 제수 과정에 대한 일반조문은 없는데, 개별조문을 종합하면 절차

---

42) 侍從臣: 국왕을 모시는 홍문관의 부제학 이하, 사헌부·사간원의 대간, 예문관의 검열, 승정원의 注書 등.

43) 一命: 周나라의 제일 낮은 관등으로, 初仕를 의미한다.

44) ≪大典通編≫ <吏典> [老人職]:「續」侍從臣父閫帥父年七十者 每於歲初 吏兵曹抄啓加資 而嘉善以上毋得變品超資.「增」士夫一命以上 中庶曾經東西班正職者 中官入仕已受祿者 年八十, 待其上言 許加資. ○常賤老職勿許崇政. 曾經正卿外勿許輔國 <「補」蔭官則且經判敦寧 始許授>. ○大小科回榜人 加一資<雜科同>.

45) ≪大典會通≫ <兵典> [京官職 正一品衙門 中樞府]:「增」○老職資憲, 無論文蔭武, 未經四品實職人, 勿付知事.「補」百歲以上人, 同知事加設單付.

46) ≪六典條例≫ <吏典> [吏曹 文選司 贈職]: 百歲老人, 例付同樞, 追贈三代.; <兵典> [中樞府 官制]: 同·僉知老職除授者, 雖文·武臣, 過三朔, 差代.

는 다음과 같이 정리할 수 있다.

① 법에 의하여 마땅히 加資의 恩典을 받을 자는 비록 立春 후의 나이로 행세하더라도 실제 생년에 따라 가자한다.[47] ② 신규로 資級을 받아야 할 자가 있으면 비록 연초가 아니더라도 임금에게 보고하여 시행한다. ③ 종4품 副守 이상인 80세 이상의 종친 및 70세 이상으로 封君된 자의 부는 연초에 자급을 올려준다. ④ 시종신과 곤수의 부로 70세 이상자는 연초에 이조와 병조에서 조사하여 국왕에게 보고하여 자급을 준다. ⑤ 서인은 서울에서는 한성부, 지방에서는 관찰사가 연초에 대상자를 조사하여 방문한 다음 사실을 확인한 후에 임금에게 보고한다. ⑥ 동서반 실직 4품 이상을 지낸 80세 이상자에게는 이조나 병조에서 연초에 자급을 올려주도록 하였으며,[48] 이후 연초는 1월 2일로 확정되어 서울과 지방에서 보고하면 임금이 재가하여 제수하였다.[49]

노인직 제수 대상은 생일이 아닌 출생연도를 기준으로 하여 연초에, ≪대전회통≫에서는 1월 2일로 정하여 노인을 우대하는 국왕의 의지를 분명히 하였다. 연초[실제로는 그 전해 연말]에 누락된 경우에는 추후에도 제수하였다. 관원은 담당부서인 이조와 병조에서 처리하였으며, 평민과 천인은 한성부와 관찰사가 담당하여 누락되지 않도록 하였다.

1865년 ≪대전회통≫과 함께 편찬된 행정사례집인 ≪육전조례≫에서는 노인직 관련 위 규정을 종합하였다. 우선 원칙인 ≪경국대전≫ 규정과 ≪속대전≫의 100세 관련 규정 및 노인가자의 품계 한계 관련 규정은 생략하였다. 두드러진 차이는 종친을 우대한 점이다. ≪속대전≫에서는 그 대

---

47) 이 규정에서 당시 입춘[음력 1월, 양력 2월 4일경]을 기준으로 나이를 계산하는 관행이 존재했음을 유추할 수 있다.

48) ≪續大典≫ <吏典> [老人職]: 法當推恩者 雖以立春後年甲行世 一從生年加資. ○ 新有應推恩人 雖非歲首亦稟行. ○宗班副守以上年八十, 封君之父年七十者, 歲首加資. ○侍從臣父帥父闓帥年七十者 每於歲初 吏兵曹抄啓加資 …. ○京則漢城府, 外則觀察使, 歲首訪問以啓. ○ 東西班曾經四品實職以上人員年八十者, 令該曹歲首加資.

49) ≪大典會通≫ <吏典> [老人職]: 應資老人, 京外抄啓, 正月二日下批.

상이 '종4품 副守 이상의 80세 이상자'[50]였는데, ≪육전조례≫에서는 "정6품직인 監 이상으로 70세 이상자"로 확대되었다.[51] 이러한 변화는 ≪대전회통≫과 ≪육전조례≫ 편찬 당시의 상황을 반영하는 것으로, 특히 종친을 우대하여 왕권을 강화하려는 대원군의 의지가 반영된 것이다.[52]

노인우대의 실제

徐有榘(1764~1845)가 전라관찰사로 재임하면서 작성한 ≪完營日錄≫에 나타난 노인가자를 소개한다. 이조에서는 이듬해에 조관은 80세, 사서는 90세, 100세 이상 노인을 가자할 것이므로 이들을 조사하고 帳籍 등을 상고하여 보고하라는 關文을 전라감사에게 발송하였다. 서유구는 이를 각 읍에 신칙하였으며, 각 읍의 보고를 종합하여 1833년(순조 33) 12월 23일에 이조로 장계를 발송하였다. 전라도 23개 邑鎭은 해당되는 노인이 없으며, 전주 등 32개 읍에서 100세 해당인 14인, 90세 해당인 78인 총 92명의 거주지, 신분, 성명과 연령을 보고하였다.[53]

가자 대상인 노인을 조사하는 절차는 각 읍의 서리들이 담당하였으며, 감영에서는 읍에서 보고한 노인성책을 감영의 장부와 대조하여 이를 확인하였다. 그 결과 8개 읍에서 14건의 오류가 발견되었는데, 사유는 나이 미달 7건, 수혜자 1건, 무적자 5건, 거주지 미기재 1건이다. 그리고 흥덕의 숙부인 고씨는 내년에 90세가 되나 사족부녀는 90세 이상이어야 하므로 제

---

50) ≪續大典≫ <吏典> [老人職]: 宗班副守以上年八十, … 歲首加資. 중복

51) ≪六典條例≫ <吏典> [吏曹 考勳司 老職]: 宗班監 · 令以上及封君之父, 侍從臣 · 閤 帥父, 年七十者, 歲首加資. <所後父已資窮, 則許其推恩生父. 承重孫之於祖, 亦同. ○ 新有應推恩人, 雖非歲首, 亦稟行.> ○士庶百歲人, 直超崇政. ○朝官及中官入仕已受 祿者年八十 · 士庶年九十, 竝加資. ○士族婦女年九十者, 封爵. <其夫則毋得因妻贈 職.> ○文 · 武 · 司馬 · 雜科回榜人, 加一資.

52) 정긍식, 「大典會通의 編纂과 그 意義」, 『서울대학교 법학』 41-4(서울대학교 법학연구 소, 2001) 참조.

53) 서유구 저/ 김순석 외 역, 『완영일록(1)』(흐름, 2018), 422-6쪽[정서본①: 209-212쪽].

외하였다. 1833년(순조 33) 12월 21일에는 요건을 갖추지 않은 자 등을 제외하고 보고하였으며, 해당 禮吏는 구금하고 형신 1차[신장 30대]로 징계하였다.54)

가자 대상인 아닌 노인들에게는 酒肉 등을 하사하였다. 1706년(숙종 32)에는 가자 대상이 아닌 사족 80세, 평민 90세 이상의 부녀에게는 쌀과 고기를 내려 노인을 우대하는 뜻을 보였으며, 또 나이가 많은 관료들에게는 품계와 출신에 따라 옷감이나 쌀과 고기를 내려주었다.55) ≪완영일록≫에서도 이를 확인할 수 있다. 1833년(순조 33) 12월 4일에 서유구는 세시를 맞이하여 지방에 노인, 효자, 열녀와 불쌍하고 곤궁한 자를 조사하는 일로 공문을 발송하였다. 노인에게는 쌀 3말, 술 1병, 쇠고기 2근을 禮吏가 바치도록 하였는데, 전주 5명, 영암 4명, 진도 3명, 흥양 2명, 남원·장흥·순천·낙안·임실·운봉·담양·창평 각 1명 총 22명의 노인을 보고하였는데 모두 100세 이상이었다.56) 노인에 대한 歲饌의 지급은 예조의 관문에 의거하여 당상관 및 妻 70세 이상, 실직자 및 처 80세 이상을 대상으로 전주 등 14개 읍에 전례를 따라 지급하였으며, 100세 이상 노인에게는 쌀과 고기를 추가로 지급하고, 직역과 성명, 세찬의 수효를 호조에 보고하였다.57) 이듬해 12월 21일에도 8개 읍 100세 노인 15명에게 쌀 2말, 닭 2마리를 예리를 시켜 지급하였다.58)

---

54) 서유구, 위의 역서(1), 413-5쪽[정서본①: 203-5쪽].

55) ≪新補受教輯錄≫ <禮典> [惠恤] §529 ㅇ施恩一款 若倣甲子年例 士族則八十以上 常漢則九十以上 通京外 特許加資 婦女則無加資之事 賜以米肉 以示優老之意 ㅇ耆老諸臣 二品以上 別賜衣資米肉 堂上三品則文臣曾經實職者 武臣曾經牧府者 南行之曾經四品實職者 賜以米肉 … [康熙丙戌承傳]

56) 서유구, 앞의 역서(1), 357-360쪽[①: 173-176쪽].

57) 서유구, 앞의 역서(2), 46-7쪽[①: 246-7쪽].

58) 서유구, 앞의 역서(4), 363-4쪽[②: 430쪽].

2. 기로소 및 봉조하

원로대신에 대한 예우는 필수이다. 그래서 조선에서는 예우기관으로 기로소와 봉조하를 두었다. '耆老所'는 원로관원들의 관서로 업무가 없는 예우기관이다. '기로'는 나이가 많고 덕이 두터운 사람을 가리킨다.[59] 이 모임은 唐·宋에서 연유하며 고려에도 있었으며, 1394년(태조 3)에 60세인 태조가 기영회에 들어가면서 70세 이상으로 實職 문관 정2품 이상자의 명단을 기록하고 그들에게 선물을 하사하여 그들에 대한 경로와 예우의 뜻을 표시한 것이 조선에서의 기원이다.[60]

기로소는 職事가 없는 원로를 예우하는 기관에 불과하여서 《경국대전》에는 규정되지 않았다. 1744년 51세인 영조는 즉위 20년을 기념하여, 태조가 60세에 숙종이 59세에 입사한 전례에 따라 기로소에 입사하고 잔치를 베풀었다.[61] 2년 후에 완성된 《속대전》에 기로소를 無品階 최고아문으로 규정하여 동반관계의 첫머리에 두었고 이는 《대전회통》까지 이어졌는데, 다음과 같다.

　　耆老所:「속」 태조, 숙종, 영조가 기로소에 입사하였다. <국초에는 정2품 실직인 문신으로 70세 이상자의 기로소 입사를 허용하였고, 음직과 무관은 참여하지 못하게 하였다.「증」 정2품 실직에 있는 관원 가운데 70세 이상자가 없으면 종2품인 실직자 가운데 1, 2인을 전례를 인용하여 왕에게 보고하여 승인받아 입사한다. >[62]

---

59) 《경국대전주해(후집)》 <예전> 朝儀: §402 耆老: 耆耆, 年高德厚之稱.

60) 한국학중앙연구원 편, 한국민족문화대백과 耆老所 항목.

61) 엄소연·서종석,「연향의 정치학: 영조대 '숭정전갑자진연'을 중심으로」, 세미오시스 연구센터 편, 『세미오시스의 매체성과 물질성』(HU:INE, 2017), 285쪽.

62) 《大典通編》 <吏典> [京官職] 耆老所:「續」太祖朝, 肅宗朝, 英宗入耆社, <國初, 命文臣正二品實職, 年七十以上, 許入. 蔭·武不預焉.「增」正二品實職中, 無年七十人, 則以從二品一·二人, 援舊例啓稟許入. >; '英宗'은 《속대전》에는 "當宁"이다.

기로소는 국왕 다음의 관서로 그 입사요건이 까다로워서 조선시대 전부에 걸쳐 700인 정도로 희소하였다. 왕은 기로소 입사원을 위한 잔치를 베풀었으며, 기로소에 입사한 원로대신과 소속 당상관은 정조와 동지, 탄일에만 평상복 차림으로 肅拜하도록 하여 조회에 편의를 주었으며,[63] 平轎子[64]를 허용하고,[65] 가벼운 죄로는 구금하지 못하게 하는 등[66] 예우하고 형사상 특권을 인정하였다.

'奉朝賀'는 직사 없이 賀禮式에만 참여하는 명예직 관원[67]으로 공신의 적장손 및 당상관 이상자에게 은퇴한 후에 녹봉을 주기 위한 恩給제도이다. 세종대에는 퇴직관리에게 녹봉을 줄여 지급하였으며, 세조는 1457년(세조 3) 봉조청 직제를 제정하였고 1464년 4월과 1467년 1월 사이에 봉조하로 개정하면서 朝賀儀에만 참여하게 하고 녹봉을 줄여 제도로 정착시켰다.[68] ≪경국대전≫에서는 정원을 15명으로 규정하고 산관[69]으로 이조와 병조에 분속시켰다. ≪대전통편≫에서는 퇴직 관원만을 대상으로 하며 정원을 두지 않다.[70] 봉조하는 연령 규정을 두지 않았지만, 당상관을 역임해야 하므로 상당한 연령이어야 해서 이들도 노인에 준하는 대우를 받았다. 기로소 입사 관원과 마찬가지로 조회에 편의를 주었으며[주 63 참조], 봉조하가

---

63) ≪經國大典≫ <禮典> [朝儀]: 奉朝賀·耆老所堂上官, 只於正·至·誕日以常服肅拜.

64) 平轎子는 종1품 이상과 기로소의 당상관이 타던 가마로서 포장이나 덮개가 없으며 앞뒤에 각 두 사람 4인이 매고 간다.

65) ≪續大典≫ <禮典> [儀章]: 從一品以上及耆老所堂上官 乘平轎子.

66) ≪大典通編≫ <刑典> [囚禁]:「原」杖以上囚禁. <「增」 …耆社人, 勿以輕罪繫囹圄. >

67) ≪경국대전주해(후집)≫ <이전> 奉朝賀條: §223 奉朝賀: 本不爲官, 但奉朝賀而已, 卽古之奉朝請也.

68) 한국학중앙연구원,『한국민족문화대백과』'奉朝賀' 항목 참조.

69) 散官: 직사 없이 품계만 있는 자로 초기에는 녹봉을 급여하였으며, 후기에는 녹봉은 없었지만 역을 면제하였다.

70) ≪大典通編≫ <吏典> [奉朝賀]: <「原」十五員. ○功臣則稱某君奉朝賀, 餘則某官 某職奉朝賀. 本曹及兵曹分授. …「增」原爲通政以上 作散人 付祿之職. 今則致仕後 始 付奉朝賀 無定數. >

加資되면 실직이 아니어도 품계에 따라 3대를 추증하였으며, 종친과 공신은 더욱 우대하였다.[71]

Ⅳ. 일상생활에서 노인 우대

노인을 우대하는 정책은 노인직 외에 일상생활에서도 진행되었다. 평민들에게는 국역의 면제 또는 규제의 예외를 인정하였으며, 관원들에게는 퇴직 또는 근무지 등을 제한하였다. 아래에서는 평민과 관인으로 나누어 본다.

1. 평민 노인의 우대

조선의 부세체계는 토지에 대한 '租', 사람에 대한 '庸', 호에 대한 '調'가 기본이었다. '庸'의 대표는 군역이며, 이는 청장년만 감당할 수 있다. 그래서 ≪경국대전≫에서는 독질·폐질자와 함께 만 60세 이상에게 군역을, ≪속대전≫에서는 60세 이상으로 45년 동안 복역한 자도 군역을 면제하였다.[72] 군역 때문에 어버이의 봉양을 소홀히 하지 않도록 어버이가 80세 이상이면 率丁이 10구 이하거나 토지가 10결 이하인 관원과 솔정 5구 이하거나 토지가 5결 이하인 평민 및 공사천 그리고 90세 이상이면 재력과 무관하게 모든 호에 대한 요역을 감면하였다.[73] ≪경국대전≫에서는 군역자의 어버이가 70세 이상이면 아들 중 1명을, 90세 이상이면 모든 아들의 군역을 면제하였다.[74] 공사천도 평민과 유사하게 대우하였다. 공천은 16세부터 60

71) ≪大典會通≫ <吏典> [追贈]:「增」○致仕奉朝賀陞資 則勿拘實職, 隨品贈三代. <「補」宗正卿·承襲君同 ○宗姓則宗正卿兼贈, 功臣嫡長則封君兼贈.>

72) ≪續大典≫ <兵典> [免役]:「原」軍士年滿六十者·篤疾·癈疾者篤疾<…> 並免役. <凡有役者同.>「續」年滿六十而應役四十五年者 並代定.

73) ≪大典會通≫ <兵典> [復戶]:「原」○大小人, 年八十以上 率丁十口或田十結以下者, 復戶<平民及公·私賤, 則率丁五口或田五結以下者, 亦復.>, 九十以上, 則不論田·丁多少, 復戶.

세까지 국역을 부담하였으며, 또 서울의 50세가 된 공천은 樂籍에서 삭제하였다. 또 60세 이상자는 모두 본인의 신역을 면제하였고, 80세 이상은 면역은 물론 부양을 위한 시정까지 지급하였다.[75] ≪속대전≫에서는 공천이 도망하여 70세가 넘으면 대장에는 남겨 두었지만 면역[老除]을 허용하였다.[76] 위 규정을 종합하면 조선시대에는 국역과 신역에서 해방되는 60세부터 노인이었다.

노인은 각종 규제에서도 예외 또는 우대를 받았다. ≪대명률≫에서는 군역을 지는 군인이 함부로 타인으로 대체하면 처벌하였지만, 본인이 늙어서 관할 관사에 보고하면 관사에서 확인하여 군역을 면제하였다.[77] 관원이 민인에게 강제로 가마 등을 매게 하면 처벌하였는데, 노인이나 병자에게는 허용하였고,[78] ≪경국대전≫에서는 서인 등이 도성 내에서 말을 타면 장60으로 처벌하였지만, 노인과 병자에게는 허용하였다.[79]

≪경국대전≫에서는 서울의 군사는 도성 내외를 주야로 순찰해야 하는데, 노인을 봉양할 사람이 없는 군사에게는 숙직을 면제하였다.[80] 성균관

---

74) ≪經國大典≫ <兵典> [免役]: 有篤疾·廢疾, 或年七十以上親者一子, 九十以上者, 諸子免役.

75) ≪經國大典≫ <刑典> [公賤]: 奴婢年十五以下六十以上者, … 所生三口以上貢役者, 免貢役. <所生五口以上貢役, 及年七十以上而所生三口以上貢役者, 竝免一口. 八十以上, 又給侍丁一口. 九十以上, 全給侍丁. 父母雖非公賤, 亦給. ○京奴年滿五十, 除樂籍免貢役.>

76) ≪續大典≫ <刑典> [公賤]: 逃亡者年七十以上, 許令老除, 而仍存案錄.

77) ≪大明律講解≫ <兵律> [軍政] §227 軍人替役: 若果有老弱殘疾 赴本管官司陳告 驗實與免軍身.

78) ≪大明律講解≫ <兵律> [郵驛] §272 私役民夫擡轎: 其民間婦女若老·病之人及出錢雇工者, 不在禁限.

79) ≪經國大典≫ <刑典> [禁制]: 喪人·庶人·僧人都城內騎馬者 <老·病者及兩宗判事勿禁> 並杖六十.

80) ≪經國大典≫ <兵典> [行巡]: 本曹差定宮城四門外直宿, 各上·大護軍·護軍中一人 …. <都城內外諸警守所, … 唯老疾·寡婦無侍養者, 免直.>

居齋 유생은 일정한 원점[81] 이상이어야 향시나 한성시에 응시할 수 있지만, 노친 봉양 등을 이유로 진성[82]을 받으면 원점이 부족해도 가능하였다.[83] 1734년(영조 10)에는 노비의 부모가 70세 이상이면 시정을 지급하였다.[84]

정약용은 노직을 바라면 나이를 올리고, 또 반대로 60세가 지났는데도 오히려 나이를 낮추려고 한 후기의 상황을 알려주고 있다. 아버지가 군역을 면제를 받으려면 아들로 변경하는 改簽해야 하는데, 이에는 비용이 들기 때문에 여전히 부가 군역을 부담하고 있었다.[85] 여기서 후기의 상황이지만 신역에서 노인을 제대로 우대하지 않는 모습을 볼 수 있다.

2. 관인 노인의 우대

조선시대에 관원의 퇴직에 대한 일반적인 규정은 없지만, 앞서 본 ≪예기≫ 등에 따라 70세를 致仕, 즉 퇴관하는 기준으로 삼았다. ≪경국대전≫에서는 70세 이상인 1품 관인이 치사하지 못하면 예조에서 왕에게 보고하여 궤장을 하사하도록 규정하였다.[86] 원대의 ≪史學指南≫에서는 '白虎通'에 근거해서 70세가 되면 기력이 끊어지고 눈귀가 어두워졌기 때문이라고

---

81) 圓點: 성균관 교육을 강화하기 위해 식당에 갈 때 到記에 서명하여 점수를 매기는 제도로, 300점 이상이어야 과거에 응시할 수 있었다.

82) 陳省: 자격요건을 갖추지 못한 응시자에게 응시를 허용하는 문서

83) ≪經國大典≫ <禮典> [諸科] 「式年文科初試」: 館試五十人, … 因老病親受陳省者 許赴漢城 · 鄕試.

84) ≪新補受敎輯錄≫ 刑典 公賤 1288. 奴婢之父母, 年滿七十者, 同生五口 · 所生三口者, 許侍丁, …. [甲寅事目]

85) ≪牧民心書≫ <戶典六條> [戶籍] 8 增年者. 減年者. 冒稱幼學者. 僞戴官爵者. 假稱鰥夫者. 詐冒科籍者. 竝行査禁: 圖老職者增年 憂改簽者減年. <年滿六十 則改簽 其子 納布 則同. 而改簽有費 故自減其年.> 다산연구회 역, 『역주 목민심서3』(개정판: 창비, 2018), 131쪽.

86) ≪經國大典≫ <禮典> [惠恤]: 官至一品年七十以上係國家重輕不得致仕者, 本曹啓 聞, 賜几杖.

하였다.87) ≪經國大典註解(後集)≫에서 '치사'는 "≪예기≫에 따라 임금에게 그 직사를 바쳐 늙었음을 고하는 것"88)을 말한다. 70세가 되어 기력이 쇠해지면 퇴관해야 하고, 왕은 그렇지 않은 관원에게 체력을 보충하도록 궤장을 하사하였다. '장'의 끝에는 근심이 없는 비둘기로 장식하여89) 상징적 의미도 부여하였다.

서울보다는 근무환경이 열악한 지방은 상황을 고려하여 중앙관과 다르게 규정하였다. ≪경국대전≫에서는 원칙적으로 65세 이상자는 지방관에 임용하지 않았는데,90) ≪경국대전주해≫에서는 수령의 임기91)를 고려하여 임기를 다 채워도 70세가 넘지 않도록 규정한 것으로 풀이하였다.92) 이후 임기를 고려하여 ≪대전통편≫에서는 임기가 3년이면 67세까지, ≪대전회통≫에서는 6년이면 68세까지, 3년이면 70세를 정년으로 하되 73세가 되면 교체하도록 하였다.93) ≪속대전≫에서는 역참을 관리하는 종6품 외관직인 察訪에는 70세 이상자를 임명하지 않았는데, ≪대전회통≫에서는 72세로 연장하였으며,94) 이는 ≪육전조례≫에 그대로 수록되었다.95) 후기

---

87) ≪吏學指南≫ [除授]: 致仕, ≪白虎通≫曰, 臣以執事趨走爲職, 七十陽道絶, 耳目不聰明, 故致其事於君也.

88) ≪經國大典註解(後集)≫ <禮典> [惠恤條] §611 致仕: 禮 大夫七十致仕, 言致其職事於君, 而告老也.

89) ≪經國大典註解(後集)≫ <禮典> [惠恤條] §612 賜几杖: 几, 凭之以安其體. 杖, 扶之以助其力. 賜之者, 所以養其身也. 杖端以鳩爲飾, 鳩者不噎之鳥也, 欲老人不噎也.

90) ≪經國大典≫ <吏典> [外官職]: 年過六十五歲者 勿外敍. <堂上官及未挈家者, 不在此限.>

91) ≪經國大典≫ <吏典> [外官職]: 守令仕滿一千八百, 堂上官及未挈家守令·訓導仕滿九百, 乃遞.

92) ≪經國大典註解(後集)≫ <吏典> [外官職] §239 年過六十五歲者: 凡守令六期而遞, 年過六十五歲者, 滿六期則爲七十, 故勿外敍. 堂上官及未挈家者, 三年而遞, 其年不至於七十歲, 故不在此限.

93) ≪大典會通≫ <吏典> [外官職]: 「增」瓜限三年者 以六十七歲爲限. 「補」瓜限六年者以六十八歲, 三年者以七十歲爲限, 至七十三歲遞.>

94) ≪大典會通≫ <吏典> [外官職]: 「續」文·蔭·武年滿七十者, 勿差察訪. 「補」卽七

에는 70세에서 73세로 연장되었다.

조선초기 변방의 효율적인 통치를 위해 그 지역 유력자에게 내린 土官은 60세가 되어야 퇴직할 수 있었다.[96] 각 사의 提調는 소속 관원에 대해 인사평가보고서를 직접 제출해야 하지만, 노인이면 서면으로 제출하는 것을 허용[97]하는 등 행정에서도 노인을 배려하였다.

퇴직 관원도 우대하였다. ≪경국대전≫에서는 70세 이상인 공신의 부모와 처 및 당상관의 처에게는 예조와 본읍에서 매달 술과 고기를 보내주었으며,[98] 實職 2품 이상의 관원이 70세가 넘어 향리로 은퇴하면 복호하였다.[99] 여름철에 얼음을 종친 등에게 나누어주면서 70세 이상인 한산당상관도 포함시켜 노인을 건강을 배려하였다.[100]

어버이 봉양을 위해 관리를 특별히 배려하였다. ≪경국대전≫에서는 부모의 나이가 70세 이상이면 부모의 거주지에서 300리[101]가 넘는 먼 고을의 수령으로 임명하지 않았다.[102] 그러나 이는 관리들의 경력에 장애가 되어 제대로 준수되지 않았다. 1541년(중종 36)에는 鎭將은 제외하였으며,[103] 2

十二歲, 許差.

95) ≪六典條例≫ <吏典> [吏曹 文選司 除授]: ○年過七十歲者, 勿外敍. <瓜限六年者, 以六十八歲爲限, 三年者, 以七十歲爲限, 至七十三則遞. ○察訪, 限七十二歲許差.>

96) ≪經國大典≫ <吏典> [土官職]: 土官, 雖去官當次, 年滿六十, 方許去官.

97) ≪續大典≫ <吏典> [褒貶]: 六曹及各衙門褒貶 春夏秋冬等 毋得兼行. <各司提調, 老病人外 褒貶單子勿爲書送 親自來勘. 都提調衙門 則都提調不可親往 該曹堂上往受.>

98) ≪經國大典≫ <禮典> [惠恤]: 堂上官致仕者及功臣父母・妻, 堂上官妻年七十以上者, 本曹・本邑月致酒・肉.

99) ≪經國大典≫ <兵典> [復戶]: 實行二品職事, 年七十以上退居田里者, 復戶.

100) ≪經國大典≫ <禮典> [頒氷]: 每歲季夏, 頒氷于…<…>七十歲以上閑散堂上官.

101) 초기의 ≪경국대전≫에는 거리규정이 없이 "親年七十以上者, 勿差遠邑守令"으로 규정되어 있었는데, 1474년(성종 5)에 300리로 구체적으로 정하였다. ≪성종실록≫ 성종 5년 5월 16일[경자] 참조.

102) ≪經國大典≫ <吏典> [外官職]: 親年七十歲以上者 勿差三百里外遠邑守令.

103) ≪중종실록≫ 중종 36년 7월 15일[기해]; 중종 39년 1월 11일[경술] 참조.

년 후에는 65세 이상자의 지방관 임명과 함께 노친 봉양을 위한 이 법을 준수할 것을 명하였다.[104] 1602년(선조 35)에는 처음에는 사실을 밝히지 않았다가 지방에 부임한 후 체직을 청하는 경우에는 허용하지 않을 뿐만 아니라 부모를 봉양하지 않은 죄로 다스렸다.[105] 1675년(숙종 1)에 변방의 장수와 수령의 부모가 75세 이상이면 개차하였고, 이는 ≪속대전≫에 수록되었으며, ≪전률통보≫에서는 '兵使 · 水使[閫任]'까지 포함하였다.[106] ≪백헌총요≫에서는 이를 위반한 관리를 "부모를 버리고 임지로 떠난 죄[棄親之任]"[107]로 처벌하도록 소개하였다.[108] 1850년(철종 1)에 영의정 정원용은 그 취지는 효를 실천하는 것이지만, 이 때문에 승진에 장애가 되는 문제점을 지적하고, 또 실제로는 법을 무시하고 임명한 사례를 들어 타협책으로 15개월 근무한 자를 임용할 것을 건의하여 승인받았다.[109]

부모가 70세 이상이면 한 아들, 80세 이상이면 두 아들, 90세 이상이면 모든 아들에게 휴가를 주어 부모를 봉양하게 하였다.[110] 변방의 장수는 부모 봉양을 위해 부모 나이 75세가 되면 사직할 수 있었고, 독자는 70세에도 가능하였다.[111] 그리고 지방 수령에게 노친이 있으면 휴가를 허락하

---

104) ≪중종실록≫ 중종 38년 6월 23일[병신] 참조.

105) ≪선조실록≫ 선조 35년 10월 22일[경술] 참조.

106) ≪受敎輯錄≫ <兵典> [官職] §432 및 ≪續大典≫ <兵典> [雜令]: ○邊將 · 邊帥 父母七十五歲者, 許遞. 獨子無兄弟, 則七十歲爲限; ≪典律通補≫ <吏典> [外官格式]: ○邊將 · 邊守 · 閫任, 父母七十五歲者, 許遞. <「續 · 補」○獨子則七十歲.>

107) ≪大明律講解≫ <禮律> [儀制] §199 棄親之任: ①凡祖父母 · 父母年八十以上及篤疾 別無以次侍丁 而棄親之任 及妄稱祖父母 · 父母老疾 求歸入侍者 並杖八十.

108) ≪百憲摠要≫ <吏曹> [守令] 年限: 堂下年過六十五歲者, 堂上官六十七歲後, 勿外敍. 親年七十以上, 勿差三百里外守令. 邊將 · 邊守, 父母年七十五歲以上者, 改差. 獨子以年七十爲限. 棄親之任者, 杖八十.

109) ≪受敎謄錄[규15142]≫; 정긍식 외 편역, 『조선후기 수교자료 집성 Ⅱ: 형사편』(한국법제연구원, 2010), 294-5쪽.

110) ≪經國大典≫ <吏典> [給假]: 有七十歲以上親者一子 · 八十歲以上親者二子 · 九十歲以上親者諸子歸養. ○兵曹同.

였다.112)

3. 재난과 노인 구휼

노인에 대한 공경이나 배려는 평상시보다 흉년 등 재난기에 더 필요하며,
이와 관련된 규정의 존부는 노인보호에 대한 사회의 시야를 드러낸다. ≪대
명률≫에서는 가족과 친족 차원에서 노인 등을 구휼하도록 하고 이들이 없
어서 자활할 수 없는 경우에만 관사에서 부조하도록 하였다.113) 나아가 형
편이 되는데도 부모 등을 봉양하지 않으면 십악에 해당하는 子孫違犯敎令
조의 '奉養有缺'로 장100에 처벌하였다.114) 子孫違犯敎令조는 ≪당률≫에
연유하는데, 소의에서는 ≪예기≫의 노인 봉양의 방법을 근거로 제시하였
다.115) 이러한 입장은 조선도 같았다. "부양할 사람이 없는 노인에게는 옷
과 곡식을 헤아려서 지급한다"는 ≪경국대전≫의 규정116)이 빈민의 구휼
등과 관련된 유일한 규정이다.117) 따라서 법제에서는 노인의 구휼 등은 개

---

111) ≪續大典≫ <兵典> [雜令]: 邊將·邊帥父母七十五歲者, 許遞. <獨子無兄弟, 則
　　　七十歲爲限.>

112) ≪大典通編≫ <吏典> [給假]: 補外守令 有老親者 許由.

113) ≪大明律講解≫ <戶律 戶役> §95 收養孤老: 凡鰥寡孤獨及篤癈之人 貧窮無親屬依
　　　倚 不能自存 所在官司 應收養而不收養者 杖六十. 若應給衣糧 而官吏剋減者 以監守
　　　自盜論.

114) ≪大明律講解≫ <名例律> §2 十惡: 七曰不孝<若奉養有缺>; <刑律 訴訟>
　　　§362 子孫違犯敎令: 凡子孫違犯祖父母·父母敎令, 及奉養有缺者, 杖一百. <謂敎
　　　令可從而故違, 家道堪奉而故缺者. 須祖父母·父母親告乃坐.>

115) ≪唐律疏議≫ <鬪訟> §348 子孫違犯敎令: [律] 諸子孫違犯敎令及供養有闕者, 徒
　　　二年. <謂可從而違, 堪供而闕者, 須祖父母父母告, 乃坐.> [疏議曰] … 及供養有
　　　闕者, 禮云, 七十二膳, 八十常珍之類. 家道堪供, 而故有闕者, 各徒二年.

116) ≪經國大典≫ <禮典> [惠恤]: … 老人無扶護者, 量給衣料.

117) [惠恤]목의 조문수는 ≪경국대전≫은 11개, ≪속대전≫은 3개, ≪대전통편≫·≪대
　　　전회통≫은 각 1개로 총 16개이며, 유아 관련 조문은 네 법전에 각 1개조가 있다. 노
　　　인에 대한 유일한 ≪경국대전≫의 조문은 사족녀의 혼인과 함께 수록되어 있다. 노

인적 차원에 그쳤음을 알 수 있다.

위 규정은 위기상황을 전제로 한 것이 아니었다. 기근 등 위기상황을 대처하면서 구휼방안이 정비되었다. 2년 전의 <賑救事目>을 보완한 1662년(현종 3) <賑救事目(追加磨鍊節目)>은 조선후기 구휼의 틀을 마련한 것이다. 이에는 구제방식 및 절차[대상, 기간, 분급액수], 관리감독[책임자 선정, 상벌 시행], 기타[勸分, 승려 동원, 권농, 유기아 대책] 등을 규정하였다. 구제대상은 거주자[호적 등재인]을 원칙으로 하고 그 중에서 과부와 노인, 병자를 별도로 구분하여 成册하여 乾糧을 지급하도록 하였다[7조]. 이는 노약자는 粥所에 갈 수 없는 사정을 고려한 것이다.[118] 하지만 현실에서는 노인 보호가 지켜지지 않기도 하였다. 1671년(현종 12) 서울에 진휼소를 설치하여 기민을 구제하였는데, 노인을 배려하지 않아 죽을 받으려고 줄을 선 80세 노파가 밟혀 죽은 사건이 발생하기도 하였다. 죽을 쑤는 곡식은 장정 남녀에게는 한 끼에 쌀 2홉, 노약남녀는 1홉5작으로 차등을 두었다.[119]

정약용의 ≪목민심서≫ 제4부 제3조 '振窮'에서는 노인 등을 4궁으로 부르고 이들을 구휼 대상으로 인정하고,[120] 나이, 친척의 유무[121] 및 재산을 구휼의 기준으로 삼았다. 자식이 없는 노인에게는 관에서 곡식을 지급하고 요역을 면제하고, 동리에서 덕이 있는 자가 이들을 돌보도록 하며 그 수가 많지 않아서 실행하면 후세에 명망을 남길 수 있다고 권장[122]하여 관의 적

인보다는 유아를 중시하였음을 알 수 있다.

118) 元載榮, 「朝鮮後期 荒政 연구」(연세대학교 문학박사학위논문, 2014), 132-4쪽.

119) 김덕진, 『대기근, 조선을 뒤덮다』(푸른역사, 2008), 238쪽.

120) ≪목민심서≫ <愛民六條> 養老: ①鰥寡孤獨. 謂之四窮. 窮不自振. 待人以起. 振者. 擧也.

121) ≪목민심서≫ <賑荒六條> 제2 勸分에서는 근친이 우선적으로 구휼하도록 하였다 (○其同姓至親, 及異姓切近者, 任其自救, 不載官籍, 唯其疎者, 乃上簿也. 其同姓之親, 上富限以八寸, 中富限以六寸, 下富限以四寸, 不載于册. 異姓亦視此爲差). 『역주 목민심서6』, 83쪽.

122) 이상은 『역주 목민심서2』, 51-3쪽.

극적 구휼보다는 개인적 구휼을 우선하였다. 호전 6조 호적에도 자식 없는 노인을 구휼 대상으로 인정하였으며,[123] 기우제를 지내는 것만으로는 가뭄을 해결할 수 없고 제사와 더불어 환과고독을 구휼한 蕭梁의 예를 들고, 수라상의 찬을 줄이고 冤獄만 심리할 뿐 적극적 조처를 하지 않는 당대 현실을 비판하였다.[124]

목민서 중 황정만 초록한 ≪荒政大槪≫와 ≪완영일록≫을 통해 19세기의 실태를 소개한다. ≪황정대개≫에서는 구제 대상으로 의지할 곳이 없는 환과고독을 포함하였으며 무상으로 곡식을 지급[白給]하므로 엄격히 제한하였다. 구제 대상인 老는 51세인데 이듬해를 기준으로 호적등재자만 대상으로 하였다.[125] 1815년(순조 15) 임실현에서는 남녀 老壯弱의 인구수를 보고하였으며 노인은 50세 이상으로 남녀에게는 쌀 각각 4승, 3승을 지급하였다. 기민의 총수는 40,340戶, 71,359구로 이중 노인은 11,286구[남 5,667구/ 녀 5,619구]였다. 이러한 임실면의 진휼 덕분에 기아선상의 농민들은 생존위기를 넘을 수 있었다.[126] ≪완영일록≫에는 1834년(순조 34) 1월 10일부터 기민 구제 내용이 등장한다.[127] 섬지역의 재해민을 壯老兒弱으로 구분하였다.[128] 실제 구호에서는 노인을 특별히 우대하는 조처는 보이지 않고, 장정은 다음 규휼에서는 제외하며(함열현)[129] 노약자 중에서 구제할 자는 반드시 구호하라(용안현)[130]는 정도이다.

---

123) ≪牧民心書≫ <戶典六條> 戶籍 3. 恤者. 鰥寡孤獨廢疾之人也.

124) ≪牧民心書≫ <禮典六條> 祭祀 8 祈雨之祭. 蕭梁之時. 祈雨必行七事. 一理冤獄及 失職者. 二賑鰥寡孤獨 … 今之所擧. 只撤膳審獄. 其餘皆不施行. 不及遠矣. 『역주 목민심서3』, 323쪽.

125) 원재영, 앞의 글, 186-192쪽.

126) 원재영, 앞의 글, 250-7쪽.

127) 서유구, 앞의 역서(2), 35-6쪽[①: 240-1쪽].

128) 서유구, 위의 역서(2), 85-6쪽[①: 266-7쪽].

129) 서유구, 위의 역서(2), 247쪽[①: 352쪽].

130) 서유구, 위의 역서(2), 259쪽[①: 359쪽].

V. 맺음말

본장에서 조선시대 노인 관련 법제를 개괄적으로 소개하였다. 의술이 발달하지 않은 사회에서는 장수 자체가 축복으로 훌륭한 정치의 표상이었고, 또 과학기술이 발달하지 않은 농경사회에서는 경험적 지식은 사회존속의 바탕이었다. 이러한 삶의 지혜를 보존하고 있는 노인에 대한 공경과 존중은 사회의 유지에 필수라고 할 수 있으며, 유교에서는 이를 '효'이념으로 강조하였으며, 효는 도덕적 차원을 넘어서서 법의 이념적 기초가 되어 《당률소의》나 《대명률》에 규정되었고, 이는 조선에 그대로 영향을 미쳤다.

조선에서는 《예기》 등 경전에 근거하여 60세 이상을 노인으로 우대하여 평민은 군역을, 천인은 신역을 면제받았다. 형사법에서는 당률과 명률에 의거하여 70세 이상으로 나이에 따라 처우를 달리하였으며, 노인에 대한 수금 등에 대해 규정하였다. 이는 개별사건을 처리하면서 축적된 관례를 입법한 것으로 실효적이었다. 이러한 입법들은 1905년에 제정된 《형법대전》으로까지 이어졌다. 조선시대 노인의 형사책임을 감면한 근거는 형사정책의 관점인 '矜恤'과 형사책임의 입장인 '無知'였다.

《경국대전》에 '老人職'을 설치하여 80세 이상자에게 품계를 주었다. 《속대전》에서는 90세 이상의 사족부녀로 확대되었고 100세 이상에게는 자녀의 상언을 허용하는 등 특혜를 인정하였다. 노인직 제수에서 초기에는 신분차이가 없었지만 《대전통편》에서는 차이를 인정하였다가 《대전회통》에서는 100세 노인은 동등하게 대우하였다. 그러나 종친과 관인을 우대하여 노인직으로 받을 수 있는 품계의 상한을 설정하였다. 서유구(1764~1845)의 《완영일록》에서 19세기 중엽의 실태를 알 수 있는데, 대상 노인의 선정과 나이를 속이는 자를 처벌하는 등 법전의 규정이 준수되었다.

원로대신을 우대하기 위해 耆老所와 奉朝賀를 두었다. '기로소'는 1394년(태조 3)에 태조가 60세가 된 것을 기념하여 耆英會에 들어간 것이 그 유래이고, ≪경국대전≫에서는 규정되지 않았다. 1744년 영조는 즉위 20주년을 기념하면서 태조와 숙종의 전례에 따라 기로소에 입사하였고, ≪속대전≫에 정규기관이 되었다. 예우기관인 기로소에 입사한 관원은 朝會에서의 편의와 형사사법에서 특권을 인정받았다. '봉조하'는 담당 업무 없이 하례식에만 참여하는 명예직 관원이다. 초기에는 은퇴관리들에게 녹봉을 지급하기 위한 수단으로 활용되었다. 세조대 정비되어 ≪경국대전≫에 규정되었고, ≪대전통편≫에서는 인원의 제한을 없애 대상을 확대하였다.

≪경국대전≫에서는 60세 이상자에게는 군역을 면제하였으며, 군역 때문에 어버이 봉양에 누가 되는 것을 막기 위해 80세 이상, 90세 이상의 어버이를 모시는 자들의 군역을 면제하여 효를 중시하였다. 그러나 정약용의 ≪목민심서≫에서는 노인의 군역 면제가 준수되지 않은 당시 상황을 잘 묘사하였다. 또 노인은 각종 행정적 규제나 형사사법에서 우대를 받았다.

관인은 ≪예기≫에 따라 70세가 되면 관직에서 물러나는 것이 관행이었다. 국왕은 70세 이상자에게 관직에 제수하면서 궤장을 하사하여 위로하였다. ≪경국대전≫에서는 임기를 고려하여 65세 이상자는 지방관으로 임명하지 않았고, 이후 개별적으로 보완하여 ≪대전회통≫에서는 72세 이상자는 원칙적으로 지방관에 임용하지 않았다. 또 70세 이상인 어버이 봉양을 위해 관리를 특별히 배려하였다. ≪경국대전≫에서는 부모 거주지에서 300리 이상 떨어진 지방관으로 임명하지 않도록 하였는데, 이 조처는 관리의 승진 등에 장애가 되어 논란이 되었으며 타협책이 등장하였다. 또 관리인 아들에게 휴가를 주어 봉양하도록 하였다.

노인에 대한 배려는 재난 시에 더욱 필요하다. 그러나 관련 법조문을 종합하면 노인의 구휼은 개인적 차원에 머무른 것으로 이해된다. 기근 등 위기상황을 타개하면서 1662년(현종 3) <賑救事目(追加磨鍊節目)> 등 종합적 구휼방안이 정비되었다. 그러나 구휼사목에서는 노인에 대한 특별한 배려는 보이지 않는다. ≪목민심서≫에서도 마찬가지로 국가적·사회적 대처보다는 가족 등 개인적 구휼을 강조하였다. 또 ≪완영일록≫에서도 구휼대상을 연령별로 구분하고 장정을 제외하는 등 소극적인 조처만 보인다.

국가권력은 가시적이어야 쉽게 백성을 포용할 수 있고 순조롭게 통치할 수 있다. 이런 가시적인 국가권력은 각종 행사를 통해 백성들에게 다가간다. 장수는 그 자체로 축복이며 인정의 실현이고 실체이다. 백성의 장수를 축하하는 '양로연'은 국가가 왕권을 생산하여 백성들에게 과시하고 백성들은 그 권력을 소비하는 왕권의 유통과정의 하나이다. 그리고 고관들을 대상으로 하는 '기로연'은 왕조를 유지하는 집단인 국왕과 관료들이 서로를 확인하고 권력을 생산, 소비, 분점하는 과정으로 이해할 수 있다. 이에 대한 연구는 다음을 기약한다.

<참고문헌>

≪經國大典≫, ≪經國大典註解(後集)≫, ≪唐律疏議≫, ≪大明律講解≫, ≪大典通編≫, ≪大典會通≫, ≪六典條例≫, ≪律例要覽≫, ≪牧民心書≫, ≪百憲摠要≫, ≪續大典≫, ≪受敎謄錄[규15142]≫, ≪受敎輯錄≫, ≪新補受敎輯錄≫, ≪吏學指南≫, ≪秋官志≫
≪태조실록≫ ≪숙종실록≫ ≪영조실록≫ ≪정조실록≫ ≪중종실록≫ ≪선조실록≫
≪禮記集說≫, ≪尙書大傳≫, 段玉裁, ≪說文解字注≫
沈家本(淸) 撰/ 鄧經元·騈宇騫 點校,『歷代刑法考(四)』, 北京: 中華書局, 1985

정약용 저/ 다산연구회 역,『역주 목민심서(2), (3), (6)』, 개정판: 창비, 2018
서유구 저/ 김순석 외 역,『완영일록(1), (2)』, 흐름, 2018
정긍식 외 편역,『조선후기 수교자료 집성Ⅱ: 형사편』, 한국법제연구원, 2010
程樹德 저/ 임병덕 역주,『구조율고(1), (4)』, 세창출판사, 2014

김덕진,『대기근, 조선을 뒤덮다』, 푸른역사, 2008
한상복·이문웅·김광억,『인류학개론』, 서울대출판부, 1989

金大淵,「朝鮮朝의 敬老敎育과 老人福祉 硏究: 敬老思想과 老人保護策을 중심으로」, 원광대학교 문학박사학위논문, 1985
박병호,「효윤리의 법규범화와 그 계승」,『근세의 법과 법사상』, 진원 1996
신윤희,「한국 노인복지제도에 관한 시대사적 연구」, 동국대학교 석사학위논문, 1999
엄소연·서종석,「연향의 정치학: 영조대 '숭정전갑자진연'을 중심으로」, 세미오시스 연구센터 편,『세미오시스의 매체성과 물질성』, HU:INE, 2017
염정삼,『≪說文解字注≫ 部首字 譯解』, 서울대학교 박사학위논문, 2003
元載榮,「朝鮮後期 荒政 연구」, 연세대학교 문학박사학위논문, 2014
이영우,「朝鮮 正祖朝의 福祉政策에 관한 연구: 罹災民·兒童·老人福祉政策을 중심으로」, 안동대학교 박사학위논문, 2015

이호일,「조선왕조의 노인인식과 경로제도에 관한 연구」, 부경대학교 석사학위논
　　문, 2010

정긍식,「大典會通의 編纂과 그 意義」,『서울대학교 법학』41-4, 서울대학교 법학연
　　구소, 2001

趙志晩·金大洪,「조선시대 형사책임능력에 관한 연구: 법전 규정과 약간의 사례를
　　중심으로」,『법조』715, 법무부, 2016

국립국어연구원, 표준국어대사전(https://stdict.korean.go.kr/main/main.do)

국사편찬위원회, 조선시대법령자료(https://db.history.go.kr/law/)

국사편찬위원회, 조선왕조실록(https://sillok.history.go.kr/main/main.do)

한국학중앙연구원, 한국민족문화대백과(http://encykorea.aks.ac.kr/)

제5장

일본에서 고령사회의 법제에 관한 논의[*]
- 개관, 법이념, 고령자 인권 -

강광문

Ⅰ. 들어가며

한국의 고령사회가 당면한 법적 과제를 고찰함에 있어서 일본의 경험은 특히 아래 두 가지 이유로 말미암아 큰 의미가 있다고 생각된다. 우선, 주지하다시피 일본은 현재 고령사회를 넘어서 이른바 초고령사회에 진입하고 있고 한국에 앞서 고령화가 초래한 각종 문제를 경험하였다. 일본의 남녀 평균수명은 모두 세계에서 가장 길다고 알려져 있어 고령화문제는 오랫동안 일본사회의 중요한 화제 중 하나였다. 따라서 고령화문제 관련 입법, 각종 제도, 학계의 논의도 한국에 비하여 앞서 시작하였다. 이로써 일본의 논의와 경험은 한국에 많은 시사점을 제공할 것으로 기대된다. 다음으로, 근대 이후 한국의 법제도의 형성과 발전에 있어서 일본의 절대적인 영향을 부정할 수 없다. 입법뿐만 아니라 판례, 학설 등에 있어서도 일본과 유사한 점을 어렵지 않게 찾을 수 있다.

다만 고령사회의 법제는 광범위한 영역을 망라하므로 일본의 관련 법제를 일일이 소개하는 것은 바람직하지 않을뿐더러 현실적이지도 않다. 일본에서 고령사회의 법제는 현재까지 주로 사회보장법을 중심으로 논의되어 왔고 그 외에 성년후견제도와 같이 고령자와 밀접히 관련한 법제의 도입을

---

[*] 이 글은 2020년 10월 10일 개최된 서울대학교 법학연구소 공동연구 학술대회에서 발표한 글을 수정·보완한 것이다.

계기로 민법학 등 기타 법학에서의 논의가 새롭게 추가되었다. 학계에서 사용하는 용어도 '高齢社会の法', '高齢者と法' 또는 '高齢者法/法学' 등으로 통일되지 않다가 최근에는 독립된 새로운 법 영역인 고령자법(高齢者法)의 성립가능성에 대한 본격적인 논의가 시작되었다.[1]

필자의 전공이 헌법학임을 감안하여, 아래 논문에서는 위의 고령자법의 개념과 법이념 및 고령자 인권을 중심으로 일본의 고령화 법제를 둘러싼 논의를 검토하고자 한다. 비록 전면적이지는 않지만 이러한 고령자법과 고령자 인권을 둘러싼 논의를 통해 일본의 고령사회의 법제의 대개를 요해하고 향후 보다 심도 있는 개별 연구 및 한일 양국 간의 비교연구를 위한 실마리를 제공할 수 있기를 기대한다. 이를 위하여 이하에서는 우선 일본의 고령화 현황, 고령자 법제의 개관 및 관련 논의의 진행상황에 대하여 간략히 소개한다(제2장). 이어서 성년후견제도, 介護[2]보험제도 등 구체적인 법제의 내용을 본 논문과 연관되는 범위에서 설명하고 이를 토대로 고령자법의 개념과 법이념에 관한 일본의 논의를 소개하고 검토한다(제3장). 그 외 고령자 인권 문제가 일본에서 어떻게 논의되고 있는지를 살펴보고(제4장), 마지막 부분에서 본문의 내용을 다시 한 번 정리한다(제5장).

---

1) 일본에서 고령사회의 법제를 전문적으로 연구하는 첫 학회인 高齢者法研究会가 2014년 8월에 설립되었다. 해당 연구회의 공식 홈페이지에 따르면, 연구회는 고령자 특유의 법적 과제를 체계적으로 연구함으로써 미국에서 탄생한 이른바 Elder Law을 본받아 '고령자법'이라고 하는 새로운 법 분야를 확립하는 것을 그 목표로 하고 있다. https://elderlawjapan.jp/(2020년 10월 22일 방문).

2) 일본의 국어사전에 따르면 介護(かいご)는 介抱看護의 약자로서 쇠약한 환자, 부상자, 신체장애자나 고령자 등에 대하여 상시로 곁에 있으면서 생활전반에 있어서 보살피는 일을 가리킨다. 新明解国語辞典(第五版, 三省堂, 2002年). 고령자 등에 대한 경제적 측면에서의 지원을 부양(扶養)이라고 한다면 신체적 측면에서의 보살핌을 介護라고 할 수 있다. 일본민법 제904조에서 말하는 요양간호(療養看護)와 가까운 개념으로 주로 노인복지법 등 분야에서 사용된다. 石川恒夫等, 高齢者介護と家族 : 民法と社会保障法の接点(信山社, 1997年). 4면. 한국에서는 介護를 간호, 간병 또는 개호로 번역하기도 하지만 본문에서는 한자 그대로 표기하기로 한다.

Ⅱ. 일본에서 고령사회의 법제를 둘러싼 논의 개관

1. 고령화 최선진국 일본

법은 언제나 현실을 뒤따르고 현실을 반영한다. 고령사회와 법 또는 고령자법 관련 논의가 일본에서 활발히 전개되는 이유는 고령화된 일본사회의 현실에 있다. 일반적인 기준에 따르면, 일본은 이미 1970년에 이른바 고령화사회(65세 이상 인구 7%)에 진입하였고 1994년에 고령사회(65세 이상 인구 14%)에 진입하였다. 2019년 기준 일본의 65세 이상 인구는 전체 인구의 28.4%에 달하여 초고령사회에 진입하였다고 할 수 있다. 그중 75세 이상인 고령자 역시 14.7%에 달한다. 이러한 추세가 변하지 않는다고 가정하면, 2036년쯤에 고령자 인구는 33.3%에 달하여 인구 3명 중 1명이 고령자가 되는 셈이다.[3] 따라서 일본은 현재 세계에서 가장 고령화된 국가로 여겨진다.[4]

<표 1> 일본 고령화 현황[5]

단위: %

총인구(100)	합계	남성	여성
65세 이상	28.4	25.4	31.3
인구(고령화율)	14.7(그중 75세 이상)	11.9	17.3
15－65세 인구	59.5	61.9	57.2
15세 미만 인구	12.1	12.7	11.5

---

3) 이한 본 논문에서 인용한 일본의 각종 인구 데이터는 일본 내각부가 발간한 高齡社會白書(2020년)에 의함. https://www8.cao.go.jp/kourei/whitepaper/w-2020/zenbun/02pdf_index.html(2020년 10월 22일 방문).

4) 일본의 고령화 현황에 관해서는, 위의 高齡社會白書 외에도 東京大学高齡社会総合研究機構[編著], 東大がつくった高齢社会の教科書: 長寿時代の人生設計と社会創造(東京大学出版会, 2017年) 14면 이하 참조.

5) 高齡社會白書(2020年) 2면의 도표를 참조하여 필자가 작성.

인구의 고령화는 평균 수명의 연장과 출산율 저하의 결과이다. 2018년 기준 일본의 평균수명은 남성 81.25세, 여성 87.32세이고, 향후 지속적으로 연장되어 2050년쯤에 이르면 여성의 평균수명은 90세를 넘을 것으로 추정된다. 반면에 합계출산율은 오랫동안 1.5명 이하에 머물고 있다. 일본의 총인구 역시 2008년 이후 매년 자연감소하고 있다.[6]

고령사회와 더불어 고령자부부 세대 및 고령자 독거세대도 증가하고 있다. 전체 세대 중 65세 이상 고령자가 있는 세대는 47.2%를 차지한다. 또한 부부만으로 구성된 2인세대가 30%에 달하고 이에 혼자만이 사는 단독세대를 합하면 전체의 과반을 넘는 상황이다. 그리고 65세 이상이며 혼자 사는 고령자 인구가 전국적으로 남성의 경우 약 200만 명, 여성의 경우 약 400만 명에 달한다.[7] 고령화와 함께 이러한 가족 규모의 변화는 고독사 등 일련의 사회문제를 야기하게 되는 배경이다.

한편으로, 일본에서 고령자의 경제상황은 비교적 여유가 있는 편이다. 일본 내각부가 60세 이상 인구를 대상으로 경제생활에 관하여 조사한 결과, 가계에 어느 정도 여유가 있고 경제적으로 크게 걱정하지 않는다고 답한 비율이 74.1%에 달하였다고 한다. 특히 80세 이상 응답자 중 77.2%가 전혀 걱정이 없거나 크게 걱정이 없다고 답하였다.

<표 2> 일본에서 고령자의 경제생활[8]   단위: %

	전혀 걱정 없음	크게 걱정 없음	다소 걱정	매우 걱정	기타
전체	20.1	54.0	20.3	5.1	0.5
60 – 64세	16.7	57.8	21.3	4.3	0.0

6) 高齡社會白書(2020年) 6면, 東京大学高齢社会総合研究機構[編著], 전게서, 20면.

7) 高齡社會白書(2020年) 10면.

8) 高齡社會白書(2020年) 16면의 도표를 참조하여 필자가 작성. 이번 조사의 문항 내용은 구체적으로 '가계에 여유가 있고 전혀 걱정 없이 생활하고 있다', '가계에 큰 여유가 없지만 별로 걱정 없이 생활하고 있다', '가계에 여유가 없고 다소 걱정한다'. '가계가 어렵고 매우 걱정한다' 및 기타로 나뉘어 진행하였다고 한다.

65-69세	18.9	53.5	21.2	5.9	0.6
70-74세	19.4	53.7	22.6	3.7	0.4
75-79세	19.8	53.8	17.4	8.1	0.9
80세 이상	25.0	52.2	18.6	3.6	0.6

그 외 고령자 세대의 평균소득은 전 세대 평균소득의 절반 정도이지만 가처분소득은 전 세대의 평균치와 크게 차이 나지 않는다.9) 또한 세대주의 연령이 올라갈수록 순 저축액이 대체로 증가하고 세대주가 60세 이상인 세대의 저축액이 전 세대 평균치의 1.5배에 달한다고 한다.10) 이는 고령화의 속도나 상황에 비하여 일본에서 고령자의 빈곤문제가 그토록 심각하지 않음을 의미한다. 일본사회는 물론 개개인들이 일찍이 고령사회를 대비하여 준비해 왔음을 알 수 있는 대목이다.

마지막으로 노후에 질병 등으로 介護가 필요한 경우 누구에게 부탁할 것인가라는 질문에 남성은 자신의 배우자(56.9%), 전문 介護서비스 제공자(22.2%) 순으로 대답하였고 여성의 경우는 전문 介護서비스 제공자에 부탁하겠다는 비율이 가장 높았다(39.5%). 반면에 자식에게 介護를 바란다는 비율은 남녀 각각 12.2%, 31.7%에 그쳤다. 그리고 介護서비스에 필요한 비용에 대해서는 대체로 연금 등 수입, 개인 저축 및 자산 매각 등 방식으로 충당하겠다고 하고 자식이나 주변으로부터 경제적 도움을 받겠다는 비율은 평균적으로 5%가 되지 않았다.11) 이러한 수치에서 일본 가족 개념의 변화를 엿볼 수 있고 노후 보살핌의 부담을 더 이상 오로지 가족 구성원에게 맡기기를 바라지 않고 있음을 알 수 있다. 이른바 介護의 사회화로 불리는 현상이다.

---

9) 高齡社會白書(2020年) 17면 도표 참조.
10) 高齡社會白書(2020年) 18면.
11) 高齡社會白書(2020年) 32면.

2. 일본에서 고령자 관련 입법

일본의 고령자 관련 법률을 크게 세 가지 그룹으로 나눌 수 있다. 우선 고령자만을 적용대상으로 하는 법률이 있다. 1963년에 제정된 '老人福祉法(2018년 최신개정)'이 그 시초이다. 그 후 '高年齢者等の雇用の安定等に関する法律(1971년 제정, 2018년 최신개정)', '高齢者の医療の確保に関する法律(1982년에 제정된 '老人保健法'이 그 전신. 2008년에 현 명칭으로 개명, 2020년 최신개정)', '高齢者虐待の防止, 高齢者の養護者に対する支援等に関する法律(2005년제정, 2017년최신개정)'이 제정되었다. 이처럼 고령자의 복지, 고용, 의료, 학대방지에 관한 개별 법률들을 차례로 입법화한 것이다. 그리고 1995년에 일본은 고령사회를 대비하는 일반 법률인 '高齢社会對策基本法'을 제정하고 이에 근거하여 내각부 산하 '高齢社会對策會議'를 설치하여 '高齢社会對策大綱'을 정기적으로 발표하여 지금까지 이르렀다.

두 번째는 고령자만을 대상으로 하지 않았지만 고령자와 밀접히 연관되는 새로운 제도도입에 관련한 입법들이 있다. 그중에서 고령사회 진입을 배경으로, 2000년 전후에 함께 도입된 성년후견제도와 介護보험제도를 위한 일련의 법 개정과 제정이 대표적이다. 예컨대 당시 성년후견제도와 관련해서는 민법 개정과 더불어 '任意後見契約に関する法律(1999년)', '後見登記等に関する法律(1999년)', 최근에 제정된 '成年後見制度の利用の促進に関する法律(2016년)' 등이 있고 介護보험에 관해서는 '介護保険法 (1997년)'이 있다.

마지막으로는 기존의 '社会福祉法', '生活保護法', '健康保険法', '国民年金法' 등 사회복지 일반 법률에도 고령자 관련 내용이 큰 비중을 차지하므로 이러한 법률 또한 고령자 법제의 중요한 부분을 구성한다고 볼 수 있다. 물론 헌법을 포함한 기타 법률 규정 역시 고령자와 무관하지는 않기에 필요시 함께 고려되어야 한다.

따라서 일본에서는 '老人福祉法'과 같이 고령자만을 대상으로 하는 법률이 제정되었고 2005년에는 고령사회를 위한 기본대책을 천명한 '高齢社会

対策基本法'이 입법화되었지만, 이른바 '고령자법'이라고 하는 일반적인 법률이 아직 존재하지 않음으로 고령사회 법제의 범위도 특정한 법률이나 법분야에 한정되지 않는다고 할 수 있다.[12]

3. 일본에서 고령사회 법제 관련 연구[13]

일본에서 고령사회의 법 또는 고령자법에 관한 연구는 대체로 위의 성년후견제도와 介護보험제도의 도입이 논의된 1990년대 후반부터 본격적으로 시작되었다. 그 이전에 고령자문제는 사회보장법의 일부분으로 취급되었다. 일본의 대표적인 법학지인 『法律時報』는 1998년 6월에 '特集 高齢社会と高齢者法学'라고 하는 제목 하에 여러 편의 논문을 묶어 게재하였다. 논문은 각각 고령자인권, 성년후견제도, 介護보험에 관련한 내용으로 구성되었다.[14] 비슷한 시기에 논문집으로는 佐藤進編, 高齢社会の法律(早稲田大学出版部, 1997년), 河野正輝・菊池高志編, 高齢者の法(有斐閣, 1997년)이 출간되었다.[15] 그 외 고령자의 介護에 관련해서는 石川恒夫等, 高齢者介護と家族:

---

12) 山口浩一郎・小島晴洋, 高齢者法(有斐閣, 2002年), ⅰ면.

13) 이하 일본의 고령자법 관련 연구문헌은 위의 高齢者法研究会의 홈페이지의 자료 등을 참조하여 필자가 정리한 것이다.

14) 게재된 논문의 저자와 제목은 각각 다음과 같다. 清野幾久子, "高齢者法学と高齢者人権：高齢者法学序論として", 伊藤進, "成人後見法制の基本的課題", 金子和夫, "高齢者の人権と介護保護法". 필자가 현시점에서 조사한 바에 따르면 이는 일본에서 최초의 고령자법 관련 논문 특집이다. 그 후 『法律時報』는 2005년(77卷5號/通卷956號)에 다시 '特集 高齢期のセーフティーネットの構築 － 高齢期を生き抜くために'의 제목으로 특집을 기획하였다. 현재 고령자법 또는 '고령사회와 법'은 일본 법학지에서 흔히 다루는 주제 중 하나로 되었다. 예컨대 『法律時報』는 올해(2020년)에만 두 차례 걸쳐 고령자 관련 특집을 실었다. '特集 超高齢社会と犯罪'(92卷2號/通卷1147號), '特集 高齢・障害と社会法'(92卷10號/通卷1155號).

15) 그 이전에 立山龍彦編著, 高齢化社会の法的側面(東海大学出版会, 1995年)이 출간되었지만 책은 일본이 아닌 미국과 유럽의 고령화 법제를 소개, 고찰하는 내용으로 구성되었다.

民法と社会保障法の接点(信山社, 1997年). 동경대학 법학부가 기획한 시민강좌 내용을 정리한 岩村正彦編, 高齢化社会と法(有斐閣, 2008), 고령사회에 있어서 법적 문제를 주제로 한 高齢社会における法的諸問題(須永醇先生傘寿記念論文集, 酒井書店, 2010년) 등 논문집이 있다.

고령자법을 체계적으로 서술한 첫 단행본은 山口浩一郎·小島晴洋, 高齢者法(有斐閣, 2002년)으로 알려졌다.16) 저자는 책에서 고령자법이라고 하는 법률이 존재하지 않다는 사실을 인정하면서도 고령자법을 논의하는 의미, 고령자법 범위의 확정을 시도하였다.17) 이 책을 시작으로 일본에서는 '고령자법'이라는 용어가 보다 넓게 쓰이고 고령자법이라고 하는 독자적인 법 영역의 성립가능성에 관한 논의가 시작되었다. 그 외 출간된 단행본으로는 川島志保·関ふ佐子, 家族と高齢社会の法(放送大学教育振興会, 2017년), 동경대학 출판사에서 낸 樋口範雄·関ふ佐子, 高齢者法:長寿社会の法の基礎(東京大学出版会, 2019년)가 있다.

고령자의 법률실무 관련해서는 堀勝洋·岩志和一郎編, 高齢者の法律相談(有斐閣, 2004)이 간행되었다. 최근 前 동경대학 법학부 樋口範雄교수는 고령사회의 법을 쉽게 해석한 교양서 超高齢社会の法律: 何が問題なのか(朝日新聞出版, 2015년) 및 단행본 アメリカ高齢者法(弘文堂, 2019년)을 각각 출간하였다. 그리고 2019년에 개최된 일본사회보장법학회 제74회 대회는 고령자법을 주요 의제 중 하나로 다루었는데 그 성과물은 단행본 日本社会保障法学会, 高齢者法の理論と実務/生活困窮者自立支援の法的仕組み(法律文化社, 2019년)로 출판되었다.

고령자법과 밀접히 연관되는 성년후견제도는 민법학을 중심으로 연구가 이루어졌고 관련한 일본의 연구 성과는 한국에 이미 많이 소개되었다.18) 그

---

16) 日本社会保障法学会, 高齢者法の理論と実務/生活困窮者自立支援の法的仕組み(法律文化社, 2019年), 5면 각주1.

17) 山口浩一郎·小島晴洋, 전게서, 1면. 이 책의 저자 소개에 따르면, 원래 山口浩一郎 교수는 노동법 전공이고 小島晴洋은 사회보장법을 전공으로 하고 있었다.

외 고령자 법제는 介護제도를 중심으로 의료, 연금, 복지, 고용 등 주제 하에서 사회보장법 연구에서 주로 다루어져 왔다.[19] 고령자 법제 관련 단행본이나 교과서의 구성을 살펴보면 그 내용이 대체로 성년후견제도, 介護보험제도와 더불어 고령자의 의료와 연금 등 복지문제, 상속과 부양 등 민법문제, 고령자에 대한 학대와 고령자 범죄 등 형법문제 및 다른 국가의 고령자법에 대한 소개 등의 내용을 망라하고 있음을 알 수 있다.[20]

고령자법에 한정하지 않고 고령사회 일반에 관한 연구도 일본에서 활발히 진행되고 있다. 대표적으로 동경대학은 2009년에 총장실총괄위원회 산하에 고령사회 전문연구기구인 東京大学高齢社会総合研究機構를 설립하여 현재까지 운영하고 있다.[21] 연구기구는 각종 연구보고서와 별도로 2017년에 일반 대중서인 東大가 つくった高齢社会の教科書 : 長寿時代の人生設計と社会創造(東京大学出版会, 2017)를 출간하였다. 이 책에서도 성년후견, 의료 등 고령자 관련 법제도의 논의가 중요한 비중을 차지하고 있음을 알 수 있다.

물론 일본에서도 고령자법 및 법학이 이미 정식으로 성립되어 독립적인 법학분야로서의 지위를 획득하였다고는 할 수 없다. 고령사회의 법제 논의

---

18) 성년후견제도에 관련한 일본 학자의 연구 중 한국에 번역, 소개된 대표적인 논문으로는 스가 후미에(제철웅 번역), "일본 성년후견제도의 성과와 향후 과제: 일본법 어디서, 어떻게 의사결정지원의 개념을 찾을 수 있을까", 성년후견 제2호(2014년), 1-8면, 岡部喜代子, "일본의 성년후견제도의 문제점(일본어 및 한국어 번역)", 한림법학 제20권(2009년), 197-216면, 田山輝明, "일본에 있어서의 성년후견법의 성립과 과제(일본어 및 한국어 번역)", 한일법학연구, 제20권(2001년), 65-106면 등이 있다.

19) 예컨대 日本社会保障法学会編, 医療保障法・介護保障法(法律文化社, 2001年), 黒田有志弥等, 社会保障法(有斐閣, 2019年) 등.

20) 최근에 출간된 樋口範雄・関ふ佐子, 高齢者法: 長寿社会の法の基礎(東京大学出版会, 2019年)의 목차를 보면 다음과 같다. 第1章 高齢者法の意義, 第2章 高齢者の医療・介護・福祉, 第3章 高齢者の住まい(주거), 第4章 高齢者と経済的基盤, 第5章 高齢者の財産管理, 第6章 高齢者と家族・相続, 第7章 高齢者と虐待・犯罪 및 第8章 超高齢社会と裁判.

21) 연구기구의 연혁, 조직 등은 아래 홈페이지 참조. http://www.iog.u-tokyo.ac.jp/ (2020년 10월 22일 방문).

에서 기본 용어도 아직 통일되지 않았다. 연구자에 따라 '高齢社会の法', '高齢者と法' 또는 '高齢者法/法学' 등으로 표기되어 오다가 최근에는 '고령자법(高齢者法)'의 용어가 보다 빈번히 사용되는 듯하다. 일본에서 고령사회의 법제를 전문적으로 연구하는 첫 학회인 高齢者法研究会가 2014년 8월에 설립되었다.[22] 또한 일본에서는 '고령자법'이나 '고령자와 법'을 이름으로 강의과목을 설치한 대학은 많지 않지만 2003년 이후 조금씩 생겨나기 시작하였다고 한다.[23]

이하에서는 위의 이른바 고령자법의 법이념을 중심으로 일본에서 논의되고 있는 고령사회 법제의 일면을 살펴보도록 한다.

Ⅲ. 고령자법의 법이념

1. 고령자법의 정의

위에서 보다시피, 고령사회로의 진입을 배경으로 일본에서는 고령사회의 법제에 관한 각종 논의가 이루어지고 이러한 연구를 토대로 현재 고령자법이라고 하는 새로운 법학 분야가 정립되고 있는 중이다. 그러나 고령자법의 범위가 명확히 확정된 것은 아니다. 일부 논자는 고령자법이라는 표현은 고령자에 관련한 각종 법규라는 뜻으로 쓰이지만 이를 포괄적으로 정의하는 것은 어렵고, 단지 고령사회로의 진입을 배경으로 고령자라고 하는 특정 집단에 관련한 각종 법제도나 정책을 정리하고 고찰하는 것이 고령자법의 역할이라고 하였다. 따라서 고령자법에 대하여 기술하는 것은 가능하나 정의를 내릴 수는 없다.[24]

---

22) 학회의 연구활동 등에 관해서는 아래 홈페이지 참조. https://elderlawjapan.jp/ (2020년 10월 22일 방문).

23) 樋口範雄・関ふ佐子, 전게서, 2면, 각주3.

24) 山口浩一郎・小島晴洋, 전게서, 1면.

그 후 고령자법을 이론적으로 정의하는 시도도 일부 있다. "고령자법이라 함은 사회보장법, 노동법, 민사법, 의료법, 형사법 등 영역에서 각각 취급하고 있는 고령자에 관한 법적과제를 体系的・横断的・学際的으로 취급하는, 고령자에 주목한 법 분야이다. 고령자법은 그 대상을 고령자에 특화한 법 분야이고 고령자 특유의 법적 과제에 초점을 둠으로서 고령자의 권리보장을 촉진하고 고령자 존엄의 보장을 지향한다(강조는 원문)."[25]

이는 고령자법이 고령자에 관한 각종 법적과제를 종합적으로 연구하는, 고령자만을 대상으로 하는 특화된 법 영역임을 전제로 하고 있다. 또한 기타 법 또는 법학과 구분되는 고령자법 및 법학의 존재 필요성을 인정하는 것이다. 반대로, 위와 같이 고령자법의 대상이 되는 법률의 범위가 광범위하기에 그러한 법률 전반을 관통하는 원칙이나 이론이 존재하지 않음으로 고령자법에 대한 정의를 내릴 수 없다고 할 수도 있다.

고령자법의 정의 가능성은 고령자법 특유의 법이념, 법원리의 생성이 가능한지 또는 그러한 법이념의 구축이 필요한지 등의 물음과 연관된다. 즉 고령사회에 따른 일련의 법적과제의 해결을 위하여 민법이나 사회보장법 등 개별 법 분야의 원리를 고령자의 특수성에 맞추어 적용하면 충분한지, 아니면 별도의 고령자법만의 법 원리를 도출할 필요가 있는지의 차이이다. 어쨌건 고령자법이라고 하는 독자적인 법률이 아직 존재하지 않은 현 상황에서 고령자법의 개념과 법이념에 대한 논의는 성년후견제나 介護제도와 같은 구체적인 법제를 실마리로 논의되어야 할 것이다.

2. 성년후견제도 관련 논의

일본의 성년후견제도는 한국에 이미 많이 소개되었고 한국 또한 민법 개정을 통해 비슷한 제도를 도입하였다. 여기서는 법이념을 중심으로 일본의

---

25) 樋口範雄・関ふ佐子, 전게서, 3면.

성년후견제도에 대하여 간단히 살펴보도록 한다.

(1) 성년후견제도 도입

일반적으로, 민법의 禁治産·準禁治産제도를 대체하여 도입된 일본의 성년후견제도는 기존의 禁治産·準禁治産제도의 경직성, 禁治産·準禁治産 선고의 사실이 호적에 기재됨으로 생기는 차별성의 문제점을 개선하고 급속히 전개되고 있는 고령화 사회에 대응하기 위함이라고 설명되고 있다.[26] 특히 고령자와 같이 판단력이 부족한 사람에 대하여 단순히 그들의 행위능력을 제한함으로써 보호하는 차원이 아니라 고령자 본인의 의사, 자기결정권을 가능한 존중하고 그들에게 남아 있는 능력을 충분히 활용하는 방향으로 법제도를 개선하는 것이다.

일본에서 성년후견제도는 우선 法定後見制度와 任意後見制度로 나뉘고, 法定後見制度는 다시 後見(판단능력이 전혀 없는 자를 대상), 保佐(판단능력이 현저히 불충분한 자를 대상), 補助(판단능력이 불충분한 자를 대상)로 구분된다. 여기서 後見과 保佐는 각각 기존의 禁治産과 準禁治産에 해당하고 補助는 새롭게 도입한 제도이다. 그 외 신설된 임의후견은 장래에 자신의 판단능력이 불충분한 경우를 대비하여 사전계약을 통해 임의후견인을 지정하는 것을 말한다. 일본에서는 임의후견 관련 규정을 민법전에 삽입하지 않고 별도의 법률로 정하는 방식을 취하였다('任意後見契約に関する法律').

2000년부터 시행된 성년후견제도는 기존의 禁治産과 準禁治産제도에 비해 그 이용이 대폭적으로 증가하였지만 일부 문제점도 노출하였다고 한다.[27] 성년후견제도를 정착시키고 보다 원활하게 운용하기 위하여 2016년

---

26) 이하 일본 성년후견제도에 대한 설명은 주로 아래 문헌을 참조하였다. 内田貴, 民法 (Ⅳ, 親族·相続, 補定版, 東京大学出版会, 2004年), 283-290면, 四宮和夫·能見善久, 民法総則(第六版, 弘文堂, 2002年), 45-70면, 田山輝明, 전게 논문, 川島志保·関ふ佐子, 家族と高齢社会の法(放送大学教育振興会, 2017年), 115-130면.

27) 일본 성년후견제도의 문제점과 개선방안에 대해서는 岡部喜代子, 전게 논문 참조.

에 '成年後見制度の利用の促進に関する法律'을 제정하고 2018년부터는 정부 주도하에 '成年後見制度利用促進專門家会議'를 설립하여 의견서를 정기적으로 공표하고 있다.[28]

<표 3> 일본에서 성년후견관계 사건 통계(2019년 기준)[29]

합계	後見開始			保佐開始			補助開始			任意後見監督人選任		
	인용	각하	기타	인용	각하	기타	인용	각하	기타	인용	각하	기타
35,593	25,172	70	1,026	6,372	19	259	1,825	10	112	633	17	78

최근 6년간의 성년후견제도의 이용 상황을 보면 각 유형 모두 그 이용자 수가 증가하는 경향을 보이고 있으므로 성년후견제도가 일본에서 점차 정착되고 있음을 알 수 있다. 그 외 흥미로운 점은 성년후견인 등과 본인의 관계에서, 친족이 차지하는 비율이 20% 남짓에 머물고 친족 이외의 비율이 거의 80%에 달한다는 부분이다. 친족 이외 성년후견인 등의 내역을 살펴보면 사법서사(司法書士), 변호사, 사회복지사 순으로 큰 비중을 차지한다.[30] 일본에서 가족의식의 변화, 후견의 사회화 현상을 엿볼 수 있는 대목이다.

(2) 성년후견제도의 이념

기존 민법에서 규정한 禁治産·準禁治産제도는 본인 보호를 목적으로 정신장애가 있는 자 등 특정인에 대하여 일정한 법적 절차를 거쳐 그들의 의사능력을 제한 또는 박탈하는 제도이다. 이렇게 선고된 사람들은 무능력자라는 낙인이 찍히게 되고 시민사회의 거래에서 배제되거나 제한된다.[31]

---

28) 성년후견제도의 정착을 위한 일본정부가 취한 일련의 정책 등은 후생노동성의 홈페이지에 자세히 나와 있다. https://www.mhlw.go.jp/stf/seisakunitsuite/bunya/0000202622.html(2020년 10월 22일 방문).

29) 일본 최고재판소가 공표한 자료 참조. https://www.courts.go.jp/vc-files/courts/2020/20200312koukengaikyou-h31.pdf(2020년 10월 22일 방문)

30) 일본 최고재판소가 공표한 자료 참조. https://www.courts.go.jp/vc-files/courts/2020/20200312koukengaikyou-h31.pdf(2020년 10월 22일 방문).

민법은 애당초 사적자치를 기본원리로 하고 평등하고 대등한 시민을 전제로 하고 있으므로 기존의 禁治産·準禁治産제도는 본인보호와 더불어 거래 안전의 유지, 본인 가족을 포함한 관계자의 이익보호 등 이유에 의해 합리화되어 왔다.

전통적으로 민법이 상정하고 있는 인간상(人間像)이 강한 인간 즉 '평등한 권리능력을 지니고, 자신의 의사에 따라 자유롭고 합리적으로 행동하는, 재산이 있는 자'32)라고 한다면 위의 무능력자들은 이러한 민법이 상정한 인간상의 예외로 취급받아야 한다. 이와 별도로 약자로서의 인간을 보호하기 위해 탄생한 것이 사회보장법 등 기타 법률이다. 즉 평등하고 자율적이고 강한 인간을 대상으로 하는 시민사회 기본법인 민법과 그 예외인 약자들을 보호하는 사회보장법 등 기타 법률이 보완적으로 존재해 온 것이다.

이에 대해, 성인후견제도는 본인 보호와 더불어 본인 자기결정의 존중, 잔존능력(殘存能力)의 활용, 정상화(normalization)의 이념을 함께 고려한 입법이라고 설명되고 있다. 고령자와 같이 판단능력이 부족한 자를 일률로 민법의 평균적 인간상과 거래에서 배제하는 것이 아니라 가능한 그들의 자기결정권을 존중하고 그들의 남아있는 능력을 활용하므로 그들로 하여금 기타 일반인들과 동일하게 생활하게 하는 것이다. 이러한 이념은 개정된 민법과 새로 제정된 '任意後見契約に関する法律'의 각 조항과 제도설계에 반영되었다. 본인의사존중의무를 규정한 민법 858조, 876조 외에도, "임의후견인은 제2조 제1호에서 규정한 위탁 관련 사무를 행함에 있어서 본인의 의사를 존중하고 또한 본인 심신의 상태 및 생활 상황을 배려하여야 한다"(제6조). 성년후견제도의 정착을 위해 제정된 '成年後見制度の利用の促進に関する法律'은 성년후견제도의 이념을 다시 한 번 명확히 하였다. "성년후견제도 이용의 촉진은 成年被後見人等이 成年被後見人等이 아닌 자와 동일하게 기본

---

31) 内田貴, 전게서, 284면.
32) 内田貴, 民法(Ⅰ, 総則·物権総論, 東京大学出版会, 1994年), 109면.

적 인권을 향유하는 개인으로 그 존엄이 존중되고 그 존엄에 부합한 생활을 보장받도록 하는 것, 成年被後見人等의 의사결정 지원이 적절하게 이루어짐과 함께 成年被後見人等의 자발적인 의사가 존중되어야 하는 것 및 成年被後見人等의 재산의 관리 뿐만 아니라 신상의 보호가 적절히 이루어져야 하는 것 등 성년후견제도의 이념을 기초하여 이루어진다."(제3조).

새롭게 도입된 성년후견제도의 기본 이념에 관해서는 논자에 따라 표현이 약간 다르긴 하나, 대체로 기존의 본인보호(本人保護)와 자기결정의 존중(自己決定の尊重)의 조화라고 정의되고 있다. 위의 잔존능력의 활용, 정상화의 이념은 넓은 의미에서 자기결정의 존중에 포함된다.33) 따라서 성년후견제도가 예상하고 있는 고령자는 보호나 배려를 일괄적으로 필요로 하는 약자가 아니라, 각각 서로 다른 의사능력을 가지고 있고 그에 따른 본인 의사의 존중에 기초한 배려가 필요한 인간이다.

3. 介護³⁴⁾보험제도 관련 논의

(1) 介護보험제도: 조치방식에서 계약으로³⁵⁾

고령화 문제에 직면한 일본이 1990년대 중반부터 논의를 거쳐 새롭게 도입한 제도에는 위의 성년후견제도와 더불어 고령자의 간호, 간병을 위한 介護보험제도가 있다. 이는 고령자가 일정 부분의 자기부담을 전제로 介護서비스 등 보험급부를 받도록 하는 보험제도이다. 고령화와 가족 규모의 변화에 따라 가족에 의한 介護가 점차 어렵게 되어, 가족 외의 도움이 필요하

---

33) 內田貴, 民法(Ⅳ, 親族·相續, 補定版, 東京大学出版会, 2004年), 284면.

34) 介護의 용어에 대해서는 위의 각주2 설명 참조.

35) 이하 일본 介護보험제도에 대한 설명은 주로 아래 문헌을 참조하였다. 樋口範雄·関ふ佐子, 전게서, 35-41면. 黒田有志弥等, 전게서, 110-127면, 東京大学高齢社会総合研究機構[編著], 전게서, 234-241면, 古都賢一, "일본의 개호보험제도의 현황과 과제(일본어 및 한국어 번역)", 한일법학연구, 제20권(2001년), 289-318면.

게 되는 현실 즉 이른바 介護의 사회화가 그 배경에 있다. 그전에 일본에서는 행정의 도움이 절실히 필요하고 가족이 없는 고령자들에 대해 老人福祉法 등 법률에 따라 전문 사회복지시설에 업무를 위탁하여 보살피는 방식을 취해왔다.

따라서 행정의 일방적인 조치에 의존하던 고령자에 대한 介護업무는 보험방식의 도입으로, 이용자는 각종 서비스를 받을지 여부 및 누구에게 받을지 등 사항에 대하여 비교적 자율적으로 선택할 수 있다. 물론 그 전제로 要介護認定이 필요하고 수입에 근거한 10% 내외의 자기부담금을 부담해야 한다. 구체적으로 介護보험의 가입자(피보험자)는 65세 이상과 40세~64세 두 그룹으로 구분되고 지방자체단체인 시정촌(市町村)이 보험자가 된다. 65세 이상 그룹의 기준으로 볼 때, 필요한 재원은 10% 본인 부담 외의 비용에 대해서는 징수된 보험료 50%, 국가와 지방자치단체 세금 50%의 비율로 충당한다.36) 介護서비스의 내용은 복지시설로의 입주, 자택방문서비스 등 각종 간병, 간호업무를 포함한다. 이를 위해 이용자는 우선 介護가 필요하다는 인증을 받아야 하고 이를 전제로 서비스제공 업자와 계약을 체결해야 한다. 이른바 조치방식(措置方式)에서 계약방식으로의 변화이다.

2015년 통계에 의하면, 600만이 넘는 고령자가 要介護認定을 받았고 500만이 넘는 고령자가 介護보험을 이용하여 介護서비스를 받고 있다고 한다. 특히 자택방문을 통한 서비스 이용자가 급증하고 있다.37) 이로써 介護보험제도를 이용한, 가족이 아닌 전문 업체를 통한 고령자의 介護시스템이 일본에서 어느 정도 정착되었다고 할 수 있다.

---

36) 樋口範雄・関ふ佐子, 전게서, 36면.

37) 国立社会保障・人口問題研究所報告書, 介護保険制度下での家族介護現状に関する研究 (2017年度報告書). http://www.ipss.go.jp/syoushika/bunken/data/pdf/shonai80. pdf(2020년 10월 22일 방문).

(2) 사회복지이념의 변화

일본에서 이러한 介護보험제도의 도입은 1995년에 시작한 사회복지구조개혁의 일환으로 이루어졌다.[38] 당시 일본 정부 주도하에 마련된 사회복지개혁안에는 향후 일본이 지향해야 하는 사회복지의 기본이념이 명시되었다. 첫째, 성숙한 사회에 있어서 국민은 스스로의 생활을 스스로의 책임하에서 영위하는 것을 기본으로 하고, 둘째, 스스로의 노력만으로는 생활을 유지할 수 없는 경우에 사회연대의 이념에 기초하여 지원을 한다. 다음으로, 개인이 인간으로서의 존엄을 가지고 가정과 지역사회에서 자립하여 생활할 수 있도록 지지하고 이러한 사회복지의 기반에는 서로가 배려하고 서로가 돕는 전체 국민이 있으며, 이를 실현하는 것은 국가와 지방공공단체의 책무이다.[39] 즉 기존의 사회복지의 목표가 한정된 사람에 대한 보호, 구제였다면 향후에는 모든 국민을 대상으로, 자기책임을 전제로 필요시 지원함으로써 자립하여 생활할 수 있도록 하는 것이다. 또한 구체적인 개혁방향으로는 복지서비스 이용자와 제공자의 대등한 관계 수립, 지역사회의 종합적인 지원, 다양한 주체(복지서비스 제공자)의 참여 촉진, 복지의 질과 효율성 제고, 투명성의 확보, 공평하고 공정한 부담, 복지문화의 창조가 언급되었다.

介護보험제도도 이러한 복지개혁의 이념과 방향에 맞추어 설계되고 도입되었다. 즉 종래 복지행정이 진행해온 약자를 위한 '조치(措置)'를 대신하여 이용자 측의 자주적인 선택을 존중하고 그들의 결정에 기초한, 복지서비스 이용자와 제공자의 대등한 관계의 수립을 지향하도록 하였다. 고령자의

---

38) 古都賢一, 전게 논문, 309면, 菊池馨実, "일본에 있어서의 고령화와 사회보장이념의 전환(일본어 및 한국어 번역)", 한일법학연구, 제20권(2001년), 237면.

39) 이는 中央社会福祉審議会社会福祉構造改革分科会, 社会福祉基礎構造改革について(中間まとめ)의 해당 부분을 필자가 정리한 내용이다. 中央社会福祉審議会社会福祉構造改革分科会, "社会福祉基礎構造改革について(中間まとめ)", 1998년 6월 17일. https://www.mhlw.go.jp/ www1/houdou/1006/h0617-1.html.

자립 또는 자기결정을 중시하는 방향이다.

실제로 제정된 介護保険法에서도 이러한 법이념을 명시하였다. "[介護등]을 필요로 하는 자에게 그들로 하여금 존엄을 유지하고 그 능력에 상응한 자립적인 일상생활을 영위할 수 있도록 필요한 보건의료서비스 및 복지서비스에 관한 급부를 행하기 위하여, 국민의 공동연대의 이념에 기초한 介護保険制度를 설치하고......"(제1조). 여기서는 이용자의 선택권과 더불어 고령자 존엄의 유지와 자립생활의 지원을 주요 입법 목적으로 하고 있고, 국민의 공동연대를 이념으로 제시하고 있다.

이로써 기존 사회보장법의 이념인 개인 존엄 또는 생존권 보장 및 사회연대의 이념에 더하여 고령자 등 사회보장 수급자의 자립(자기결정), 세대 간 공정, 공동연대의 이념이 강조되었다.[40] 한편으로, 이러한 제도개혁은 결과적으로 고령자 등 개개인의 부담을 증가시키고 보편적 복지의 실현을 저해시킨다는 비판이 일본에서도 제기되었다.[41]

4. 기타 고령자 관련 법제에서의 논의

(1) 고령자 의료제도

고령자 의료제도와 관련하여 일본은 우선 1973년부터 시행하던 노인의료비 무료화정책을 변경하여 고령자 본인도 일정한 자기부담금을 지출하도록 하고 2008년부터는 후기고령자의료제도(後期高齢者醫療制度)를 시행하게 된다. 후기고령자의료제도의 요점은 보험급부비용에 대하여 고령자 본인이 보험료의 일부를 부담하고(약 10%) 그 외의 비용은 국가와 지자체가

---

40) 1990년대 중반 이후 일본 고령자 관련 사회보장이념의 변화에 대해서는 菊池馨実, 전게 논문, 참조.

41) 예컨대, 日本弁護士連合会, '高齢者・障碍者の権利の確立とその保障を求める決議', 2001년 11월 9일. https://www.nichibenren.or.jp/document/civil_liberties/year/2001/2001_2.html(2020년 10월 22일 방문)

투입하는 공비(公費, 약 50%) 및 현역세대가 지불하는 보험료(약 40%)로 메꾸는 방식이다. 요컨대, 질병위험성이 높은 고령자의 고액 의료비를 세금과 다른 세대의 부담을 통해 보전하는 재정구조이다.[42] 이는 고령자의 생존권 보장 및 사회 구성원 간의 공동연대 이념에 기초한다고 볼 수 있다. '高齢者の医療の確保に関する法律'은 입법목적과 기본이념 조항에서 공동연대의 이념과 자조(自助)와 연대의 정신 및 비용의 공평 부담을 강조하고 있다.

다음으로 고령자 의료에 관련해서는 연명치료 중지 등을 둘러싼 이른바 종말기의료(終末期醫療)의 문제가 미국의 입법, 판례를 참조하여 논의되고 있다. 이러한 논의에서는 고령자의 개인존엄, 본인 의사가 존중되어야 한다는 점이 지적되고 있지만 일본에서는 아직 존엄사법이나 기타 관련 입법이 이루어지지 않고 일본의 후생노동성이 공표한 '人生の最終段階における医療の決定プロセスに関するガイドライン(삶의 최종단계에 있어서 의료결정절차에 관한 가이드라인)'이 존재할 뿐이다.[43] 이 가이드라인에서도 의료의 진행에 있어서 충분한 정보가 제공되고 전문가와의 상담을 거친 후 '본인에 의한 의사결정을 기본으로 한다'는 점이 강조되고 있다.[44]

(2) 고령자 고용제도

일본에서 고령자 고용제도의 변화는 고령화 인구와 건강수명의 증가에 따라 정년연령의 연장 및 계속고용제도의 점진적인 도입으로 개괄될 수 있다.[45] 나이와 관계없이 일하고 싶은 사람은 평생 일할 수 있는 사회 즉

---

42) 일본의 고령자 의료보험제도의 역사와 현황에 대해서는 川島志保·関ふ佐子, 전게서, 206-209면, 東京大学高齢社会総合研究機構[編著], 전게서, 223-225면 참조.

43) 樋口範雄·関ふ佐子, 전게서, 51-57면, 참조.

44) 日本厚生労働省, "人生の最終段階における医療の決定プロセスに関するガイドライン"(2018년 개정판). https://www.mhlw.go.jp/stf/houdou/0000197665.html(2020년 10월 22일 방문)

45) 일본에서 고령자고용안정법의 기준 변화에 대해서는 東京大学高齢社会総合研究機構[編著], 전게서, 72면의 도표 참조.

'평생현역사회(生涯現役社会)', '나이로부터 자유로운 사회(エイジフリー社会)'를 지향하는 것이 그 목표이다.[46] 대표적으로 고령자의 정년을 일률적으로 규정하기보다는 고령자 개개인의 상황을 고려하여 일할 수 있는 기간을 탄력적으로 정하는 것이다.

현행 '高年齢者等の雇用の安定等に関する法律'(2020년 최신 개정)에 따르면, 60세 미만의 정년은 원칙적으로 금지되고(제8조) 사업주는 ① 정년 나이의 인상, ② 계속고용제도의 도입 및 ③ 정년 폐지 등 3가지의 '高年齢者雇用確保措置' 중 하나를 선택하여야 한다(제9조). 또한 이 법은 기본이념으로서 고령자가 그 의욕과 능력에 알맞게 고용과 취업의 기회가 확보되도록 배려되어야 한다는 점을 강조하고 있다. 고령자 고용법제에 관련해서는 기존의 정년제와 더불어 고령자 재취업 시 대우의 변화가 나이에 의한 차별에 해당되는지 여부가 주로 논의된다.[47] 즉 고령자에 대한 배려, 다양성 존중 및 나이 차별 금지가 고령자 고용법제의 기본원칙으로서 언급되고 있다.

(3) 高齡社會對策基本法

마지막으로 1990년대 중반에 고령사회를 맞이하면서 제정된 '高齡社會對策基本法'은 일본이 지향해야 하는 고령사회의 기본이념을 제시하고 있다.

① 국민이 生涯를 통해 취업 및 기타 다양한 사회활동에 참가하는 기회가 확보되는 공정하고 활력 있는 사회 ② 국민이 生涯를 통해 사회를 구성하는 중요한 일원으로 존중받고 지역사회가 자립과 연대의 정신에 입각하여 형성된 사회 ③ 국민이 生涯를 통해 건강하고 충실한 생활을 영위할 수 있는 풍요로운 사회(제2조). 또한 고령사회를 준비하기 위한 국가의 의무, 지방자치단체의 책임과 함께 고령자 개개인의 노력과 상호연대가 강조되

---

46) 東京大学高齢社会総合研究機構[編著], 전게서, 70면

47) 柳澤武, "高齢者の雇用と法: 超長寿時代のディーセント・ワーク", 日本社会保障法学会, 高齢者法の理論と実務/生活困窮者自立支援の法的仕組み(法律文化社, 2020年), 63-64면, 樋口範雄・関ふ佐子, 전게서, 121면.

었다(제3조~제5조). 즉 고령자에 대한 기회의 보장, 개인 존중과 더불어 자립과 연대 등이 키워드이다. 그 외 일본 정부가 이 법에 근거하여 제정한 '高齢社会対策大綱'(2018년 최신판)에서는 "나이에 의한 획일화를 재검토하고, 모든 연령대의 사람들이 희망에 따라 의욕과 능력을 살려 활약할 수 있는, 나이로부터 자유로운 사회"를 첫 목표로 명시하였다.[48]

5. 고령자법의 법이념

위에서 보다시피 일본에서 고령사회 관련 법제는 사회보장법을 중심으로 논의되다가 1990년대 중반이후 성년후견제도를 둘러싼 민법학의 논의 등 기타 법 분야의 논의가 추가되고, 이른바 고령자법의 성립가능성에 대해서도 논의되기 시작하였다. 기존의 사회보장법과 민법은 고령자를 특별한 배려를 필요로 하는 약자로 이해하고 고령자의 생존권 보장, 이익 보호에 중점을 두었다. 즉 보호와 권리보장을 기본 법리로 간주한 것이다. 한편으로, 성년후견제도의 도입이나 介護보험을 중심으로 하는 사회보장법의 개혁과정에서는 보호의 법리와 더불어 고령자의 자립 또는 자기결정권 존중의 법리가 동시에 강조되었다.

이를 종합하면 성년후견제도에 관련한 민법학 논의, 1990년대 중반 이후 사회보장개혁 및 기타 고령사회 법제 논의에서 공동으로 강조되는 두 가지 기본적인 법이념 또는 원리는 '자기결정 존중/자립/자율'과 '보호의 원리/본인보호/권리보장'으로 개괄된다(논자에 따라서 실제 표현이 조금씩 다름). 요컨대 고령자를 주체적인 인간으로서 존중하고 동등하게 대우하는 동시에 약자로서 보호, 보장하는 것이다. 물론 이 두 법이념, 원리는 서로 보완적 역할을 하는 한편 상호 긴장, 충돌하는 일면을 가지고 있다. 그 외 고령자의

---

48) 일본 내각부 홈페이지. https://www8.cao.go.jp/kourei/measure/taikou/h29/hon-index.html(2020년 10월 22일 방문)

의료보험 등 재정문제와 관련해서는 세대 간 공정과 연대의 원리가, 고령자의 고용문제와 관련해서는 다양성 존중과 나이에 의한 차별금지의 원리가 추가되어 논의되고 있다.

이러한 논의를 토대로 일본에서 고령자법의 설립을 주도해온 関ふ佐子 교수는 고령자법의 기본이 되는 법이념으로 다음과 같은 4가지를 제시하였다. ① (고령자에 대한)특별한 보장 또는 존엄의 보장 ② 보호의 법리 ③ 차별금지의 법리 ④ 세대 간 공정 또는 정의.[49] 関교수에 따르면, 여기서 말하는 존엄의 보장은 고령자를 특별히 대우하는 근거가 되는 기본 이념이다. 이는 약자로서 고령자의 구체적인 수요를 보장하기 위한 보호의 법리와 구별된다. 물론 존엄의 내용, 한정된 재원에 따른 존엄보장의 한계, 고령자 존엄과 기타 주변인 권리의 충돌문제는 구체적으로 검토되어야 한다. 그 외 차별금지의 법리는 평균수명의 연장, 심신이 건강한 고령자의 증가 등의 배경하에서 나이에 의한 차별을 어디까지 정당화할 수 있는가의 문제를 제기한다.

고령자법에 특정하지 않았지만, 현재 일본의 고령사회를 지탱하는 법이념으로 ① 자기결정권 ② 권리 옹호 ③ 생활 보장 등 3가지를 제시한 연구도 있다.[50] 여기서 자기결정권은 자신의 일은 자신이 결정하고, 삶과 죽음에 관해 스스로 결정하는 원리로서 일본국헌법 제13조가 정한 기본적 인권으로 보장받는다. 권리 옹호는 정신적, 신체적 판단능력이 점차 쇠퇴해가는 고령자들의 권리를 보장하고 의사결정을 지원하는 필요성에 근거한 것이다. 민법의 성년후견제도가 이 원리를 실현하기 위한 전형적인 제도이다.

Ⅳ. 고령자 인권

고령사회 법제는 사회보장법 등 개별법을 통해 규정되지만 국가기본법

---

49) 樋口範雄·関ふ佐子, 전게서, 17-21면.
50) 川島志保·関ふ佐子, 전게서, 99-114면.

인 헌법의 문제이기도 하다. 개별 법률은 헌법질서가 상정한 기본원리, 규범을 구현하여야 하는 한편, 그 구체적인 입법내용은 헌법에 위반되는지 여부에 관한 적합성심사를 받아야 한다. 법이념을 포함한 고령사회 법제의 논의는 헌법과 관련해서는 주로 고령자의 인권론을 중심으로 전개된다.

1. 일본국헌법의 인권론

일본국헌법(1947년 시행)의 기본권 규정을 살펴보면 개인존중과 포괄적 기본권에 관한 규정(제13조), 법 앞의 평등 규정(제14조)에 이어, 그 이하 조항에서는 공무원의 선정과 파면권리 등 각종 기본권에 관한 규정을 일일이 열거하여 규정하고 있다(제15~제40조). 헌법에서 보장하고 있는 기본권은 일반적으로 ① 자유권적 권리(정신적 자유권, 경제적 자유권, 신체적 자유권 등), ② 사회권적 권리, ③ 참정권적 권리로 나뉜다. 이는 헌법의 기본구조인 개인과 국가의 관계에 따른 구분이다. 즉 자유권은 국가로부터의 자유, 사회권은 국가를 통한 자유, 참정권은 국가로 향한 자유로 볼 수 있다.[51]

한편으로 국가의 기본법인 헌법을 보장하기 위하여 일본국헌법은 헌법의 최고법규성(제98조), 모든 국가기관의 헌법존중의무(제99조)와 더불어 각종 법규의 합헌성에 대한 최종적인 판단권리 즉 위헌심사권을 최고재판소에 부여하였다(제81조).[52] 현재 일본에서 정착된 이른바 부수적위헌심사제도(附隨的違憲審査制度) 하에서 일본의 재판소는 구체적인 소송사건의 해결과정에서 그 사건의 처리에 필요한 한도 안에서 위헌심사권을 행사한다. 따라서 사회보장법 등 개별법이나 행정조치는 헌법의 기본권 규정을 반영해야 하고 그러한 규정이 헌법에 부합하는지 여부에 대해서는 사법기관에 의해 심사받고, 위헌으로 판단될 경우 무효로 된다. 관련 법규의 위헌성여

---

51) 芦部信喜(高橋和之補訂), 憲法(第五版, 岩波書店, 2011年), 83-84면, 강광문, 일본 헌법과 헌법소송(박영사, 2020년), 25-26면.
52) 강광문, 전게서, 54면.

부는 구체적으로 해당 입법목적의 합리성, 입법수단과 그 입법목적의 연관성에 관하여 심사받고 그 심사기준의 엄격성은 각 기본권의 성질에 따라 다르다.[53]

그러므로 고령자를 포함한 모든 국민은 헌법에 의해 기본권을 보장받고 국가는 이를 위해 입법 등 다양한 조치를 취할 의무를 지닌다. 다만 국민의 권리가 실질적으로 어디까지 보장될 수 있는지, 즉 국민이 국가에 대하여 어디까지 자신의 권리를 요구할 수 있는지는 그 권리의 성질, 헌법과 법규정에 대한 해석, 사회통념 등 복합적인 요소에 의해 결정된다.

2. 일본국헌법과 고령자 인권

헌법의 인권 규정이 고령자에게도 동등하게 적용된다는 점은 이론의 여지가 없다. 그럼에도 불구하고 고령자의 인권에 대하여 별도로 논의하는 것은 위의 고령자법의 법이념, 관련 제도의 구체화에 있어서 인권에 관한 헌법의 규정이 특별한 의미를 지니고 있기 때문이다.

(1) 생존권과 보호의 원리

기존의 사회보장법에서 고령자 등 사회적 약자에 대하여 특별히 배려, 보호하는 헌법적 이유는 생존권과 같은 국민의 사회권적 권리를 헌법이 명문으로 보장하고 있기 때문이다. 일본국헌법은 국가개입의 배제를 요구하는 자유권과 함께 국가로 하여금 국민의 최소한도의 생활수준을 보장할 것을 요구하고 있다. 이런 의미에서 일본국 헌법은 근대 자유주의국가를 뛰어넘어 사회국가, 복지국가를 지향한다. "모든 국민은 건강하고 문화적인

---

53) 실제로 최고재판소를 포함한 일본의 재판소가 위헌심사권의 행사에 있어서 소극적인 경향을 보이고 있다. 일본국헌법이 시행된 1947년부터 현재까지(2020년) 최고재판소가 법률 규정에 대하여 위헌판단을 내린 사례는 10건 정도에 지나지 않는다. 이른바 사법소극주의가 일본 사법기관의 특징으로 꼽히는 이유다. 강광문, 전게서, 95면.

최저한도의 생활을 영위할 권리를 가진다. 국가는 모든 생활부분에서 사회복지, 사회보장 및 공중위생의 향상 및 증진을 위하여 노력하여야 한다." (제25조).

즉 국민은 생존권을 누릴 권리를 지니고 있고 국가는 이러한 권리의 실현을 위해 노력할 의무를 지닌다. 1945년 이후 사회복지법, 노인복지법을 비롯한 일본의 사회보장법제는 헌법이 요구하는 복지국가의 원리를 구현하고 국민의 생존권 보장을 위해 도입되었다. 사회보장법 등 고령자 관련 법제에서 주장하는 보호의 원리는 우선 이러한 헌법적 규정에서 그 근거를 찾을 수 있다.

그러나 위의 헌법 규정에도 불구하고 국민이 국가에 대하여 생존권 등 사회권적 권리의 보장을 어디까지 요구할 수 있는가에 대해서는 의견이 엇갈린다. 예컨대 헌법에서 보장하고 있는 생존권이 어느 정도까지의 생활수준을 의미하는지, 위 규정을 근거로 국민 개개인은 국가에 대하여 무엇을 요구할 수 있는지, 국가는 이에 응해야 하는 법적의무가 있는지 아니면 정치적·도덕적 의무의 이행에 그치는데 불과한지 등이 문제된다.[54]

일본의 최고재판소는 생활보호법에 근거하여 정부가 정한 생활부조금의 기준금액이 낮아, 헌법 제25조가 정한 최소한도의 생활수준을 유지할 수 없으므로 그 기준이 위법하다는 소송에서 다음과 같이 판시하였다.

"[헌법 제25조 제1항의] 규정은 모든 국민이 건강하고 문화적인 최저한도의 생활을 영위할 수 있도록 국정을 운영해야 함을 국가의 책무로서 선언한데 그치고, 직접 개개인의 국민에 대하여 구체적 권리를 부여한 것이 아니다. 구체적 권리는 헌법 규정의 취지를 실현하기 위해 제정된 생활보호법에 의하여 비로소 부여되었다고 해야 한다.......애당초 후생대신이 정한 보호기준은 [생활보호]법 제8조 제2항에서 정한 사항을 준수할 것을 요하고 결국에는 헌법이 정한 건강하고 문화적인 최저한도의 생활을 유지함에 있어서 충분하지 않으면 아니 된다. 그러나 건강하고 문화적인

---

54) 강광문, 전게서, 192면.

최저한도의 생활이라는 것은 추상적이고 상대적인 개념이고 그 구체적인 내용은 문화의 발달, 국민경제의 진전에 따라 향상되는 것은 물론이고 다수의 불특정한 요소를 종합적으로 고려한 후에야 결정할 수 있는 것이다. 따라서 무엇이 건강하고 문화적인 최저한도의 생활인가의 인정판단은 원칙적으로 후생대신의 합목적적인 재량에 맡겨져야 하고, 그 판단은 당부당의 문제로서 정부의 정치책임이 추궁되는 경우가 있을지언정 곧바로 위법의 문제를 발생시키는 것은 아니다. 다만 현실의 생활조건을 무시하고 현저하게 낮은 기준을 설정하는 등 헌법 및 생활보호법의 취지·목적에 반하여, 법률에 의해 부여된 재량권의 한계를 넘은 경우 또는 재량권을 남용한 경우에는 위법의 행위로서 사법심사의 대상으로 되는 것을 피할 수 없다(강조는 인용자에 의함)."[55]

그 외 사회복지 관련 입법 내용이 헌법에 반한다는 주장에 대하여 최고재판소는 비록 헌법 제25조는 국가권력에 대하여 일정한 목적을 설정하고 이를 실현하도록 요구하고 있지만, "헌법 제25조의 취지에 부응하여 구체적으로 어떠한 입법조치를 강구할 것인가의 선택결정은 입법부의 광범위한 재량에 맡겨져 있고 그것이 현저하게 합리성을 갖추지 못하였고 명백히 재량의 일탈·남용으로 볼 수밖에 없는 경우를 제외하고는 재판소가 심사판단하기에는 적합하지 않는 사항이라고 말하지 않을 수 없다"고 하였다.[56]

즉 국가는 헌법 제25조에 근거하여 입법 등을 통하여 국민의 생존권을 보장하고 사회복지의 향상과 증진을 위하여 노력해야 하지만 구체적인 입법내용, 정책결정은 기본적으로 해당 국가기관의 재량에 맡겨야 하고, 관련 입법이나 조치가 현저히 불합리한 경우를 제외하고 사법기관은 관련 내용을 위헌으로 판단하지 않는다. 또한 이러한 헌법 규정은 추상적인 규정에 불과하므로 국민의 개별적인 권리를 위해서는 헌법규정과 별도로 이를 구체화하는 입법이 필요하다.

---

55) 最高裁昭和42年5月24日大法廷判決民集21卷5号1043頁.

56) 最高裁昭和57年7月7日大法廷判決民集36卷7号1235頁. 생존권 관련 일본 헌법학의 논의와 판결에 관해서는 강광문, 전게서, 192-196면, 참조.

따라서 고령자는 우선 헌법에 따라 최저한도의 생활을 누릴 권리 즉 생존권을 보장받고, 국가는 이러한 사회복지 이념을 실현하기 위한 입법 등의 조치를 취할 의무를 지닌다. 이는 고령자법에서 논의되는 보호의 원리의 헌법적 근거이다. 하지만 고령자가 이 헌법규정만을 근거로 권리를 직접 보장받을 수는 없다. 인권으로서 고령자의 생존권을 실현하기 위해서는 일련의 제도와 조치의 뒷받침이 필요하고 그러한 제도와 조치는 결국 경제상황 등 각국의 현실에 맞추어 정비, 운영될 수밖에 없다. 고령자 보호, 고령자 인권 보장에 있어서 보호의 원리가 지닌 한계이다.

(2) 개인존중, 행복추구권과 자기결정의 원리

일본국헌법 제13조는 이른바 포괄적기본권 규정으로 알려져 있다. "모든 국민은 개인으로서 존중된다. 생명, 자유 및 행복추구에 대한 국민의 권리에 관해서는 공공의 복지에 반하지 않는 한 입법 및 그 밖의 국정에서 최대한 존중되어야 한다."

여기서 일본국헌법은 국민의 개별적인 권리의 열거에 앞서 개인존중과 생명, 자유 및 행복추구에 대한 권리(흔히 '행복추구권'으로 통칭)를 규정하였다. 이 조항을 통해 일본국헌법은 국민이 개개인으로 존중된다는 개인주의 원리를 천명하였고 생명, 자유와 행복을 추구하는 권리를 포괄적으로 보장하였다. 모든 국민은 우선 자신의 행복 등 사항에 관해 스스로 결정하고 스스로 책임지는 주체이다. 성년후견제도를 포함한 고령자 관련 새로운 제도의 도입과정에서 흔히 논의되던 자기결정 존중의 헌법적 근거이다. 고령자 역시 국민의 일원인 개인으로 존중받고 자신의 행복 등 사항에 관하여 스스로 결정해야 한다. 고령자는 보호가 필요한 약자임과 동시에 자기결정권의 주체로서 존중받아야 한다.

위의 헌법 제13조가 보장하는 행복추구권의 내용에 관해 일본에서는 일반적으로 프라이버시권, 자기결정권 등 인격적 권리 및 환경권, 일조권 등 새로운 권리가 이 조항으로부터 도출될 수 있다고 한다.[57] 판례는 헌법 제

13조에 근거하여 헌법적 기본권으로서 국민의 자기결정권을 인정한 바 있다. 특정 종교 신념에 따라 수혈을 거부한 환자에 대해 병원의 수혈결정이 위법인지를 다투는 사건에 대하여 2심법원(동경고등재판소)은 "[수술에는 환자의 동의가 필요하고] 이러한 동의는 개개인이 가지고 있는 자기의 삶의 방식(라이프 스타일)을 자기가 결정할 수 있다는 자기결정권에 유래"한다고 하면서 해당 병원 결정의 위법성을 인정하였다. 상고심인 최고재판소는 자기결정권이라는 표현은 쓰지 않았지만, 종교상 이유에 근거하여 수혈할지 여부에 대해 내리는 의사결정은 "인격권의 한 내용으로 존중받아야 한다"고 판시하였다.58) 이로써 일본에서는 개개인이 일정한 사적 사항에 관하여 스스로 결정하는 기본권으로서의 자기결정권이 헌법 제13조에 의해 보장받고 이러한 자기결정권에 대한 침해를 근거로 직접 재판소에 그 구제를 청구할 수 있다.

실제로 논의되고 있는 자기결정권에 포함되는 사항 중 특히 고령자와 관련되는 것에는 개인의 생명, 신체의 처분에 관계되는 치료거부, 안락사의 결정 및 그 외의 음주나 흡연과 같은 취미 선택, 성적 자유 등이 포함된다. 헌법적 기본권으로서의 자기결정권은 향후 고령자의 연명치료와 같은 법적 문제의 논의에서 특히 비중 있게 다루어질 전망이다.

헌법 제13조의 포괄적인 개인존중, 행복추구권과 더불어 헌법에서 보장한 기타 자유권 또한 넓은 의미에서는 자기결정 존중의 원리에 포함된다. 따라서 헌법에서 보장하는 인권에는 국가를 통해 실현하는 사회권적 권리와 국가의 개입을 원칙적으로 배제하는 자연권적 권리가 동시에 포함되어 있고 이는 각각 위의 고령자법에서 논의되는 보호의 원리와 자기결정 존중 원리에 대응한다. 그러므로 고령자 인권 또는 기본권에는 이 두 가지 측면 즉 약자로서의 개인 권리의 보호와 자율적인 개인 자유의 보장이 모두 포함

---

57) 강광문, 전게서, 150면.

58) 最高裁平成12年2月29日第三小法廷判決民集54卷2号582頁. 행복추구권 관련 일본 헌법학의 논의와 판결에 관해서는 강광문, 전게서, 145-151면, 참조.

되어 있고, 한마디로 인권이라고 하지만 어느 측면을 보다 강조하는가에 따라 서로 다른 결론에 이르게 된다.[59]

(3) 법 앞의 평등과 고령자 차별

고령자를 배려하거나 우대하는 법제는 복지국가 이념에 기초한 헌법의 사회권 규정에 그 근거를 두고 있고 보호 원리의 구현이라고 할 수 있다. 한편으로, 노동법의 정년규정과 같은 제도는 연로한 고령자를 보호하는 측면과 더불어 나이에 근거하여 사람을 차별하는 일면도 있다. 이는 헌법상의 평등권 규정을 어떻게 해석하고 실제 법제에 어떻게 적용할지에 관계된다. "모든 국민은 법 앞에 평등하고 인종, 신조(信條), 성별, 사회적 신분 또는 문벌(門閥)에 의해 정치적, 경제적 또는 사회적 관계에서 차별받지 아니한다"(제14조).

위 일본국헌법 규정은 다른 국가의 헌법 규정과 크게 다르지 않다. 일반적으로 법 앞의 평등이라 함은 인간의 모든 합리적인 구분을 무시한, 절대적인 평등을 요구하는 것이 아니라 상대적인 평등, 즉 '불합리한 차별'의 금지를 요구할 뿐이다. 이로써 헌법의 평등요구는 입법과 법집행에서의 구별이 불합리한 차별에 속하는지 여부의 문제, 보다 구체적으로는 그러한 구별의 합리성에 대한 판단의 문제로 귀결된다. 즉 해당 법률의 입법목적이 합리적이고 필요한지 그리고 이러한 입법목적을 실현하기 위한 수단으로서 관련 규제가 필요하고 적당한지를 판단해야 한다.[60]

일본에서 정년제에 관한 규정은 지금까지 일본식 노동관행에 기초하여 법적으로 불합리한 제도로 판단되지 않았다고 한다. 즉 나이에 근거하여 일률적으로 적용되는 정년제는 형식적 평등에 부합하고 종신고용제와 밀접히 연관되기 때문에 헌법 14조의 평등원칙에 위반되지 않는다는 것이다.[61]

---

59) 樋口範雄, 超高齢社会の法律: 何が問題なのか(朝日新聞出版, 2015年), 45면.
60) 강광문, 전게서, 151면.
61) 石崎由希子, "障害者・高齢者を対象とする労働法理論とその変容可能性", 法律時報

하지만 기존의 입법이나 판례가 전제하고 있는 장기고용시스템이 변화되면서 정년제의 합리성이 문제시될 수 있고 장기적으로는 정년제의 원칙적인 금지가 주장되고 있다.[62] 또한 미국이나 유럽의 사례를 참조하여 고용에 있어서의 연령차별금지법의 제정과 이에 따른 기업의 고용정책의 변화 필요성이 제기되고 있다.[63] 향후 고령자 고용, 취업 및 대우의 차별이 헌법에 규정하고 있는 평등원칙에 위배되는지 여부가 다투어질 전망이다.

V. 마무리

위와 같이, 고령사회 및 초고령사회를 일찍이 맞이한 일본에서 고령자 관련 법제가 어떻게 논의되고 있는지에 대하여 간략히 살펴보았다. 일본에서 고령사회의 법 또는 고령자법에 관한 본격적인 논의의 시작은 1990년대 중반부터이다. 사회보장법과 구분되는 고령사회의 법 또는 고령자법이라는 용어가 사용되고 고령자법을 주제로 하는 연구서가 출간되었다. 입법에 관련해서는 1995년에 '高齡社会対策基本法'이 제정되었다. 그렇다고 고령자법의 개념, 범위가 명확히 확정되거나 고령자법이라고 하는 법학 분야가 이미 성립되었다고 할 수는 없다.

고령자법의 성립가능성은 고령자법 특유의 법이념, 기본원리에 대한 논의로 이어진다. 기존의 사회보장법은 고령자를 특별한 배려를 필요로 약자로 이해하고 고령자의 생존권 보장에 중점을 두었다. 이른바 보호의 원리이다. 민법개정을 통해 새로 도입된 성년후견제도 및 介護보험 등 사회보장법의 개혁과정에서는 보호의 법리와 더불어 고령자의 자립 또는 자기결정권 존중의 법리가 강조되었다. 그 외 고령자의 의료보험 등 재정문제와 관련해서는 세대 간 공정과 연대의 원리가, 고령자의 고용문제와 관련해서는 다양

(通卷1155号), 2020.09, 49면.

62) 柳澤武, 전게 논문, 69면.

63) 東京大学高齡社会総合研究機構[編著], 전게서, 78면.

성 존중과 나이에 의한 차별의 금지원리가 추가되어 논의되고 있다. 이로써 일본에서 고령자법제의 기본적인 법이념, 기본원리는 '자기결정 존중'과 '보호의 원리'로 개괄된다. 요컨대 고령자를 주체적인 인간으로서 존중하고 동등하게 대우하는 동시에 약자로서 보호, 보장하는 것이다.

이러한 두 가지 법이념은 일본국헌법이 보장하는 고령자 인권의 두 측면에 대응한다. 개인의 자유와 더불어 복지국가, 사회국가를 지향하는 일본국헌법이 보장하는 인권 개념에는 국가를 통해 실현하는 사회권적 권리와 국가의 개입을 원칙적으로 배제하는 자연권적 권리가 동시에 포함되어 있다. 물론 이러한 두 측면은 서로 보완적 역할을 하는 한편 상호 긴장, 충돌하는 일면을 가지고 있으므로 입법과 사법에 있어서 어느 측면을 보다 강조하는가에 따라 서로 다른 결론에 이르게 된다. 향후 일본의 고령자 관련 입법, 논의도 이 두 가지 이념 및 그에 대응하는 헌법적 권리와 가치를 둘러싸고 전개될 전망이다.

<참고문헌>

강광문, 일본 헌법과 헌법소송(박영사, 2020년).

芦部信喜(高橋和之補訂), 憲法(第五版, 岩波書店, 2011年).

石崎由希子, "障害者・高齢者を対象とする労働法理論とその変容可能性", 法律時報 (通巻1155号), 2020.09, 45-52면.

石川恒夫等, 高齢者介護と家族: 民法と社会保障法の接点(信山社, 1997年).

内田貴, 民法(Ⅰ, 総則・物権総論, 東京大学出版会, 1994年).

_____, 民法(Ⅳ, 親族・相続, 補定版, 東京大学出版会, 2004年).

岡部喜代子, "일본의 성년후견제도의 문제점(일본어 및 한국어 번역)", 한림법학 제 20권(2009년), 197-216면.

川島志保・関ふ佐子, 家族と高齢社会の法(放送大学教育振興会, 2017年).

菊池馨実, "일본에 있어서의 고령화와 사회보장이념의 전환"(일본어 및 한국어 번역), 한일법학연구, 제20권(2001년), 215－248면.

黒田有志弥等, 社会保障法(有斐閣, 2019年).

四宮和夫・能見善久, 民法総則(第六版, 弘文堂, 2002年).

田山輝明, "일본에 있어서의 성년후견법의 성립과 과제(일본어 및 한국어 번역)", 한일법학연구, 제20권(2001년), 65-106면.

中央社会福祉審議会社会福祉構造改革分科会, "社会福祉基礎構造改革について(中間 まとめ)", 1998년 6월 17일. https://www.mhlw.go.jp/www1/houdou/ 1006/h0617－1.html.

東京大学高齢社会総合研究機構[編著], 東大がつくった高齢社会の教科書: 長寿時代の 人生設計と社会創造(東京大学出版会, 2017).

日本社会保障法学会, 高齢者法の理論と実務/生活困窮者自立支援の法的仕組み(法律 文化社, 2019年).

樋口範雄・関ふ佐子, 高齢者法: 長寿社会の法の基礎(東京大学出版会, 2019年).

樋口範雄, 超高齢社会の法律: 何が問題なのか(朝日新聞出版, 2015年).

古都賢一, "일본의 개호보험제도의 현황과 과제(일본어 및 한국어 번역)", 한일법학 연구, 제20권(2001년), 289-318면.

柳澤武, "高齢者の雇用と法: 超長寿時代のディーセント・ワーク", 日本社会保障法
　　　学会, 高齢者法の理論と実務/生活困窮者自立支援の法的仕組み(法律文化社,
　　　2019年), 수록.

山口浩一郎・小島晴洋, 高齢者法(有斐閣, 2002年).

일본 내각부 홈페이지, 高齢社會白書(2020年). https://www8.cao.go.jp/kourei/
　　　whitepaper/w-2020/zenbun/02pdf_index.html.

일본 내각부 홈페이지, 高齢社會對策. https://www8.cao.go.jp/kourei/measure/
　　　taikou/h29/hon-index.html.

일본 高齢者法研究会 홈페이지. https://elderlawjapan.jp/.

일본 후생노동성 홈페이지(성년후견제도 소개). https://www.mhlw.go.jp/stf/
　　　seisakunitsuite/bunya/0000202622.html.

일본 최고재판소 홈페이지(성년후견재도 이용현황). https://www.courts.go.jp/
　　　vc-files/courts/2020/20200312koukengaikyou-h31.pdf

일본 변호사연합회 홈페이지. https://www.nichibenren.or.jp/document/civil_
　　　liberties/year/2001/2001_2.html.

제6장
고령사회에서 의료법의 과제[*]
- 원격의료, 공동결정, 자원투입제한 -

이동진

Ⅰ. 서 론

보통 65세 이상인 인구의 비율이 전체 인구의 7% 이상 14% 미만이면 고령화 사회(aging society), 14% 이상 20% 미만이면 고령사회(aged society), 그 이상이면 후기고령사회 또는 초고령사회(post-aged or super-aged society)라고 한다. 서구 선진국들이 대부분 20세기 초 고령화 사회 또는 고령사회에 진입하여 이미 100여 년이 된 것과 달리 우리나라는 2000년에야 고령화 사회에 진입하였다. 그러나 그로부터 불과 18년 뒤인 2018년에 고령사회에 진입하여 고령화 속도가 전 세계적으로 유례없이 빠르다는 평가를 받고 있다.[1]

미국에서 노인법(elder law)은 1970년대 말 또는 1980년대 초부터 발전하기 시작하였다.[2] 이 분야는 당초에는 노인의 법적 수요에 대응하는 전문변호사나 법무법인(law firm)의 실무에서[3] 출발하여 이들 실무에서 유의하

---

[*] 이 글은 같은 제목으로 서울대학교 법학 제61권 제4호(2020. 12.)에 게재되었음을 밝혀둔다.

1) UN은 2019년부터 2050년까지 사이에 가장 빨리 고령화될 것으로 추정되는 나라로 우리나라를 꼽고 있는데, 그 추정치는 23%로, 가장 고령화가 많이 진행된 북미와 유럽이 150년에 걸쳐 도달한 비율을 50년만에 따라잡게 된다. United Nations, World Population Ageing 2019, 2020, pp. 7-10 참조.

2) 간단한 개관으로, Doron, "Elder Law: current issues and future frontiers", Eur. J. Ageing 3 (2006), 60 참조.

여야 할 직업윤리에 관한 논의를[4] 거쳐 오늘날에는 그 자체 독자적인 학문 분과로 정립되어가고 있다.

노인을 둘러싼 의료법적 쟁점은 소득 없는 노인의 생계보장, 즉 사회보장법적[5] 쟁점과 함께 노인법에서도 발전과정 초기부터 논의되어온 고전적 주제에 속한다. 단적으로 말하여 노인이 젊은 사람보다 더 많이, 더 자주 아프곤 하기 때문이다.[6] 고령사회에서 의료법의 과제로 논의되어온 주제에는 장기요양(long term care) 내지 지역사회의료(community health care), 자기결정, 노인에 대한 치료표준(standard of care) 내지 자원배분(rationing)이 포함된다.[7] 이들은 노인건강의 전형적 특성과 관계된 의료법상 쟁점으로 어느 정도 보편성을 띠고 있다. 우리나라에서도 고령사회의 의료법적 과제는 주로 이들 쟁점이라고 할 수 있다. 이 글에서도 이러한 쟁점을 지역사회의료와 원격의료, 의료적 의사결정, 치료표준과 자원배분으로 나누어 다루고자 한다.

---

3) 우리나라에서도 그러한 움직임이 있다. 조권형 기자, "[로펌 뉴 프런티어 <6>지평 엘더로실무연구회", 서울경제 2018. 8. 27.자.

4) 종래 미국 노인법에서 자주 논의된 것은 치료사법(therapeutic jurisprudence)의 관점에서 고령의 고객에 대하여 가져야 할 태도 내지 직업윤리였다. Flowers and Morgan, Ethics in the Practice of Elder Law, 2015. 그러나 이는 학문으로서 법학과는 다소 거리가 있는 것이다.

5) 주지하는 바와 같이 사회보장법적인 대응만으로 이를 해결하기 어려워짐에 따라 오늘날 노인법에서는 노인의 근로를 보장하는 방안, 즉 노동법적 대응이 광범위하게 논의되고 있다.

6) 저출산·고령사회기본법 제12조는 고령사회정책의 두 번째로 '건강증진과 의료제공'을 들면서 국가와 지방자치단체에게 "성별·연령별 건강상의 특성과 주요 건강위험요인을 고려하여 국민의 건강증진을 위한 시책을 강구"하고 "노인을 위한 의료·요양 제도 등을 확립 발전시키고 필요한 시설과 인력을 확충하기 위하여 노력"할 의무를 지우고 있다.

7) Kapp, "Aging Population", Cohen, Hoffman and Sage (eds) The Oxford Handbook of U.S. Health Law, 2017, pp. 1053 ff. 같은 문헌은 또 하나의 문제로 노인에 의한 피해 또는 노인에 대한 가해를 든다. 이들도 의료법과 관계된 문제이지만, 우리나라에서 이들은 노인학대 등을 둘러싼 민법 및 형사법적 대응의 문제로 논의되므로, 이 글에서는 다루지 아니한다.

한 가지 주의할 점은 노인이 엄밀하게 정의된 개념이 아니라는 사실이다. 노동법이나[8] 사회보장법에서는[9] 일정한 연령을 기준으로 같은 법의 목적을 위하여 노인개념을 정의한다. 이들이 규제 또는 공적 급여에 관한 법이기 때문이다. 그러나 의료법에서는 그러하지 아니하다. 노인은 만성질환을 앓거나 신체적·정신적 능력이 감퇴할 가능성이 높지만, 모두 그러한 것은 아니다. 장기요양이나 지역사회의료는 만성화된 질병이나 장애를 가지고 있는 사람 일반에서 문제 되고, 자기결정은 결정능력이 감퇴한 사람 일반에서 문제 되며, 치료표준과 자원배분은 사망에 가까워진 사람 일반에서 문제 된다. 노인이 각 범주에서 큰 비중을 차지하여 노인이 많아지면 이들 문제가 심각해질 뿐이다. 노인에 관한 기본법이라고 할 수 있는 저출산·고령사회기본법과 노인복지법이 "노인" 개념을 별다른 정의 없이 쓰는 것을 이러한 관점에서 이해할 수 있다. 이 문제에 대해서는 개별 쟁점을 살펴본 뒤 다시 언급하기로 한다.

II. 고령의 만성질환자에 대한 지역사회의료와 원격의료

1. 고령의 만성질환자와 지역사회의료

(1) 필요성

노인은 신체기능이 저하하여 거동이 불편하며 거동에 수반되는 위험도[10] 크다. 다른 한편 노인은 고혈압, 당뇨 등 만성질환이 있는 경우가 많

---

8) 고용상 연령차별금지 및 고령자고용촉진에 관한 법률 제2조 제1호, 제2호는 "고령자"를 "인구와 취업자의 구성 등을 고려하여 대통령령으로 정하는 연령 이상인 사람"으로, "준고령자"를 "대통령령으로 정하는 연령 이상인 사람으로서 고령자가 아닌 사람"으로, 같은 법 시행령 제2조 제1항, 제2항은 그 기준을 각각 55세 이상, 50세 이상 55세 미만으로 정하고 있다.

9) 노인장기요양보험법 제2조 제1호는 "노인등"을 "65세 이상의 노인 또는 65세 미만의 자로서 치매·뇌혈관성질환 등 대통령령으로 정하는 노인성 질병을 가진 자"로 정의한다.

고, 그 관리를 위하여 다량의 의약품을 장기간 복용하곤 한다. 이로부터 두 가지 특징이 도출된다.

첫째, 노인은 주거에서 멀리 떨어진 의료기관에 자주 방문하기가 어렵고, 방문할 수 있다 하더라도 그 유·무형적 비용이 상당히 크다. 이들은 장기간에 걸쳐 같은 의약품을 처방받는 일이 많으므로 꾸준히 복용하고 있는지, 부작용 기타 문제가 없는지를 확인하고 재처방하기 위하여 멀리 떨어진 의료기관에 방문할 이익이 많다고 할 수도 없다.

둘째, 노인은 여러 의료기관에서 처방받은 복수의 의약품을 동시에 복용하는 일이 많다. 이들이 일으킬지도 모르는 상호작용을 확인할 필요가 있다. 노인의 건강수명을 연장하기 위해서는 의약품 이외에도 운동, 식생활 등 다양한 건강 행동을 지도하고 독려할 필요도 크다.

(2) 법적인 틀과 한계

(가) 이러한 필요에 대한 종래의 대응은 대체로 다음 몇 가지로 정리할 수 있다.

첫째, 노인복지법 제31조 제2호, 제34조는 노인복지시설 중 하나로 노인 의료복지시설, 즉 노인요양시설과 노인요양공동생활가정을 정한다. 치매·중풍 등 노인성질환으로 심신에 상당한 장애가 발생하여 도움을 필요로 하는 노인들에게 급식·요양과 그밖에 일상생활에 필요한 편의를 제공하는 것을 목적으로 하는 시설이다.[11] 이들 시설은 물리(작업)치료사 이외에 일

---

10) 노인복지법 제27조의4, 같은 법 시행령 제20조의2 제1항은 노인성 질환으로 '안 질환', '무릎관절증', '전립선질환'을 들고 있다.

11) 노인복지법 시행규칙 제18조는 이 입소대상자를 "가. 「노인장기요양보험법」 제15조에 따른 수급자(이하 "장기요양급여수급자"라 한다), 나. 「국민기초생활 보장법」 제7조제1항제1호에 따른 생계급여 수급자 또는 같은 항 제3호에 따른 의료급여 수급자로서 65세 이상의 자, 다. 부양의무자로부터 적절한 부양을 받지 못하는 65세 이상의 자 및 라. 입소자로부터 입소비용의 전부를 수납하여 운영하는 노인요양시설 또는 노인요양공동생활가정의 경우는 60세 이상의 자"로서 "노인성질환 등으로 요양을 필요로

정한 수(數)의 의사와 간호(조무)사를 두거나 의료기관과 협약하여 의료연계체계를 구축하여야 한다. 계약의사나 협약의료기관 소속 의사는 매월 시설을 방문하여야 한다(같은 법 시행규칙 제22조, 별표 5). 나아가 의료법 제3조의2는 병원 종별 중 하나로 장기입원이 필요한 환자를 대상으로 하는 요양병원을 정하고 있는데,[12] 이 경우 연평균 1일 입원환자의 수에 따라 정해진 수(數) 이상의 의료인을 두게 되어 있다(의료법 시행규칙 별표 5).

둘째, 의료법 제33조 제1항 제4호는 의료인은 의료기관 내에서 의료행위를 하여야 한다고 정하면서 그 예외 중 하나로 "보건복지부령이 정하는 바에 의하여 가정간호를 하는 경우"를 든다.[13] 같은 법 시행규칙 제24조는 이때 '가정간호'의 범위에 간호 외에 검체의 채취, 투약, 주사, 응급처치 등에 대한 교육·훈련 등을 포함시키고, 가정전문간호사가 의사 등으로부터 의료기관 외의 장소에서 계속적 치료와 관리가 필요하다고 판단하여 의뢰받은 자에 한하여 이를 할 수 있게 한다. 다만, 치료행위는 의사 등의 진단과 처방에 따라, 처방일로부터 90일 내에 하여야 한다. 또, 지역보건법 제11조 제5호 사목은 보건소의 업무 중 하나로 가정 및 사회복지시설을 방문하여 행하는 보건의료 및 건강관리사업을 든다. 이로써 병·의원 및 보건소를 통하여 일정 범위의 재가(在家)의료서비스가 가능해진다.[14]

셋째, 2019. 8. 27. 개정 의료법(2020. 2. 28. 시행)은 제17조의2를 신설하여 "의사" 등은 "환자의 의식이 없는 경우" 이외에 "환자의 거동이 현저히

하는 자"로 규정하고, 그 배우자는 65세 미만이어도 함께 입소할 수 있도록 한다.
12) 종전에는 노인복지법 제34조 제1항 제3호가 노인의료복지시설로 노인전문병원을 규정하고 있었고, 이는 의료기관에 해당하였다. 그러나 노인복지법 제35조 제3항 단서는 이에 의료법상 요양병원에 관한 규정을 준용하고 있어 실질적으로 요양병원과 다를 바 없었고, 2011. 6. 7. 노인복지법 개정으로 관련 규정이 삭제되어 의료법상 요양병원으로 일원화되었다. 의료법 시행규칙 제36조 제1항 제1호는 "노인성 질환자"로서 "주로 요양이 필요한 자"를 요양병원의 입원 대상 중 첫 번째로 꼽고 있다.
13) 이 규정은 2000. 1. 12. 개정 의료법 제30조 제1항 제4호로 처음 도입되었다.
14) 이 규정은 1995. 12. 29. 전부 개정 지역보건법 제9조 제12호로 처음 도입되었다.

곤란하고 동일한 상병(傷病)에 대하여 장기간 동일한 처방이 이루어지는 경우"로서, 의사 등이 "해당 환자 및 의약품에 대한 안전성을 인정"하는 경우 "환자의 직계존속·비속, 배우자 및 배우자의 직계존속, 형제자매 또는 「노인복지법」 제34조에 따른 노인의료복지시설에서 근무하는 사람 등 대통령령으로 정하는 사람(이하 이 조에서 "대리수령자"라 한다)에게 처방전을 교부하거나 발송할 수 있"고, "대리수령자는 환자를 대리하여 그 처방전을 수령할 수 있다"고 규정한다. 다만 같은 법 시행규칙 제11조의2는 이를 위해 대리수령자와 환자 본인의 신분증 또는 그 사본 이외에 환자와의 관계를 증명할 수 있는 소정의 서류를 함께 제시할 것을 요구한다.

(나) 그러나 이들 제도에는 몇 가지 문제와 한계가 있다.

먼저, 일상생활을 도와줄 가족 기타 보호자가 있거나 거동이 불편해도 일상생활은 가능한 경우, 노인이 요양시설, 요양공동생활가정, 요양병원 등에 입소·입원하는 것을 꺼리는 경우가 적지 아니하다. 입소·입원으로 자율성을 잃게 되지 않을까 우려하거나, 지역사회를 떠나고 싶지 않아서이다. 이러한 문제를 해결하기 위하여 이들 시설을 지역사회 부근에 두고, 개방형으로 운영하는 방안이 강구되고 있지만,[15] 근본적으로 지역사회 내 생활이 가능한 이상 시설보다 지역사회 내 생활이 더 나은 삶을 제공할 수 있다는 점을 부정하기는 어렵다.[16]

그런데 이처럼 지역사회 내에서 건강을 관리하고 치료를 받는 경우 의사가 매번 왕진(往診)하는 것은 의사 측의 유·무형의 비용이 많이 소요되고, 현장에 장비 등을 충분히 가져가기 어려운 반면, 가정전문간호사 등을 통하

---

15) 노인복지법 시행규칙 제22조, 별표 5 참조.

16) 보건복지부는 2019년 6월부터 2년간 의료급여 환자에 대하여도 재가(在家)의료급여 시범사업을 시행하고 이를 위하여 2020년 7월부터 재가 의료급여 시범사업 권역별 (민·관)협의체를 구성하였다. http://www.mohw.go.kr/react/al/sal0301vw.jsp? PAR_MENU_ID=04&MENU_ID=0403&BOARD_ID=140&BOARD_FLAG=00 &CONT_SEQ=355508 (최종방문: 2020. 8. 30.)

146   이동진

여 의료행위를 하거나 대리처방을 하면[17] 진단과 치료가 사실상 공간은 물론 시간적으로도 떨어진 상태에서 행해지는 셈이어서 안전성·유효성의 제약이 있다. 의료법 제33조 제1항 제4호 및 제17조의2는 의료기관 내에서 의료업을 하여야 한다는 원칙의 예외 및 처방전은 직접 환자 본인에게 교부하여야 한다는 원칙의 예외로 의료기관 밖에서 가정전문간호사를 통하여[18] 의료행위를 하거나 대리처방을 하더라도 당연히 위법한 것은 아니라는 뜻일 뿐, 그러한 진료방식이 늘 적법하고 적절하다는 뜻은 아니다. 의사는 위와 같은 방식으로 의료행위를 할 때의 안전성·유효성과 직접 대면진료를 하는 경우 의사 및 환자 측의 부담을 형량하여 위와 같은 의료행위가 정당화되지 아니한다고 여겨지는 경우 이를 하지 아니하여야 하고, 그럼에도 이를 하여 악(惡)결과가 발생하였다면 그에 대하여 민·형사책임을 진다. 의료법 제17조의2 제2항은 "해당 환자 및 의약품에 대한 안전성을 인정"할 것을 대리처방의 요건으로 삼음으로써 이를 간접적으로 드러내고 있다.

그 이외에 이와 같은 방식으로는 다수의 만성질환을 가지고 지역사회 내에서 여러 의료기관을 이용하여 다수의 의약품을 동시에 복용하고 있는 노인환자의 위험에 대응하기기 어렵다는 한계도 지적하지 않을 수 없다.

2. 원격의료에 의한 보완

(1) 현행법상 원격의료

이른바 원격의료(telemedicine)는 널리 정보통신기술(IT)을 이용하여 원

---

17) 이는 처방전의 발급과 수령만 규정하고 있으나 별도의 대면 진단을 거치지 아니함을 전제하고 있고, 실제로 그와 같이 운영되고 있다.

18) 이 규정은 일정한 범위의 치료적 의료행위를 가정전문간호사가 하여도 무면허의료행위가 되지 아니함을 확인하는 규정이기도 하나, 규정형식과 위치상 수권(授權)규정이라고 보기는 어렵다. 일반적으로 의사 등의 지시에 따라 하는 위 의료행위는 의사가 시간·공간적으로 근접하여 있지 아니하다 하더라도 그 비용효과의 형량을 거쳐 무면허의료행위에서 제외할 수 있다고 봄이 옳을 것이다.

거리에 있는 의료인이 환자에게 의료서비스를 제공하는 것을 가리킨다. 원거리에 있는 의료인이 정보통신기술을 이용, 다른 의료인의 매개 없이 환자를 진료하는 경우를 「의사-환자 간 원격의료」, 원격지에 있는 의료인이 현지에, 즉 환자를 직접 대면하고 있는 의료인을 매개로 의료행위를 하는 경우를 「의료인 간 원격의료」라고 한다. 후자의 경우 원거리에 있는 의료인과 현지에 있는 의료인 중 어느 하나는 의사 등이어야 하고[19] 현지에 있는 의료인이 의사인데 원거리에 있는 의료인은 의사가 아닌 경우는, 아직까지는, 생각하기 어려우므로, 결국 현지간호사-원격지의사 또는 현지의사-원격지의사의 두 유형을 상정할 수 있다.

현행법상 원격의료가 허용되는지에 관하여는 상반된 견해가 주장되어 왔다. 다수의 견해는, ① 진료는 환자의 용태를 듣고 관찰하여 병상 및 병명을 규명하는 것으로서 문진, 시진, 청진, 타진, 촉진 기타 각종의 과학적 방법을 써서 검사하는 것을 포함하는바,[20] 이미 진료의 의미에 대면진료가 내포되어 있고, ② 진료거부금지를 규정한 의료법 제15조, 직접 진찰한 의사가 진단서와 처방전을 작성하도록 한 의료법 제17조 제1항, 의료인이 의료기관 내에서 의료업을 하게 한 의료법 제33조 제1항은 대면진료를 전제하고 있으며, ③ 원격지의사에게 "직접 대면하여 진료하는 경우와 같은 책임"을 지운 의료법 제34조 제3항도 대면진료를 전제하고 있고, ④ 이 규정 자체가 현지에 의료인이 존재하지 아니하는 경우를 예정하지 아니하므로, 현행법은 대면진료의 원칙을 전제하고 원격의료는 금지하고 있다고 한다.[21] 그러나 현행 의료법상 원격의료를 금지하는 규정을 찾아볼 수 없다

---

[19] 의사, 치과의사, 한의사가 아닌 의료인은 독자적으로 의료행위를 할 수는 없다(의료법 제2조 참조).

[20] 대법원 1993. 8. 27. 선고 93도153 판결; 2005. 8. 19. 선고 2005도4102 판결 등.

[21] 백경희·장연화, "대면진료와 원격의료의 관계에 관한 법적 고찰", 서울법학 제21권 제3호(2014), 453-454면. 현행법의 해석에 관하여는 이러한 입장을 당연한 것으로 전제하는 문헌이 많다. 가령 류화신, "원격의료에 관한 의료법 개정방안 연구", 법제연구 제28호(2005), 263면 이하; 주지홍, "원격의료 관련 의료법개정안에 대한 소고",

는 견해도 주장되고 있다.[22]

판례의 태도도 갈린다. 헌법재판소 2012. 3. 29. 선고 2010헌바83 결정은 전화통화만으로 처방전을 작성하여 환자가 위임한 약사에게 교부한 사실로 구 의료법 제89조, 제17조 제1항 본문에 따라 약식기소된 청구인이 위규정들에 대하여 청구한 헌법재판소법 제68조 제2항의 헌법소원에서, 의료법 제17조가 "의료인이 환자를 직접 대면하여 진찰하지 아니하면 처방전 등을 작성하여 환자에게 교부 또는 발송하지 못한다는 점에서 대면진료 의무를 규정한 것으로 해석할 수도 있고, 환자를 직접 진찰한 의료인이 아니면 처방전 등을 작성하여 환자에게 교부 또는 발송하지 못한다는 점에서 처방전 등 발급주체의 범위를 규정한 것으로 해석할 여지도 있"으며, "'직접 진찰한'이라는 구성요건이 의료인이 반드시 대면하여 환자를 진료하는 것에 한정되는지, 아니면 환자와 대면하지 않고 전화, 인터넷 및 기타 매체를 통하여 환자를 진료하는 것도 포함되는지 여부도 명백하지 아니하"여 위헌이라는 주장에 대하여, '직접'은 '제3자나 매개물이 없이 바로 연결되는 관계'로서 '대면하여 진료한'이란 뜻이고 "진료의무를 이행함에 있어서는 신의성실의 원칙에 따라 최선의 노력을 다하여 환자를 치료하여야 할 것인바, 이와 같은 의료법의 취지와 현재의 의료수준을 고려할 때, 의료인이 환자를 대면하지 아니하고 전화통화에 의한 문진 등 일부 방법만으로 병상 및 병명을 규명·판단하는 것은 진료의무를 성실히 이행한 것이라고 보기에 부족하고, 또 현재의 일반적인 의료수준이 대면진료를 하지 않고도 이와 동일한 정도의 진료를 할 수 있는 수준에 달하였다고 보기도 어"렵다고 하여[23] 원

한국의료법학회지 제17권 제2호(2009), 61면; 최현숙·박규용, "환자와 의사간 원격의료제도 도입에 대한 비판적 고찰 -노인복지법을 중심으로-", 법과정책 제21집 제1호(2015), 301-302면 등.

22) 윤석찬, "원격의료의 법적 문제", 인터넷 법률 통권 제25호(2004), 4면 이하.

23) 그러나 위와 같은 다수의견에 대하여는, 진단서의 발급주체만을 한정한 것인지, 아니면 진찰행위의 방식까지 한정한 것인지 분명하지 아니하고 오히려 발급주체만을 한정하였다고 봄이 자연스러우며, "오늘날 원격진료 등에서 보는 바와 같이 의학기술의 발

격진료가 금지되어 있다는 입장을 취하고, 이를 전제로 위 규정이 명확성의 원칙에 반하지 아니한다고 하였다. 반면 대법원 2013. 4. 11. 선고 2010도 1388 판결은 "문언해석만으로 곧바로 '직접 진찰한 의사'에 전화 등으로 진찰한 의사가 포함되는지 여부를 판단하여 단정하기는 어렵다"면서도, "단서에서는 "환자를 직접 진찰한 의사가 부득이한 사유로 진단서·검안서 또는 증명서를 내줄 수 없으면 같은 의료기관에 종사하는 다른 의사가 환자의 진료기록부 등에 따라 내줄 수 있다."고 규정하고 있으므로, 단서의 반대해석상 위 '직접' 진찰은 '자신이' 진찰한 것을 의미하는 것으로 볼 수 있"다고 하면서 "의료법은 국민이 수준 높은 의료 혜택을 받을 수 있도록 국민의료에 필요한 사항을 규정함으로써 국민의 건강을 보호하고 증진하는 데에 목적이 있으므로(제1조), 그에 반하지 않는 한도 내에서 국민의 편의를 도모하는 방향으로 제도를 운용하는 것을 금지할 이유가 없는 점, 국민건강보험제도의 운용을 통하여 제한된 범위 내에서만 비대면진료를 허용한다거나 보험수가를 조정하는 등으로 비대면진료의 남용을 방지할 수단도 존재하는 점, 첨단기술의 발전 등으로 현재 세계 각국은 원격의료의 범위를 확대하는 방향으로 바뀌어 가고 있다는 점"에 비추면 "개정 전후의 이 사건 조항은 어느 것이나 스스로 진찰을 하지 않고 처방전을 발급하는 행위를 금지하는 규정일 뿐 대면진찰을 하지 않았거나 충분한 진찰을 하지 않은 상태에서 처방전을 발급하는 행위 일반을 금지하는 조항이 아니"라고 하였다.[24] 전년

달로 기술적 장비를 동원하여 대면 진찰에서와 같은 진찰의 정확성이 보장되는 경우도 있을 수 있"고, "최초의 대면 진찰 이후에는 특별한 사정변경이 없는 한 의사가 환자를 대면하지 않은 진찰을 통하여 2회 이후의 처방전을 발급할 수 있도록 허용하는 것이 더 적절하고 타당한 경우가 있"는바, 보건복지부는 대면 진찰에 의하지 아니하고서도 의사의 판단에 따라 보호자나 가족에게 처방전을 발급할 수 있는 예외가 허용된다고 질의회신한 반면[의료자원팀 869호(2007. 2. 5.), 의료정책팀 2687호(2007. 6. 11.), 의료정책팀 5096호(2007. 12. 10.)], 대한의사협회는 이 사건 법률조항에 따라 대면 진찰에 대한 예외는 허용되지 아니한다고 보고 있으므로 위 규정은 명확성 원칙에 반한다는 4인의 반대의견이 있었다.

도에 나온 헌법재판소 결정을 정면에서 반박한 셈이다.

현행법상 원격진료 자체가 금지되어 있지는 아니하다고 봄이 옳다. ① 환자를 "직접 진찰한" 의사 등만이 진단서·처방전을 작성·교부하게 한 의료법 제17조, 제17조의2의 직접적인 의미는 다른 의사가 진찰한 것을 전해 듣거나 진료기록을 통하여 확인하고 진단서와 처방전을 작성·교부하는 행위의 금지이고, 정보통신기술을 이용하여 진찰하는 것을 금지하는 취지라고 보기는 어렵다. ② 원격의료에 관한 의료법 제34조 제1항은 정보통신기술을 이용하여 원격지에서 의료지식이나 기술을 지원하는 의료인을 의사·치과의사·한의사로 제한하고, 제3항은 이러한 원격지의사에게 직접 대면

---

24) 대법원 2020. 1. 9. 선고 2019두50014 판결도 같은 취지. 한편 대법원 2017. 12. 22. 선고 2014도12608 판결은, 교도관들이 수용자를 대신하여 병원에 찾아오면 피고인이 종전 처방전이나 진료기록만 보고 의약품을 조제·교부하였고, "수용자들은 피고인이 이전에 만나 보거나 이들의 상태를 직접 확인해 본 적이 없는 초진 환자들이고, 증상 등에 비추어 거동이 불가능하여 피고인의 병원을 방문할 수 없었다거나 피고인이 교도소 의무관실로 출장 진료를 하는 것이 불가능하였다고 볼 만한 사정은 없"다면 이는 의료법 제17조에 위반한 것이라고 하였다. 초진 환자들로 다른 의사가 작성한 기록에 의존하여 처방하였다는 점에서 종래의 판례에 따르더라도 직접 진찰하지 아니한 환자에게 처방전을 교부한 경우에 해당하는 사안으로 보이나, 환자들이 병원을 방문하기도, 의사가 출장 진료를 하기도 어려운 경우라면 초진이라 하더라도 예외가 인정될 여지가 있는 것처럼 설시한 부분이 주목된다. 그밖에 대법원 2020. 5. 14 선고 2014도9607 판결은 직접 진찰 중 '직접'에 대하여는 위와 같이 보되, "현대 의학 측면에서 보아 신뢰할만한 환자의 상태를 토대로 특정 진단이나 처방 등을 내릴 수 있을 정도의 행위가 있어야 '진찰'이 이루어졌다고 볼 수 있"다면서 초진환자를 전화로만 진단하고 플루틴캡슐 등 전문의약품을 처방하는 것은 위법하다고 하였다. 다른 한편 대법원 2020. 11. 5. 선고 2015도13830 판결은 "의료법이 원격의료를 제한적으로만 허용"한다는 전제하에, "의료인이 전화 등을 통해 원격지에 있는 환자에게 행하는 의료행위는 특별한 사정이 없는 한 의료법 제33조 제1항에 위반"한다고 하였다. 별다른 합리적 이유 없이 초진 환자에 대하여 전화로만 진료하는 것은 종래의 판례에 의하더라도 문제의 소지가 있으나, 이 판결이 제시한 이유는 본문과 이 주에서 소개한 일련의 판례와 결을 달리한다. 그러나 그 일반적 당부도 의문이거니와 의료인이 의료기관 내에서 전화로 진료하는 것을 의료기관 외의 진료라고 할 수 있는지도 의문이다.

하여 진료하는 경우와 같은 책임을 지우나, 제4항은 현지 "의료인이 의사·치과의사 또는 한의사인 경우 그 의료행위에 해당하여 원격지의사의 과실을 인정할 만한 명백한 근거가 없으면 환자에 대한 책임은 제3항에도 불구하고 현지의사에게 있는 것으로 본다"고 규정한다. 현지의료인이 의사가 아닌 경우 가령 간호사인 경우가 예정되어 있음을 알 수 있다.[25] 간호사는 진료를 보조할 뿐이므로 이는 의사-환자 사이의 원격의료에 해당한다.[26] 이 규정은 주로 원격지의사의 책임을 규율하기 위한 것으로, 이 규정이 사람이 아닌 정보통신장비만이 매개하는 원격의료를 배제하는 취지를 포함한다고 하기도 어렵다. ③ 오늘날 의료행위에 쓰이는 첨단기술과 장비 중 상당수는 의사가 직접 환자를 대면할 것을 요하지 아니한다. CT실에 내려오지 않은 채 판독실에서 CT영상을 판독한 영상의학과 의사가 한 행위도 진단, 의료행위에 해당하고, 당연히 허용된다. 그러므로 현행법상 원격의료가 금지된다는 해석은 누군가 한 사람은 직접 환자를 대면하여야 환자를 직접 대면하지 아니한 그 외의 의료인의 의료행위도 적법해진다는 것이 될 수밖에 없는데, 이는 해석의 한계를 넘는다. ④ 무엇보다도 오늘날의 기술수준에 비추어볼 때 원격의료가 그 자체 범주적으로 당연히 참을 수 없을 만큼 위험하다고 할 수 없을 뿐 아니라 본래 의료행위에 관하여는 각 의사에게 재량이 있으므로[27] 단순히 원격의료에 위험성이 있고 그 질(質; quality)

---

25) 류화신, "원격의료에서 의사의 책임원리", 비교사법 제12권 제1호(2005), 563면; 윤석찬, "원격의료(Telemedizin)에서의 의료과오책임과 준거법", 저스티스 통권 제80호(2004), 25면 이하. 그러나 현지의료인을 현지의사로 제한하는 전제하에 제3·4항에 따라 원격지의사와 현지의사의 책임이 병존하나 원격지의사는 명백한 과실이 없는 한 면책될 수 있을 뿐이라는 견해로, 이재경, "원격의료에서 손해배상책임", 의생명과학과 법 제12권(2014), 41면 이하.

26) 앞서 본 의료법 제33조 제1항 제4호, 같은 법 시행규칙 제24조도 의사 등의 진단과 처방에 터 잡은, 그러나 시간적·장소적으로 의사 등과 떨어진 가정전문간호사의 의료행위가 적법함을 전제한다.

27) Hahn, "Telemedizin und Fernbehandlungsverbot - Eine Bestandsaufnahme zur aktuellen Entwicklung", MedR 2018, 384, 387 ff.

에 의심이 있다는 이유만으로 범주적으로 이를 금지할 수는 없다.

비교법적으로도 원격의료 자체를 금지하는 예는 찾아보기 어렵다. 미국에서 원격의료는 그 자체 금지되어 있지 아니하다. 의사면허가 주(州) 단위로 되어 있어 주 경계를 넘는 원격의료의 경우 무면허의료행위의 문제가 생길 뿐이다. 연방정부는 오히려 원격의료를 촉진하기 위한 여러 입법을 하고 있다.28) 독일에서 원격의료는 법이 아닌 "의사의 진료를 인쇄물 또는 통신매체를 통해서만 하는 것은 금지된다"고 한 독일의사협회의 모범의사직업규칙(MBO-Ä) 제7조 제4항으로 금지되어왔고, 그나마도 2016년 바덴-뷔르템베르크 주 의사직업규칙(LBO-Ä-BW) 개정을 계기로 다수의 주(州) 의사직업규칙이,29) 그리고 2018년 모범의사규칙 제7조 제4항이 개정되어 이제는 명문으로 이를 허용한다.30) 프랑스 공중보건법(Code de la santé publique) 제L6316-1조는 "원격의료(télémédecine)"를 의료인 사이 및 의료인과 환자 사이에 정보통신기술을 사용한 의료행위로 규정하고 이들이 허용됨을 선언한다.31) 명문 규정이 없는 영국과 일본에서도 원격의료가 허용된다는 데

---

28) 우선 Spradley, "Telemedicine: The Law Is the Limit", 14 Tul. J. Tech. & Intell. Prop. 307, 316 ff. (2011); 이종구, "미국 원격의료에 관한 최근 동향과 의료법 개정안의 검토", 단국대 법학논총 제40권 제4호(2016), 7면 이하.

29) 그 경위에 대하여는 Hahn(주 27), S. 384 ff. 참조.

30) 2018년 개정 독일 모범의사직업규칙[(Muster-)Berufsordnung für die in Deutschland tätigen Ärztinnen und Ärzte] 제7조(치료원칙과 행동규칙) ④ 의사들은 환자들을 직접(im persönlichen Kontakt) 조언하고 진료한다. 이때 통신매체를 이용할 수 있다. 오직 통신매체를 통하여 이루어지는 조언이나 진료는 그것이 의료적으로 주장 가능하고(vertretbar), 특히 진찰, 조언, 치료, 진료기록작성 등의 방법을 통하여 필요한 의료적 주의가 기울여지며, 환자에게 오직 통신매체를 통하여 이루어지는 조언이나 진료의 특수성에 대하여 설명한 때에 한하여 개별적으로 허용된다.
이후 대부분의 주(州)의 의사직업규칙이 같은 취지로 개정되었다. 우선, 김수정, "독일 원격의료 합법화와 법개정 논의", 의료법학 제21권 제2호(2020), 7면 이하.

31) 2010년 데크레에 의한 제R6316-1조 내지 제R6136-11조는 그중 의사-환자 유형으로 원격지자문과 원격감시를 들고, 환자의 반대의사가 없는 한 정보전송이 가능하다는 점, 일정 범위에서 사회보장법의 적용을 받는다는 점 등을 정한다. 우선, Grynbaum,

별 의문이 없다.[32)]

(2) 일차의료 – 주치의제와 결합한 원격의료

원격의료는 고령사회에서 거동이 불편하고 만성질환이 있는 노인환자에 대한 의료의 질과 비용효과성을 높이는 데 기여할 수 있다. 환자의 내원도 의사의 왕진도 비용효과적이지 아니하거나 현실적이지 아니하나 가정전문간호사의 '가정간호'만으로는 충족되기 어려운, 의사가 (장치를 이용해서라도) 직접 보고 조치하여야 할 필요에 대응하는 데 발전된 정보통신기술을 활용할 수 있는 것이다.[33)] 원격의료의 안전성·유효성에 대한 우려는 의료법 제34조 제3항이 규정하는 주의의무와[34)] 원격의료의 한계에 관한 설명의무로 대응할 수 있다.[35)]

다른 한편, 원격의료를 어느 범위에서 건강보험체제에 편입시킬 것인지는, 대법원도 지적한 바와 같이, 별개의, 고도의 정책적 문제이다. 건강보험

"La responsabilité des acteurs de la télémédecine", RDSS 2011, 996; Bourdaire-Mignot, "Téléconsultation : quelles exigences? Quelles pratiques?, RDSS 2011, 1003.

32) 우선 김대중, "유럽 주요국의 원격의료 사업 모델과 시사점", 보건복지포럼 2016. 5, 107면 이하; 情報通信機器を用いた診療(いわゆる「遠隔診療」)について(健政発第一〇七五号), 2016 참조.

33) 이에 대하여 노인복지의 관점에서도 대면진료를 관철하여 노인들이 사회변화에 적응하고 참여하게 할 필요가 있고, 대면진료는 노인학대의 예방에도 도움이 된다는 반론으로, 최현숙·박규용(주 21), 312면 이하.

34) 원격의료에서 주의수준에 관하여 일반적으로 논의되고 있는 원칙이다. 이종구(주 28), 16면 이하; Spradley(주 28), pp. 324 ff.; Ulsenheimer/Heinemann, "Rechtliche Aspekte der Telemedizin - Grenzen der Telemedizin?", MedR 1999, 197, 198 f.

35) 2018년 개정 독일모범의사규칙 제7조 제4항 참조(주 30). 원격의료는 일정 부분 비용 내지 부담을 줄여주는 반면 부정확한 진료가 이루어질 위험을 키운다. 이는 한편으로는 의료인이 원격의료에 적합한 상황인지 여부에 주의하게 하고, 다른 한편으로는 환자 측에 원격의료의 한계에 대하여 설명하게 하여 환자도 그 위험을 일부 인수하게 함으로써 대응하는 수밖에 없다.

은 비용효과적 의료행위에 한하여 보장함이 원칙인데, 전체 보건의료체제의 비용효과성에는 의료의 질(質) 통제와 보건의료전달체계의 효율적 구축도 포함될 수 있다. 종래 원격의료, 특히 의사-환자 사이의 원격의료는, 의사가 없는 낙도(落島) 등의 극히 드문 예외를 제외하면, 완전히 다른 두 목적, 즉 주로 거동이 불편한 고령의 환자에게 일차의료 접근성을 높이거나 (상급)종합병원 접근을 용이하게 하기 위한 수단으로 논의되어왔다.36) 후자는, 적어도 일반적으로는, 부적절하다고 보인다. 병원은 입원환자의 진료를 그 본래의 임무로 한다. 특히 고도의 인력과 장비를 결합한 (상급)종합병원은 집중될 수밖에 없고 이미 집중되어 있다. 지역사회의료의 중심은 결국 곳곳에 흩어져 있는 의원급 일차의료기관일 수밖에 없다. 그런데 원격의료를 종합병원에게도 일반적으로 허용한다면 환자가 의료기관을 선택할 수 있고 그러한 선택을 제한하는 장치가 부족한 우리 법에서 (상급)종합병원이 지역사회의료까지 상당부분 관여하는 결과가 나타날 가능성이 높다.37) 이는 일차의료기관을 더욱 위축시켜 지역사회의료의 기반을 더욱 취약하게 할 것이다.

현 단계에서 원격의료는, 요양급여기준을 통한 간접적인 통제방식으로, 일차의료에서(부터) 도입함이 옳다. 환자의 내원과 의사의 왕진 또는 간호사를 통한 가정간호 사이의 중간단계로, 특히 고령의 거동이 불편한 만성질환자에 대하여 활용하는 것이다. 그리고 이는 주치의제와 결합되어야 한다. 우리 현실에서 한두 가지의 특정 질병이 문제 될 뿐인 젊고 비교적 건강한 사람을 대상으로 주치의제를 정착시키기는 어려워 보인다. 반면 노인은 다

---

36) 배현아, "삶의 질을 고려한 의료서비스 전달 수단의 변화와 법의 대응: 원격의료 대상 확대에 따른 법·정책적 문제를 중심으로", 법과사회 제50호(2015), 190면.

37) 원격의료의 '도입' 여부에 관한 논의가 의원급 의료기관과 종합병원 사이의 이해관계의 문제로 변질되고 격심해진 것은 2013. 10. 29. 정부가 입법 예고한 의료법 개정안이 대형병원과 대기업의 이익을 위하여 원격의료를 '도입'하려는 것 아닌가 하는 논란이 제기되고, 대형병원 쏠림현상에 대한 우려가 제기되면서부터이다. 최현숙·박규용 (주 21), 304, 307면.

수의 전형적인 만성질환을 갖고 있고 여러 의약품을 동시에 복용하는 일이 많으므로 한 사람의 주치의가 전체적으로 보아 중복 등으로 인한 위험을 통제하고 조정할 필요가 크다. 노인의 경우 질병치료 외에 건강 행동을 유인하도록 조언할 필요도 있다. 모두 지역사회에 있는 일차의료기관이 하기에 적합한 일이다. 원격의료의 문제 중 하나인, 환자가 원격으로 진료를 마친 뒤 그에 좇지 아니한 채 다른 의사를 찾아 적절한 진료가 이루어지지 아니할 위험에 대응하는 데도 환자가 인적으로 할당 또는 배정되어 있고 그 환자에 관한 다른 의료기관의 의료행위를, 환자의 동의하에, 조회할 수 있는, 즉 정보공유를 전제한 주치의제가 도움이 될 것이다. 비교법적으로 볼 때 미국 메디케어(Medicare)·메디케이드(Medicaid), 일본의 원격의료도 이러한 만성질환자의 지역사회 내 치료를 중심으로 의료비를 보장하는 데서[38] 시작하여 점차 확대되어온 것이다.

Ⅲ. 고령환자의 의료적 의사결정

1. 고령자를 위한 의료행위에 대한 동의

(1) 의료행위에 대한 동의권과 동의

오늘날 환자에 대한 의료행위가 원칙적으로 환자의 자기결정에 터 잡아야 한다는 데는 이론(異論)이 없다. 편차가 있지만, 어느 정도 나이가 들면 합리적인 결정을 할 능력이 감퇴하는 현상이 나타난다.[39] 노인성 치매·우울증은 인지 및 결정기능을 광범위하게 손상시킨다.

---

38) 김대중, "주요국의 원격의료 추진 현황과 시사점 - 미국과 일본을 중심으로 -", 보건·복지 Issue & Focus 제270호(2015); 이종구(주 28), 14면 이하.

39) Kapp(주 7), pp. 1058 f. 이는 노인법실무에서 제기되는 여러 직업윤리적 문제의 근본적인 이유이기도 하다. McNeal, "Slow Lawyering: Representing Seniors in Light of Cognitive Changes Accompanying Aging", 117 Penn St. L. Rev. 1081 (2013).

민법 제9조 제1항은 "가정법원은 질병, 장애, 노령, 그 밖의 사유로 인한 정신적 제약으로 사무를 처리할 능력이 지속적으로 결여된 사람"에 대하여 성년후견을 개시할 수 있게 하고, 같은 사유로 "사무를 처리할 능력이 부족한 사람"과 "일시적 후원 또는 특정한 사무에 관한 후원이 필요한 사람"에 대하여 제12조, 제14조의2는 각각 한정후견과 특정후견을 개시할 수 있게 한다. 치매는 후견을 개시할 수 있는 대표적인 질병 중 하나이고, 질병이 없어도 이론적으로는 '노령'과 사무를 처리할 능력의 흠만으로도 후견절차를 개시할 여지가 있다.[40) 그러나 후견이 개시되었다 하더라도 신상(身上)에 관하여는 동의능력(Einwilligungsfähigkeit)이 있는 한 (성년의) 환자 본인이 단독으로 결정함이 원칙이다. 민법 제947조의2 제1항은 "피성년후견인은 자신의 신상에 관하여 그의 상태가 허락하는 범위에서 단독으로 결정한다"고 규정하여 이를 확인한다. 설명도 환자 본인에게 하여야 하고 동의도 그로부터 받아야 한다.[41)

반면 고령의 환자 본인에게 동의능력이 없을 때에는 원칙적으로 대행동의권자가 동의하여야 한다. 이를 위하여 가정법원은 성년후견인이 피성년후견인의 신상에 관한 권한을 부여할 수 있고(민법 제938조 제3항), 그러한 재판(심판)이 있었다면 성년후견인이 피후견인의 의료행위에 대신 동의할 수 있다(민법 제947조의2 제3항). 그러나 피성년후견인이 의료행위의 직접적인 결과로 사망 또는 상당한 장애를 입을 위험이 있다면 가정법원의 허가를 받아야 한다.[42) 환자 본인이 후견계약을 체결하고 신상에 관하여 임의후견인

---

40) 이 점에서 정신질환이나 장애를 요구하는 독일민법 제1896조와 구별된다. 그러나 가정법원 실무상 성년후견개시사유는 뇌병변, 치매, 발달장애, 정신장애 등이고, "노령"은 거의 논의되지 아니한다. 김성우, "성년후견제도의 현황과 과제", 가족법연구 제30권 제3호(2016), 413-414면; 김용담 편집대표 주석민법[총칙1] 제5판, 2019, 314면(신숙희 집필부분).
41) 대법원 1994. 4. 15. 선고 92다25885 판결; 1994. 11. 25. 선고 94다35671 판결 참조.
42) 그 이외에 성년후견인이 피성년후견인을 치료 등의 목적으로 정신병원 등에 격리하는 경우에도 가정법원의 허가를 받아야 한다(민법 제947조의2 제2항). 이 규정의 문

에게 권한을 부여하면 임의후견인이 그러한 권한을 갖는다. 그러나 그 또한 환자 본인에게 동의능력이 없을 때에 한하여 그러한 권한을 행사할 수 있다. 다만 임의후견인은, 후견계약에서 달리 정하지 아니한 이상, 가정법원의 허가 없이 위험한 의료행위에 대하여 동의할 수 있다.

이러한 해결은 비교법적으로도 일반적이라고 보인다.[43] 다만, 몇몇 나라에서는 후견이 개시되지 아니한 경우 일정 범위의 가족·근친에게 의료행위 등에 한하여 대행동의권을 인정하고 있다. 가령 네덜란드 신민법전(NBW) 제7:465조 제3항 제2문은 동의 여부를 합리적으로 결정할 능력이 없는 성년의 환자에게 후견인 등이 없거나 그들이 필요한 조치를 취하지 아니하는 경우 배우자나 동거인이, 그 또한 없는 경우에는 부모, 자녀가 동의권을 가진다고 규정한다. 오스트리아일반민법(ABGB) 제268조 이하와 스위스민법(ZGB) 제378조도 비슷한 규정을 두고 있고, 미국도, 주(州)에 따라, 비슷한 제도를 두고 있다.[44] 물론 프랑스공중보건법전(Code de la santé publique)이나 영국정신능력법(Mental Capacity Act)처럼 가족 등의 대행결정권을 인정하지 아니하는 예도 많다.[45] 재산이 많지 아니한 노인이 인지 또는 결정능력에 흠이 있다 하여 늘 후견절차가 개시되는 것은 아니고, 또 후견절차가 개시되는 것이 반드시 바람직한 것도 아니며, 의사의 대행결정에

제에 대하여는 우선 이동진, "개정 정신건강복지법상 비자의입원 규제에 대한 입법론적 고찰 - 민법 제947조의2 제2항의 검토를 겸하여 -", 의료법학 제19권 제2호(2018), 126면 이하.

43) 가령 NBW Art. 7:465 (1)-(3).

44) 가령 Del. Code Ann. 16 § 2507; Ga. Code Ann. § 31-9-2; 755 ILCS 40/25; Me. Rev. Stat. Ann tit. 18-A, § 5-805; S.C. Code Ann. § 44-66-30. 또한, Uniform Health Care Decision Act § 5.

45) 김수정, "의료행위에 대한 동의에서 환자 보호자의 법적 지위와 역할 - 대행결정권과 공동의사결정을 중심으로 -", 의료법학 제20권 제2호(2019), 51면 이하. 독일 또한 여러 입법제안에도 불구하고 이러한 제도를 도입하지 아니하였다. 논의의 경과는, Burchardt, Vertretung handlungsunfähiger volljähriger Patienten durch Angehörige, 2010, S. 6 ff. 참조

는 의료주의(medicalism)의 함정이 있다는 점에서 이러한 보충적 규율의 근거를 이해할 수 있다. 그러나 다른 한편 이러한 규율에는 가족의 이해관계가 늘 환자 본인과 이해관계가 일치하지는 아니하고 오히려 전형적으로 상충될 수도 있다는 점에서 위험성도 내포되어 있다. 자원제약하에서 어떤 규율도 완전하지는 아니한 것이다.

환자 본인이 사전의료지시(advance directive)를 한 경우에 대행동의가 가능한가? 대법원 2009. 5. 21. 선고 2009다17417 전원합의체 판결(이른바 세브란스병원 사건)의 다수의견은, "환자가 […] 미리 의료인에게 자신의 연명치료 거부 내지 중단에 관한 의사를 밝힌 경우(이하 '사전의료지시'라 한다)에는 비록 진료 중단 시점에서 자기결정권을 행사한 것은 아니지만 사전의료지시를 한 후 환자의 의사가 바뀌었다고 볼 만한 특별한 사정이 없는 한 사전의료지시에 의하여 자기결정권을 행사한 것으로 인정할 수 있다"고 하여 사전의료지시의 효력을 인정한다. 연명치료중단에 관한 사전의료지시는 2017. 8. 4. 호스피스·완화의료 및 임종과정에 있는 환자의 연명의료결정에 관한 법률과 함께 같은 법이 정하는 '사전연명의료의향서' 등의 제도에 흡수되었지만, 문제 된 의료행위 시에 환자의 의사가 바뀌었다고 볼 만한 특별한 사정이 없는 한 사전의료지시를 자기결정권의 행사로 볼 수 있다는 판시는 연명치료중단이 아닌 일반적인 의료행위에 더 쉽게 적용될 수 있을 것이다. 사전의료지시는, 연명치료중단이 아닌 한, 여전히 허용되고 유효하다고 봄이 옳다.[46] 비교법적으로도 미국, 독일, 프랑스 등 대부분의 나라가

---

46) 그 방식에 관하여는 대법원 2009. 5. 21. 선고 2009다17417 전원합의체 판결의 다수의견이 지적한 바와 같이 진료기록에 남기는 형태가 원칙적이라고 생각된다. 무엇보다도 의료행위에 대한 동의에는 의사의 설명이 필요하기 때문이다. 후견계약(임의후견)도 의료행위에 관한 사항을 포함할 수 있으나(민법 제959조의14 제1항) 이는 특정 의료행위에 대한 지시가 아닌 수권(授權)을 대상으로 한다고 봄이 옳다. 따라서 후견인의 동의를 받는 경우에는 그에게 설명하여야 한다. 후견계약에서 후견인에게 대외적으로는 의료행위에 대한 동의를 수권(授權)하고 내부적으로는 특정 동의를 하도록 의무지우는 경우, 그 지시가 설명에 터 잡은 것이 아니라면 그러한 지시에는 법적 구

과거에는 판례로, 오늘날 명문 규정으로 이를 허용하고 규율하고 있다.[47] 그리고 이처럼 환자 본인의 과거의 자기결정이 있고 그것이 현재도 구속력이 있다면 대행결정은 허용되지 아니하는 것이 원칙이다. 이미 민법 제959조의20 제1항, 제2항이 후견계약이 (등기되어) 있는 경우에 원칙적으로 법정후견을 개시하지 아니하고 이미 법정후견이 개시되었어도 종료됨을 밝힘으로써 이러한 원칙을 드러내고 있다. 임의후견보다도 좀 더 직접적인 자기결정인 사전의료지시가 있는 경우에는 더욱 그러하다. 결국 사전의료지시가 있는 경우에도 대행동의는 배제되어야 한다. 다만, 판례도 지적한 바와 같이 사전의료지시 후 환자의 의사가 바뀌었다고 볼 만한 특별한 사정이 있는 경우에는 그렇지 아니할 것이다. 나아가, 판례는 별다른 언급을 하지 아니하였으나, 사전의료지시와 문제 된 의료행위 사이에 중대한 사정변경이 있어 더는 당초의 의사가 현재도 유지되리라고 추정하기 어려운 경우에도 사전의료지시의 구속력을 인정하기보다는 대행동의에 의하면서, 대행동의 여부 결정의 한 고려요소로 사전의료지시에 드러난 환자 본인의 선호를 고려하는 것이 좀 더 안전하고 종합적인 판단을 가능하게 할 것이다.

속력이 없고, 후견인에 대한 대리권(신상결정권) 부여가 그러한 지시를 전제한 것이라면 권한부여도 무효라고 보아야 할 것이다.

47) 가령 Uniform Health-Care Decision Act 1993 sec. 2 (미국); § 1901a BGB (독일, 각 의료행위 일반); Art. L.1111-4 al. 6 du Code de la santé publique (프랑스, 사망을 초래할 수 있는 의료행위). 분명하지는 않으나 제철웅, "고령자의 판단능력 쇠퇴를 대비한 미래설계와 새로운 성년후견제도", 한양대 법학논총 제32권 제1호(2015), 161, 167면도 사전의료지시의 효력을 인정하는 듯하다. 한 가지 주의할 점은, 다른 나라에서 사전의료지시에는 의사의 설명이 필수적이지 아니하고 자기위험부담하에 설명을 받는 것을 포기할 수 있다는 사실이다. 가령 안경희, "독일민법상 사전의료지시의 구속력", 국민대 법학논총 제32권 제1호(2019), 53-54면. 이는 「호스피스·완화의료 및 임종과정에 있는 환자의 연명의료결정에 관한 법률」상의 사전연명의료의향서의 경우도 마찬가지인데, 건강할 때에 미리 작성해둘 수 있다는 점에서 비롯한다. 우선, 박형욱, "환자연명의료결정법의 제정과 과제", 저스티스 통권 제158-3호(2017), 680면.

(2) 동의의 요건으로서 동의능력

고령환자를 위한 의료적 결정을 누가 할 수 있고 또 해야 하는가 하는 점은 환자에게 동의능력이 있는지 여부에 따라 달라진다. 동의능력이 있는 한 환자 본인만이 결정권자인 반면, 동의능력이 없을 때에는 대행동의권자의 동의를 받아야 한다. 그러므로 의사는 환자에게 동의능력이 있는지 여부를 그때그때 가리는 부담을 지게 된다. 후견절차가 개시되었고 가정법원에 의하여 의료행위에 관한 결정권한을 부여받았다 하더라도 환자 본인에게 동의능력이 있는 한 후견인에게는 권한이 없으므로 상황은 달라지지 아니한다. 이 판단을 그르치면 민사책임은 물론 사안에 따라서는 형사책임을 질 수도 있다.

그렇다면 환자의 동의능력은 어떻게 판단되어야 하는가? 판례는 의사능력의 유무는 구체적 법률행위와 관련하여 개별적으로 판단되어야 한다는 입장을 취하면서 "특히 어떤 법률행위가 그 일상적인 의미만을 이해하여서는 알기 어려운 특별한 법률적 의미나 효과가 부여되어 있는 경우 의사능력이 인정되기 위하여서는 그 행위의 일상적인 의미뿐만 아니라 법률적인 의미나 효과에 대하여도 이해할 수 있을 것을 요한다고 한다.[48] 일반적으로 정하는 것이 아니라 그때그때 문제 되는 행위에 비추어 정한다는 점에서 기능적 접근(functional approach)이라고 할 수 있다. 이러한 기준은 의료행위에 대한 동의능력에도 참고할 수 있다.[49]

인지 및 이해능력이든 의사형성능력이든 정도(程度)의 문제이다. 어느 한 결정에 관계하는 모든 사정을 인식하고 이해한 상황에서 결정하는 일은 없거나 매우 드문 예외이다. 내적 충동이나 외적 압박 없이 진공상태에서 어떤 결정을 하는 일 또한 그러하다. 그럼에도 불구하고 대부분의 자기결정

---

48) 대법원 2006. 9. 22. 선고 2006다29358 판결; 2009. 1. 15. 선고 2008다58367 판결.

49) 의사표시와 동의의 관계에 대하여는, Ohly, „Volenti non fit iniuria" Die Einwilligung im Privatrecht, 2002, S. 207 ff.

은 그 자체 효력이 있고 흠이 없다.[50] 결국 일정한 선을 넘는 흠만 고려할 수 있다. 동의능력도 같다. 어떤 인식도, 이해도, 의지도 없는 사람이 아닌 한 이 정도의 인식 내지 이해능력과 의사형성능력을 가지고 동의능력이 있다고 볼 것인지 여부는 궁극적으로는 규범적 문제이고, 법질서의 결단이다. 이러한 관점에서 오늘날 특히 정신장애인의 자기결정권을 최대한 존중할 것을 요구하는 국제연합 장애인권리협약(UN Convention on the Rights of Persons with Disabilities; CRPD)이 문제 된다.[51] 이 협약이 의사능력과 행위능력 일반에 대하여 의문을 제기한다는 지적이 있다. 그 결과가 의사능력 법리의 폐지에까지 이르지는 아니한다 하더라도[52] 장차 의사능력을 통한 법률행위의 통제는 약화될 가능성이 높다.[53] 재산거래보다 본인의 의사가

---

50) 이동진, "자기결정의 딜레마", 윤진수·한상훈·안성조 대표편집 법의 딜레마, 2020, 611면 이하.

51) CRPD는 2016년 12월 성립하여 현재까지 150개국 이상이 가입한 가장 성공적인 국제인권협약으로 우리나라도 이를 비준하였다. CRPD 자체는 정신질환자나 정신장애인에 대하여 특별한 언급을 하고 있지 아니하나, 2014년 3~4월에 개최된 제11회 회의에서 채택된 일반논평 제1호(General Comment No. 1)는 정신장애인 문제에 집중하면서 제한능력, 비자의입원, 치료감호 등이 모두 법 앞의 평등 및 장애만을 이유로 하는 차별의 금지를 정한 CRPD 제12조 위반이라고 주장하였다. 가령 paras. 15 and 17 of General Comment No. 1 (CRPD/C/GC/1). 헌법재판소 2019. 12. 27. 선고 2018헌바161 결정은 민법 제9조가 헌법에 위반되지 아니한다고 하였으나, 재판관 이선애, 문형배는 법정의견에 대한 보충의견에서 성년후견제도가 엄격하게 해석, 운용되어야 한다고 지적하였다. 한정후견에서 동의유보에 대하여도 같은 말을 할 수 있을 것이다.

52) 그러나 우리의 의사능력에 해당하는 제도를 규율하는 독일민법 제104조가 CRPD 위반이라는 견해도 유력하다. Lachwitz, "Auswirkungen der UN-Behindertenrechts-konvention auf das deutsche Geschaftsfahigkeits- und Betreuungsrecht", KJ 2012, 365. 성년후견과 한정후견은 CRPD 위반으로 매우 제한적으로 이용하여야 하고, 원칙적으로 특정후견과 임의후견을 이용하여야 한다는 주장으로, 제철웅(주 47), 159면 이하.

53) 비슷한 관점에서 의사능력 유무의 판단기준을 의지적 요소로 축소, 대체할 것으로 주장하는 견해로, Hyoung Seok Kim, "Judging Capacity in Korean Private Law",

더 중시되는 의료행위에 대한 동의에서는 더욱 그러할 것이다. 이러한 점에 비추어볼 때 위 판례가 설정한 의사능력의 판단기준은, 적어도 추상론상으로는, 너무 높아 보인다. 주로 자신의 신상에 관한 결정에 관계하는 동의능력에 대하여는 더욱 그러하다. 오늘날 고령의 (치매)환자의 동의능력이 부정되는 경우는 극히 예외적일 것이다.

2. 노인에서 이항(二項)적 해결의 한계와 공동결정

(1) 이항적 해결의 한계

고령의 환자는 치매 등으로 인지능력이 감퇴하거나 질병이라고 할 정도는 아니라 하더라도 정신적·정서적 및 신체적 능력의 감퇴로 본인의 최선의 이익(best interest)에 부합하는 결정을 하는 데 어려움을 겪을 수 있다. 그러한 점이 그의 잔존능력을, 특히 자신의 신체와 건강에 관한 결정에서, 무시할 근거는 되지 아니한다. 그러나 다른 한편 그러한 결정을 전적으로 환자 본인에게 맡김으로써 그의 자기결정이 존중되었다고 할 수 있는지는 의문이다. 자기결정은 본래 숙고된 것이어야 존중될 수 있고, 그런 만큼 상당한 정도의 인지 및 이해능력과 의사형성능력을 전제하는데, 그러한 능력이 감퇴된 환자에게 동의능력의 유무라는 이항적 판단을 대입하여 동의능력이 있으면 어떻든 네 책임이라고 하는 셈이기 때문이다.

민법 제947조는 성년후견인에게 "피성년후견인의 [⋯] 신상보호를 할 때 여러 사정을 고려하여 그의 복리에 부합하는 방법으로 사무를 처리"하

Journal of Korean Law 18 (2019), 325. 같은 문헌, p. 327은 인지능력을 포함시키는 경우[그러한 견해로 제철웅, "성년후견법의 시행준비작업상의 몇 가지 이론적, 실천적 문제", 가족법연구 제27권 제2호(2013), 31면 이하] 그에 따른 차별의 문제가 생긴다고 지적한다. 그러나 인지능력과 의사형성능력은 통합되어 자기결정능력을 이루는 것이므로, 양자를 나누어 어느 한 기준을 배제하는 것이 가능하고 적절한지는 의문이다. 결국 문제되는 것은 자기결정의 질(質)이기 때문이다.

고, "피성년후견인의 복리에 반하지 아니하면 피성년후견인의 의사를 존중"할 의무를 지우고 있고, 제959조의6, 제959조의12는 이를 한정후견과 특정후견에 준용한다. 후견의 대상이 된 사람이라 하더라도 문제 된 사무의 본질적 부분이나 그 일부에 대하여 어느 정도 이해하고 선호를 형성할 수 있을 때가 많다. 후견인은 피후견인의 추상적·추정적 의사보다는 구체적·현실적 의사에 지향하여야 하므로 이 경우 후견인은 피후견인과 당해 사무의 중요성과 긴급성에 비추어 합리적인 범위 내에서 대화하여 그의 구체적·현실적 의사를 탐구할 의무가 있다고 봄이 옳다. 나아가 의료행위의 경우 의사는 후견인이 동의 또는 그 거절이 피후견인의 의사와 복리를 적절하게 배려하지 아니하였다고 보이는 경우 그 동의 또는 거절에 곧바로 따를 것이 아니라 후견절차 개시 등 필요한 조치를 취하여야 할 것이다. 민법 제947조에 반하는 동의 또는 그 거절은 효력이 없고, 그에 터 잡은 의료행위는 전단(專斷)적 의료행위나 환자에 대한 보호의무 위반이 될 수 있기 때문이다.

후견인이 선임되는 것이 그 자체 피후견인의 자율을 저해할 위험이 적지 아니하다는 점을 고려할 때 후견개시를 너그럽게 인정하기는 어렵다. 그러나 여전히 후견의 대상이 되는 경우와 그렇지 아니한 경우는 연속선에 있다. 후견이 개시되면 후견인을 통하여 피후견인의 이익과 함께 (법적으로 직접적 효력은 없는) 그의 의사가 고려되고 그 당부의 판단에 의사도 개입하는데, 후견개시에 이르지 못하면 피후견인의 충분히 숙고되지 아니한 의사가 그대로 구속력을 갖고 이익은 고려되지 않는다는 것은 문제일 것이다.

(2) 공동결정

이러한 문제에 대응하기 위해서는 고령의 환자 본인에게 동의능력이 있는 경우에도, 그의 자기결정의 질(質)을 의심할 만한 사정이 있다면 단순히 설명 후 동의 또는 거절(informed consent/refusal)을 받는 데 그치지 아니하고 결정과정에 직접 개입하거나 가족 등 고령의 환자와 가까운 관계에 있는 사람을 대신 개입시켜 자기결정의 질(質)을 제고할 필요가 있다. 이는 역량

강화·지원된 의사결정(empowerment; supported decision-making) 내지는 공동의사결정(shared decision-making)의[54] 부분적 제도화라고 할 수 있다.

그렇다면 어떻게 이러한 결정과정을 만들어낼 수 있을까? 복수의 결정권자를 인정하는 것은 현행법이 허용하는 바도 아니고, 문제에 대한 답도 아니다. 환자 본인의 의사와 이익을 고려해야 한다 하더라도 실제로 환자 본인의 의사를 확인하는 데도, 그에게 무엇이 이익이 되는지를 결정하는 데도 불확실성과 불명확성이 존재한다. 누가 결정권자인지가 중요한 까닭이다. 동의능력이 없는 한 대행동의권자가 결정권자인 것처럼 동의능력이 있는 한 환자가 결정권자라는 점은 바꾸기 어렵다. 결국 동의과정을 강화하는 것이 적절한 방법이다. 동의능력이 없을 때 후견인이 가능한 범위에서 환자의 이익 이외에 그의 의사도 고려하여야 하는 것처럼 동의능력이 있을 때 환자의 자기결정도 그의 의사뿐 아니라 그의 이익을 반영하도록 하여야 한다. 환자의 동의가 없을 때 그의 의사를 추정하기 위하여 조사할 의무가 있는 것처럼,[55] 동의가 있다 하더라도 그의 결정의 질(質)에 의심이 있다면 보다 합리적인 의사결정을 위하여 의사가 개입하여 설득하거나 가족 등을 통

---

54) Wright, "Dementia, Autonomy, and Supported Healthcare Decision Making", 79 Maryland L. Rev. 257 (2020). 국내문헌으로는 우선, 송윤진, "의료적 의사결정에서 자율성 역량 모델의 의의", 한국의료윤리학회지 제20권 제1호(2017), 1면 이하; 이은영, "공동의사결정에서 의사결정 코칭(Decision Coaching)의 함의", 한국의료윤리학회지 제18권 제2호(2015), 200면 이하.

55) 대법원 2009. 5. 21. 선고 2009다17417 전원합의체 판결의 다수의견은 추정적 의사에 터 잡은 연명의료중단에 관련하여, "의사 추정은 객관적으로 이루어져야" 한다고 하면서, "환자의 의사를 확인할 수 있는 객관적인 자료가 있는 경우에는 반드시 이를 참고하여야 하고, 환자가 평소 일상생활을 통하여 가족, 친구 등에 대하여 한 의사표현, 타인에 대한 치료를 보고 환자가 보인 반응, 환자의 종교, 평소의 생활 태도 등을 환자의 나이, 치료의 부작용, 환자가 고통을 겪을 가능성, 회복불가능한 사망의 단계에 이르기까지의 치료 과정, 질병의 정도, 현재의 환자 상태 등 객관적인 사정과 종합하여 환자가 현재의 신체상태에서 의학적으로 충분한 정보를 제공받는 경우 연명치료중단을 선택하였을 것이라고 인정되는 경우라야 그 의사를 추정할 수 있"다고 한다. 이는 의료행위에 대한 것으로 의사의 의무이지만, 후견인에게 확장될 수 있다.

하여 설득하는 등의 노력을 할 의무가 있다고 보아야 한다.

이 점에서는 대법원 2000. 9. 8. 선고 99다48245 판결이 참고가 된다. 당해 사건에서 망인은 축구를 하다가 축구골대 상단 가로대가 넘어지면서 축구골대에 맞아 복강내출혈상을 입고 병원에 후송되었는데, 비장손상 가능성이 있는 상황에서 수술을 거부하고 다른 병원으로 후송을 요구하여 후송중 사망하였다. 이에 유족이 후송에 동의한 병원과 의사 등을 상대로 손해배상을 구하였다. 법원은 "조기에 수술을 하지 아니하면 생명이 위험한 상황이 될 수도 있음을 충분히 설명하여 그 동의를 얻어 즉시 응급개복술을 시행하고 수술개시가 지연되어 생명에 위험을 초래하는 일이 없도록 하여야 함에도 위와 같은 상황임을 충분히 설명하지 아니하여 이러한 사정을 알지 못한 위 원고가 집근처에서 수술받기를 희망하였다는 이유만으로 만연히 위 사고를 당한 지 2시간이 지난 같은 날 17:00경 망인을 위 파티마병원으로부터 자동차로 1시간 정도 거리에 있는 수원시 소재 의원으로 전원하도록 한 과실이 있다고 판단"한 원심에 "의사의 설명의무 내지 설득의무에 관한 법리오해 등의 위법이 있다고 할 수 없다"고 하였다. 일반적인 성년의 환자의 자기결정에 대하여 설명을 넘어 설득의무까지 부과하는 것처럼 읽힌 부분은 논란의 소지가 있으나, 고령자로 결정의 질이 의심스러운 환자에 대하여 예외적으로 그의 진정한 선호를 파악하고 직접 또는 가족이나 제3의 상담자를 통하여 적절하게 결정할 수 있도록 (어느 정도) 노력할 의무를 지우는 것은 오히려 이해할 바가 있다.[56] 의사의 설명의무는 이해능력과 의사형성능력 자체에는 문제가 없으나 관련 지식이 부족한 경우 이를 보충하기 위한 것이고, 이는 동의능력이 있는 보통의 환자에서 전형적인 상황이다. 그러나 고령의 환자는 관련 지식뿐 아니라 종종 이해능력과 의사형성능력도 부족하다. 이를 보완하기 위한 추가적인 결정과정의 배려는 의사의 설

---

56) 미용성형수술에 관하여 설득의무를 인정하는 것으로, 백경희·김성은, "환자의 진료협력의무 위반과 의사의 설명의무·설득의무 간의 관계에 관한 고찰 - 통상의 의료행위와 미용성형수술행위와의 비교 -", 의생명과학과법 제22호(2019), 119면 이하.

명의무의 본래 취지에도 부합한다.[57]

종래 설득의무가 문제 된 것은 (그 내용이 분명하지 아니하다는 점 이외에) 그것이 과도한 부담이 된다는 점 때문이었다. 의료행위에는 의료적 기술 이외에 환자와의 대화와 결정과정이 포함된다. 이 과정에는 종종 상당한 시간과 노력이 든다. 그러므로 이러한 과정을 거칠 필요가 있다고 판단하여 특별히 결정과정에 자원을 투입한 경우에는, 우리처럼 일반적인 의료행위가 매우 짧은 시간 내에 저비용으로 이루어지는 상황에서는, 요양급여비용 등에서 추가적인 보상을 해줄 필요가 있다.[58] 가령 결정과정을 지원하기 위한 (어느 정도 전문적인) 프로그램을 개발하고 그 시행에 대하여 별도의 수가(酬價)를 정하는 것이다. 이러한 프로그램에는 고령의 환자의 심리적 특성과 욕구에 터 잡은 의사소통 및 개입방법이 고려되어야 할 것이다.

Ⅳ. 고령환자에 대한 치료표준과 자원배분

1. 고령사회와 자원한계

(1) 의료자원의 한계와 그 배분

다른 자원이 그러한 것처럼 의료자원도 제한되어 있다. 병·의원의 시설과 의료인은 구축·형성에 상당한 시간이 소요되어 짧은 시간 내에 단기적 수요의 증감에 따라 늘리거나 줄이기 어렵다. 병·의원이나 의료인을 너무 늘려놓으면 공급이 수요를 유도하여 비효율적인 의료비지출이 늘 수 있기

---

57) 이 점은 사전의료지시에 대하여도 타당하다. 사전의료지시에 요구되는 동의능력은 임박한 의료행위에 요구되는 동의능력과 같으므로 그 효력도 너그럽게 인정될 수 있으나, 사전의료지시 시점을 기준으로 적절한 설명(대법원 2009. 5. 21. 선고 2009다 17417 전원합의체 판결 참조) 이외에 (그 내용에 따라서는) 설득이 요구되는 것이다.

58) 미국에서 메디케어의 보상프로그램이 연명치료중단과 관련하여 자기결정의 촉진에 기여할 수 있다는 점에 대하여는 Gillick, "How Medicare Shapes the Way We Die", 8 J. Health & Biomed. L. 27 (2012); Kapp(주 7), pp. 1061 f.

도 하다. 아마도 통상 예상되는 수요에 일정 간격을 두고 오는 수요급증에 대비할 수 있는 여유를 두는 정도가 적절할 것이나, 급작스러운 수요증가가 있는 경우 한정된 의료자원을 누구에게 투입할 것인지 문제 된다.[59] 최근 코로나바이러스감염증-19 대유행으로 각국에서 이러한 문제가 실제 제기되고 있다. 다른 한편 어느 지역에나 중환자실은 제한되어 있고, 이식할 수 있는 장기는 대개 공급이 수요에 못 미치므로 이들 자원은 일상적으로 부족한 상황인 셈이다.[60]

나아가 우리나라는 국내에 거주하는 국민을 당연히 공보험(public insurance)인 국민건강보험의 가입자로 규정하여 그로부터 보험료를 징수한다(당연가입제, 국민건강보험법 제5조).[61] 국내에 개설된 의료기관은 원칙적으로 모두 요양기관이 되며(요양기관 당연지정제, 국민건강보험법 제42조), 보건복지부령과 요양급여기준이 정하는 바에 따라 요양급여를 제공하고 건강보험공단으로부터 요양급여비용을 상환받는다(국민건강보험법 제41조 제3항, 제47조). 매년 건강보험재정에는 한계가 있으므로, 결국 각 급여의 수요와 재정한계를 고려하여 어떤 경우에 어떤 급여를 제공하고 각 급여에 대하여 얼마의 비용을 지급할 것인가를 정하는 수밖에 없다. 특정 요양급여를 건강보험으로 제공할 것인지, 제공한다면 어떤 조건 아래에 제공할 것인지는, 간접적으로는, 한정된 의료자원의 배분 문제일 수밖에 없다.

---

59) 응급의료에 관한 법률 제8조는 응급환자를 다른 환자보다 우선하고, 응급환자가 2명 이상이면 의학적으로 더 위급한 환자부터 응급의료를 실시할 것을 명한다.

60) 장기등 이식에 관한 법률 제8조 제2항 제2호, 제26조, 같은 법 시행령 제26조, 별표 5는 의학적인 적합성 이외에 가족관계, 19세 미만 여부, 동일기관 또는 동일 권역 여부를 고려하고, 동일 순위인 사람이 복수인 경우 과거 장기를 기증한 사실이 있는 사람 또는 그 가족인지 여부, 미성년 여부 및 나이, 이식대기자로 등록한 기간(대기기간)의 장단을 보충적으로 고려한다.

61) 그 결과 건강보험료는 준(準)조세의 성격을 띠게 된다. 국민건강보험법 제81조는 이를 국세체납처분의 예에 따라 징수하게 한다.

(2) 고령사회와 고령환자의 의료자원이용

노인은 젊은 사람에 비하여 건강상 문제가 많고 건강에 관심도 많다. 어느 나라든 고령화가 진전되면서 의료비용이 빠르게 증가하고 있다. 우리나라도 예외가 아니다. 기본적으로 젊은 사람에 비하여 노인 중 고액환자의 비중이 높으므로[62] 노인인구비중이 증가하면 인구증가 폭에 비하여 의료비가 훨씬 빠르게 증가할 수밖에 없다. 여기에 노인이 소득이 없어[63] 고령화의 진전에 따라 보험료를 납입할 인구의 비율이 줄게 마련이라는 점을 보태면, 이는 재원(財源)은 증가하지 아니하거나 감소하는 데 비하여 지출은 가파르게 상승할 것임을 뜻한다.

노인 중 고액환자가 많은 것은 사망 전 생애 의료비지출 중 상당부분을 집중소비하기 때문이지, 노인이기 때문은 아니라는 주장이 제기되어 왔다. 실제로 환자의 연령보다도 사망 직전인지 여부가 의료비지출에 더 큰 영향을 준다. 그러나 사망 직전이 아닌 그 이전의 시기까지 고려에 넣고, 사망 직전인지 여부를 보정하여 보면, 여전히 연령이 의료비지출에 상당한 영향을 주고 있음이 확인된다. 다만, 사망 직전 연령이 많을수록 사망 직전의 의료비지출에는 부(負)의 영향을 미친다. 즉, 나이가 많은 사람은 일반적으로 의료비지출이 많으나 사망 직전의 의료비지출의 증가폭은 오히려 적다.[64]

2. 고령환자에 대한 자원투입의 제한과 차별 문제

(1) 자원할당 일반

자원이 효율적으로 쓰여야 한다는 데는 의문이 없다. 합리화(rationalization)

---

62) 정완교, 고령화와 의료서비스 비용 (KDI 정책연구시리즈 2010-05), 2010, 29면 이하.
63) 직장가입자의 보험료는 소득을 기준으로 산정한다(국민건강보험법 제69조, 제70조, 제71조 참조).
64) 정완교(주 62), 34면 이하.

는 같은 자원으로 더 나은 성과를 거두거나 같은 성과를 더 적은 비용으로 달성하는 것을 가리킨다. 이는 의학과 의료에서, 그리고 요양급여기준 등의 제정과 개정에서 일상적으로 행해지는 일이다. 우선순위부여(prioritization)는 응급환자를 우선하는 것과 같이 하나의 자원을 여러 사람이 쓸 수 없을 때 부득이하게 순위를 정하는 것을 가리킨다. 반면 자원할당(rationing)은 의학적으로 필요하거나 도움이 되고 실제로 투입이 가능함에도 자원부족 또는 그 절감을 위하여 이를 투입하지 아니하는 것을 말한다. 특정 치료방법이 요양급여기준에 의하여 제한적으로 적용될 때에는 자원할당이 있다고 할 수 있다.[65] 그러나 이들 개념에는 엄밀하게 구분하기 어려운 점이 있고,[66] 또 이하의 논의를 위해서는 엄밀하게 구분할 필요도 크지 아니하다.

자원할당은 다양한 방식으로 이루어질 수 있다. 먼저 명시적 할당과 묵시적 할당, 은닉된 할당이 있다.[67] 요양급여기준 등으로 누가 어떤 경우에 어떤 의료행위를 받을 수 있는지를 정하는 방식이 명시적 할당이라면 특정 의료행위에 소요되는 자원의 총량을 제한하여 당해 의료행위를 위해서는 장기간 기다려야 하거나 높은 비용을 낼 수밖에 없게 하는 것이 묵시적 할당이다. 은닉된 할당은 응급실이나 기준이 없는 장기이식과 같이 자원부족으로 인하여 자원할당을 의식하지 아니하여도 할당이 이루어질 수밖에 없는 경우를 가리킨다. 다음, 직접적 할당과 간접적 할당이 있다. 누구에게 자원을 투입하고 또 투입하지 않을지 직접 정하는 방식이 직접적 할당이라면,

---

65) 개념 구분에 대하여는 우선, Heyers, "Möglichkeit und Grenzen einer Ökonomisierung des Sozialrechts am Beispiel der Priorisierung in der Gesetzlichen Krankenversicherung", MedR 2016, 857, 858 f. 자원할당(rationing)에 대하여는 Redwood, Why Ration Health Care?. An international study of the United Kingdom, France, Germany and public sector health care in the USA, 2000, pp. 10 f.

66) 우선, Redwood(주 65), pp. 14 ff.

67) Callahan, "Must We Ration Health Care for the Elderly?", 40 J. L. Med. & Ethics, 10, 12 (2012).

가중치·순위를 정하거나 본인부담금을 달리 설정하는 등으로 누구에게 자원이 할당될지에 영향을 미치는 것을 간접적 할당이라고 한다.[68]

오늘날 자원할당이 문제 되는 이유는 한편으로는 대부분의 나라에서 의료가 국가 등 제3의 재정부담자(third party payer)의 개입을 통하여 보장되고 있고, 다른 한편으로는 의료기술이 발전하면서 어느 정도 효과적이나 지나치게 비용이 많이 드는 의료행위와 의약품이 많아졌기 때문이다. 건강보험 재정은 제한되어 있으므로 요양급여기준도, 요양급여비용청구에 대한 심사평가도, 이들을 의식하는 개개의 의사도 모든 환자에게 모든 효과 있는 의료행위를 건강보험공단의 부담으로 제공할 수는 없다.

(2) 고령환자에 대한 자원투입제한과 차별

고령의 환자에 대하여 자원을 더 적게 할당할 수 있는가? 이는 고령화가 진전되면서 대두하고 있는 중대한 윤리적·법적 문제이다. 주의할 점은 이 문제가 '장차' 고령의 환자에게 더 적은 자원을 할당하여도 좋은지 여부라는 가상의 문제 제기에 그치지 아니한다는 사실이다. 이미 여러 나라에서 의료자원의 배분기준 중 하나로 환자의 연령을 쓰고 있다. 가령 이식장기는 더 어린 사람에게 우선 배분되고 있고, 임신·출산에 대한 지원에도 연령 제한을 두는 것이 보통이다. 나아가 연령을 기준으로 명시하지 아니하는 대개의 의료행위에 있어서도, 의사의 의료적 재량으로 고령의 환자에 대한 의료행위가 크게 제한되곤 한다는 관찰이 있다. 고령환자에게 같은 의료행위라도 덜 효과적인 경우가 적지 아니하나, 관찰되는 현상은 그 범위를 뛰어넘는다고 지적되고 있다. 즉 묵시적 및 숨은 할당을 고려할 때 고령환자에 대한 자원투입제한이 광범위하게 존재한다는 것이다.[69] 이것이 고령환자

---

68) Capron, "The Ethics of Rationing Health Care", Cohen, Hoffman and Sage (eds) The Oxford Handbook of U.S. Health Law, 2017, pp. 894 ff.

69) 가령 영국 NHS 하에서 50세 또는 55세를 넘는 환자에게는 일부 필수적인 시술이 거부되고 있다. Kapp, "De Facto Health Care Rationing by Age; The Law Has No

의 인간의 존엄(헌법 제10조 제1문)을 침해하거나 그에 대한 부당한 차별(헌법 제11조)로 위법하다고 다툴 여지가 있다.

이를 뒷받침하는, 또는 그 배후에 있는 관점으로는 아래 둘을 생각할 수 있다.

첫째, 선택할 수 있는 복수의 의료행위가 존재할 때에는 환자의 의사·선호(preference)와 복리(well-being, the best interest)에 지향하여야 한다. 이러한 관점에서 고령의 환자에게 최선인 치료는 젊은 환자에 대한 그것과 다를 수 있다. 노인에 대한 암진단검사의 기대이익은 젊은 사람보다 낮은 반면, 진단과정에서의 침습의 부담은 더 클 수 있다.[70] 고령환자는 일반적으로 공격적인 치료를 통한 기대여명의 연장보다는 남은 기간의 삶의 질을 선호할 가능성이 높거나 그러한 선택이 그의 복리에 부합한다는 관점도[71] 있을 수 있다. 나이에 따라 치료표준(standard of care)이 달라진다는 것이다.

둘째, 고령의 환자는 치료를 통하여 연장할 수 있는 기대여명이 길지 아니하므로 그 편익이 작고, 따라서 고령의 환자에게 값비싼 의료행위를 하는 것은 비효율적이라는 관점이 있을 수 있다.[72] 연령에 기초한 자원할당

Remedy", 19 J. Legal. Med. 323, 329 ff. (1998). 또한, Wyman, Shiovitz-Ezra, and Bengel, "Ageism in the Health Care System: Providers, Patients, and Systems", Ayalon, Tesch-Römer (eds) Contemporary Perpectives on Ageism, 2018, pp. 193 ff.

70) Kapp(주 7), pp. 1069 ff.

71) Levine, The Elderly. Legal and Ethical Issues in Healthcare Policy, 2008, pp. xvi f. (Introduction); Hamel et al, "Age-Related Differences in Care Preferences, Treatment Decisions, and Clinical Outcomes of Seriously Ill Hospitalized Adults: Lessons from SUPPORT", Journal of American Geriatritcs Society 48, 295 (2000).

72) 영국의 National Institute for Health and Clinical Excellence가 Quality Adjusted Life Year에 터 잡아 한 이러한 자원할당에 대하여는 우선, DeBolt, "What will Happen to Granny? Ageism in America: Allocation of Healthcare to the Elderly & Reform Through Alternative Avenues", 47(1) Cal.Wes. L. Rev. 127, 141 f. (2010).

(age-based rationing)이 필요하다는 것이다.

두 관점 모두 조심스럽게 적용하여야 한다.

일반적으로 복수의 대안이 존재한다 하여 의사가 환자에게 모든 대안을 설명하고 선택하게 하여야 하는 것은 아니다. 의사는 더 합리적인 치료방법이 있는 한 그것을 제시하고 관련된 위험을 설명한 다음 동의를 받아 그 시술을 하면 된다.[73] 젊은 환자에 대한 치료표준과 고령환자에 대한 치료표준이 다르다는, 또는 고령환자에 대한 치료표준에는 덜 공격적인 보존적 치료가 더 넓게 포함될 수 있다는 말은, 더 공격적인 치료대안을 제시하지 아니하여도 책임이 없다는 뜻이 된다. 그러나 어느 한 치료방법의 건강유지 및 회복에 대한 기대와 건강침해 등의 비용이 비교적 객관적으로 측정되고 검증될 수 있는 것과 달리, 질적으로 구별되는 결과 중 어느 것이 고령환자의 선호와 복리, 삶의 질에 더 부합하는지는 개개의 고령환자의 주관의 문제이다. 고령의 치매환자가 그 전형적인 대상인 성년후견에 대하여 민법 제947조는 그의 (불완전한) 주관적 의사를 객관적 복리보다 우선할 것을 명한다. 이러한 평가가 고령환자에 대한 복수의 의료적 대안 중 선택에서도 관철되어야 한다. 어느 한 치료가 다른 치료에 비하여 건강 관점에서 전반적으로 더 나은 경우는 별론 하더라도, 가령 한 치료는 좀 더 위험하나 더 나은 건강과 기대여명을 보장하고 다른 한 치료는 덜 위험한 경우라든지, 한 치료는 삶의 질을 떨어뜨리지만 기대여명을 연장시키고 다른 치료는 보존적이지만 삶의 질을 유지하는 경우에 고령환자에 대한 치료표준은 다르다는 이유만으로 특정 치료만을 제시하여서는 아니 된다. 이는 연령에 기초한 차별(헌법 제11조)로 위법하다. 고령환자의 자기결정의 강화는 특히 이러한 선택에서 의미가 있다.

반면 사회 전체적 측면에서 건강보험재정을 연령에 따라 어떻게 배분할

---

73) 대법원 2010. 6. 23. 선고 2007다62505 판결 등 참조. 그러나 선택이 유의미한 경우에는 그러하지 아니하고, 대안도 설명하여야 한다. 가령 대법원 1995. 1. 20. 선고 94다3421 판결; 2010. 10. 14. 선고 2007다3162 판결.

것인가에 관하여는 국가와 법질서에 좀 더 넓은 재량을 인정하여야 한다.[74] 요양급여기준 등에 연령기준을 활용한다 하여 연령에 기초한 차별로 쉽사리 위법하다고 할 수는 없다는 것이다. 나이는 누구나 똑같이 먹는 것으로 '신분'에 해당하지 아니한다(헌법 제11조). 각 가입자가 건강지출을 평생에 걸쳐 사전 배분할 수 있다면 다수의 가입자는, 자신의 장래의 건강과 경제·사회적 지위를 알지 못한 상태에서는, 좀 더 젊은 나이의 의료적 필요에 더 많은 자원을 배분하리라고 추측된다.[75] 건강보험이 그와 같은 추정적 선호를 반영하는 것이 평등의 원칙 위반 내지 금지된 차별이라고 할 수는 없다.[76] 고령자에 대한 차별금지는 헌법상 평등의 문제보다는 입법정

---

74) 가령 대법원 2017. 7. 11. 선고 2015두2864 판결. 다만 평등의 원칙, 특히 참여권 (Teilhaberecht)에 터 잡은 통제는 가능하고, 여러 나라에서 받아들여지고 있다. Neumann, "Prioritätensetzung und Rationierung in der gesetzlichen Kranken-versicherung", NZS 2005, 617, 622 f. 법원이 여러 당사자와 이해관계가 충돌하는 정책적 문제의 해결에 적합하지 아니한 곳이고, 다른 결정기구가 있으면 이 문제에 직접 개입하는 것을 꺼린다는 점에 대하여는, Jost, "Health Care Rationing in the Court: A Comparative Study", 21 Hastings Int'L & Comp. L. Rev. 639 (1998).

75) 이 문제를 세대 간 정의 내지 세대 간 차별로 다루지 아니하려면, 노인에 대한 건강보험재정투입의 제한을 충분한 시간을 두고 도입할 필요가 있다. 이미 재산과 소득이 있는 기간에 건강보험료를 납입한 가입자가 노인이 된 다음 그에게 적용되는 요양급여기준을 그에게 불리하게 변경한다면, 건강보험의 세대 간 계약으로서의 특성을 고려한다 하더라도, 차별이기에 앞서 그의 기득권 침해가 된다. Callahan도 장기적인 변화 내지 적응을 위하여 고령자에 대한 급여제한을 검토하여야 한다는 취지일 뿐, 당장 지금의 노인에 대한 급여를 제한하여야 한다는 취지가 아님을 강조한다.

76) Huster, "Altersrationierung im Gesundheitswesen: (Un-)Zulässigkeit und Ausgestaltung", MedR 2010, 369. 공리주의에 터 잡은 견해로, Callahan, "Symbols, Rationality, and Justice: Rationing Healthcare", 18 Am. J. L. & Med. 1 (1992); Singer, "Why We Must Ration Healthcare", N.Y.Times July 19, 2009. 감염병이 대유행하는 경우 의약품분배기준으로 연령을 쓸 수 있다는 견해로, 정문식, "감염병의 대유행에 있어서 의약품 부족 시 의약품 제공기준에 관한 헌법적 정당성", 의료법학 제13권 제1호(2012), 175면. 이에 대하여 인간으로서의 존엄과 평등의 원칙에 반한다는 반론으로, Neumann(주 74), S. 622 ff. 비슷한 반론으로 Kapp(주 69), pp. 325 ff.

책적 문제로 다루는 것이 적절하다. 다른 관점에서 보면, 연령에 기초한 요양급여기준을 허용하지 아니하는 것은, 이미 재정압박에 시달리고 있고 앞으로 더욱 그러할 건강보험과 의료체제가, 숨은 자원할당, 즉 이러저러한 사실상의 방법에 의한 노인에 대한 자원투입제한을 꾀할 유인을 낳는다. 어떤 차별이 허용되거나 허용되지 아니하는지를 문제 삼아 공적 결정과정에서 이를 반영하도록 하는 쪽이 더 나으리라고 본다. 물론 실제 결정이 쉽지는 아니할 것이다. 고령인구의 비중이 증가하면 증가할수록 고령인구를 '배려'하여야 할 정치적 필요도 커질 것이다. 그러나 그것이 한없이 확대될 수 없고 지속가능하지 아니할 때 공동체 전체의 장기적 존속과 발전을 위하여 자원을 적절히 배분하는 것이야말로 정치과정의 핵심기능인 것이다.

다만, 이러한 제한도 고령환자의 자기결정의 존중과는 조화되어야 할 것이다. 고령환자에 대한 차별을 허용하는 한도에서는 더 높은 본인부담금을 부과하고 개인 비용부담으로 또는 사보험을 통하여 비싼 의료행위를 택할 길을 열어줄 필요가 있다. 비급여의 허용범위를 넓히는 것이다. 여기에는 고령의료소비자 보호 문제도 존재한다. 판례가 임의비급여의 허용요건 중 일부로 이른바 경제적 설명의무 이외에 당해 의료행위의 의학적 안전성·유효성 및 필요성을 요구하는 것을[77] 이러한 관점에서 이해할 수 있다.

V. 결 론

고령화가 진행됨에 따라 여러 의료법적 과제가 제기되고 있다. 고령의 만성질환자에 대한 대응은 우리 의료법이 오랫동안 하지 못했던 일차의료와 지역사회의료를 부분적으로라도 구축할 기회이다. 논란이 많았던 원격의료는 이러한 맥락에서 의료기관에의 접근성을 제고하기 위한 하나의 수

---

77) 대법원 2012. 6. 18. 선고 2010두27639, 27646 전원합의체 판결. 그러나 이 판결이 설정한 보충성 요건은 과도한 것이다. 우선, 이동진, "건강보험과 의료과오책임법: 두 기준 사이의 긴장·갈등과 그 조정", 서울대 법학 제55권 제2호(2014), 30-31면.

단으로 고려함이 타당하다. CRPD 비준과 새로운 성년후견법의 도입은 고령환자의 자기결정의 강화를 요구한다. 이제는 고령환자, 특히 고령의 치매환자도 동의능력이 쉽게 부인되지 아니할 것이다. 그러나 그들의 자기결정능력이 중대하게 손상되었다는 사실은 변함이 없다. 능력은 유무로만 판단되나 실제로는 정도의 문제이기 때문이다. 근래 종종 논의된 역량강화, 지원된 의사결정, 공동결정은 무엇보다도 신상에 관한 결정, 특히 의료행위의 맥락에서 이를 구현하기에 적합하다. 민법은 후견의 대상에서 배제되는 능력자에 대하여 이러한 메커니즘을 규정하지 아니하고 있으나, 의료법에서는 종래의 설명의무를 확장하여, 물론 적절한 경제적 인센티브를 포함하여, 이들 자기결정 모델을 도입할 여지가 있다. 그러한 관점에서 고령환자에 대한 치료표준이, 죽음을 가까이에 두고 준비하는 노인의 전형적(이라고 상정되는) 선호에 지향한다 하더라도, 그것이 환자 자신의 자기결정을 대신할 수는 없다. 한편, 고령환자의 의료비지출로 인한 재정부담이 건강보험의 지속가능성에 위협이 되고 있다. 이는 이러저러한 방식으로 고령환자에 대한 의료행위를 제한하는 실무를 낳는다. 값비싸고 다소간 효과가 있는 의료행위와 의약품이 계속 개발되는 상황에서 필요하고 효과적인 모든 의료를 보장할 수는 없다. '무지의 베일(veil of ignorance)'에 가린 채 사전적으로 선택하였을 바에 지향한 공보험·사회보험과 부분적 사적 자치의 복구만이 가능한 해결책이다. 이런 점에서 연령을 급여제한의 기준 중 하나로 사용하는 것을 실체적으로 배제할 일은 아니다. 오히려 명시적 규율의 대상으로 삼음으로써 정치적·절차적으로 통제하는 것이 바람직하다고 보인다.

노인은 하나의 범주가 아니다. 나이가 많이 듦에 따라 여러 고유한 특성이 나타나지만 이는 단선적으로 나이에 연결되어 있지 아니하고, 노인에게만 제기되는 문제도 아니다. 그럼에도 그러한 특성을 식별하는 데 드는 불확실성과 비용을 줄이기 위하여 연령을 일응의 기준으로 삼을 수 있다. 의료법에는 특히 건강보험체제 하에서, 그리고 의료전달체계의 수립 등과 관련하여 고도의 국가규제하에 놓이는 거시적 측면과, 개개의 의사-환자관계를 중심으로 한 미시적 측면이 병존한다. 두 측면은 서로 관계되어 있지만 어느 정도 독립적이기도 하다. 노인을 전자의 관점에서 다루면 하나의 개념 범주로서 '노인' 내지 '고령환자', 그리고 '노인의료법'이 출현한다. 노인을 후자의 관점으로 제한하면 의료법에서 '노인'이라는 범주가 사라진다. 이는 의료법뿐 아니라 노인법 일반에 걸쳐 있는 기본적인 문제 중 하나라고 보인다. 그러나 어떻게 파악하든 하나의 중요한 인구집단으로서 노령층에 대한 대응이 필요하고, 의료법의 영역에서도 그러하다는 점 자체가 바뀌지는 아니한다.

<참고문헌>

김대중, "유럽 주요국의 원격의료 사업 모델과 시사점", 보건복지포럼 2016. 5.

_____, "주요국의 원격의료 추진 현황과 시사점 - 미국과 일본을 중심으로 -", 보건
· 복지 Issue & Focus 제270호(2015).

김성우, "성년후견제도의 현황과 과제", 가족법연구 제30권 제3호(2016).

김수정, "독일 원격의료 합법화와 법개정 논의", 의료법학 제21권 제2호(2020).

_____, "의료행위에 대한 동의에서 환자 보호자의 법적 지위와 역할 - 대행결정권
과 공동의사결정을 중심으로 -", 의료법학 제20권 제2호(2019).

류화신, "원격의료에 관한 의료법 개정방안 연구", 법제연구 제28호(2005).

_____, "원격의료에서 의사의 책임원리", 비교사법 제12권 제1호(2005).

박형욱, "환자연명의료결정법의 제정과 과제", 저스티스 통권 제158-3호(2017).

배현아, "삶의 질을 고려한 의료서비스 전달 수단의 변화와 법의 대응: 원격의료 대
상 확대에 따른 법·정책적 문제를 중심으로", 법과사회 제50호(2015).

백경희·김성은, "환자의 진료협력의무 위반과 의사의 설명의무·설득의무 간의 관
계에 관한 고찰 - 통상의 의료행위와 미용성형수술행위와의 비교 -", 의생
명과학과법 제22호(2019).

_____· 장연화, "대면진료와 원격의료의 관계에 관한 법적 고찰", 서울법학 제21권
제3호(2014).

송윤진, "의료적 의사결정에서 자율성 역량 모델의 의의", 한국의료윤리학회지 제
20권 제1호(2017).

안경희, "독일민법상 사전의료지시의 구속력", 국민대 법학논총 제32권 제1호
(2019).

윤석찬, "원격의료(Telemedizin)에서의 의료과오책임과 준거법", 저스티스 통권
제80호(2004).

_____, "원격의료의 법적 문제", 인터넷 법률 통권 제25호(2004).

이동진, "개정 정신건강복지법상 비자의입원 규제에 대한 입법론적 고찰 - 민법 제
947조의2 제2항의 검토를 겸하여 -", 의료법학 제19권 제2호(2018).

_____, "건강보험과 의료과오책임법: 두 기준 사이의 긴장·갈등과 그 조정", 서울
대 법학 제55권 제2호(2014).

_____, "자기결정의 딜레마", 윤진수·한상훈·안성조 대표편집 법의 딜레마, 2020.

이은영, "공동의사결정에서 의사결정 코칭(Decision Coaching)의 함의", 한국의료윤리학회지 제18권 제2호(2015).

이재경, "원격의료에서 손해배상책임", 의생명과학과 법 제12권(2014).

이종구, "미국 원격의료에 관한 최근 동향과 의료법 개정안의 검토", 단국대 법학논총 제40권 제4호(2016).

정문식, "감염병의 대유행에 있어서 의약품 부족 시 의약품 제공기준에 관한 헌법적 정당성", 의료법학 제13권 제1호(2012).

정완교, 고령화와 의료서비스 비용 (KDI 정책연구시리즈 2010-05), 2010.

제철웅, "고령자의 판단능력 쇠퇴를 대비한 미래설계와 새로운 성년후견제도", 한양대 법학논총 제32권 제1호(2015).

_____, "성년후견법의 시행준비작업상의 몇 가지 이론적, 실천적 문제", 가족법연구 제27권 제2호(2013).

조권형 기자, "[로펌 뉴 프런티어 <6> 지평 엘더로실무연구회", 서울경제 2018. 8. 27.자.

주지홍, "원격의료 관련 의료법개정안에 대한 소고", 한국의료법학회지 제17권 제2호(2009).

최현숙·박규용, "환자와 의사간 원격의료제도 도입에 대한 비판적 고찰 -노인복지법을 중심으로-", 법과정책 제21집 제1호(2015).

Bourdaire-Mignot, "Téléconsultation : quelles exigences? Quelles pratiqures?, RDSS 2011, 1003.

Burchardt, Vertretung handlungsunfähiger volljähriger Patienten durch Angehörige, 2010.

Callahan, "Must We Ration Health Care for the Elderly?", 40 J. L. Med. & Ethics, 10, 12 (2012).

Callahan, "Symbols, Rationality, and Justice: Rationing Healthcare", 18 Am. J. L. & Med. 1 (1992).

Capron, "The Ethics of Rationing Health Care", Cohen, Hoffman and Sage (eds) The Oxford Handbook of U.S. Health Law, 2017.

DeBolt, "What will Happen to Granny? Ageism in America: Allocation of Healthcare to the Elderly & Reform Through Alternative Avenues", 47(1) Cal.Wes. L. Rev. 127 (2010).

Doron, "Elder Law: current issues and future frontiers", Eur. J. Ageing 3 (2006), 60.

Flowers and Morgan, Ethics in the Practice of Elder Law, 2015.

Gillick, "How Medicare Shapes the Way We Die", 8 J. Health & Biomed. L. 27 (2012).

Grynbaum, "La responsabilité des acteurs de la télémédecine", RDSS 2011, 996.

Hahn, "Telemedizin und Fernbehandlungsverbot - Eine Bestandsaufnahme zur aktuellen Entwicklung", MedR 2018, 384.

Hamel et al, "Age-Related Differences in Care Preferences, Treatment Decisions, and Clinical Outcomes of Seriously Ill Hospitalized Adults: Lessons from SUPPORT", Journal of American Geriatritcs Society 48, 295 (2000).

Heyers, "Möglichkeit und Grenzen einer Ökonomisierung des Sozialrechts am Beispiel der Priorisierung in der Gesetzlichen Krankenversicherung", MedR 2016, 857.

Huster, "Altersrationierung im Gesundheitswesen: (Un-)Zulässigkeit und Ausgestaltung", MedR 2010, 369.

Jost, "Health Care Rationing in the Court: A Comparative Study", 21 Hastings Int'L & Comp. L. Rev. 639 (1998).

Kapp, "Aging Population", Cohen, Hoffman and Sage (eds) The Oxford Handbook of U.S. Health Law, 2017.

Kapp, "De Facto Health Care Rationing by Age; The Law Has No Remedy", 19 J. Legal. Med. 323 (1998).

Hyoung Seok Kim, "Judging Capacity in Korean Private Law", Journal of Korean Law 18 (2019), 325.

Lachwitz, "Auswirkungen der UN-Behindertenrechtskonvention auf das deutsche Geschaftsfahigkeits- und Betreuungsrecht", KJ 2012, 365.

Levine, The Elderly. Legal and Ethical Issues in Healthcare Policy, 2008.

McNeal, "Slow Lawyering: Representing Seniors in Light of Cognitive Changes Accompanying Aging", 117 Penn St. L. Rev. 1081 (2013).

Neumann, "Prioritätensetzung und Rationierung in der gesetzlichen Krankenversicherung", NZS 2005, 617.

Ohly, „Volenti non fit iniuria" Die Einwilligung im Privatrecht, 2002.

Redwood, Why Ration Health Care?. An international study of the United Kingdom, France, Germany and public sector health care in the USA, 2000.

Singer, "Why We Must Ration Healthcare", N.Y.Times July 19, 2009.

Spradley, "Telemedicine: The Law Is the Limit", 14 Tul. J. Tech. & Intell. Prop. 307 (2011).

Ulsenheimer/Heinemann, "Rechtliche Aspekte der Telemedizin - Grenzen der Telemedizin?", MedR 1999, 197.

United Nations, World Population Ageing 2019, 2020.

Wright, "Dementia, Autonomy, and Supported Healthcare Decision Making", 79 Maryland L. Rev. 257 (2020).

Wyman, Shiovitz-Ezra, and Bengel, "Ageism in the Health Care System: Providers, Patients, and Systems", Ayalon, Tesch-Römer (eds) Contemporary Perpectives on Ageism, 2018.

情報通信機器を用いた診療(いわゆる「遠隔診療」)について(健政発第一○七五号), 2016.

제7장

고령사회에서의 신탁의 역할[*]
- 신탁의 공익적 기능에 주목하여 -

이계정

Ⅰ. 서 론

1. 통계청이 제시한 통계에 따르면, 우리나라는 급속한 고령화로 인하여 2019년에 현재 65세 이상 노인 인구가 전체 인구의 14.9%인 768만 5천여 명에 이르고 있으며, 2025년에는 전체 인구의 20.3%, 2067년에는 전체 인구의 46.5%를 차지할 것으로 예상되고 있다.[1] UN이 정한 기준에 따르면, 65세 이상 노인 인구가 전체 인구에서 차지하는 비율이 7% 이상 14% 미만이면 고령화 사회(aging society), 14% 이상 20% 미만이면 고령사회(aged society), 20% 이상이면 초고령사회(super-aged society)라고 하는데,[2] 우리나라는 지난 2000년에 고령화 사회에 진입한 이후 17년 만에 고령사회로 진입할 정도로 급속한 고령화가 진행되고 있다.

법은 이러한 시대의 변화에 둔감할 수 없다. 법은 법리에 의해서만 구축되는 것이 아니라 사회의 현실, 정책이라고 할 수 있는 사회적 명제(social propositions)를 반영하면서 구축되어야 하기 때문이다.[3] 최근에 대법원은

---

* 이 글은 같은 제목으로 서울대학교 법학 제61권 제4호(2020. 12)에 게재되었음을 밝혀 둔다.

1) 통계청의 2019년 고령자 통계는 http://kostat.go.kr/portal/korea/kor_nw/1/1/ index.board?bmode ＝ read&aSeq ＝ 377701 (2020. 9. 29. 방문) 참조.
2) 권혁남 · 전상길, "고령자의 고용 장애 요인과 고령인구 활용에 관한 국가별 전략 연구", 국제지역연구 제18권 제1호(2009), 42면.
3) Melvin Aron Eisenberg, *The Nature of Common Law*, Harvard University Press (1991), p. 3.

전원합의체 판결을 통해 육체노동의 가동연한을 만 60세로 본 종전 판결을 폐기하고 육체노동의 가동연한을 만 65세로 보아야 한다고 판시하였다.[4) 위 판결은 고령인구의 증가, 고령자[5)의 경제활동참가율의 증가 등 현실을 반영한 것으로 법이 사회적 명제를 반영해야 함을 극명하게 보여준다.

우리사회의 급속한 고령화로 인하여 새로운 사회적 현상이 예견된다. 예를 들면, 평균여명이 증가함에 따라 치매환자의 증가가 예견되고,[6) 장기간에 걸쳐 생활자금이 필요해짐에 따라 빈곤 고령 인구의 증가가 예상된다. 고령자의 법률행위에 대하여 의사능력의 결여 여부가 문제가 되는 경우가 늘어날 것이고, 고령자의 재산을 어떻게 적정하게 보호해야 할지 중요한 이슈가 될 것이다. 무엇보다 고령자의 의사를 존중한 아름다운 삶의 마무리와 재산승계가 중요한 화두가 될 것이다. 현 시점에서 고령화로 인한 사회적 변화를 반영하여 이를 슬기롭게 제도화하는 노력이 필요하다. 고령화로 인해 발생할 수 있는 분쟁을 최소화하고 비효율적인 사회적 비용 지출을 최소화해야 한다.

2. 필자는 고령사회에 현명하게 대처하기 위하여 신탁을 주목해야 한다고 생각한다.

전형적인 신탁에 해당하는 수익자신탁은 ① 위탁자가 수탁자에게 신탁재산을 이전한다는 점, ② 수탁자는 수익자의 이익을 위하여 신탁재산을 관

---

4) 대법원 2019. 2. 21. 선고 2018다248909 전원합의체 판결(공 2019상, 781). 위 판결의 의미에 대하여는 이계정, "사회변화와 육체노동의 가동연한 연장", 법률신문(2019. 3. 25).

5) 고령자의 정의는 다양할 수 있으나 본 논문에는 65세 이상의 노인으로 정의한다(고령자의 개념에 대하여는 권혁남·전상길(주 2), 41-42면 참조).

6) 2019년 현재 만 65세 이상 치매환자는 761,364명에 이르며(https://www.nid.or.kr/info/today_list.aspx (2020. 9. 29. 방문)), 만 65에 이상 노인 인구 중 치매유병률은 10%에 육박한다(http://health.chosun.com/site/data/html_dir/2019/03/20/2019032003057.html (2020. 9. 29. 방문)).

리하는 등 필요한 행위를 한다는 점, ③ 수탁자는 위탁자 내지 수익자에 대하여 신인의무(fiduciary duty)를 부담한다는 점[7]을 핵심표지로 한다.

민법상 재산관리제도에는 대리, 위임, 조합, 유언집행 등이 있는데, 신탁이 위 재산관리제도와 근본적으로 다른 점은 바로 수탁자로의 명의 이전이다. 수탁자 앞으로 재산이전을 통해 신탁재산이 위탁자의 채권자의 공취력의 대상이 되지 않는바, 이를 통해 '도산절연성'을 확보할 수 있다. 또한, 신탁 설정 이후에 위탁자가 의사능력이 결여되거나 사망하는 등의 사정이 발생하여도 신탁이 종료되지 않고 위탁자의 의사에 따른 재산관리가 가능한바, '지속적인 재산관리기능'을 가지고 있다.[8] 무엇보다 신탁의 장점은 위탁자의 요구를 반영하여 다양한 형태로 신탁을 설계할 수 있다는 '유연성(flexibility)'에 있다.[9] 수인의 수익자가 순차적으로 연속하는 형태의 수익자연속신탁(신탁법[10] 제60조)은 대표적인 신탁의 유연성의 발현이다. 끝으로 신탁은 신탁재산을 신탁의 목적에 맞게 다른 형태로 전환할 수 있는 '재산전환기능'을 가지고 있다.[11] 대표적으로 신탁을 통해 위탁자가 소유권의 형태로 향유하던 재산적 이익을 정기적으로 급여를 받을 수 있는 수익권으로 변형할 수 있다.

신탁의 위와 같은 장점 때문에 신탁은 오늘날 효율적인 재산관리제도로서 각광을 받고 있다. 필자는 고령자의 인간다운 삶의 보장, 고령자의 사무

---

7) 수탁자가 위탁자와 수익자 모두에 대하여 신인의무를 부담한다는 점에 대하여는 Robert H. Sitkoff, "An Agency Costs Theory of Trust Law", 89 *Cornell L. Rev.* 621, 624 (2004); 이계정, "신탁의 경제적 분석", 법조 통권 제742호(2020), 98면.

8) 신탁을 통해 위탁자의 의사가 위탁자의 사후에도 관철된다는 점에서 'dead hand control' 기능을 가지고 있다고 설명된다.

9) John H. Langbein, "The secret life of the trust: the trust as an instrument of commerce", 107 *Yale L. J.* 165, 184 (1997) 참조.

10) 본 논문에서 신탁법은 '법'이라고 약칭한다.

11) 최수정, "고령사회에서 성년후견제도와 신탁 – 신탁의 기능과 활용을 중심으로", 법조 제64권 제3호(2015), 53면 이하.

처리 능력 결여로 발생할 수 있는 재산손실, 고령자의 의사를 존중한 상속, 고령자가 생각하는 공익적 가치의 실현 등을 위해서 신탁의 장점에 주목해야 한다고 생각한다. 다양한 형태의 신탁의 활용을 통해 고령사회에서 직면할 수 있는 문제점을 최소화할 수 있고, 신탁의 유연성에 기초하여 개별 고령자의 수요에 맞게 신탁조항을 구성할 수 있기 때문이다.

이하에서는 고령사회에서 신탁이 어떤 역할을 해야 하는지와 관련하여 (1) 장기간에 걸친 고령자의 생활자금 확보를 위하여 신탁이 어떻게 활용될 수 있는지 고령자복지신탁에 관하여 살펴보고, (2) 고령자를 위한 후견제도의 단점을 보완하기 위하여 신탁이 어떤 역할을 할 수 있는지 검토하고, (3) 고령자의 의사를 존중하고 가치상속을 실현하는 재산승계수단인 유언대용신탁의 장점, 유언대용신탁이 유언과 구별되는 점, 유언대용신탁 활용에 따라 예상되는 법률상 쟁점에 대하여 논하고자 한다.

Ⅱ. 고령자의 생활보장을 위한 고령자복지신탁

1. 문제점

고령사회에서 평균여명이 증가함에 따라 은퇴 이후에도 장기간 생활자금이 필요할 수밖에 없다. 고령자가 은퇴 이후에 별다른 수입원이 없음에도 안정적으로 생활을 영위하기 위해서는 신탁의 재산관리기능이 중요한 역할을 할 수 있다.[12] 복지신탁은 수익자의 복지, 즉 안정된 생활의 질을 확보하는 것을 목적으로 하는 신탁인바,[13] 고령자의 안정된 삶의 질의 확보에 기여할 수 있는 신탁을 '고령자복지신탁'이라고 할 수 있다. 이하에서는 고

---

12) Lusina Ho, "Unleashing the Potential of Trust Law for the Elderly", *Liber Amicorum Makoto Arai*, Nomos (2015), p. 369.

13) 新井誠, 信託法, 第4版, 有斐閣(2014), 489頁; 오영표, "복지신탁 활성화를 위한 법적 과제 – 신탁업자의 복지신탁 수탁을 중심으로", 금융투자(2015. 8), 45면.

령자복지신탁의 구체적 내용에 관하여 논하고자 한다.

2. 특별수요신탁

가. 미국의 특별수요신탁

원래 특별수요신탁(Special Needs Trust)은 미국에서 유래된 것으로 가족 중에 특별한 필요를 가진 개인, 특히 장애인의 삶을 안정적으로 유지하도록 하기 위하여 이용되는 신탁이다.[14] 미국에서 장애인에 대한 사회보장혜택은 일정한 자산 이하를 보유하고 있는 장애인에 대해서만 적용된다.[15] 그런데 특별수요신탁에 포함된 신탁재산 원본 또는 수익은 사회보장 자격부여와 관련하여 장애인의 자산으로 산정되지 않는다. 특별수요신탁이 설정된 이후에도 장애인은 국가로부터 계속 의료보험급여나 사회보장급여를 받으면서도 동시에 특별수요신탁으로 인한 수익도 향유할 수 있다는 점에서 특별수요신탁의 장점이 있다.[16] 특별수요신탁은 장애인의 인간다운 생활 보장에 적합한 신탁이어서 발전한 것이다.[17]

특별수요신탁에는 장애인 자신의 재산이 신탁재산이 되는 자기출연특별수요신탁(Self-Settled Special Needs Trust), 장애인 이외의 제3자의 재산이 신탁재산이 되는 제3자출연특별수요신탁(Third Party Special Needs Trust), 다

---

14) Denis Clifford, *Make Your Own Living Trust*, 13th ed., Nolo (2017), p. 211; 김나래, "후견제도의 보완을 위한 신탁에 관한 소고", 성균관법학 제31권 제3호(2019), 383면 이하; 제철웅·최윤영, "중증발달장애인의 보호를 위한 특별수요신탁제도의 도입 필요성", 비교사법 제21권 제3호(2014), 1166면 이하.

15) https://www.medicaid.gov/medicaid/eligibility/index.html (2020. 9. 29. 방문).

16) 예를 들면 미주리 주는 특별수익신탁이 설정되더라도 주(州)가 수익자(장애인)에게 제공하는 급여에 영향을 미칠 수 없다는 점을 명기하고 있다(MO Rev Stat § 402.199 (2019)).

17) 제철웅, "고령자·장애인을 위한 집합특별수요신탁제도의 입법 제안", 법학논총 제35집 제1호, 한양대학교 법학연구소(2018), 294면.

수의 신탁재산을 집합적으로 관리하는 집합특별수요신탁(Pooled Special Needs Trust)이 있다.[18]

그중 집합특별수요신탁은 신탁재산이 다른 신탁재산과 결합하여 관리되고, 수익자(장애인)는 전체 신탁재산에서 위탁자의 신탁재산이 차지하는 비율만큼 신탁재산을 수익한다는 특징이 있다.[19] 재산관리수단으로 신탁을 이용하는 경우의 단점은 수탁자에게 보수를 지급해야 하고, 수탁자의 부정행위가 있을 수 있다는 점이다. 집합특별수요신탁의 경우 장애인들의 신탁재산을 결합하여 관리하고, 비영리법인이 수탁자가 되도록 함으로써 수탁자의 보수를 낮추고 신탁유지에 필요한 비용을 절감할 수 있다.[20] 또한 비영리법인은 장애인의 부모, 공익단체 임원 및 명망 있는 인사로 구성된 감독위원회의 감독을 받으므로 수탁자의 부정행위가 미연에 방지될 수 있다.[21] 집합특별수요신탁은 앞서 본 신탁의 단점을 극복함으로써 소액의 신탁원본만이 있는 장애인 가족에 대해서도 신탁의 혜택을 제공한다는 점에서 강점이 있고, 신탁이 장애인과 같은 사회적 약자를 위해 널리 활용될 수 있음을 선명하게 보여주고 있다.

나. 싱가포르의 특별수요신탁

앞서 본 바와 같이 미국의 특별수요신탁은 장애인이 신탁의 수익자로서 이익을 향유하더라도 사회보장혜택을 계속 받기 위하여 고안된 신탁이다. 한편, 싱가포르의 특별수요신탁은 장애아의 부모가 자신의 사망을 대비하여 친척에게 장애아를 돌보기 위한 금원을 맡기는 경우에 그 금원이 제대로

---

18) Katherine B. McCoy, "The Growing Need for Third-Party Special Needs Trust Reform", 65 *Case W. Res. L. REV.* 461, 463-468 (2014).

19) Urbatsch & Fuller, *Special Needs Trusts: Protect Your Child's Financial Future*, 8th ed., Nolo (2019), p. 103.

20) Katherine B. McCoy(주 18), p. 467; 제철웅·김원태·김소희, "미국의 특별수요신탁에 관한 일고찰", 원광법학 제32권 제2호(2016), 162면.

21) Urbatsch & Fuller(주 19), p. 110.

사용되지 않을 우려에서 발전한 신탁이다.[22] 현재 싱가포르의 특별수익신탁은 장애아뿐만 아니라 고령자에게도 확대되어 고령자가 정신적·육체적 장애로 인하여 재산관리가 어려운 경우에도 안정적으로 생활을 영위할 수 있는 장치로 활용되고 있다.

싱가포르 특별수요신탁의 수탁자는 특별수요신탁회사(SNTC, Special Needs Trust Company)로 싱가포르 사회가족부(Ministry of Social and Family Development)의 지원을 받아 설립된 비영리법인이다.[23] SNTC는 사회복지 업무에 종사하는 직원들로 구성되어 있는데, 특별수요신탁을 설정하기 위해서 위탁자는 SNTC의 사회복지 전문가와 상담을 통해 돌봄계획(Care Plan)을 세워야 한다. 돌봄계획을 세우기 위해서는 수익자의 복지에 초점을 맞추어 수익자의 수요를 전체적으로 평가하여야 하는바, 위탁자가 수익자를 위하여 신탁해야 할 액수를 산정하는 데 도움이 된다. 또한 위탁자는 의향서(Letter of Intent)를 작성해야 하는데, 신탁재산이 어떻게 관리되고 사용되어야 하는지 위탁자의 희망사항을 기재하는 것이다. 수탁자인 SNTC는 사무처리에 있어서 재량을 가지고 있으므로 의향서에 구속되는 것은 아니며, SNTC는 수익자의 최선의 이익에 부합한다고 생각하는 한 의향서와 상관없이 신탁금전을 지출할 수 있다.[24] 위탁자가 신탁계좌를 설정하기 위해서는 최소 5,000 싱가포르 달러(≒4,270,750원)가 필요하며, SNTC는 수탁한

---

22) Tang Hang Wu, "Setting Up a Non-Profit Trust Company: the Special Needs Trust Company in Singapore", 2014 *ELDER L.J.* 419, 420 (2014).

23) 이하의 SNTC에 관한 설명은 SNTC의 홈페이지(https://www.sntc.org.sg/Pages/trust_setup.aspx?MainMenu=Trust%20Services (2020. 9. 29. 방문))를 참조하였다. 그 외에 SNTC에 대한 설명으로는 김나래(주 14), 385면; 제철웅·이상훈·송지은, "싱가포르와 독일의 성년후견 지원 정책 연구 - 공공후견청·성년후견청 운영을 중심으로", 법무부 연구용역보고서(2016), 181면 이하.

24) Tang Hang Wu(주 22), p. 421. 예를 들면 수익자에게 의료 응급상황이 발생하였으나 의향서에 위와 같은 경우에 신탁금전을 지출할 수 있는 권한을 부여하지 않았더라도, SNTC는 수익자의 최선의 이익에 부합한다고 생각하는 한 신탁금전을 지출할 수 있다.

금전을 관리하지 않고 공공수탁자청(the Public Trustee)으로 하여금 관리하게 함으로써 사회복지업무에 전념할 수 있다.[25] 공공수탁자청은 이전받은 신탁금전을 저위험 안정적 투자처에 투자하는데, 여러 신탁금전을 공동으로 관리한다는 점에서 개별신탁이 아니라 집합신탁에 해당한다.[26] 그리고 공공수탁자청은 SNTC의 지시를 받아 돌봄조력자(caregiver) 등 수익자에게 용역을 제공한 자에게 그 비용을 지급하며, 공공수탁자청과 SNTC의 법률관계는 임치계약(custodial agreement)에 기한 법률관계로 설명할 수 있다.[27] 싱가포르의 특별수요신탁의 구조에 대한 설명은 [그림 1]과 같다.

[그림 1] 싱가포르 특별수요신탁의 구조[28]

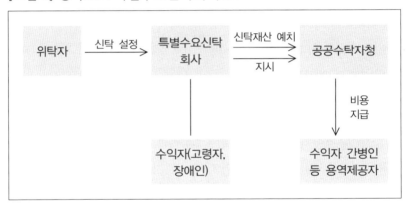

싱가포르 특별수요신탁이 일반 신탁에 비하여 주목을 받는 이유는 다음과 같다.

---

25) https://www.sntc.org.sg/Pages/trust_setup.aspx?MainMenu＝Trust%20Services (2020. 9. 29. 방문).

26) 제철웅·이상훈·송지은(주 23), 184면.

27) 싱가포르 경영대학(SMU) Tang Hang Wu 교수에게 문의한 바에 따르면 SNTC와 공공수탁자청 사이에는 임치계약에 따른 법률관계가 형성되는바, 일부 문헌에 신탁관계가 형성된다고 기술되어 있으나 이는 부정확한 기술이다.

28) Tang Hang Wu(주 22), p. 421.

첫째, 수탁자에게 지급해야 하는 보수가 매우 저렴하다는 점이다.[29] 신탁 보수의 90~100%는 사회가족부의 보조를 받기 때문이다. 처음 특별수요신탁을 설정하는 데 150 싱가포르 달러(≒128,000원), 신탁 실행에 40 싱가포르 달러(≒34,000원)밖에 들지 않고, 신탁 유지를 위한 비용을 지출하지 않는다.

둘째, 신탁금전이 투자가 되더라도 신탁금전 원본이 정부에 의하여 보장된다는 점이다. 싱가포르 특별수요신탁이 가지는 공공성을 고려한 정책이다.

셋째, 5,000 싱가포르 달러(≒4,270,750원)만 있으면 신탁을 설정할 수 있다는 점에서 최소 50,000 싱가포르 달러(≒42,707,500원)를 요구하는 개인신탁(private trust)에 비하여 신탁에 대한 접근이 용이하다.

결국 싱가포르 특별수요신탁은 장애아나 고령자를 둔 저소득층이나 중산층에게도 널리 활용될 수 있는 신탁으로 신탁이 공익적 기능을 통해 사회적 안전망 확보에 기여하고 있다는 점에서 상당한 의의가 있다.

다. 우리나라의 고령자를 위한 특별수요신탁

(1) 우리나라의 경우 고령자를 위한 특별수요신탁 도입에 대한 논의가 그다지 활발하지는 않다. 그러나 위에서 본 바와 같이 특별수요신탁을 활용하면 신탁의 도산절연성, 재산전환기능을 활용하여 고령자의 안정된 삶의 질을 확보할 수 있다. 예를 들어 고령자가 현재의 간병인의 간호에 만족해하면서 향후 치매 등 불상사가 발생하는 경우에도 현재의 간병인을 지속적으로 쓰고 싶은 경우에 특별수요신탁을 활용하게 되면 고령자가 희망한 대로 간병인을 둘 수 있다.[30] 또한 고령자가 자신의 재산상태의 악화 유무와

---

29) https://www.sntc.org.sg/Pages/trust_faq.aspx?MainMenu=Trust%20Services (2020. 9. 29. 방문).

30) 만약 위와 같은 경우에 신탁이 아닌 위임을 이용하게 되면, 수임인이 사회복지업무의 전문가가 아닌 경우가 많고, 위임인의 재산상태가 악화되어 도산절차가 개시된 경우

상관없이 삶의 질을 확보하기 위한 금전을 안정적으로 지급받고 싶은 경우에 특별수요신탁을 활용할 수 있다.31) 기대여명이 증가함에 따라 고령자가 자녀로부터 장기간 부양을 받기 어려운바 특별수요신탁의 필요성을 긍정적으로 검토할 수 있다.32)

(2) 앞서 본 비교법적 검토를 바탕으로 우리나라에 고령자를 위한 특별수요신탁을 도입하는 경우에 고려해야 할 사항을 제시하면 다음과 같다.

첫째, 고령자를 위한 특별수요신탁에 제공된 신탁재산은 고령자의 인간다운 삶을 보장하는 데 사용되는 공익적 성격의 재산이므로 그에 상응한 혜택을 부여하는 것이 타당하다.33) 미국의 특별수요신탁과 마찬가지로 자산조사에 기반한 사회보장급여상의 수급권자의 자격결정에 있어서 자산이나 소득으로 인정되지 않도록 하는 것이 요청되며, 수익자(고령자)의 채권자가 그 수익권을 압류할 수 없는 것으로 규정해야 할 것이다. 다만, 고령자를 위한 특별수요신탁에 위와 같은 혜택을 부여하기 위해서는 특별수요신탁을 위해 제공되는 신탁금전이 지나치게 고액이어서는 아니 되므로 그 상한을 정할 필요가 있다. 상한을 정하지 않으면 고령자를 위한 특별수요신탁이 채권자의 강제집행을 회피하기 위한 수단으로 변질될 위험이 있기 때문이다.

둘째, 저소득층이나 중산층이 특별수요신탁을 활용할 유인을 제공하는 것이 필요하다.34) 이를 위하여 미국, 싱가포르의 예에서 본 바와 같이 특별

에 간병인에게 지출할 금원이 없게 된다는 점(도산절연성이 인정되지 않는다는 점)에서 고령자의 계획이 수포로 돌아갈 가능성이 있다.

31) 뒤에서 보는 바와 같이 특별수요신탁에 대하여는 수익자의 채권자의 강제집행이 금지되어야 함을 전제로 한 설명이다.

32) 홍콩에서 고령사회에서 발생하는 문제를 해결하기 위해서 고령자를 위한 특별수요신탁의 도입을 강조하는 견해로는 Lusina Ho(주 12), pp. 369 이하.

33) 同旨 제철웅(주 17), 311면. 위 논문에서는 고령자·장애인을 위한 집합특별수요신탁의 도입을 위한 입법안을 구체적으로 제시하고 있다.

34) 고소득층은 개인신탁을 통해 안정된 재산관리가 가능하고, 신탁보수를 지급할 수 있

수요신탁의 수탁자는 비영리법인으로 하고 집합신탁으로 운영되도록 하여 비용절감을 하여야 한다. 또한, 싱가포르와 마찬가지로 수탁자인 비영리법인으로 하여금 정부의 지원을 받게 함으로써 신탁 보수를 대폭 낮추고, 비영리법인이 재산관리전문가가 아니므로 금융기관이 신탁재산을 관리하도록 하여야 할 것이다. 비영리법인은 고령자의 사회복지업무에 전념하고, 신탁재산 관리는 재산관리전문가가 담당함으로써 비영리법인이 영리화되는 것을 방지하고 신탁재산 관련 분쟁에 휘말리는 경우를 최소화해야 한다. 특별수요신탁의 강점은 수탁자가 재산관리뿐만 아니라 고령자를 위한 복지업무 수행도 병행하는 데 있다. 따라서 비영리법인이 고령자의 집에 정기적으로 방문하여 고령자의 삶의 질을 점검하고, 고령자와 대면 상담을 통해 고령자의 니즈(needs)를 파악하도록 해야 한다. 특별수요신탁의 적극적 활용을 위해서는 위탁자를 고령자 본인으로 한정할 필요는 없고 고령자의 가족 등 제3자도 위탁자가 되도록 하는 것이 바람직하다.

무엇보다 특별수요신탁은 자산증식을 위한 수단이 아니라 안정적인 재산관리를 위한 제도라는 점에도 원본 보장은 필수적이다. 현재 자본시장과 금융투자업에 관한 법률(이하 '자본시장법'이라고만 한다)은 신탁업자는 수탁한 재산에 대하여 손실의 보장이나 이익의 보장을 하여서는 아니되는바(동법 제103조 제3항, 동법 시행령 제104조 제1항), 이에 대한 예외를 인정하는 입법이 이루어져야 한다.[35]

셋째, 특별수요신탁에 혜택을 부여하는 이상 특별수요신탁의 용처를 한정하는 것이 필요하다. 특별수요신탁이 당초의 목적에 어긋나게 사용되는 경우를 최소화하여 특별수요신탁의 공공성을 유지하려는 것이다. 특별수요신탁은 고령자의 의료, 요양, 재활, 교육, 취미, 일상생활의 편익을 위한 지출 등에 한정함으로써 특별수요신탁에 부여하는 혜택을 정당화해야 할

는 금전적 여유가 있으므로 특별수요신탁의 혜택을 받게 할 이유는 미약하다.

35) 同旨 김나래(주 14), 394면.

것이다.36)

넷째, 신탁재산 전부가 지출되지 않은 상황에서 수익자(고령자)가 사망하는 경우가 있을 것인바, 이에 대한 정책적 고려가 필요하다. 위탁자가 이러한 경우에 대비하여 수익자를 지정할 수 있는 것은 당연하다.37) 그러나 특별수요신탁이 지속적으로 고령자의 삶의 질을 개선하기 위해서는 안정적인 재원의 확보가 필요한바, 위와 같은 경우에 일정 비율을 특별수요신탁에 배분하고 나머지만을 위탁자가 지정한 수익자에게 배분하는 방안을 고려할 수 있다.38) 나아가 위탁자가 수익자(고령자) 사망 시 2차 수익자나 잔여재산귀속자를 비영리법인(특별수요신탁의 수탁자)으로 지정하는 형식으로 특별수요신탁 약관을 마련하는 것도 검토할 수 있다. 위탁자가 특별수요신탁의 공공성을 동감한다면 위와 같은 약관을 그대로 따를 가능성이 상당하기 때문이다.

다섯째, 고령자를 위한 특별수요신탁에 있어서 위탁자와 수익자가 다른 경우에 증여세를 부과하여야 하는지 문제가 될 수 있다. 현재 장애인 복지를 위해 설정되는 장애인부양신탁의 경우 5억 원까지 증여세 과세가액 불산입 혜택을 부여하고 있다(상속세 및 증여세법 제52조의2 참조). 장애인부양신탁의 공익적 성격을 고려한 것인바, 고령자를 위한 특별수요신탁의 경우에도 앞서 본 바와 같이 장애인부양신탁에 준하는 공익적 성격이 인정된다는

---

36) 참고로 미주리 주의 특별수요신탁도 신탁금전의 지출의 용도를 제한하고 있다. MO Rev Stat § 402.206 (2019)

37) 참고로 싱가포르의 SNTC는 위탁자로 하여금 지출되지 않은 잔존 신탁재산의 귀속자를 정하도록 하면서도 그 귀속자는 수익자로 취급되지 않는다는 점, 즉 그 귀속자는 잔여권(remainder)을 가지는 수익자가 아니라는 점을 명확히 하고 있다. 위와 같이 귀속자가 수익자가 아니라는 점을 명확히 함으로써, 수탁자는 공평의무(생애권을 가지는 수익자와 잔여권을 가지는 수익자의 이해관계가 서로 상충하지 않도록 신탁재산을 운영하여야 하는 의무)에서 자유로울 수 있다(Tang Hang Wu(주 22), p. 421 참조).

38) 참고로 미주리 주의 특별수요신탁은 수익자 사망 시 잔여재산원본의 25%를 우선적으로 자선신탁에 배분한다는 점을 명기하고 있다. MO Rev Stat § 402.203 (2019).

점에서 마찬가지의 세제상의 혜택을 적극 고려하여야 한다.

이상의 설명을 바탕으로 우리나라에 고령자를 위한 특별수요신탁을 도입하는 경우에 그 구조를 설명하면 [그림 2]와 같다.

[그림 2] 고령자를 위한 특별수요신탁의 구조

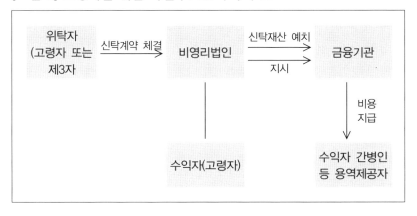

3. 담보신탁을 통한 생활자금 마련

가. 고령자가 장기간 생활자금을 마련하기 위해서는 거주하는 부동산을 담보로 제공하여 생활비, 치료비 등을 연금식으로 받는 방식을 고민할 필요가 있다. 금융기관으로부터 근저당권을 설정하고 대출을 받는 경우에는 통상 일시금을 받을 뿐이고 채무불이행 시 임의경매가 실행되면 해당 부동산에서 더는 거주할 수 없는 문제가 있다. 무엇보다 도산절연성이 인정되지 않으므로 근저당권설정자의 재산상태가 악화된 경우 해당 부동산이 근저당권설정자의 채권자의 공취력의 대상이 된다. 이에 부동산을 통한 연금식 융자를 위해서는 '담보신탁'을 검토할 필요가 있다.

담보신탁은 담보의 목적으로 채무자인 위탁자가 채권자를 수익자로 하여 수탁자에게 소유권을 이전하고 채무자가 채무를 불이행하면 수탁자가 신탁재산을 처분하여 그 매각대금을 채권자인 수익자에게 반환하는 방법의 신탁을 의미한다.[39] 거래 실무에서 수익권은 채권자의 우선수익권과 위탁자의 수익권을 나누어 규정하는 경우가 일반적이다. 다른 유형의 신탁과 달리 채권자인 수익자에게 처분요청권이 부여되어 있다. 담보신탁은 위탁자가 채무를 담보하기 위하여 신탁재산을 수탁자에게 이전하고 채권자에게 수익권을 부여하는 것이므로 경제적으로 수익자의 채권의 담보 역할을 한다. 담보신탁의 경우 수탁자에게 신탁재산의 이전이 이루어지므로 신탁재산의 환가·처분을 위하여 경매절차를 거칠 필요 없이 시장에서의 일반매각의 방법을 취할 수 있는 장점이 있다.

담보신탁의 경우 도산절연성이 인정되는지 여부에 대하여 견해 대립이 있으나,[40] 판례는 도산절연성을 인정하고 있다.[41] 따라서 담보신탁을 이용

---

39) 이계정, "담보신탁과 분양보증신탁에 관한 연구", 사법 41호(2017), 86면; 박준·한민, 금융거래와 법, 제2판, 박영사(2019), 261면 이하 참조; 양진섭, "부동산담보신탁에 관한 소고 – 신탁법 전면개정과 관련하여", BFL 제52호, 서울대학교 금융·법센터(2012. 3), 77면.

40) 찬성하는 견해로는 이계정, "골프장 시설에 대한 담보신탁에 기한 공매와 입회보증금 반환의무의 승계", 민사법학 제89호(2019), 138면 이하; 고일광, "부동산신탁에 관한 회생절차상 취급 – 부동산담보신탁의 경우를 중심으로", 사법 제9호, 사법연구지원재단(2009), 81-82면; 임채웅, "담보신탁의 연구", 신탁법연구, 박영사(2009), 131면; 최수정, 신탁법, 박영사(2019), 546면; 한민, "신탁제도 개혁과 자산유동화", 신탁법의 쟁점 제2권(정순섭·노혁준 편저), 서울대학교 금융·법센터(2015), 255면. 반대하는 견해로는 윤진수, "담보신탁의 도산절연론 비판", 비교사법 제25권 2호(2018), 729면 이하; 정소민, "담보신탁의 법리에 관한 비판적 고찰", 선진상사법률연구 통권 제85호(2019), 107면; 함대영, "신탁형 자산유동화에서의 진정양도 판단 – 민법과 신탁법의 교차영역에 대한 고찰의 일환", BFL 제39호, 서울대학교 금융·법센터(2010. 11), 80면.

41) 대법원 2001. 7. 13. 선고 2001다9267 판결(공 2001하, 1854)은 담보신탁에서 있어서 위탁자의 신탁에 의하여 신탁부동산의 소유권은 수탁자에게 귀속되었다고 보고, 채권자가 가지는 신탁부동산에 대한 수익권은 구 회사정리법 제240조 제2항에서 말하는 '정리회사 이외의 자가 정리채권자 또는 정리담보권자를 위하여 제공한 담보'에 해당하므로 정리계획이 영향을 미칠 수 없다고 보았다. 신탁법 개정 이후에도 대법원은 2017. 5. 18. 선고 2012두22485 전원합의체 판결(공 2017상, 1321)을 통해 "신탁

하게 되면 위탁자는 자신의 재산상태 악화 여부와 관계없이 수탁자 앞으로 이전한 신탁재산을 통해 자금융통을 받을 수 있고, 위탁자의 채권자는 신탁 재산에 대하여 강제집행을 할 수 없다.

나. 최근 통계에 의하면 만 55~59세의 예비노년가구 중 44.7%가 자녀 에게 주택을 상속하지 않겠다고 하였고, 만 60~84세 노년가구의 주택 비상 속의향은 27.5%에 이른다.[42] 이러한 고령자의 의사를 반영하여 고령자가 소유하고 있는 부동산을 고령자 자신을 위하여 최대한 활용하는 것이 필요 하다. 신탁은 '재산전환기능'을 가지고 있는바, 담보신탁을 통해 고령자가 소유하는 부동산을 정기금을 받을 수 있는 수익권으로 변형할 수 있다. 이 를 통해 자신의 소유한 부동산의 가치를 사망 직전까지 최대한 활용할 수 있고, 담보권설정보다 장점이 많은 담보신탁의 장점을 활용할 수 있다. 구 체적으로 그 방식을 설명하면 다음과 같다.

위탁자인 고령자는 수탁자와 담보신탁계약을 통해 수익권을 취득하여 위 수익권증서를 금융기관에 양도하여 생활에 필요한 정기금을 지급받는 다. 고령자는 수탁자와 담보신탁계약을 체결하면서 부동산 사용대차계약 을 체결하고 그 후에도 계속하여 무상사용하게 되므로 안정적인 주거와 연 금식 생활자금을 동시에 확보할 수 있다.[43] 금융기관은 우선수익자로서 위

법상의 신탁은 위탁자가 수탁자에게 특정한 재산권을 이전하거나 기타의 처분을 하여 수탁자로 하여금 신탁 목적을 위하여 그 재산권을 관리·처분하게 하는 것이다. 이는 위탁자가 금전채권을 담보하기 위하여 금전채권자를 우선수익자로, 위탁자를 수익자 로 하여 위탁자 소유의 부동산을 신탁법에 따라 수탁자에게 이전하면서 채무불이행 시에는 신탁부동산을 처분하여 우선수익자의 채권 변제 등에 충당하고 나머지를 위탁 자에게 반환하기로 하는 내용의 담보신탁을 체결한 경우에도 마찬가지이다."라고 판 시하여 담보신탁은 기본적으로 전형적인 신탁인 수익자신탁의 법리에 의하여야 함을 밝혔는바, 도산절연성이 인정됨을 간접적으로 시사하고 있다.

42) http://www.ikld.kr/news/articleView.html?idxno=84672 (2020. 9. 29. 방문).
43) 고령자와 수탁자 사이에 임대차계약을 체결하는 방식도 있을 수 있으나, 고령자 입장 에서는 주택의 소유자에서 임차인으로 지위가 바뀌는 것에 대하여 불안감을 느낄 수

탁자(고령자)의 사망 등 약정사유가 발생한 경우에 수탁자에게 신탁재산의 환가를 요구할 수 있고, 환가가 이루어진 경우 환가대금의 교부를 요구할 수 있다. 환가대금 중 우선수익자(금융기관)의 피담보채권을 변제한 다음, 잔여액이 있으면 이를 후순위수익자로 지정된 자, 예를 들면 상속인들에게 교부한다.[44] 이상의 설명을 바탕으로 고령자의 생활자금 마련을 위한 담보신탁의 구조를 설명하면 [그림 3]과 같다.

[그림 3] 고령자를 위한 담보신탁의 구조

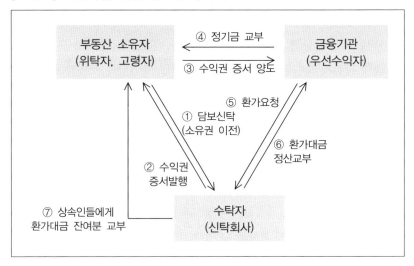

이와 같이 담보신탁은 부동산이라는 신탁재산을 신탁설정의 목적에 맞게 정기금을 받을 수 있는 수익권으로 변형한 것으로 재산전환기능의 유용성을 대변한다. 나아가 담보신탁이 누리는 장점인 도산절연성, 신속한 매각절차를 그대로 누릴 수 있고,[45] 고령자인 위탁자가 치매 등으로 의사능력

있으므로 임대차계약의 형식은 피하는 것이 바람직하다.

44) 위와 같은 '수익권매도방식'의 담보신탁 이외에도 위탁자인 고령자는 신탁을 통해 수익권을 취득하여 수익권에 질권을 설정하고 금융기관으로부터 생활에 필요한 자금을 얻는 방법도 가능하다(新井誠(주 13), 497頁).

을 상실해도 신탁의 효력이 지속되는바, 위탁자를 취한 치료비 마련에도 큰 도움이 될 수 있다.[46] 이러한 장점에 착안하여 한국주택금융공사법이 개정되어 2021년 6월 신탁방식 주택연금이 도입되었다. 현재 한국 주택공사는 공시가격 9억 원 이하의 주택에 대하여만 신탁방식 주택연금 가입을 허용하고 있다.

4. 재량신탁의 활용

가. 고령자의 생활보장을 위하여 신탁을 활용함에 있어 수익권이 고령자에 의해서 행사되도록 하는 것이 중요하다. 신탁설정에 있어 위탁자의 의도는 고령자가 신탁으로 인한 수익을 누리는 데 있는 것이지 고령자의 채권자가 이를 누리는 데 있는 것은 아닌바, 이러한 위탁자의 의도를 관철시킴으로써 고령자의 생활보장을 꾀할 수 있다.

이러한 배경하에 미국 신탁법에서는 '낭비방지신탁(spendthrift trust)'이 발달하게 되었다.[47] '낭비방지신탁'은 수익자가 자신의 수익권을 양도하는 것을 금지하고 수익자의 채권자가 수익권을 압류하는 것을 제한하는 내용

---

45) 담보신탁이 설정된 경우 이미 위탁자의 부동산이 수탁자에게 이전되었으므로 해당 부동산이 위탁자의 상속재산이 되지 않는바, 신탁재산의 매각에 있어서 위탁자의 상속인이 그 상속지분을 주장할 수 없게 된다는 점에서 수탁자로서는 신속한 처분이 가능하다. 그러나 부동산에 대하여 담보권을 설정한 경우에 담보권설정자가 사망하면 해당 부동산은 상속재산이 되므로 담보권 실행에 있어서 장애가 발생할 수 있다.

46) 현재 우리나라에는 주택담보노후연금보증제도가 있으나(https://www.gov.kr/portal/service/serviceInfo/B55140800002 (2020. 9. 29. 방문)) 이는 근저당권 담보를 통해 월지급금을 지급하기 위한 것으로 담보신탁이 누리는 위와 같은 장점을 누릴 수 없다는 점에서 한계가 있다.

47) 영국에서는 수익권의 양도 또는 압류에 대한 직접적인 제한은 공서에 반한다고 보기 때문에 낭비방지신탁이 허용되지 않는다(Graham Moffat, *Trusts Law*, 5th ed., Cambridge (2009), pp. 273, 276). 대신 영국은 뒤에서 보는 '보호신탁(protective trust)'을 통해 유사한 효과를 거두고 있다.

이 포함된 신탁을 말한다.[48] 수익자가 사회적 약자인 경우에 수익자를 신탁의 취지에 맞게 보호할 수 있는 유용한 조항이다. 낭비방지신탁이 있는 경우에 수익권의 자발적·비자발적 이전이 모두 금지되므로, 수익자의 채권자는 수익권에 대하여 강제집행을 할 수 없다.[49]

우리 신탁법상 수익자의 채권자의 압류를 제한하는 '낭비방지신탁'이 허용될 수 있는지 문제가 되나, 우리 집행법에서 사인(私人)이 임의로 압류금지채권을 창설하는 것은 금지되므로 낭비방지신탁이 허용된다고 보기 어렵다.[50] 한편, 낭비방지신탁을 채권양도금지특약으로 해석할 수도 있는바,[51] 채권양도금지특약이 있더라도 양도금지특약에 대한 집행채권자의 선의나 악의는 전부명령의 효력에 영향을 미치지 않는다.[52] 따라서 미국과

---

48) 통일신탁법(The Uniform Trust Code, 이하 'UTC'라고만 한다) §103(16) 참조. 낭비방지신탁의 전형적인 문구는 다음과 같다. "Income and principal payable to a beneficiary may not be assigned by the beneficiary or attached by or subjected to the interference or control of any creditor of the beneficiary, or reached by any legal or equitable process in satisfaction of any debt or liability of the beneficiary, prior to its actual receipt by the beneficiary"(Bogert, Oaks, Hansen & Neeleman, *Cases and Text on the Law of Trusts*, 8th ed., Foundation Press (2008), p. 138). 참고로 UTC는 신탁에 관한 법을 표준화하기 위하여 표준주법위원전국회의(National Conference of Commissioners on Uniform State Laws)에 의하여 제정되었다. 현재 UTC를 전부 또는 부분적으로 채택한 주는 오하이오 주, 테네시 주, 버지니아 주를 비롯하여 35개 주에 이른다. (https://my.uniformlaws.org/committees/community-home?CommunityKey=193ff839-7955-4846-8f3c-ce74ac23938d (2020. 9. 29. 방문)).

49) UTC §502(c) 참조. 다만 예외적으로 (1) 부양료 또는 생계비와 관련하여 수익자를 상대로 판결이나 법원의 명령을 얻은 수익자의 자녀, 배우자, 또는 전(前) 배우자, (2) 수익권의 보호를 위한 용역을 제공한 채권자 등은 수익권에 대하여 강제집행을 할 수 있다(UTC §503 참조).

50) 이계정, 신탁의 기본 법리에 관한 연구 – 본질과 독립재산성, 경인문화사(2017), 337면.

51) 최수정(주 40), 586면.

52) 同旨 대법원 2002. 8. 27. 선고 2001다71699 판결(공 2002, 1187). 위 판결은 "당사

같이 낭비방지신탁을 설정하여 고령자를 보호하는 것에는 한계가 있다.

나. 영미 신탁에 있어서 수익권이 수익자에 의해서 향유되도록 하기 위하여 고안된 또 하나의 제도는 '재량신탁(discretionary trust)'이다. 재량신탁은 수익자에게 이익을 배분할지 여부와 배분하는 경우에 그 액수에 관하여 수탁자가 재량을 행사할 수 있는 신탁이다.[53] 수탁자는 수익자에게 "수탁자가 그 절대적 재량을 발휘하여 적절하다고 생각하는 이익 또는 원본(such amount of income or principal as the trustee in its absolute discretion shall deem advisable)"을 교부할 수 있다는 문언이 기재된 신탁이 대표적이다.[54] 재량신탁인 경우에, 수익자의 채권자는 수탁자에게 이익의 분배를 강제할 수 없으므로 수익자의 채권자는 결국 수익권을 강제집행할 수 없다.[55]

영국의 경우 '낭비방지신탁'은 공서에 반한다고 보아 허용하지 않지만, '보호신탁(protective trust)'을 통해 수익자의 채권자가 수익권을 압류하는 것을 제한하고 있는데 보호신탁은 실제에 있어서 '재량신탁'에 해당한다. 즉 보호신탁은 평상시에는 1차 수익자에게 수익권에 따른 확정된 이익을 교부하다가, 1차 수익자 채권자의 압류, 1차 수익자의 파산 등 특정 사건이 발생

자 사이에 양도금지의 특약이 있는 채권이라도 압류 및 전부명령에 따라 이전될 수 있고, 양도금지의 특약이 있는 사실에 관하여 압류채권자가 선의인가 악의인가는 전부명령의 효력에 영향이 없다."라고 판시하고 있다.

53) Sitkoff & Dukeminier, *Will, Trusts, and Estates*, 10th ed., Wolters Kluwer (2017), pp. 696-697; Bogert, Oaks, Hansen & Neeleman(주 48), p. 150; Philip H. Pettit, *Equity and the Law of Trusts*, 12th ed., Oxford (2012), p. 79; 이계정(주 50), 219면.

54) 절대적 재량이라는 문구가 있다고 하여 수탁자가 면책될 수 있는 것은 아니다. 수탁자의 재량 행사에 있어서 선의(good faith)가 요구될 뿐만 아니라 허용되는 폭이 넓은 합리성(reasonable with more elasticity in the concept of reasonableness)을 요구한다. 따라서 이러한 의무를 위반한 재량 행사에 대해서 수탁자는 책임을 부담한다 (Sitkoff & Dukeminier(주 53), p. 620; In re Trusts for McDonald, 953 N.Y.S.2d 751 (App. Div. 2012)).

55) UTC §504 (b) 참조.

한 경우에 수익권을 박탈하고, 그 때부터는 재량신탁으로 전환하는 내용의
신탁이다.56) 즉 1차 수익자에게 특정 사건이 발생한 경우에 수탁자는 수익
자집단 중 특정인, 즉 1차 수익자가 아닌 자에게 수익을 배분할 수 있는 재
량을 발휘함으로써 1차 수익자의 채권자의 권리를 제한할 수 있다.

다. 우리 신탁법상 신탁도 영미 신탁법상 신탁과 마찬가지로 수탁자에게
그 명의를 이전하고 수탁자가 수익자의 최선의 이익을 위하여 재량을 발휘
하여 신탁재산을 관리하는 구조를 띠고 있다. 이에 따라 수탁자의 권한에
대하여 "신탁재산에 대한 권리와 의무의 귀속주체로서 … <u>신탁목적의 달성
을 위하여 필요한 모든 행위를 할 권한</u>이 있다."고 명기하고 있다(법 제31조,
밑줄-필자). 따라서 수탁자의 재량을 활용한 재량신탁은 우리 신탁법에서도
당연히 허용된다. 신탁이 설정되는 이유 중의 하나가 수탁자의 전문성을 활
용하기 위해서인바, 수탁자의 전문성에 기초한 수탁자의 재량은 수익자의
이익을 위하여 오히려 권장되어야 한다.57)

---

56) Graham Virgo, *The Principles of Equity & Trusts*, 3rd ed., Oxford (2018), p. 56;
Philip H. Pettit(주 53), pp. 78-84; Graham Moffat(주 47), pp. 276 이하.

57) 미국은 대리비용(agency cost)을 축소하기 위하여 초기에는 수탁자의 권한을 축소하
였으나 수익자의 이익을 극대화하기 위하여 수탁자의 재량을 확대하는 방향으로 전환
하였는바, 우리 신탁법에서 효율을 추구하기 위해서는 그와 같은 방향으로 가는 것이
바람직하다(John H. Langbein, "The Uniform Prudent Investor Act and the Future
of Trust Investing", 81 *Iowa L. Rev.* 641, 645-646 (1996); 이계정(주 7), 108면). 다
만, 수탁자의 재량을 확대함에 있어서 수탁자의 권한남용을 통제하는 것이 중요한바
이를 위해 신탁은 수탁자에게 엄격한 신인의무를 부과하고 있다. 신인의무에 대한 설
명으로는 Tamar Frankel, "Fiduciary Law", 71 *Cal. L. Rev.* 795, 797 (1983); James
Edelman, "The Role of Status in the Law of Obligations: Common Callings,
Implied Terms, and Lessons for Fiduciary Duties", *Philosophical Foundations
of Fiduciary Law*(edited by Andrew S. Gold & Paul B. Miller), Oxford (2016),
pp. 23-27; Robert H. Sitkoff, "The Economic Structure of Fiduciary Law," 91 *BUL
Rev.* 1039, 1042-1045 (2011); Frank H. Easterbrook & Daniel R. Fischel,
"Contract and Fiduciary Duty", 36 *J.L. & Econ.* 425, 426-427 (1993); 이중기, 충실

따라서 영미 신탁법과 마찬가지로 우리 신탁법상으로도 재량신탁 내지 보호신탁을 고령자의 생활보장을 위하여 적극 활용하는 것이 요청된다. 구체적으로 검토하면, 신탁 설정을 통해 고령자를 1차 수익자로 지정하여 확정된 수익을 지급하다가, 고령자의 재산상태가 악화되어 수익권에 대한 압류 등이 행하여진 경우에는 재량신탁으로 전환하고, 나아가 수탁자가 수익자를 변경하여 고령자를 부양하는 고령자의 배우자나 친족(2차 수익자)에게 수익을 배분하는 권한을 부여함으로써 고령자의 안정된 삶에 기여할 수 있다.[58] 그 외에도 재량신탁은 수탁자로 하여금 사정변경에 능동적으로 대처하게 함으로써 고령자의 생활보장에 기여할 수 있다. 예를 들면, 신탁 설정을 하면서 수익자의 최선의 이익을 위하여 필요한 금원을 지출할 수 있는 권한을 수탁자에게 부여한 경우에는, 고령자(수익자)의 집이 자연재해로 붕괴되어 새로운 주택을 마련하기 위해 상당한 금원이 필요한 상황이 발생하면 수탁자가 해당 금원을 지출할 수 있다. 만약 수탁자가 고령자(수익자)에게 매월 정기금만 지급하는 것으로 신탁을 설정하였다면, 수탁자로서는 예상하지 못한 사정에 대처하기 위하여 금원을 지출하는 것이 어렵게 된다.

또한, 재량신탁을 설정하게 되면 고령자에 대한 국가 또는 지방자치단체에 의한 복지혜택과 관련하여서도 유연하게 대처할 수 있다.[59] 국민기초생활보장법에 의한 각종 급여, 기초연금법에 의한 기초연금 등은 모두 수급권자의 소득평가액과 재산의 소득환산액을 합한 소득인정액이 일정 금액 이하인 경우에만 지급된다.[60] 수익자인 고령자가 수탁자로부터 정기금을 지

의무법, 삼우사(2016), 16면 이하.

58) 위와 같은 재량신탁으로 고령자의 채권자의 권리가 제한되는 문제가 있다. 채권자는 재량신탁이 채권자를 해함을 알면서 설정된 것이라는 이유로 사해신탁을 주장하여 취소 및 원상회복을 청구할 수 있다(법 제8조). 다만, 고령자가 채무초과상태가 아닌 상태에서 정상적으로 재량신탁이 설정된 경우라면 채권자는 사해신탁을 주장할 수 없을 것이다.

59) 이연갑, "고령사회와 신탁 – 의사능력 상실에 대비한 신탁을 중심으로", 법학논총 제32권 제2호, 국민대학교 법학연구소(2019), 64면 이하.

급받는 경우라면, 법률에 특별한 정함이 없는 한 이는 소득으로 고려하여야 하므로 고령자가 복지혜택의 수급자격을 상실할 위험이 있다. 그러나 재량신탁을 설정한 경우에 수탁자가 재량을 발휘하여 고령자(수익자)가 복지혜택의 수급자격을 유지하는 선에서 수익을 배분할 수 있게 된다. 한편, 복지혜택과 관련한 요건이 변경된 경우에 수탁자가 그러한 사정변경을 고려하여 고령자(수익자)에게 수익을 배분할 수 있게 된다.

끝으로 신탁은 장기간 지속되는 경우가 많으므로 재량신탁의 설정을 통해 가족 내의 상황 변화에도 적절히 대처할 수 있다.[61] 예를 들어 신탁행위로 수탁자에게 수익자를 변경할 수 있는 권한을 부여하였다면, 고령자가 치매를 앓게 된 이후에 수익자집단에 속한 자녀가 다른 가족에게 적대적 행위를 하는 경우에 수탁자는 재량을 발휘하여 그 자녀를 수익자집단에서 제외할 수 있게 된다.[62] 이를 통해 고령자의 의사에 부합하도록 가족의 화목을 도모할 수 있다.

현재 우리 신탁실무상으로는 아직 재량신탁이 활성화되지 않은 것으로 보인다. 그 이유는 현행 자본시장법이 위탁자의 운영지시권과 운영개입권을 강하게 보장하는 구조의 신탁을 상정하고 있기 때문이다.[63] 향후 위에서 열거한 재량신탁의 장점에 비추어 고령자의 생활보장을 위하여 재량신탁의 적극적인 활용이 요청된다.

---

60) 국민기초생활보장법 제2조 제9호, 제6조의3, 기초연금법 제2조 제4호, 제3조 제1항.

61) Lusina Ho(주 12), p. 366.

62) 법 제58조 제1항은 신탁행위로 수익자변경권을 갖는 자를 정할 수 있다고 규정하고 있는데, 신탁행위로 수탁자에게 수익자변경권을 부여할 수 있다.

63) 오영표(주 13), 56면. 자본시장법은 금전신탁을 두 가지로 나누어 "위탁자가 신탁재산인 금전의 운용방법을 지정하는 금전신탁"을 특정금전신탁으로, "위탁자가 신탁재산인 금전의 운용방법을 지정하지 아니한 금전신탁"을 불특정금전신탁으로 정의하면서(자본시장법 시행령 제103조), 신탁업자는 위탁자의 운용지시권이 인정되는 특정금전신탁만을 영위할 수 있도록 하였다(동법 시행령 제109조 제3항 제5호).

5. 불효자방지를 위한 신탁

가. 부모가 자녀에게 부동산을 증여한 이후에 자녀가 태도를 돌변하여 부모에 대한 부양을 게을리 하고 부모를 홀대하자 부모가 증여한 재산을 반환하라고 소를 제기한 사건이 실제 발생하고 있다. 위와 같은 경우에 부모가 증여한 재산을 돌려받을 수 있도록 민법이 개정되어야 한다는 주장(이른바 '불효자방지법 제정' 주장)도 제기되고 있다.[64]

증여의 경우에 수증자의 범죄행위나 증여자에 대한 부양의무 불이행이 있는 경우에 증여계약을 해제할 수 있으나(민법 제556조), 이미 이행된 부분에 대하여는 영향을 미칠 수 없으므로 이미 증여계약에 따른 이행이 이루어진 경우에는 위와 같은 구제수단은 증여자에게 아무런 도움이 되지 못한다(민법 제558조 참조).

한편, 수증자가 증여를 받으면서 일정한 급부를 하기로 하는 부담부 증여의 경우에 수증자가 자신의 의무를 이행하지 않은 때에는 비록 증여계약이 이행되어 있더라도 그 계약을 해제할 수 있다.[65] 따라서 수증자가 효도에 해당하는 급부를 하기로 하는 부담부 증여라는 점을 입증하면, 증여자는 수증자의 불이행을 원인으로 증여한 재산을 반환받을 수 있다.[66] 그러나 부모와 자녀 사이에 작성된 증여계약서에 자녀의 의무를 명기하는 것은 이례적이므로 부담부 증여를 입증하는 것은 쉽지 않다.[67] 무엇보다 증여계약

---

64) https://news.joins.com/article/20671546 (2020. 9. 29. 방문); https://m.lawtimes. co.kr/Content/Article?serial=95385 (2020. 9. 29. 방문).

65) 송덕수, 채권법각론, 제4판, 박영사(2019), 164면; 대법원 1996. 1. 26. 선고 95다43358 판결(공 1996, 758).

66) 대법원 2015. 12. 10. 선고 2015다236141 판결(원심인 서울고등법원 2015. 8. 20. 선고 2015나2014073 판결은 아들이 아버지에게 부양의무 위반 시 증여받은 재산을 원상회복하겠다고 각서를 작성한 사안으로 해당 증여를 부담부 증여라고 판단하여 아버지의 증여계약 해제와 그에 따른 원상회복을 인정하였다. 대법원은 원심의 판단을 유지하였다).

이 이행된 경우에 수증자는 완전한 소유권을 취득하므로 그 후에 증여자가 수증자의 의무불이행을 이유로 원상회복을 구하는 것이 구조상 쉽지 않고, 수증자가 증여받은 재산을 처분하는 경우 원상회복이 불가능할 수 있다.

　나. 증여 이후에 자녀의 불효를 방지하기 위해서는 신탁을 이용하는 것이 보다 효과적이다. 신탁재산의 원본수익자를 자녀로 지정하되 자녀가 부양의무 위반, 부모에 대한 부동산인도청구 등 망은행위(忘恩行爲)를 하는 경우에는 자녀의 수익권이 상실된다는 점을 명기함으로써 자녀가 불효에도 불구하고 신탁재산을 양수하는 것을 통제할 수 있기 때문이다. 앞서 본 바와 같이 신탁의 장점 중의 하나는 위탁자의 요구를 반영하여 다양한 형태로 설계할 수 있는 유연성에 있는바, 신탁행위로 자녀가 망은행위를 하는 경우에 수익권이 박탈된다는 점을 명기함으로써 불효를 방지할 수 있다. 증여와 달리 신탁을 이용하는 경우 해당 부동산의 소유권이 자녀에게 이전되지 않고 수탁자에게 이전되는 관계로 위탁자인 부모는 수탁자에게 지시하여 신탁재산을 여전히 통제할 수 있는 것이다.

　실무에서는 부모가 자녀와 사이에 부담부 증여계약을 체결한 다음 이를 근거로 자녀에게 소유권을 이전하고 자녀가 위탁자가 되어 신탁업자(수탁자)와 부동산신탁계약을 하는 형태, 즉 부담부 증여계약과 부동산신탁계약을 동시에 체결하는 형태도 활용되고 있다.[68] 이와 같은 부동산신탁계약에

---

67) 부자간에 최선을 다해 효도를 다하겠다는 각서를 작성한 후 증여가 이루어진 사안에서 해당 증여가 부담부 증여가 아니라고 한 하급심판결로는 서울동부지방법원 2019. 9. 19. 선고 2017가합103625 판결(상소심인 서울고등법원 2020. 4. 23. 선고 2019나2044423 판결도 같은 결론으로 위 판결은 2020. 5. 9. 확정되었다); 부자간의 증여가 부담부 증여라는 점을 인정할 증거가 없다는 이유로 아버지의 해제 주장을 받아들이지 않은 판결로는 춘천지방법원 영월지원 2019. 2. 20. 선고 2018가단1501 판결(항소심인 춘천지방법원 2020. 1. 15. 선고 2019나269 판결(항소기각), 상고심인 대법원 2020. 5. 14.자 2020다9145 판결(심리불속행기각)도 같은 결론을 취했다).

68) 오영표, 가족신탁 이론과 실무, 조세통람(2020), 200면 이하. 상속세의 부담을 피하기

서는 '자녀가 망은행위를 하여 부담부 증여계약이 해제된 경우 신탁계약도 해제되며, 신탁재산은 증여자가 지정하는 자에게 귀속된다'는 특약이 포함되어 있다.

6. 소결

위에서 살펴본 바와 같이 고령자의 생활보장을 위하여 특별수요신탁, 담보신탁, 재량신탁, 불효자방지를 위한 신탁 등 다양한 유형의 신탁이 활용될 수 있다. 고령사회에서 법정책을 수립함에 있어 고려해야 할 가장 중요한 사항 중의 하나는 고령자의 의사 존중에 있다. 신탁은 바로 고령자의 의사를 최대한 존중하는 제도로 고령자를 위해 다양한 방면에서 활용될 수 있다는 점에서 고령사회에서 매우 중요한 역할을 할 수 있다. 무엇보다 위와 같은 형태의 신탁은 고령자 스스로 노후를 대비함을 전제로 한다는 점에서 자녀의 부양의무의 충실한 이행을 기대하기 어려운 현 세태에서 중요한 의미가 있다.

Ⅲ. 후견제도 보완을 위한 신탁

1. 후견제도의 한계

2013. 7. 1.부터 시행된 성년후견제도는 "노령, 장애 등에서 비롯된 정신적 제약으로 인하여 재산이나 신상에 관한 사무를 처리할 능력이 부족한 사람의 의사결정이나 사무처리를 돕는 법적 지원 장치"를 의미한다.[69] 종래의 행위무능력자 제도를 폐지하고 성년후견제도를 도입한 근본적인 취지

위해 미리 증여를 하는 것이 절세의 한 방법이 되기 때문이다.
[69] 구상엽, 장애인을 위한 성년후견제도, 경인문화사(2015), 9면.

는 본인의 의사와 잔존능력을 최대한 존중하고자 함에 있다.[70]

고령자를 위한 후견제도는 성년후견, 한정후견, 특정후견 및 후견계약으로 나눌 수 있는데, 성년후견, 한정후견, 특정후견은 법정후견으로서 가정법원의 심판에 의해 개시되며, 후견계약은 임의후견으로 본인의 의사에 따라 개시된다. 이러한 후견제도에 의하여 고령자의 신상에 관한 사항, 즉 피후견인의 프라이버시와 자기결정권이 중요시되는 신체적·정신적 복리에 관한 사항에 관하여 후견인의 도움을 받을 수 있게 되었다.[71]

그러나 후견제도, 그중에서 성년후견제도가 우리나라에서 가장 많이 행해지고 있는데,[72] 이를 통해 피후견인의 재산관리가 적정하게 이루어질 수 있는지에 대해서는 많은 의문이 제기되고 있다. 우선 성년후견인 중 친족이 차지하는 비율이 84.6%에 이를 정도로 성년후견인의 전문성이 떨어지는 상황이다.[73] 또한, 성년후견이 개시되면 성년후견인은 피성년후견인

---

70) 윤진수·현소혜, 2013년 개정 민법 해설, 법무부(2013), 22면. 성년후견제도를 지배하는 원리는 필요성, 보충성 그리고 보편화(또는 정상화)이다. 필요성의 원리란, 피후견인에게 필요한 한도 내에서만 후견이 개시되어야 함을 의미한다. 보충성의 원리란, 본인 스스로의 의사에 의해 해결할 수 없을 때 비로소 국가 또는 제3자가 개입할 수 있음을 의미한다. 보편화의 원리란 정신장애가 있는 사람이라도 사회로부터 배제되거나 격리하는 대신, 그가 속한 사회의 다른 구성원과 더불어 조화롭게 살아갈 수 있도록 사회적 여건 자체를 개선해 나가야 함을 의미한다(윤진수, 친족상속법 강의, 제3판, 박영사(2020), 281-282면).

71) 민법 개정 전에는 후견인의 권한으로서 법률행위의 대리 외에 피후견인의 신상에 관한 결정권이 포함되는지가 명확하지 않았는데, 개정 민법은 성년후견인이 피성년후견인의 신상에 관하여 결정할 수 있는 권한의 범위를 정할 수 있다고 규정하여(민법 제938조 제3항) 이 점을 명확히 하였다(윤진수(주 70), 286면).

72) 2013년부터 2016년까지 전국 법원 성년후견, 한정후견, 특정후견의 사건비율에 관하여는 김성우, "한국 후견제도의 운영과 가정법원의 역할", 법조 통권 제722호(2017), 125면 이하 참조. 2019. 12. 31. 기준으로 서울가정법원의 후견감독사건의 분포현황을 보면 성년후견이 2,141건, 미성년후견이 386건, 한정후견이 379건, 특정후견이 202건에 이른다. 권양희, "성년후견의 법원 실무현황과 문제점", 성년후견제도의 현황과 개선방안 심포지엄(2020. 2. 12) 자료집 참조.

73) https://www.lawsociety.or.kr/45/2956466 (2020. 9. 29. 방문).

의 법정대리인으로서 피후견인의 재산과 관련하여 폭넓은 권한을 가지게 되는바, 횡령 등 부정행위를 저지를 소지가 있다. 실제 뇌병변 장애를 앓고 있는 피후견인의 보험금을 성년후견인인 친형이 횡령하여 아파트를 구입하여 형사처벌을 받은 사건도 있다.[74] 이러한 성년후견인의 부정을 방지하고자 가정법원의 후견인에 대한 감독을 강화하는 방법이 제시되기도 하나 가정법원의 부족한 인력에 비추어 실효성이 크다고 보기 어렵다. 또한, 전문직 후견인이나 후견감독인을 선임하는 방안이 제시되나 이들에 대한 보수를 지급해야 한다는 점에서 실효성에 한계가 있다(민법 제955조, 제940조의7 참조).[75]

결국 성년후견제도 시행 과정에서 발생한 문제점을 시정하고, 성년후견제도가 소홀할 수 있는 부분을 보완하기 위해서 신탁을 활용하는 방안을 주목할 필요가 있다.

2. 후견제도지원신탁

가. 일본의 후견제도지원신탁

우리보다 앞서 일본은 2000. 4. 1.부터 후견제도를 시행하였는데, 친족후견인에 의한 재산횡령 등 부정행위가 사회적 문제가 되어 친족후견인의 부정행위를 방지하기 위하여 후견제도지원신탁을 마련하였다. 후견제도지원신탁은 피후견인의 재산 중에서 일상적인 지출을 하는데 필요한 금전은

---

74) 제주지방법원 2017. 11. 8. 선고 2017고단284 판결(위 사건에서 피고인인 형은 친족상도례를 주장하였는데, 법원은 그 주장을 받아들이지 않았다). 위 판단은 항소심인 2018. 9. 6. 선고 2017노672 사건에서도 그대로 유지되었고, 위 항소심 판결은 2018. 9. 14. 확정되었다.

75) 이근영, "법정후견제도에서 후견인의 재산부정사용 문제와 후견제도지원신탁", 법학논총 제30권 제1호, 국민대학교 법학연구소(2017), 165면; 소성규·최진웅, "성년후견제도에서 신탁제도를 활용한 피후견인의 재산관리방안", 한양법학 제30권 제3집(2019), 210-211면.

예·적금을 해서 후견인이 관리하고, 통상 사용하지 않는 금전을 신탁하도록 하고, 가정재판소가 발행한 지시서에 의해 신탁한 금전의 인출이 가능하도록 하는 내용의 신탁이다.[76] 피후견인의 금전에 대한 신탁을 통해 친족후견인의 해당 금전에 대한 접근 권한을 제한한 것이다.

일본의 성년후견제도에는 임의후견제도와 법정후견제도가 있고, 법정후견제도에는 후견(後見), 보좌(保佐), 보조(補助)의 3가지 유형이 있는데 후견제도지원신탁은 후견에만 적용된다.[77] 후견인의 경우에는 포괄적인 대리권이 있으나 보좌인, 보조인의 경우에는 후견인과는 달리 특정한 법률행위에 관한 대리권만 인정되므로,[78] 보좌인, 보조인이 법정대리인으로서 신탁계약을 체결하는 것은 적절하지 않기 때문이다.[79] 그리고 후견제도지원신탁은 가정재판소가 주도하는 구조인바, 사적 자치에 의하여 형성되는 임의후견에는 적절하지 않다는 점에서 후견제도지원신탁은 임의후견에는 활용하지 않고 있다.

구체적으로 보면 통상 다음과 같은 순서로 진행된다.[80] 우선 가정재판소는 후견을 개시할지 여부를 심리함과 동시에 후견제도지원신탁의 이용

---

76) 홍승옥, "일본의 '후견제도지원신탁'의 동향과 시사점", 한양법학 제27권 제3집 (2016), 174면.

77) 후견(後見)은 정신상의 장애로 인하여 사리를 변식할 능력이 없는 상황에 있는 자에 대하여, 보좌(保佐)는 정신상의 장애에 의하여 사리를 변식할 능력이 현저히 부족한 자에 대하여, 보조(補助)는 정신상의 장애로 인하여 사리를 변식하는 능력이 부족한 자에 대하여 각 가정재판소의 심판에 의하여 개시된다(일본 민법 제7조, 제11조, 제15조 참조). 후견제도지원신탁은 미성년후견에도 적용되나 본 논문의 목적과는 직접적인 관련이 없으므로 논의에서 생략하였다.

78) 山本敬三, 民法講義 I(總則), 有斐閣(2011), 59頁 이하.

79) 寺本惠, "後見制度支援信託の概要", 登記情報 第604號(2012. 3), 30頁.

80) 淺香龍太·內田哲也, "後見制度支援信託の目的と運用について", 登記情報 第604號 (2012. 3), 16頁 이하; 篠原淳一, "後見制度支援信託の運用等について", ケース研究 第314號(2013. 2), 12頁 이하; 家庭裁判所, 後見制度において利用する信託の概要 https://www.courts.go.jp/vc-files/courts/file2/210034.pdf (2020. 9. 29. 방문); https://www.mizuho-tb.co.jp/souzoku/kouken_seido.html (2020. 9. 29. 방문).

여부를 검토하고, 후견제도지원신탁을 이용하는 것이 적절하다고 판단되는 경우에는 후견인에게 후견제도지원신탁을 지시 또는 안내하는 서면을 교부한다. 다음으로 후견인은 본인의 생활·재산상황 등을 조사해서 후견제도지원신탁이 적절한지 여부를 검토하고, 적절하다고 판단되는 경우에는 신탁재산액, 일상적으로 지출해야 하는 금액 등을 기재한 보고서를 가정재판소에 제출한다. 다음으로 가정재판소는 보고서의 내용을 확인하여 후견제도지원신탁이 필요하다고 판단되는 경우에 후견인에게 지시서를 발행하고, 후견인은 발행된 지시서 등본을 신탁은행 등에 제출하여 피후견인의 법정대리인으로서 신탁계약을 체결한다. 신탁계약이 체결되면 후견인은 수탁자에게 피후견인의 금전을 신탁한 다음, 신탁계약에서 정한 바에 따라 후견인이 관리하는 예금 계좌로 일정액을 송금받는다.

후견제도지원신탁을 이용하는 경우에 신탁계약을 체결할 때까지는 기본적으로 변호사, 사법서사 등의 전문직을 후견인으로 선임하는데, 전문직 후견인은 후견제도지원신탁의 적절성을 판단하고 가정재판소에 보고서를 작성하여 가정재판소의 지시서에 따라 신탁계약을 체결한 후 사임을 한 다음, 새로 선임된 친족후견인에게 관리하고 있던 재산을 인계하고 있다.[81] 친족후견인은 위와 같이 전문직 후견인으로부터 인계받은 후견사무를 수행하는 중에 신탁금전을 인출해야 할 필요성이 있는 경우에는 필요한 금액 등을 기재한 보고서를 가정재판소에 제출하며, 가정재판소는 보고서를 심사하여 지시서를 발행하고, 친족후견인은 신탁은행 등에 그 지시서 등본을 제출하여 신탁금전을 사용할 수 있다.[82] 후견제도지원신탁은 원본이 보장되는 유형의 신탁이어서 후견인이나 피후견인이 손실을 감수하지 않는다.

이와 같이 후견제도지원신탁은 친족후견인의 부정행위를 사전에 억제

---

81) 篠原淳一(주 80), 12頁; https://www.courts.go.jp/vc-files/courts/file2/210034.pdf
   (2020. 9. 29. 방문). 전문직 후견인에게는 보수를 지급해야 하므로 비용을 절감하기 위해 전문직 후견인이 소임을 다한 후에는 사임을 하도록 하는 것이다.

82) 寺本惠(주 79), 32頁; 篠原淳一(주 80), 16-17頁.

하는데 효과적인바, 일본에서 후견제도지원신탁이 2012. 2. 1. 도입된 이래 비교적 활발하게 이용되고 있다. 구체적인 통계를 보면, 성년후견사건에서 후견제도지원신탁이 이용된 사건수는 2013년에는 453건, 2014년에는 2,710건, 2015년에는 6,461건, 2016년에는 6,754건, 2017년에는 4,437건, 2018년에는 3,284건에 이른다.[83]

이상의 설명을 바탕으로 일본의 후견제도지원신탁의 구조를 설명하면 [그림 4]와 같다.

[그림 4] 일본의 후견제도지원신탁[84]

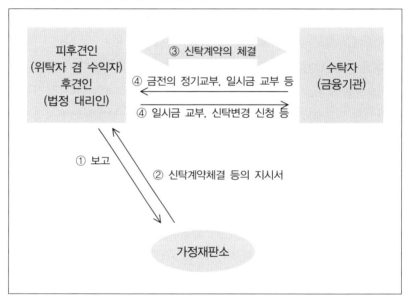

---

83) 最高裁判所事務総局家庭局, "後見制度支援信託等の利用状況等について － 平成30年1月～12月 －" https://www.courts.go.jp/vc-files/courts/file2/20190513sintakugaikyou _h30.pdf (2020. 9. 29. 방문).

84) https://www.mizuho-tb.co.jp/souzoku/kouken_seido.html (2020. 9. 29. 방문).

나. 우리나라의 후견신탁

우리나라에도 후견제도지원신탁에 대한 관심이 증가함에 2017년 1월 금융권에서 최초로 KEB하나은행이 성년후견지원신탁계약(이하 '후견신탁계약'이라고만 한다)을 체결하였다.[85] 그런데 대부분의 우리나라의 후견신탁계약은 가정법원의 지시에 의해서 체결된 것이 아니다. 후견개시결정 후 후견인 스스로 후견신탁계약을 취급하는 금융기관과 협의를 하여 후견신탁계약 초안을 작성한 다음, 법원이 이를 허가해주는 구조로 일본과 달리 법원 주도형 후견신탁은 아니다.

구체적으로 우리나라에서 후견신탁계약이 체결되는 과정을 보면 다음과 같다.[86] 성년후견인과 신탁회사가 후견신탁을 위한 사전협의를 진행한 후 후견신탁계약 초안을 작성하며, 이를 위해 신탁회사는 피후견인의 신탁 가능 재산을 파악하여 피후견인을 위해 가장 합리적인 신탁재산 관리 및 운용방법을 정한다. 다음으로 후견신탁계약 초안이 마련되면 성년후견인은 가정법원에 후견신탁계약 체결을 위한 권한초과행위허가신청을 한다. 가정법원이 성년후견인에게 후견신탁계약 체결을 위한 권한초과행위허가를 함으로써 성년후견인은 피후견인의 법정대리인으로서 신탁회사와 최종적으로 후견신탁계약을 체결한다. 그리고 후견신탁계약 체결과정에서 전문직 후견인이 개입하는 예는 드물다.

이와 같이 우리의 후견신탁의 기본적인 구조는 일본의 후견제도지원신탁과 마찬가지로 성년후견인이 법원의 관여하에 피후견인의 법정대리인으로서 금융기관과 후견신탁계약을 체결하는 것이지만, 구체적으로 보면 법원이 적극적으로 주도하는 구조도 아니고 전문직 후견인에 의한 신탁계약 체결도 거의 없다는 점에서 일본의 실무와 구별된다.

---

85) http://news.khan.co.kr/kh_news/khan_art_view.html?art_id＝201701251451001
　　(2020. 9. 29. 방문).

86) 오영표(주 68), 230면 이하 참조.

한편, 현재 금융기관이 사용하고 있는 후견신탁계약서에 따르면,[87] "수탁자의 업무범위는 후견인의 법정대리권과 법원의 허가 범위 내에서 정한다."라고 규정함으로써 통상적인 범위를 넘는 신탁금전은 법원의 허가를 받아 그 지급이 이루어지도록 하고 있으며, 신탁계약의 변경을 위해서는 후견인으로 하여금 법원의 허가를 받도록 함으로써 신탁계약 체결 이후에 후견인이 마음대로 신탁계약을 변경하는 것을 통제하고 있다. 무엇보다 "수탁자는 신탁재산의 운용과 관련하여 신탁원본을 보장하지 아니한다."라고 규정하여 일본과 달리 원본 보장을 하고 있지 않다.

다. 후견신탁 활성화를 위한 제언

앞서 본 바와 같이 우리나라의 성년후견인 중 친족이 차지하는 비율이 압도적인바, 후견인에 의한 부정행위로 인하여 성년후견제도 자체가 위협을 받을 가능성을 무시할 수 없다. 이러한 가능성을 사전에 차단하기 위해서는 가정법원이 후견신탁의 설정에 있어서 보다 적극적인 역할을 하는 것이 요청된다. 현재의 실무는 후견인의 필요에 따라 후견인이 직접 금융기관과 신탁계약 체결을 교섭하고 법원이 이를 사후적으로 허가한다는 점에서 일본보다 간편한 면이 있다. 그러나 향후 성년후견제도가 제대로 자리를 잡을 때까지는 후견인의 부정행위 가능성을 최소화해야 하므로, 가정법원이 후견주의적 입장에서 성년후견개시 여부의 심사 단계에서 후견신탁의 필요성 여부를 적극적으로 고려하는 것이 필요하다.[88] 가사소송규칙 제38조의2는 "가정법원이 성년후견인·한정후견인·특정후견인·성년후견감독인·한정후견감독인·특정후견감독인·임의후견감독인을 선임한 때에는

---

87) KEB하나은행이 사용하고 있는 후견신탁계약서를 참조하였다. https://image.keb hana.com/cont/download/documents/provide/0000020160519_20161130.pdf (2020. 9. 29. 방문).

88) KEB하나은행의 관계자에 따르면 후견신탁 이용건수가 후견신탁을 시작한 2017년 1월부터 2020년 9월까지 총 20건 이하로 후견신탁 이용이 매우 저조한 상황이다.

그 후견인 또는 후견감독인에 대하여 그 후견사무 또는 후견감독사무에 관하여 필요하다고 인정되는 사항을 지시할 수 있다."라고 규정하고 있는바, 위 조항에 근거하여 가정법원이 나서서 후견신탁을 지시할 수 있다고 할 것이다.[89)]

향후 후견신탁을 활성화하기 위해서는 다음과 같은 점을 고려해야 한다.

첫째, 가정법원이 후견신탁에 있어서 적극적인 역할을 하지 못하는 이유는 가용인력 부족에 기인한다. 후견신청사건이 늘어남에 따라 가정법원은 후견개시 여부를 심리하는 것만으로도 업무에 과중함을 느끼고 있는바, 그러한 상황에서 후견신탁 여부까지 심리하는 것이 쉽지 않다. 가정법원이 후견개시 여부 단계에서 후견신탁 여부까지 같이 심리를 하려면 과중한 업무를 경감하는 조치가 필요하다. 이를 위해서는 일본과 같이 전문직 후견인을 일시적으로 선임하여 전문적 후견인이 후견신탁 여부를 판단할 수 있는 자료를 가정법원에 제공하도록 하는 것이 바람직하다. 왜냐하면, 후견신탁계약은 친족후견인의 재산관리 권한을 통제하기 위한 것이므로, 이러한 계약 체결 여부를 친족후견인의 판단에 맡기는 것은 매우 부적절하기 때문이다. 다만, 전문직 후견인을 선임하는 경우에 전문직 후견인에 대한 보수를 피후견인의 재산에서 지급하여야 한다는 점에서 모든 사건에 전문적 후견인을 개입하게 하는 것은 피후견인에게 부담이 될 수 있다. 이러한 문제점을 시정하기 위해서는 가사조사관을 확충하여 가사조사관으로 하여금 후견신탁 필요 여부에 대하여 조사하게 하는 방안, 노인복지를 전문으로 하는 비영리법인을 후견인으로 선임하는 방안 등을 고려할 수 있다. 아울러 전문직 후견인의 공익적 성격을 감안하여 전문직 후견인의 보수를 정부가 보조하는 방안도 고려할 수 있다.

둘째, 현재의 후견신탁은 원본 보장이 되지 않는다는 점에서 가정법원이 나서서 후견신탁을 지시하는 것이 부담이 될 수 있다. 현재의 후견신탁이

---

89) 홍승옥(주 76), 187면.

원금 보장이 되지 않는 이유는 앞서 본 자본시장법 규정 때문이다. 자본시장법은 신탁업자는 수탁한 재산에 대하여 손실의 보장이나 이익의 보장을 하여서는 아니 된다고 규정하고 있는바(동법 제103조 제3항, 동법 시행령 제104조 제1항), 공익성이 강한 후견신탁에 대해서는 위 규정의 예외를 인정하는 것이 타당하다.[90] 다만, 현재 후견신탁을 위해 입고된 신탁금전은 원본 손실이 없도록 초저위험 등급의 금융투자상품에 투자하고 있다.[91]

셋째, 성년후견인에게 언제, 어떻게, 얼마만큼의 수익급부를 할 것인지에 대하여 수탁자에게 배분적 재량(dispositive discretion)을 수여하는 재량신탁의 방식으로 후견신탁이 이루어지도록 하는 것이 필요하다.[92] 재량신탁은 앞서 본 바와 같이 예견할 수 없었던 사정변경에 능동적으로 대처할 수 있고, 수탁자의 재량이 부여되면 부여될수록 후견인에 대한 감독이 강화되는 효과가 있기 때문이다.

넷째, 일본의 후견제도지원신탁이나 우리나라의 후견신탁은 신탁재산을 '금전'으로 한정하여 운영되고 있다. 신탁재산을 금전으로 한정하는 것이 후견신탁의 운영에 있어서 편의를 도모할 수 있다. 그러나 피후견인이 부동산을 소유하고 있는 경우에 해당 부동산의 적정한 관리를 위해서 후견신탁을 이용하는 것이 유익할 수 있다. 부동산이 피후견인 소유로 남는 경우 후견인이 자신을 위하여 담보를 설정하고 대출을 받는다든지, 후견인이 지인에게 저렴하게 임대를 한다든지 여러 형태로 전횡을 일삼을 수 있다. 이러한 문제점을 시정하기 위해서 부동산관리신탁을 설정하고 부동산의 소유권을 수탁자에게 이전하면, 수탁자가 적정하게 부동산을 관리할 수 있다.[93] 이러한 방안을 염두에 둔다면 후견신탁에서 신탁재산을 굳이 금전으

---

90) 이근영(주 75), 188면.
91) 오영표(주 68), 241면.
92) 최수정(주 11), 62면.
93) 부동산관리신탁은 갑종관리신탁과 을종관리신탁으로 구별되는데, 수탁자는 임대차 관리, 시설의 유지관리, 소유권의 법률, 세무관리 등 일체의 관리를 해주고 그 수익을

로 한정할 이유는 없을 것이다.

라. 신탁 존속 중 후견이 개시된 경우의 문제

실무에서 피후견인이 성년후견개시 심판을 받기 전에 의사능력이나 행위능력에 아무런 문제가 없는 상태에서 해지권이나 변경권이 유보된 신탁계약을 체결하였는데, 성년후견개시 심판을 받은 이후에 선임된 후견인이 위 신탁계약을 해지하거나 변경할 수 있는지 문제가 된다. 앞서 본 바와 같이 행위무능력자 제도를 폐지하고 성년후견제도를 도입한 근본적인 취지는 본인의 의사를 최대한 존중하는 데 있다. 본인이 자신의 의사에 따라 신탁을 설정하였다면 그 의사는 충분히 존중되어야 한다. 민법 제947조 제2문은 "성년후견인은 피성년후견인의 복리에 반하지 아니하면 피성년후견인의 의사를 존중하여야 한다."라고 규정하고 있는바, 이러한 성년후견제도의 취지를 명확히 하고 있다. 무엇보다 위탁자가 신탁을 설정하는 주된 이유는 자신이 치매 등으로 의사능력이 결여되거나 사망하는 등의 사정이 발생하여도 자신의 의사에 따른 재산관리가 관철되고자 함에 있다는 점을 고려하면(이른바 'dead hand control' 기능), 본인의 의사를 최대한 존중하는 것이 신탁의 기본 법리에 부합하는 해석이다. 따라서 신탁의 존속이 피성년후견인의 복리에 반한다는 특별한 사정이 없는 한 후견인이 신탁계약을 해지하거나 변경할 수 없다고 봄이 타당하다.[94] 위와 같은 문제를 미연에 명료하게 해결하기 위해서는 신탁계약에서 위탁자에게 성년후견개시심판이 내려진 경우에 위탁자의 신탁계약 해지권이나 변경권을 소멸시키는 신탁조항을 두는 것이 바람직하다.

위와 같이 신탁이 존속되는 경우에 본인의 정신능력 결여로 인하여 수탁

수익자에게 교부하는 하는 신탁을 '갑종관리신탁'이라고 하고, 부동산소유자가 자신의 부동산에 발생할 수 있는 위험으로부터 소유권을 안정하게 보존하기 위하여 소유권 명의만을 신탁하는 것을 '을종관리신탁'이라고 한다(이계정(주 39), 114면).

94) 同늡 이연갑(주 59), 58면.

자에 대한 적정한 감독이 문제가 될 수 있다. 우선 본인의 성년후견개시로 인하여 선임된 후견인은 피후견인에 대한 재산관리권을 가지므로(민법 제949조 제1항) 이에 근거하여 수탁자를 감독할 수 있다. 한편, 수익자에게 성년후견이 개시되어 수탁자에 대한 감독을 적절히 할 수 없는 경우 법원은 신청에 의해 또는 직권으로 신탁관리인을 선임할 수 있으므로(법 제67조 제2항), 신탁관리인 선임에 의한 수탁자 감독이 가능하다.[95] 이 경우에 후견인과 신탁관리인의 수탁자 감독 권한이 중첩될 수 있는바, 법원은 후견인과 신탁관리인 모두 선임된 경우에 불필요한 업무 중복을 해소하기 위하여 각각의 권한에 대해서 정확히 획정하는 것이 필요하며, 신탁관리인이 일응 신탁과 관련하여 전문성이 인정되므로 신탁관리인으로 하여금 수탁자를 통제하도록 하는 것이 바람직하다.[96]

3. 임의후견과 신탁의 결합

가. 임의후견은 질병, 장애, 노령 등으로 인하여 사무를 처리할 능력이 부족한 상황에 있거나 부족하게 될 상황에 대비하여 자신의 재산관리 및 신상보호에 관한 사무의 전부 또는 일부를 다른 자에게 위탁하고 대리권을 수여하는 것을 말한다(민법 제959조의14). 앞서 본 바와 같이 우리 사회의 급속한 고령화로 인하여 치매 등의 정신적 질병이 증가할 것으로 예상되는데, 고령자가 스스로 이러한 상황을 대비하여 의사를 명시하고 그에 따른 재산관리·신상감호가 이루어지게 하는 자율적 예방장치인 것이다.[97] 임의후

---

95) 신탁관리인의 의의와 역할에 대하여는 소성규·최진웅(주 75), 227면 이하 참조.
96) 법원으로서는 신탁관리인 선임 여부를 심리함에 있어 후견인과 신탁관리인 중 누가 신탁과 관련된 전문가인지를 검토하여야 할 것이고, 만약 전문성에 있어서 차이가 없다면 굳이 신탁관리인을 선임할 필요는 없을 것이다. 이와 관련하여 이연갑 교수는 성년후견인에 의해 적절한 신탁사무 감독이 가능하지 않다는 소명이 있는 경우에 법원은 신탁관리인을 선임하고, 그러한 소명이 없는 한 법원은 신탁관리인 선임청구를 기각하여야 한다고 한다(이연갑(주 59), 66면).

견의 내용은 후견계약에서 정한 바에 따르는데, 수여받은 범위 내에서 본인의 임의대리인으로서 법률행위를 대리할 수 있고 신상보호에 관한 결정을 할 수 있다.[98]

임의후견이 개시되는 경우에 임의후견인의 사무에 대한 감독이 문제가 된다. 이를 위해 민법은 법정후견과 달리 임의후견에서는 임의후견감독인 선임을 의무화하였고, 후견계약은 가정법원이 임의후견감독인을 선임한 때로부터 효력이 발생하는 것으로 규정하고 있다(민법 제959조의14 제3항).

나. 고령자가 자신의 의사능력을 상실할 때를 대비하여 후견계약을 체결하였다고 하더라도 그것만으로 고령자의 재산이 제대로 보호될 수 있는 것은 아니다. 우선 고령자가 후견개시 사유가 되지 못하는 경증 치매 등으로 사리분별능력이 감퇴되어 스스로 비합리적인 처분을 할 위험이 있고, 고령자의 재산상태가 악화되어 고령자의 채권자로부터 강제집행을 당할 수 있다. 신탁을 설정하여 수탁자에게 고령자의 재산을 이전하면 이러한 위험으로부터 벗어날 수 있는바, 신탁이 임의후견에 비하여 가지는 강점이다.

또한, 임의후견감독인에 의해 임의후견인의 적정한 사무처리 여부를 어느 정도 감독할 수 있지만, 신탁을 설정하게 되면 임의후견인의 횡령 등 부정행위 가능성이 봉쇄되고 후견감독인이나 가정법원도 수탁자를 통해 쉽게 재산관리현황을 받아볼 수 있으므로 후견감독의 효율성을 제고할 수 있다.[99] 나아가 신탁을 통해 고령자의 의사를 사망 이후에도 관철시킬 수 있다. 임의후견은 위임계약의 성질을 가지므로 고령자인 본인이 사망하게 되면 후견계약은 종료하게 된다.[100] 본인이 사망한 이후에는 임의후견인은

---

97) 신영호, "고령사회의 도래와 친족법상의 과제", 안암법학 제20호(2005), 141면; 양재모, "재산승계제도로서 민사신탁제도 활용상의 문제점", 한양법학 제42집(2013), 426면.

98) 편집대표 윤진수, 주해친족법 제2권, 박영사(2015), 1417-1419면(현소혜 집필부분); 김형석, "피후견인의 신상결정과 그 대행", 가족법연구 제28권 제2호(2014), 271면.

99) 제철웅, "성년후견과 신탁 : 새로운 관계설정의 모색", 가족법연구 제31권 제2호(2017), 25면; 오영표(주 68), 227면.

더는 본인을 위한 법률행위를 할 수 없는 것이다. 그러나 본인이 생전에 신탁을 설정하게 되면 본인이 사망한 이후에도 본인이 설계한 신탁 내용에 따라 신탁재산의 관리와 수익의 배분이 이루어지게 할 수 있다. 끝으로 임의후견인보다는 수탁자인 금융기관이 재산관리에 있어서는 더 전문적이라는 점에서 신탁 설정을 통해 전문가의 노하우를 활용할 수 있는 장점이 있다.

따라서 고령자가 장래의 예기하지 못한 육체적·정신적 변화를 대비하여 후견계약을 체결하더라도 재산관리와 관련하여서는 위와 같이 장점이 많은 신탁을 같이 활용하는 방안을 검토할 필요가 있다. 이를 위해서 고령자가 온전한 상태에서 후견계약과 신탁계약을 동시에 체결하는 방법도 있고, 후견계약에서 임의후견인에게 신탁계약체결 대리권을 부여하는 방법도 있을 것이다.[101] 이를 통해 고령자의 신상관리는 임의후견인, 재산관리는 수탁자가 각 나누어 맡도록 함으로써 임의후견의 장점과 신탁의 장점을 모두 향유하는 노후설계를 할 수 있다.

Ⅳ. 고령자의 의사를 존중하는 재산승계로서의 신탁

1. 개정 신탁법과 유언대용신탁의 도입

미국의 경우 유언에 의하여 재산을 이전해야 하는 경우에는 유언검인절차(probate system)를 거쳐야 하는 부담이 따른다.[102] 노만 데이시(Norman Dacey)는 1965년에 '유언검인절차를 피하는 방법(How to Avoid Probate!)'이

---

100) 민법 제690조가 적용되기 때문이다(편집대표 윤진수, 주해친족법 제2권, 박영사(2015), 1450면(현소혜 집필부분)).

101) 배광열, "한국 성년후견제도에 있어서 후견대체제도(임의후견 및 후견신탁)", 성년후견 제3집(2015), 229면.

102) 유언검인절차에 대한 전반적인 설명으로는 George Gleason Bogert & George Taylor Bogert, *The Law of Trusts and Trustees*, 2nd ed., West Publishing Co (1984), § 231 참조.

라는 책을 출판하였는데, 위 책을 통해 유언대용신탁을 소개하면서 생전에 신탁을 설정하는 경우에는 유언검인절차를 받지 않고 상속인들이나 수익자에게 재산을 이전할 수 있다는 점을 널리 홍보하였다. 이를 계기로 유언에 의한 재산승계와 대비되는 신탁에 의한 재산승계가 주목을 받게 되었고, 현재 미국에서는 유언 대신에 신탁을 이용하여 재산승계를 하는 '유언대용신탁'이 널리 활용되고 있다.

우리나라도 2012. 7. 26.자로 신탁법을 개정하면서 신탁이 상속의 대체수단으로 활용될 수 있도록 유언대용신탁을 명문화하였다(법 제59조). 고령사회에서 재산승계가 매우 중요한 문제로 대두되고 있는데, 고령자의 의사를 보다 적극적으로 반영하는 재산승계수단이 필요하다는 점이 입법이유로 설명되고 있다.[103] 유언대용신탁은 그 동안 꾸준히 관심을 받아왔는바, 유언대용신탁의 의한 금융기관의 수탁고가 증가하고 있다. KEB하나은행의 경우 누적수탁고가 2015년에는 2,414억 원에 불과하였으나 2020년에는 7,557억 원에 이르고 있다.[104]

이하에서는 유언대용신탁을 유언과 비교함으로써 유언대용신탁이 재산승계와 관련하여 어떤 역할을 담당할 수 있는지 살펴보고, 유언대용신탁의 활용에 따른 법률적 문제와 기업 경영권 승계를 위하여 신탁이 어떻게 활용될 수 있는지 검토하고자 한다.

2. 유언대용신탁과 유언의 비교

가. 유언대용신탁은 위탁자가 생전에 설정하는 신탁으로 수익자가 될 자로 지정된 자가 위탁자의 사망 시에 수익권을 취득하거나 위탁자의 사망 이후에 신탁재산에 대한 급부를 받는 신탁을 말한다(법 제59조). 통상 생전에

---

103) 김상용 감수, 신탁법 해설, 법무부(2012), 487면.
104) https://www.lawtimes.co.kr/Legal-News/Legal-News-View?serial=160854 (2020. 9. 29. 방문).

는 위탁자 자신을 수익자로 하고(자익신탁의 설정), 위탁자가 사망 시에 위탁자의 배우자·자녀 등을 수익자로 하는바(타익신탁의 설정), 위탁자의 생전에 이미 효력이 발생하는 생전신탁(inter vivos trust, living trust)이라는 점에서 유언에 의하여 설정되는 신탁인 유언신탁(testamentary trust)과 구별된다.

한편, 수익자연속신탁은 수인의 수익자가 순차적으로 연속하는 형태의 신탁인데,[105] 위탁자가 살아 있는 동안 수익자를 연속으로 지정하는 것은 당연히 허용되나 위탁자가 사망한 이후에도 이를 허용할지에 대해서 견해대립이 있었으나 개정 신탁법 제60조는 이를 허용하였다. 유언대용신탁은 수익자연속신탁과 결합함으로써 매우 유연한 재산승계의 수단이 된다. 예를 들면 신탁을 설정하면서 생전에는 위탁자 자신을, 위탁자가 사망하는 즉시 배우자를, 배우자가 사망하는 즉시 자녀를 각 수익자로 지정함으로써 수익권을 시간적으로 분할할 수 있다.

나. 민법이 정하고 있는 유언의 방식에는 자필증서, 녹음, 공정증서, 비밀증서, 구수증서 5종이 있는데(민법 제1065조), 자필증서에 의한 유언과 공정증서에 의한 유언이 주로 행해지고 있다. 그런데 자필증서에 의한 유언은 법원의 검인을 거쳐야 하는 부담이 있으므로(민법 제1091조 제1항) 검인이 필요 없는 공정증서에 의한 유언(유언공증)이 많이 활용되고 있다.[106]

유언방식에 의한 재산승계의 첫 번째 단점은 유언으로 정할 수 있는 사항이 법으로 한정되어 있다는 점이다. 법정유언사항에는 친생부인(민법 제850조), 인지(민법 제859조), 미성년후견인의 지정과 미성년후견감독인의 지

---

105) 영국의 보통법은 토지에 대한 보유권을 점유권, 잔여권, 복귀권으로 나누어 현재의 권리와 장래의 권리로 시간적으로 분할하였는바(Megarry & Wade, *The Law of Real Property*, 6th ed., Sweet & Maxwell (2000), pp. 43 이하), 영미 신탁에서 이러한 관념을 토대로 '수익자연속신탁'을 발전시킨 것이다.

106) 유언공증에 대한 설명으로는 박종욱, "유언 공증에 관한 고찰", 공증과신뢰 통권 제10호(2017) 참조.

정(민법 제931조 제1항, 제940조의2), 유증(민법 제1074조), 재단법인 설립을 위한 재산출연행위(민법 제47조 제2항), 상속재산의 분할방법의 지정 또는 위탁 및 분할의 금지(민법 제1012조), 유언집행자의 지정 또는 위탁(민법 제1093조), 신탁의 설정(법 제3조 제1항 제2호) 등이 있는데, 이러한 법정유언사항 이외의 것을 유언으로 남기더라도 아무런 효력이 없다. 예컨대, 피상속인이 유언으로 자신의 매장장소를 지정하였다고 하더라도 제사주재자가 이에 구속되어야 하는 법률상 의무를 부담하지 않는다.107) 이와 같이 유언의 경우에 법정유언사항만 효력이 있으므로 유언자의 의사가 충분히 존중되기 어렵다. 그러나 유언대용신탁의 경우 위탁자는 강행규정에 위배되지 않는 한 신탁행위로 수탁자나 수익자가 준수하여야 할 사항을 정할 수 있는바, 고령자의 의사를 충분히 존중하는 재산승계수단이 된다.108)

이러한 유언대용신탁의 유연성은 '가치상속(價値相續)'에도 중요한 역할을 할 수 있다. 단순히 재산만을 상속인에게 물려주는 것이 아니라 피상속인이 생각하는 가치(價値)도 같이 물려주는 것이 중요한데, 유언대용신탁을 설정하면서 피상속인이 생각하는 가치를 준수할 것을 요구함으로써 '가치상속'을 실현할 수 있다. 예를 들면, 공익 추구를 위해서는 공직에 종사하는 것이 중요하다고 생각하면 피상속인은 유언대용신탁을 설정하면서 수익자들(공동상속인들) 중 공직에 진출하는 경우에 추가로 수익을 급부할 것을 신탁행위로 정함으로써 피상속인이 생각하는 가치를 후손에게 심어줄 수 있다.109)

---

107) 대법원 2008. 11. 20. 선고 2007다27670 전원합의체 판결(공 2008하, 1727).

108) 유언대용신탁을 통해 배우자가 재혼한 경우에는 배우자의 수익권을 박탈하는 내용의 신탁설정도 가능하다(김재승, "신탁과 관련된 상속세·증여세문제와 Estate Planning 도구로서 신탁의 이용가능성", 조세법연구 제17집 제3호(2011), 51면).

109) '가치상속'의 또 하나의 방법은 공익신탁의 설립이다. 고령자가 생전에는 자신을 수익자로 하다가 사망 시 공익신탁을 설정하는 내용으로 신탁을 설계함으로써 자신이 생각하는 공익적 가치를 실현할 수 있다. 미국의 유명한 미술관인 반스 파운데이션(Barnes Foundation), 게티 미술관(Getty Museum) 등은 모두 개인이 설정한 공익

둘째, 유언방식에 의한 재산승계는 엄격한 요식성으로 인하여 유언의 유무효를 둘러싼 분쟁을 야기하거나 어렵게 작성된 유언이 무효가 될 수 있다. 아직까지는 미리 유언을 준비하지 않고 죽음에 임박하여 부랴부랴 유언을 준비하는 현재의 풍토에서 유언공증과 관련하여 유언자의 유언능력이 문제가 될 소지가 많고,[110] 자필증서에 의한 유언의 경우에 연월일이나 주소를 제대로 기재하지 않거나 또는 날인을 하지 않아 무효가 되는 사례가 종종 눈에 띄고 있다.[111]

유언대용신탁의 경우 그 성립을 위해서 민법이 정한 유언의 방식을 필요로 하는 것인지 문제가 될 수 있으나, 유언대용신탁은 위탁자와 수탁자 사이에 계약에 의하여 작성되는 것이므로 위탁자(피상속인)의 진의를 확인하는 것이 어렵지 않은바, 유언의 방식을 따를 필요는 없다.[112] 결국 유언대용신탁은 전문가인 수탁자와 약정에 의하여 설정하는 것이므로 유언과 달리 그 효력을 둘러싼 분쟁의 소지가 적다고 할 것이다.

셋째, 유언의 경우에는 후계형유증을 할 수 없으나 유언대용신탁을 설정하면 후계형유증이 달성하고자 하는 목적을 이룰 수 있는바, 유언대용신탁은 유언과 대비되는 장점이 있다. 후계형유증은 어떤 사람(제1수유자)에게

신탁이다. 공익신탁법에 관한 설명으로는 이연갑, "공익신탁법에 관한 약간의 검토", 법조 제64권 제5호(2015) 참조.

110) 대표적으로 대법원 2014. 3. 13. 선고 2009다53093 판결(미간행).

111) 자필증서에 의한 유언을 무효라고 본 사례로는 대법원 2009. 5. 14. 선고 2009다9768 판결(공 2009상, 840)(유언장에 연월만 있고 일을 기재하지 않은 사안); 대법원 2007. 10. 25. 선고 2006다12848 판결(미간행); 대법원 2014. 9. 26. 선고 2012다71688 판결(공 2014하, 2110)(유언장에 주소를 기재하지 않은 사안); 대법원 2006. 9. 8. 선고 2006다25103, 25110 판결(미간행)(유언장에 유언자의 날인이 없는 사안).

112) 同旨 송호영, "가족관계의 변화에 따른 고령자의 재산보호를 위한 제도에 관한 연구", 법과정책연구 제12집 제1호(2012), 16면. 사인증여는 계약이므로 유증의 방식에 관한 민법 제1065조 내지 제1072조는 적용되지 아니한다는 점(대법원 2001. 9. 14. 선고 2000다66430,66447 판결(공 2001하, 2224))을 논거로 삼을 수 있다.

귀속된 유증재산이 일정 기간이 경과한 후 다른 사람(제2수유자)에게 귀속되게 하라는 취지의 유증이다.[113] 이에 대하여 유효성을 주장하는 견해도 있으나[114] 물권법정주의와 입법자가 정한 상속질서에 위배된다는 강력하고도 타당한 비판이 있다.[115] 유언은 기본적으로 유산의 즉시적 처분의 색채가 강하기 때문이다.[116]

그런데 유언대용신탁과 수익자연속신탁을 결합하면 이러한 논란을 피하면서 후계형유증과 유사한 효과를 거둘 수 있다. 즉 위탁자는 자신이 사망하는 즉시 제1수익자에 해당하는 사람에게 수익권을 귀속하게 한 후, 제1수익자가 사망하면 제2수익자에 해당하는 사람에게 수익권을 귀속하게 함으로써 후계형유증이 달성하고자 하는 목적을 달성할 수 있는 것이다. 이와 같이 유언대용신탁을 설정하면 위탁자의 의사가 사망 이후에도 지속적으로 존중받게 된다.[117]

다만, 유언대용신탁을 이용할 수 없는 경우도 있다는 점에 유의할 필요가 있다. 신탁재산이 농지여서 농지법상 수탁자인 금융기관이 취득할 수 없

---

113) 권재문, "부동산의 후계유증에 대한 재평가 – 권리소멸약정의 등기·가등기의 활용
　　가능성", 저스티스 통권 제146-1호(2015), 336면 참조.
114) 米倉明, "後継ぎ遺贈の効力について", タートンヌマン 3 号(1999), 1頁 이하; 田中亘,
　　"後繼ぎ遺贈ーその有效性と信託による代替可能性について", 米倉明 編, 信託法の新
　　展開, 商事法務(2008), 237-239頁; 권재문(주 113), 344-356면.
115) 中川善之助·泉久雄, 相續法, 第四版, 有斐閣(2000), 577-578頁; 최수정, "상속수단으
　　로서의 신탁", 민사법학 제34호(2006), 588면; 김형석, "우리 상속법의 비교법적 위
　　치", 가족법연구 제23권 제2호(2009), 110-111면; 현소혜, 유언의 해석, 경인문화사
　　(2010), 290면.
116) 新井誠(주 13), 535頁; 김판기, "고령화 사회에 있어서 재산관리와 승계수단으로서
　　의 신탁 – 유언신탁과 유언대용신탁을 부가하여", 동아법학 제55호(2012), 216면.
117) 다만, 유언대용신탁은 피상속인이 생전에 상속재산을 수탁자에게 이전해야 하고 그
　　로 인하여 대리비용(agency cost)이 발생한다는 점, 수탁자에게 보수를 지급해야
　　한다는 점 등에서 장점을 상쇄하는 단점이 있다. 다만, 수탁자의 보수와 관련하여 신
　　탁재산을 안정한 곳에 투자한 경우에 그 수익으로 수탁자의 보수를 계속 지급할 수
　　있으므로 실제 수탁자의 보수가 큰 문제가 되지는 않는다.

는 경우, 신탁의 공시를 하기 어려운 재산인 경우, 친생부인, 인지, 미성년후견인의 지정과 미성년후견감독인의 지정이 필요한 경우에는 별도로 유언장을 작성할 필요가 있다.[118]

3. 유언대용신탁의 활용에 따른 법률적 쟁점

가. 유류분의 문제

(1) 유언대용신탁을 통한 재산승계의 경우에도 유류분이 적용되는지 문제가 된다.

이와 관련하여 최근에 선고된 수원지방법원 성남지원 2020. 1. 10. 선고 2017가합408489 판결을 주목할 필요가 있다. 유언대용신탁에 따라 생전에 피상속인으로부터 수탁자 앞으로 이 사건 부동산의 소유권이 이전된 후 피상속인이 사망하자 사후수익자인 피고(상속인 중 1명이다) 앞으로 소유권이 이전된 사안인데, 공동상속인인 원고들은 망인이 피고에게 이 사건 부동산을 증여함에 따라 유류분부족액이 발생하였다고 주장하며 유류분반환청구의 소를 제기하였다.[119]

---

118) 오영표(주 68), 99, 178면.

119) 위 판결의 구체적 사실관계는 다음과 같다. 망인은 1946. 6. 13. A(1973. 10. 25. 사망)와 혼인하여 자녀로 갑, 을, 피고를 두었다. 을은 1971. 7. 29. 원고 정과 혼인하여 자녀로 원고 무, 기를 두고, 1998. 7. 16. 사망하였다. 망인은 2014. 4. 29. B은행과 생전수익자를 위탁자 망인으로, 사후수익자를 피고로 정하고, 금전 3억 원과 3건의 이 사건 부동산을 신탁재산으로 하여 신탁을 설정하여 위 신탁계약을 원인으로 2014. 4. 30. 이 사건 부동산에 관하여 B은행 명의의 소유권이전등기가 마쳐졌다. 망인은 2017. 11. 11. 사망하였는데, 당시 원고들에 대한 금전채권 110,000,000원 이외에 유증이나 상속채무는 없었다. 피고는 망인의 사망 직후인 2017. 11. 23. 이 사건 부동산에 관하여 신탁재산의 귀속을 원인으로 한 소유권이전등기를 마쳤다. 원고들은 을에 갈음한 대습상속인으로서 망인의 상속재산에 대한 유류분을 주장하면서, 망인이 생전에 피고에게 이 사건 부동산을 증여함에 따라 유류분부족액이 발생하였다고 주장하며 유류분반환청구의 소를 제기하였다.

이에 대하여 재판부는 "망인이 피고에게 이 사건 부동산을 생전에 증여한 것으로 볼 수 없다."라는 이유로 이 사건 부동산은 유류분 산정의 기초가 되는 증여재산이 될 수 없다고 판단하였다.[120] 나아가 재판부는 수탁자 앞으로 소유권 이전에 대하여는 민법 제1114조[121]의 산입될 증여에 해당하는지 여부를 판단하였는데 "신탁계약과 그에 따른 소유권의 이전이 상속이 개시된 날보다 1년 전에 이루어졌으며, 수탁자가 신탁계약으로 인하여 유류분 부족액이 발생하리라는 점을 알았다고 볼 증거가 없다."라고 판시하여 이에 해당하지 않는다고 판단하였다. 결국 유언대용신탁에 따라 신탁재산이 사후수익자인 피고에게 귀속되었다고 하더라도 이를 이유로 유류분 반환청구를 할 수 없다고 결론을 내렸다.[122]

그런데 위 판결을 가지고 법원이 유언대용신탁에는 유류분이 적용되지 않는다는 견해를 취하였다고 보는 것은 금물이다. 이하에서는 유언대용신탁에 유류분이 적용되는지, 적용된다면 어떤 방식으로 유류분반환이 이루어져야 하는지 논의하고자 한다.

(2) 필자는 유언대용신탁을 통한 재산승계도 상속법 질서를 존중하여야

---

120) 민법 제1113조의 '증여재산'은 상속개시 전에 이미 증여계약이 이행되어 소유권이 수증자에게 이전된 재산을 의미하기 때문이다(대법원 1996. 8. 20. 선고 96다13682 판결(공 1996하, 2786)).

121) 민법 제1114조는 "증여는 상속개시전의 1년간에 행한 것에 한하여 제1113조의 규정에 의하여 그 가액을 산정한다. 당사자 쌍방이 유류분권리자에 손해를 가할 것을 알고 증여를 한 때에는 1년전에 한 것도 같다."라고 규정하고 있다.

122) 위 판결을 자세히 분석한 논문으로는 최수정, "유언대용신탁과 유류분의 관계 – 한국과 일본의 하급심판결에 대한 비교검토를 통하여", 인권과정의 제493호(2020. 11). 위 판결에 대하여 원고들이 항소하였는데, 항소심인 수원고등법원 2020. 10. 15. 선고 2020나11380 판결은 "이 사건 부동산이 유류분 산정의 기초가 되는 재산에 포함되는지 여부와 무관하게 어떠한 경우라도 원고들의 유류분 부족액이 발생하지 않는다."라는 이유로 원고들의 항소를 기각하였는바, 본 논문에서 검토하고 있는 쟁점에 대하여 판단하지 않았다.

하므로 유류분제도가 적용되어야 한다고 생각한다.[123] 이와 관련하여 위탁자의 의사를 최대한 존중하는 미국 신탁법의 경향을 눈여겨볼 필요가 있다. 미국에서 보통법상의 부부재산제도(the system of separate property)를 취하고 있는 41개 주 중 조지아 주를 제외하고는 선택분(elective share)이라는 이름으로 생존 배우자의 유류분을 인정하고 있다.[124] 그런데 사망한 배우자가 유언의 대체수단인 철회가능신탁(revocable trust)을 통해 재산승계를 꾀한 경우에 다수의 주가 생존 배우자의 유류분을 인정하고 있다.[125] 즉, 위탁자의 의사를 매우 존중하는 미국에서도 유류분은 인정하고 있다. 유럽민사법의 공통기준안(DCFR)은 제2:402조에서 신탁에 있어서 상속법의 우선적 적용의 원칙을 규정하고 있는바, 미국과 같은 입장이라고 이해할 수 있다. 유류분 제도의 정당성에 대하여 상당한 의문이 제기되고 있는 상황이지만,[126] 유류분이 실정법으로서 엄연히 자리 잡고 있는 현 시점에서는 유언대용신탁이 유류분을 잠탈하는 수단으로 사용되는 것을 허용한다면 법체

---

123) 필자와 같은 긍정설의 입장으로는 최수정, "개정신탁법상의 재산승계제도 – 유언대용신탁과 수익자연속신탁을 중심으로", 법학논총 제31집 제2호, 전남대학교 법학연구소(2012), 81면; 임채웅, "신탁과 유류분에 관한 연구", 사법 41호(2017), 134면 이하; 최준규, "유류분과 신탁", 사법 34호(2015), 242면 이하; 엄복현, "신탁제도와 유류분반환청구권과의 관계", 가족법연구 제32권 3호(2018), 169면 이하. 부정설의 입장으로는 김상훈, "신탁제도를 통한 재산승계 – 유언대용신탁의 상속재산성, 특별수익성, 유류분과의 관계", 최근 국내외 신탁실무의 동향(2019 한국신탁학회 춘계학술대회)(2019), 69면 이하.

124) 윤진수, "배우자의 상속법상 지위 개선 방안에 관한 연구", 상속법개정론, 박영사(2020), 42-43면.

125) Sitkoff & Dukeminier(주 53), p. 534; 미국의 뉴욕 주법은 생존 배우자에게 50,000달러 또는 사망한 배우자의 확장된 상속재산의 3분의 1을 선택할 수 있게 하고 있는데, 후자인 생존 배우자의 선택지분(the elective share of the surviving spouse)과 관련하여 선택지분을 주장할 수 있는 '사망한 배우자의 상속재산'에 철회가능신탁 등을 포함시키고 있다(New York Estates, Powers & Trusts Law §5-1.1-A 참조).

126) 대표적으로 이동진, "유류분법의 개정방향", 상속법개정론, 박영사(2020), 164면 이하.

계를 지나치게 파괴하는 것이다. 따라서 위탁자의 유언대용신탁 설정의 자유도 유류분을 존중하는 전제에서 행해져야 할 것이다.

이를 전제로 유언대용신탁의 경우에 어떤 방식으로 유류분 반환이 이루어져야 하는지 검토한다. 신탁재산은 이미 상속개시 전에 수탁자에게 이전된 재산이므로 이러한 신탁재산의 이전이 민법 제1114조의 산입될 증여로서의 요건을 갖추었다는 특별한 사정이 없는 한 유류분 산정의 기초가 되는 재산액인 상속재산이라고 보기 어렵다. 나아가 위 판결에서 적절하게 판단한 바와 같이 수탁자(受託者)에 대한 신탁재산 이전을 수익자(受益者)에 대한 증여로 평가할 수 없다.

그런데 수익자는 유언대용신탁을 통해 위탁자 사망 시에 수익권을 취득하였는바, 이러한 수익권의 취득은 사인증여에 의한 취득과 유사하다.[127] 따라서 사인증여가 유류분 산정의 기초가 되는 재산액에 포함되는 것과 마찬가지로 수익자가 취득한 수익권의 가치도 유류분 산정의 기초가 되는 재산액에 포함된다고 보아야 할 것이다.[128] 위 2017가합408489 사건에서는 원고들은 피고가 유언대용신탁에 따라 취득한 '수익권'이 유류분 산정의 기초가 되는 재산액이 되어야 한다는 주장을 하지 않았는바, 이에 법원이 변론주의 원칙상 위 쟁점을 판단하지 않았다. 그런데 만약 원고들이 피고가 유언대용신탁에 따라 취득한 '수익권'이 유류분 산정의 기초가 되는 재산액이 되어야 한다는 주장을 하였다면, 재판부는 그 주장이 타당하므로 이를 받아들여 유류분반환청구의 인용 여부를 가렸어야 했을 것이다.

---

127) 최수정(주 123), 69면; 法務省民事局參事官室, 信託法改正要綱試案 補足說明(2005), 168頁 http://www.moj.go.jp/content/000011802.pdf (2020. 9. 29. 방문).

128) 同旨 임채웅(주 123), 137면; 최준규(주 123), 249면 이하; 윤진수(주 70), 611면. 유언대용신탁의 경우에 어떤 방식으로 유류분 반환이 이루어져야 하는지에 대한 구체적인 학설 대립에 대하여는 이계정(주 50), 323면 이하; 편집대표 윤진수, 주해상속법 제2권, 박영사(2019), 944면 이하(최준규 집필부분) 참조.

(3) 현행 유류분 제도는 사전포기를 인정하지 않고 유류분의 반환방법에 관하여 원물반환을 원칙으로 하고 있어 매우 경직되게 운영되고 있다. 또한, 유류분 산정의 기초재산에 해당하는 증여와 관련하여 공동상속인에 대한 증여는 증여 시기를 불문하고 유류분 산정의 기초재산에 산입하고 있는바,[129] 송사(訟事)로 인한 가족관계 파탄의 주요 원인이 되고 있다.

유언대용신탁의 적극적 활용과 관련하여서도 경직된 유류분 제도가 걸림돌이 되고 있다. 유언대용신탁에 의하여 사후수익자가 된 상속인은 유류분반환청구의 피고가 될 위험이 크고, 반환청구가 인용되는 경우 특별한 사정이 없는 한 원물을 반환해야 하는 어려움이 있다. 수익자가 취득한 부동산을 원물반환 해야 하는 경우에 원하지 않는 공유관계가 형성되므로 새로운 분쟁의 씨앗이 되고 유언대용신탁의 취지가 반감된다. 위탁자의 의사를 사후에도 관철하기 위하여 유언대용신탁을 하는 것인데 그러한 의사가 유류분에 의하여 좌절될 수 있다는 점에서 현재의 유류분 제도는 유언대용신탁의 활성화를 저해하는 요인으로 작용하고 있다.

유류분 제도의 경직성을 완화하고 유류분 제도로 인한 사법비용 지출을 최소화하기 위한 노력이 필요한데, 이를 위해서는 다음과 같이 유류분 제도를 개선할 필요가 있다.

우선 유류분권 사전포기를 인정하는 것이 필요하다. 유류분권 사전포기의 도입을 주저하는 입장에서는 유류분권자가 피상속인의 압박에 의하여 대가없이 유류분권을 포기할 위험이 있다는 점을 주장할 수 있다. 그러나 유류분권 사전포기에 대하여 가정법원 허가심판을 받게 하면 위와 같은 위험이 현저히 감소된다. 실제로 우리나라 유류분 제도의 모태가 되는 프랑스 민법은 공증에 의한 유류분권 사전포기를 인정하고 있으며(프랑스 민법 제929조, 제930조), 일본 민법은 가정재판소의 허가심판에 의한 유류분권 사전포기를 인정하고 있다(일본 민법 제1049조). 유류분권 사전포기가 인정되면

---

129) 대법원 1995. 6. 30. 선고 93다11715 판결(공 1995하, 2533) 등.

유류분반환청구로 인한 가족 간 쟁송을 방지하기 위하여 위탁자(피상속인)의 생전에 유류분권 사전포기가 이루어질 것이고, 이를 통해 유언대용신탁은 유류분반환청구로부터 절연되어 안정되게 운영될 수 있다.

다음으로 유류분의 반환방법에 관하여 가액반환을 원칙으로 해야 한다.[130] 원물반환을 원칙으로 하면 유류분권리자와 수증자 등 사이에 복잡한 공유관계를 형성하는 폐단이 있고, 유류분권리자가 통상적으로 원하는 것은 원물에 대한 지분 취득이라기보다는 금전 취득이기 때문이다. 프랑스가 2006년 민법 개정을 통해 유류분감쇄의 원칙적 효과를 가액반환으로 변경하였다는 점(프랑스 민법 제924조), 일본이 2018년 민법 개정을 통해 유류분침해의 효과를 금전채권화 한 점(일본 민법 제1046조)은 우리에게 많은 시사점을 주고 있다.[131]

나. 수탁자의 공평의무

유언대용신탁과 수익자연속신탁이 결합하는 경우 위탁자는 자신이 사망하는 즉시 제1수익자에게 수익수익권(收益受益權)을 귀속하게 한 후, 일정 기간이 경과하거나 제1수익자가 사망하게 되면 제2수익자에게 원본수익권(元本受益權)을 귀속하게 할 수 있다. 이 경우에 수탁자의 재산관리와 관련하여 공평의무(법 제35조)가 문제가 될 수 있다.

수탁자가 수익을 더 많이 창출하기 위하여 고위험군에 투자를 하는 경우에 제1수익자에게는 유리한 재산관리가 될 수 있으나, 원본 손실의 위험이 있으므로 제2수익자에게는 불리한 재산관리가 되기 때문이다. 또는 제1수익자에게 갑자기 중병이 발병하여 제1수익자를 위하여 수탁자가 신탁원본

---

130) 同旨 이동진(주 126), 181-182면.
131) 프랑스 민법 개정에 대한 설명으로는 이봉민, "프랑스법상 유류분의 반환방법: 2006년 6월 23일 개정 프랑스 민법을 중심으로", 가족법연구 제23권 제3호(2009), 203면 이하 참조. 일본 민법 개정에 대한 설명으로는 구보타 아쓰미, "2018년 일본 상속법 개정의 개요", 가족법연구 제33권 제2호(2019), 130면 이하 참조.

을 인출해야 하는 상황이 발생할 수도 있다.

수탁자의 공평의무는 모든 수익자를 똑같이 대우하여야 할 것을 요구하는 것이 아니라 수익자들 각각의 이익에 대하여 적절하게 배려할 것을 요구하는 것이다(giving due regard to the beneficiaries' respective interests).[132] 따라서 위와 같은 경우 원본이 감소하였다는 이유만으로 제2수익자에 대하여 공평의무를 위반한 것으로 볼 수 없고, 원본이 감소한 경우에 제1수익자에 대한 적절한 배려에서 비롯된 것인지, 투자에 있어서 준수해야 하는 주의의무를 준수하였는지 등을 검토하여야 할 것이다.[133]

다만 위탁자로서는 수탁자에게 특정한 수익자의 이익을 다른 수익자보다 우선할 것을 신탁조항에 명기함으로써 수탁자의 공평의무를 구체화할 수 있다.[134] 예를 들면 제1수익자가 배우자이고, 제2수익자가 자녀인 경우에 제1수익자의 부양이 제2수익권의 권리보다 우선시되어야 한다는 점을 신탁조항에 명기함으로서 배우자에 대한 안정된 부양을 꾀할 수 있다.

다. 유언대용신탁과 유언의 중첩

같은 사항에 대하여 유언대용신탁과 유언이 모두 존재하는 경우에 각각

---

132) UTC §803 참조; Sitkoff & Dukeminier(주 53), p. 667.

133) 참고로 미국의 경우 제3차 리스테이트먼트와 통일신중투자자법(The Uniform Prudent Investor Rule Act)을 통해 포트폴리오 이론, 즉 개개의 투자 중 일부가 고위험군의 투자라고 하더라도 다른 부분의 투자는 안전한 투자로 인정되는 경우에 포트폴리오 전체적으로 보아 건전한 투자로 인정될 수 있다는 이론을 받아들였다. 이에 따라 수탁자는 원본을 늘릴지 수익을 늘릴지 고려할 필요 없이 포트폴리오 이론에 따라 투자를 할 수 있는 재량을 인정받게 되었다. 이러한 재량을 보장하기 위하여 1997년 통일원본·수익법(The Uniform Principal and Income Act)이 개정되었는데, 이에 따르면 수탁자는 신중한 투자자로서 신탁재산을 투자하고 관리하는 경우에 수익과 원본 사이의 조정권(a power to adjust between income and principal)이 인정된다(Sitkoff & Dukeminier(주 53), p. 670).

134) 이연갑(주 59), 63면; 미국의 판례로는 Howard v. Howard, 156 P.3d 89 (Or.Ct.App.2007).

의 효력이 문제가 된다.

우선 유언이 이루어진 후 이와 저촉되는 내용으로 유언대용신탁이 설정된 경우에 '유언후의 생전행위가 유언과 저촉되는 경우'에 해당하므로 그 유언은 철회한 것으로 보아야 할 것이다(민법 제1109조 참조).

다음으로 유언대용신탁이 설정된 후에 이와 저촉되는 내용으로 유언을 하는 경우가 있을 수 있다. 유언대용신탁이 설정되어 신탁재산이 이미 수탁자에게 이전된 경우에는 유언자의 사망 당시에 유언의 목적이 된 권리가 상속재산에 속하지 않는 경우에 해당한다. 이와 같은 경우에 민법은 그 유언은 원칙적으로 무효라고 규정하고 있으므로(민법 제1087조 제1항 본문) 특별한 사정이 없는 한 이에 따라야 할 것이다. 특히 유언대용신탁은 위탁자와 수탁자 사이의 계약에 의해서 성립하는 것으로 위탁자의 저촉되는 내용의 유언에 의하여 그 계약의 효력이 좌우될 수 없다. 따라서 수탁자는 신탁계약의 유효를 주장할 수 있다고 할 것이다.

한편, 신탁법은 신탁 종료를 위해서는 위탁자와 수익자의 합의를 요구하면서도 위탁자가 신탁이익의 전부를 누리는 자익신탁은 위탁자나 그 상속인이 언제든지 종료할 수 있다고 규정하고 있다(법 제99조 제1항, 제2항). 그런데 유언대용신탁에는 위탁자 이외에 수익자가 존재하므로 위탁자의 상속인이 위 조항에 의해 신탁을 종료시킬 수 없는바, 위탁자가 생전에 설정된 유언대용신탁은 사후에도 안정적으로 운영될 수 있다.

4. 기업 경영권 승계를 위한 신탁

신탁은 피상속인이 각고의 노력을 기울여 성장시킨 기업의 경영권을 상속인에게 승계하기 위하여 활용될 수 있다. 현재 우리나라 대다수의 중견기업이 산업 고도화 시대에 창업한 회사여서 대표이사의 고령화 현상이 가속화되고 있으며, 실제 매출 3,000억 원 이상 중견기업 중 대표가 60세 이상인 기업은 300곳이 넘는다.[135) 이에 따라 기업의 승계문제가 고령사회의 중요한 화두로 부상하고 있다. 특히, 중소기업을 운영하면서 축적된 노하우, 영업비밀의 전수라는 측면에서 가업승계에 대한 유인이 크다.

신탁은 기업 경영권 승계를 위하여도 활용될 수 있는바, 주식을 소유한 아버지(갑)와 직계비속 성인 2인(을, 병)이 있는 경우를 상정하여 민사신탁 구조를 적용하면 다음과 같다.[136] 경영권 승계를 하려는 을을 수탁자로 하여 주식을 양도하되, 수익권을 다음과 같이 정한다. 즉, 갑의 생전에는 갑이 수익자로서 그 주식에서 생기는 수익(배당금 수익)과 의결권 행사지시권을 보유하며, 갑의 사후에는 을과 병이 사후수익자가 되는데, 경영권 승계를 하려는 을이 의결권 행사지시권과 일정 비율의 배당금 수익권을, 병은 일정 비율의 배당금 수익권만 가진다. 이러한 신탁이 설정되면 갑은 생전에는 해당 기업을 지배하면서 주식에서 생기는 수익을 향유하며, 갑이 사망하면 을은 수탁자 겸 사후수익자로서 의결권 행사지시권을 행사하여 회사를 100% 지배함과 동시에 비율에 따른 배당금 수익을 향유하며, 사후수익자인 병은 일정 비율의 배당금 수익만을 향유한다.[137] 사후수익자인 병에게 일정 비율의 배당금 수익권을 인정하는 이유는 이를 통해 유류분 분쟁을 피하고자 함이다. 이러한 구조를 통해 해당 기업의 경영권이 갑에서 을로 승계될 수 있다.

상사신탁을 활용하는 방법도 있다.[138] 갑이 주식 100%에 대해 신탁회사(수탁자)와 신탁계약을 체결하여 갑의 생전수익권을 의결권 행사지시권과 100%의 배당금 수익권으로 정하고, 사후수익자를 을(경영권 승계자로서 사후수익권의 내용으로 의결권 행사지시권 100%, 일정 비율의 배당금 수익권을 가진다), 병

---

135) https://www.hankyung.com/economy/article/2019111195571 (2020. 9. 29. 방문).

136) 김종원, "민사신탁을 이용한 증여·상속(사업승계) 구조화 방법에 관한 연구", 민사법학 제67호(2014), 459-460면; 오영표(주 68), 264면 이하.

137) 사후수익자인 병에게는 을의 비율을 뺀 나머지 배당금 수익권을 인정해주는 구조이다.

138) 오영표(주 68), 267-268면.

(사후수익권의 내용으로 의결권 행사지시권 0%, 일정 비율의 배당금 수익권을 가진다)으로 지정하는 방법이다. 그러나 이 방법은 자본시장법상 신탁회사는 보유주식 중 의결권 있는 발행주식총수의 15%를 초과하여 의결권을 행사할 수 없다는 점에서 한계가 있다(자본시장법 제112조 제3항 제1호 참조). 향후에 신탁회사에 대한 의결권 제한을 폐지하는 것이 신탁을 통한 기업 경영권 승계의 활성화를 위해서 바람직하다.

V. 결 론

위에서 살펴본 바와 같이 신탁은 도산절연기능, 지속적인 재산관리기능, 유연성, 재산전환기능을 바탕으로 고령사회에서 꼭 필요한 목적을 달성하기 위해 다양한 형태로 사용될 수 있다. 신탁은 단순히 부의 증진을 꾀하는 사익적 기능만 있는 것이 아니라 공익적 기능도 상당하다는 점을 주목해야 한다. 고령사회의 법이념으로 ① 고령자의 자기결정권 존중, ② 고령자의 권리 보호, ③ 고령자의 생활보장 등을 언급할 수 있다.[139] 신탁은 고령자의 의사를 사후에도 관철시키고, 고령자의 정신적 능력 결여에 대비한 고령자 권리보호방안이자 고령자의 생계보장수단으로 활용될 수 있다는 점에서 고령사회의 법이념에 부합한다. 본 논문에서는 고령사회에서 신탁이 수행할 수 있는 역할을 폭넓게 고찰하였는바, 그 내용을 요약하면 다음과 같다.

첫째, 고령자의 생활보장을 위하여 비영리법인이 수탁자가 되고 집합신탁의 형태로 운용되는 특별수요신탁을 도입할 필요가 있다. 고령자를 위한 특별수요신탁은 저소득층에게도 활용될 수 있는 신탁으로 사회적 안정망 확보에 기여하므로 고령사회에서 중요한 의의가 있다. 또한, 고령자가 소유하고 있는 부동산을 이용하여 연금식융자를 받을 수 있는 담보신탁을 발전

---

139) 川島志保・関ふ佐子, 家族と高齢社会の法, 放送大学教育振興会(2017), 101-104頁

시킬 필요가 있고, 수익자인 고령자가 온전하게 신탁의 수익을 향유할 수 있도록 재량신탁을 활성화할 필요가 있다.

둘째, 신탁은 후견제도의 한계를 보완하기 위하여 널리 이용되어야 한다. 성년후견인의 경우 대다수가 피후견인의 친족이어서 재산관리 전문가가 아닌 경우가 많고 부정행위를 저지를 위험이 있는바, 성년후견제도 시행에서 발생할 수 있는 문제점을 최소화하기 위하여 후견신탁을 활성화할 필요가 있다. 임의후견의 경우에도 후견인감독의 효율성 제고, 고령자 의사를 존중하는 지속적인 재산관리를 위해서 신탁을 같이 이용하는 것이 요청된다.

셋째, 재산승계에 있어서 고령자의 의사를 존중하는 것이 중요한바, 유언보다 여러모로 장점이 많은 유언대용신탁에 주목할 필요가 있다. 유언대용신탁의 유연성은 피상속인이 생각하는 가치를 상속인들에게 물려주는 가치상속을 가능하게 해 준다. 다만, 유언대용신탁을 통한 재산승계도 상속법 질서를 존중해야 하므로 유류분 제도가 적용된다고 보아야 할 것인바, 유류분 제도를 개선하여 사법비용의 지출을 최소화함으로써 신탁의 분쟁예방기능을 제고하여야 한다.

신탁법 개정을 추진하면서 신탁이 고령사회에서 많은 역할을 할 수 있을 것으로 기대하였으나 아직까지는 갈 길이 먼 상황이다. 신탁이 고령사회에서 그 역할을 다하도록 불필요한 규제, 비합리적인 제도 등을 정비하는 것이 중요하다. 아무쪼록 본 논문이 고령사회에서의 신탁의 역할을 이해하는 데 조금이라도 도움이 되기를 바란다.

<참고문헌>

고일광, "부동산신탁에 관한 회생절차상 취급 – 부동산담보신탁의 경우를 중심으로", 사법 제9호, 사법연구지원재단(2009).

구보타 아쓰미, "2018년 일본 상속법 개정의 개요", 가족법연구 제33권 제2호(2019).

구상엽, 장애인을 위한 성년후견제도, 경인문화사(2015).

권양희, "성년후견의 법원 실무현황과 문제점", 성년후견제도의 현황과 개선방안 심포지엄(2020. 2. 12).

권재문, "부동산의 후계유증에 대한 재평가 – 권리소멸약정의 등기ㆍ가등기의 활용 가능성", 저스티스 통권 제146-1호(2015).

권혁남ㆍ전상길, "고령자의 고용 장애 요인과 고령인구 활용에 관한 국가별 전략 연구", 국제지역연구 제18권 제1호(2009).

김나래, "후견제도의 보완을 위한 신탁에 관한 소고", 성균관법학 제31권 제3호(2019).

김상용 감수, 신탁법 해설, 법무부(2012).

김상훈, "신탁제도를 통한 재산승계 – 유언대용신탁의 상속재산성, 특별수익성, 유류분과의 관계", 최근 국내외 신탁실무의 동향(2019 한국신탁학회 춘계 학술대회)(2019).

김성우, "한국 후견제도의 운영과 가정법원의 역할", 법조 통권 제722호(2017).

김재승, "신탁과 관련된 상속세ㆍ증여세문제와 Estate Planning 도구로서 신탁의 이용가능성", 조세법연구 제17집 제3호(2011).

김종원, "민사신탁을 이용한 증여ㆍ상속(사업승계) 구조화 방법에 관한 연구", 민사법학 제67호(2014).

김판기, "고령화 사회에 있어서 재산관리와 승계수단으로서의 신탁 – 유언신탁과 유언대용신탁을 부가하여", 동아법학 제55호(2012).

김형석, "우리 상속법의 비교법적 위치", 가족법연구 제23권 제2호(2009).

_____, "피후견인의 신상결정과 그 대행", 가족법연구 제28권 제2호(2014).

박 준ㆍ한 민, 금융거래와 법, 제2판, 박영사(2019).

박중욱, "유언 공증에 관한 고찰", 공증과신뢰 통권 제10호(2017).

배광열, "한국 성년후견제도에 있어서 후견대체제도(임의후견 및 후견신탁)", 성년후견 제3집(2015).

소성규·최진웅, "성년후견제도에서 신탁제도를 활용한 피후견인의 재산관리방안", 한양법학 제30권 제3집(2019).

송덕수, 채권법각론, 제4판, 박영사(2019).

송호영, "가족관계의 변화에 따른 고령자의 재산보호를 위한 제도에 관한 연구", 법과정책연구 제12집 제1호(2012).

신영호, "고령사회의 도래와 친족법상의 과제", 안암법학 제20호(2005).

양재모, "재산승계제도로서 민사신탁제도 활용상의 문제점", 한양법학 제42집(2013).

양진섭, "부동산담보신탁에 관한 소고 – 신탁법 전면개정과 관련하여", BFL 제52호 서울대학교 금융법센터(2012. 3).

엄복현, "신탁제도와 유류분반환청구권과의 관계", 가족법연구 제32권 3호(2018).

오영표, 가족신탁 이론과 실무, 조세통람(2020).

_____, "복지신탁 활성화를 위한 법적 과제 – 신탁업자의 복지신탁 수탁을 중심으로", 금융투자(2015. 8).

윤진수, "담보신탁의 도산절연론 비판", 비교사법 제25권 2호(2018).

_____, "배우자의 상속법상 지위 개선 방안에 관한 연구", 상속법개정론, 박영사(2020).

_____, 친족상속법 강의, 제3판, 박영사(2020).

윤진수·현소혜, 2013년 개정 민법 해설, 법무부(2013).

이계정, "골프장 시설에 대한 담보신탁에 기한 공매와 입회보증금반환의무의 승계", 민사법학 제89호(2019).

_____, "담보신탁과 분양보증신탁에 관한 연구", 사법 41호(2017).

_____, "신탁의 경제적 분석", 법조 통권 제742호(2020).

_____, 신탁의 기본 법리에 관한 연구 – 본질과 독립재산성, 경인문화사(2017).

이근영, "법정후견제도에서 후견인의 재산부정사용 문제와 후견제도지원신탁", 법학논총 제30권 제1호, 국민대학교 법학연구소(2017).

이동진, "유류분법의 개정방향", 상속법개정론, 박영사(2020).

이봉민, "프랑스법상 유류분의 반환방법: 2006년 6월 23일 개정 프랑스 민법을 중심으로", 가족법연구 제23권 제3호(2009).

이연갑, "고령사회와 신탁 – 의사능력 상실에 대비한 신탁을 중심으로", 법학논총 제32권 제2호, 국민대학교 법학연구소(2019).

이연갑, "공익신탁법에 관한 약간의 검토", 법조 제64권 제5호(2015).

이중기, 충실의무법, 삼우사(2016).

임채웅, "담보신탁의 연구", 신탁법연구, 박영사(2009).

_____, "신탁과 유류분에 관한 연구", 사법 제41호(2017).

정소민, "담보신탁의 법리에 관한 비판적 고찰", 선진상사법률연구 통권 제85호(2019).

제철웅, "고령자·장애인을 위한 집합특별수요신탁제도의 입법 제안", 법학논총 제35집 제1호, 한양대학교 법학연구소(2018).

_____, "성년후견과 신탁: 새로운 관계설정의 모색", 가족법연구 제31권 제2호(2017).

제철웅·김원태·김소희, "미국의 특별수요신탁에 관한 일고찰", 원광법학 제32권 제2호(2016).

제철웅·이상훈·송지은, "싱가포르와 독일의 성년후견 지원 정책 연구 – 공공후견청·성년후견청 운영을 중심으로", 법무부 연구용역보고서(2016).

제철웅·최윤영, "중증발달장애인의 보호를 위한 특별수요신탁제도의 도입 필요성", 비교사법 제21권 제3호(2014).

최수정, "개정신탁법상의 재산승계제도 – 유언대용신탁과 수익자연속신탁을 중심으로", 법학논총 제31집 제2호(2012), 전남대학교 법학연구소.

_____, "고령사회에서 성년후견제도와 신탁 – 신탁의 기능과 활용을 중심으로", 법조 제64권 제3호(2015).

_____, "상속수단으로서의 신탁", 민사법학 제34호(2006).

_____, 신탁법, 박영사(2019).

_____, "유언대용신탁과 유류분의 관계 – 한국과 일본의 하급심판결에 대한 비교 검토를 통하여", 인권과정의 제493호(2020. 11).

최준규, "유류분과 신탁", 사법 34호(2015).

편집대표 윤진수, 주해상속법 제2권, 박영사(2019).

_____, 주해친족법 제2권, 박영사(2015).

한 민, "신탁제도 개혁과 자산유동화", 신탁법의 쟁점 제2권(정순섭·노혁준 편저), 서울대학교 금융법센터(2015).

함대영, "신탁형 자산유동화에서의 진정양도 판단 – 민법과 신탁법의 교차영역에 대한 고찰의 일환", BFL 제39호, 서울대학교 금융법센터(2010. 11).

현소혜, 유언의 해석, 경인문화사(2010).

홍승옥, "일본의 '후견제도지원신탁'의 동향과 시사점", 한양법학 제27권 제3집 (2016).

米倉明, "後継ぎ遺贈の効力について", タートンヌマン 3号(1999).

法務省民事局参事官室, 信託法改正要綱試案補足説明(2005).

寺本惠, "後見制度支援信託の概要", 登記情報 第604號(2012. 3).

山本敬三, 民法講義Ⅰ(總則), 有斐閣(2011).

篠原淳一, "後見制度支援信託の運用等について", ケース研究 第314號(2013. 2).

新井誠, 信託法, 第4版, 有斐閣(2014).

田中亘, "後繼ぎ遺贈—その有效性と信託による代替可能性について", 米倉明 編, 信託法の新展開, 商事法務(2008).

中川善之助·泉久雄, 相續法, 第四版, 有斐閣(2000).

川島志保·関ふ佐子, 家族と高齢社会の法, 放送大学教育振興会(2017).

淺香龍太·內田哲也, "後見制度支援信託の目的と運用について", 登記情報 第604號 (2012. 3).

Bogert, George Gleason & Bogert, George Taylor, *The Law of Trusts and Trustees*, 2nd ed., West Publishing Co (1984).

Bogert, Oaks, Hansen & Neeleman, *Cases and Text on the Law of Trusts*, 8th ed., Foundation Press (2008).

Clifford, Denis, *Make Your Own Living Trust*, 13th ed., Nolo (2017).

Easterbrook, Frank H. & Fischel, Daniel R., "Contract and Fiduciary Duty", 36 *J.L. & Econ.* 425 (1993).

Edelman, James, "The Role of Status in the Law of Obligations: Common Callings, Implied Terms, and Lessons for Fiduciary Duties", *Philosophical Foundations of Fiduciary Law*(edited by Andrew S. Gold & Paul B. Miller), Oxford (2016).

Eisenberg, Melvin Aron, *The Nature of Common Law*, Harvard University Press (1991).

Frankel, Tamar, "Fiduciary Law", 71 *Cal. L. Rev.* 795 (1983).

Ho, Lusina, "Unleashing the Potential of Trust Law for the Elderly", *Liber Amicorum Makoto Arai*, Nomos (2015).

Langbein, John H., "The secret life of the trust: the trust as an instrument of commerce", 107 *Yale L. J.* 165 (1997).

_____, "The Uniform Prudent Investor Act and the Future of Trust Investing", 81 *Iowa L. Rev.* 641 (1996).

McCoy, Katherine B., "The Growing Need for Third-Party Special Needs Trust Reform", 65 *Case W. Res. L. REV.* 461 (2014).

Megarry & Wade, *The Law of Real Property*, 6th ed., Sweet & Maxwell (2000).

Moffat, Graham, *Trusts Law*, 5th ed., Cambridge (2009).

Pettit, Philip H., *Equity and the Law of Trusts*, 12th ed., Oxford (2012).

Sitkoff, Robert H., "An Agency Costs Theory of Trust Law", 89 *Cornell L. Rev.* 621 (2004).

_____, "The Economic Structure of Fiduciary Law", 91 *BUL Rev.* 1039 (2011).

Sitkoff & Dukeminier, *Will, Trusts, and Estates*, 10th ed., Wolters Kluwer (2017).

Tang, Hang Wu, "Setting Up a Non-Profit Trust Company: the Special Needs Trust Company in Singapore", 2014 *ELDER L.J.* 419 (2014).

Urbatsch & Fuller, *Special Needs Trusts: Protect Your Child's Financial Future*, 8th ed., Nolo (2019).

Virgo, Graham, *The Principles of Equity & Trusts*, 3rd ed., Oxford (2018).

인터넷 자료

이계정, "사회변화와 육체노동의 가동연한 연장", 법률신문(2019. 3. 25).

家庭裁判所, 後見制度において利用する信託の概要.

最高裁判所事務総局家庭局, "後見制度支援信託等の利用状況等について － 平成 30年 1月~12月 －".

http://kostat.go.kr/portal/korea/kor_nw/1/1/index.board?bmode＝read&aSe
　　q＝377701 (2020. 9. 29. 방문).

https://www.nid.or.kr/info/today_list.aspx (2020. 9. 29. 방문).

http://health.chosun.com/site/data/html_dir/2019/03/20/2019032003057.html
　　(2020. 9. 29. 방문).

https://www.medicaid.gov/medicaid/eligibility/index.html (2020. 9. 29. 방문).

https://www.sntc.org.sg/Pages/trust_setup.aspx?MainMenu＝Trust%20Services
　　(2020. 9. 29. 방문).

http://www.ikld.kr/news/articleView.html?idxno＝84672 (2020. 9. 29. 방문).

https://www.gov.kr/portal/service/serviceInfo/B55140800002 (2020. 9. 29. 방문).

https://my.uniformlaws.org/committees/community-home?CommunityKey＝
　　193ff839-7955-4846-8f3c-ce74ac23938d (2020. 9. 29. 방문).

https://news.joins.com/article/20671546 (2020. 9. 29. 방문).

https://m.lawtimes.co.kr/Content/Article?serial＝95385 (2020. 9. 29. 방문).

https://www.lawsociety.or.kr/45/2956466 (2020. 9. 29. 방문).

https://www.mizuho-tb.co.jp/souzoku/kouken_seido.html (2020. 9. 29. 방문).

https://www.courts.go.jp/vc-files/courts/file2/210034.pdf (2020. 9. 29. 방문).

http://news.khan.co.kr/kh_news/khan_art_view.html?art_id＝2017012514510
　　01 (2020. 9. 29. 방문).

https://image.kebhana.com/cont/download/documents/provide/0000020160
　　519_20161130.pdf (2020. 9. 29. 방문).

https://www.lawtimes.co.kr/Legal-News/Legal-News-View?serial＝160854
　　(2020. 9. 29. 방문).

https://www.hankyung.com/economy/article/2019111195571 (2020. 9. 29. 방문).

제8장

고령사회에서 기부문화 활성화를 위한 법적 제언[*]
- 공익신탁을 중심으로 -

이계정

Ⅰ. 서 론

UN이 정한 기준에 따르면, 65세 이상 고령인구가 전체 인구에서 차지하는 비율이 14% 이상 20% 미만이면 고령사회(aged society), 20% 이상이면 초고령사회(super-aged society)라고 한다.[1] 우리나라는 65세 이상 고령인구가 2017년에 전체 인구의 14.2%에 이르게 됨으로써 고령사회에 진입하였고,[2] 2025년에는 전체 인구의 20.3%로 예상되어 초고령사회에 진입할 것으로 예상되며, 2060년에는 전체 인구의 43.9%에 이를 것으로 예상되고 있다.[3]

고령인구의 급속한 증가와 더불어 대두될 사회적 현상을 예상하여 법제를 정비하는 연구가 요청되는 상황이다.[4] 고령사회에서 기부문화 활성화

---

* 이 글은 같은 제목으로 민사법학 제100호(2022. 9)에 게재되었음을 밝혀둔다.

1) 권혁남·전상길, "고령자의 고용 장애 요인과 고령인구 활용에 관한 국가별 전략 연구", 국제지역연구 제18권 제1호(2009), 42면.

2) 통계청의 2017 인구주택총조사 전수집계 결과는 https://kostat.go.kr/portal/korea/kor_nw/1/2/2/index. board?bmode=read&aSeq=370326&pageNo=&rowNum=10&amSeq=&sTarget=&sTxt=(2022. 7. 11. 방문) 참조.

3) 통계청의 2021년 고령자 통계 참조(https://kostat.go.kr/portal/korea/kor_nw/1/1/index.board?bmode= read&aSeq=403253, 2022. 7. 11. 방문).

4) 가령 고령자의 안정적인 생활보장과 후견제도 보완을 위해 신탁 제도를 정비해야 한다는 연구로는 이계정, "고령사회에서의 신탁의 역할-신탁의 공익적 기능에 주목하여", 서울대학교 법학 제61권 제4호(2020. 12), 74면 이하; 고령 노인의 인간 존엄성

를 위한 연구도 시급한 상황이다. 고령자의 특징 중의 하나는 기부를 통한 사회공헌을 고려할 가능성이 많다는 점에 있다. 실제로도 2021년을 기준으로 60세 이상 고령인구 중 26.84%가 '유산기부 의사와 향후 기부 의사가 있다'고 응답했다.[5] 한국자산단체협의회가 50세 이상 인구를 대상으로 한 설문조사에 따르면, 26.3%가 유산기부 의사가 있다고 답했고, 재산의 10%를 기부하면 상속세 10%를 감면해주는 영국의 Legacy 10과 같은 세제상 혜택이 주어진다면 재산 10%를 기부할 의사가 있다는 답변이 응답자의 51.6%에 달했다.[6] 위 조사에 따르면 유산기부를 할 때 응답자들이 가장 걱정하는 부분이 「적절한 기부금의 활용에 대한 우려」(44.9%), 「가족을 설득하는 부분」(19.9%), 「추가 세금에 대한 우려」(8.8%) 순으로 나타났다.[7] 상당수의 고령자는 자신의 유산이 적절하게 활용될 것이라는 믿음이 있다면 기꺼이 유산의 일부를 기부할 의사가 있음을 알 수 있다. 향후 고령층이 될 현재의 50대 인구는 한국의 눈부신 경제발전의 수혜자로서 보유하고 있는 순자산이 상당한바, 적절한 기부모델을 제시하는 경우에 기꺼이 기부를 할 수 있는 여유가 있다는 점도 주목해야 한다. 통계청이 2021. 3. 25. 펴낸 '2020년 한국의 사회지표'를 보면 연령대별 순자산액은 50대(4억 987만 원)가 가장 높았으며, 그다음으로 60세 이상(3억 7,422만 원), 40대(3억 7,359만 원), 30대(2

에 대한 연구로는 김도균, "고령 노인의 인간 존엄성 존중 - 자율성, 정체성, 취약성의 측면에서", 서울대학교 법학 제61권 제4호(2020. 12), 4면 이하; 고령사회의 의료법의 과제에 대한 연구로는 이동진, "고령사회에서 의료법의 과제 - 원격의료, 공동결정, 자원투입제한", 서울대학교 법학 제61권 제4호(2020. 12), 38면 이하.

5) https://insfiler.com/detail/rt_social_participation_8-0002(2022. 7. 11. 방문).

6) 한국자선단체협의회, 유산 기부에 대한 인식 조사 보고서, 2019. 8(file:///C:/Users/user/Downloads/%E2%98%85%ED%95%9C%EA%B5%AD%EA%B0%A4%EB%9F%BD%20%EA%B2%B0%EA%B3%BC%EB%B3%B4%EA%B3%A0%EC%84%9C_%EC%9C%A0%EC%82%B0%20%EA%B8%B0%EB%B6%80%EC%97%90%20%EB%8C%80%ED%95%9C%20%EC%9D%B8%EC%8B%9D%20%EC%A1%B0%EC%82%AC.pdf, 2022. 7. 11. 방문).

7) Id.

억 5,385만 원), 30세 미만(7241만 원) 순이었다.[8]

고령사회는 이전과는 다른 사회적 문제를 낳을 것이다. 우선 세대간 불평등의 문제가 제기될 것이다. MZ세대(1980년대 초~2000년대 초에 출생한 세대)가 이전 세대와 근본적으로 다른 점은 '부모보다 가난한 최초의 세대'라는 점에 있다.[9] 2008년 글로벌 금융위기 이후의 낮은 경제성장률, 안정적인 일자리의 결여 및 폭등하는 주택 가격으로 인하여 MZ세대는 기성세대가 누렸던 경제적 혜택을 누리기 어렵다. 이로 인하여 기성세대가 보유하고있는 자산을 MZ 세대에 어떤 방식으로 이전해야 하는지 문제가 된다. 다음으로 노인빈곤이 문제가 된다. 노인의 평균수명이 연장됨에 따라 고령자에게 장기간 상당한 생활비의 지출이 요구된다. 고령자 중에는 은퇴한 사람이많고 수입도 예전같지 않은 경우가 많다. 노화로 인하여 건강이 악화되어의료비 지출 부담도 증가할 것이다. 우리나라의 경우 2019년 기준 66세 이상 은퇴연령층의 상대적 빈곤율은 43.2%에 이르고 있어 경제협력개발기구(OECD) 가입국 중 가장 높은 수준이다.[10]

이러한 세대간 불평등의 문제, 노인 빈곤의 문제 등을 국가가 나서서 해결하는 것은 한계가 있다. 이러한 문제야말로 제3의 영역(third sector)이 적극 나설 필요가 있다. 제3의 영역은 민간영역(private sector), 공공영역(public sector)과 구별되는 개념으로 공공의 이익을 위해 자발적으로 활동하는 민간

---

8) 통계청, 2020년 한국의 사회지표(http://kostat.go.kr/portal/korea/kor_nw/1/1/index.board?bmode = read&aSeq = 388792, 2022. 7. 11. 방문).

9) 문화일보(2021. 6. 28), '부모보다 가난해지는 최초의 세대…「믿을 건 나밖에 없다」', http://www.munhwa.com/news/view.html?no = 2021062801030621336001 (2022. 7. 11. 방문).

10) 통계청, 2021년 고령자 통계 참조(https://kostat.go.kr/portal/korea/kor_nw/1/1/index.board?bmode = read &aSeq = 403253, 2022. 7. 11. 방문); 한겨레(2021. 9. 29.), '고령인구 비중 높아지는데 노인 빈곤율은 OECD 최고', https://www.hani.co.kr/arti/economy/economy_general/1013181.html#csidx335d46712c79f7cbe7e89ee02099daf(2022. 7. 11. 방문).

영역을 의미하는데, 공익신탁, 공익법인이야말로 공공재(public good)를 제공하면서도 도덕에 근거한 자발적 참여를 근간으로 한다는 점에서 대표적인 제3의 영역에 속한다.[11] 현대 사회에서 발생하는 공적인 문제를 시장논리에 기초한 민간영역에서 해결하기 어렵고 그렇다고 국가가 나서서 모든 공적인 문제를 해결할 수 없으므로 제3의 영역의 역할은 날로 그 중요성이 강조되고 있다. 고령사회에서 발생하는 사회적 문제의 해결에 있어서도 기부문화의 활성화, 이를 통한 제3의 영역의 역할의 확대가 강조된다.

본 논문에서는 고령자에게 제시될 수 있는 적절한 기부모델에 관하여 공익신탁을 중심으로 검토하고자 한다. 이하에서는 (1) 고령자가 활용할 수 있는 기존의 기부 모델로서 단순한 기부, 공익법인 설립을 검토하고, (2) 공익신탁법[12]의 주요 내용, 공익신탁의 거버넌스와 법적 쟁점을 논함으로써 고령자를 위한 기부 모델로서 공익신탁이 가지는 장점을 분석하고, (3) 고령사회에서 공익신탁이 활성화되기 위하여 어떻게 개선되어야 하는지 논하고자 한다.

Ⅱ. 고령자를 위한 기존의 기부제도 – 기부, 공익법인 설립

1. 기부

가. 기부의 법적 성질

고령자가 공공의 이익을 위하여 활용할 수 있는 기부제도로는 기부, 공

---

11) 제3자의 영역(third sector)의 의미에 대하여는 Bach-Mortensen & Montgomery, "What are the barriers and facilitators for third sector organisations (non-profits) to evaluate their services?", Syst Rev 7, 13 (2018); Chapman, Mawson, Robinson & Wistow, How to work effectively with the third sector : a discussion paper for public sector organisations, Durham University(2018), p. 5; 주성수, 시민사회와 제3섹터, 한양대학교 출판부(1999), 42면 이하.

12) 본 논문에서 단순히 '법'이라고 기재한 경우에는 '공익신탁법'을 지칭하는 것이다.

익법인 설립, 공익신탁 등이 있다. 이하에서는 우선 기부에 대해서 먼저 살펴보기로 한다.

기부는 공익이나 공공의 목적을 위하여 국가, 지방자치단체, 법인, 정당, 종교단체, 자선단체 등에 금전, 물품 등을 무상으로 제공하기로 약정하는 것을 말한다.[13] 기부의 유형에는 기부를 받는 사람과 이를 통하여 이익을 얻는 사람이 동일한 경우(이하 '1유형'이라고 한다)와 기부를 받는 사람과 이를 통하여 이익을 얻는 사람이 다른 경우(이하 '2유형'이라고 한다)가 있다.

1유형에 대해서는 ① 민법상 증여에 해당한다는 견해,[14] ② 기부자가 목적을 따로 지정하지 않은 경우에는 민법상 증여에 해당하지만 기부자가 목적을 지정한 경우에는 기부 받는 자가 지정된 목적에의 사용을 부담하는 부담부증여 또는 지정된 목적에 사용하지 않을 것을 해제조건으로 하는 해제조건부증여에 해당할 수 있고, 불명확한 경우에는 부담부증여로 보아야 한다는 견해,[15] ③ 기부를 받는 측이 기부자가 지정한 목적을 위해 사용해야 할 의무를 부담하는 부담부증여에 해당한다는 견해[16] 등이 대립하고 있다.

2유형, 대표적으로 개인 또는 단체가 일정한 공익적 목적을 내걸고 금품 등을 모집하는 경우에 대해서는 기부금모집자가 기부를 통하여 경제적 이익을 얻지 않는다는 이유로 그 법적 성질을 증여가 아니고 모집된 금품을 모집의 목적대로 사용할 의무를 수반하는 신탁적 양도로 보는 견해가 다수설이다.[17]

---

13) 편집대표 김용덕, 주석민법(채권각칙 2)(제5판), 한국사법행정학회(2021), 47-48면 (손철우 집필). 참고로 「기부금품의 모집 및 사용에 관한 법률」은 기부금품에 대하여 "환영금품, 축하금품, 찬조금품(贊助金品) 등 명칭이 어떠하든 반대급부 없이 취득하는 금전이나 물품을 말한다."라고 정의하고 있다(제2조 제1호).

14) 곽윤직, 채권각론, 제6판(중판), 박영사(2014), 122면.

15) 편집대표 곽윤직, 민법주해(14), 채권(7), 박영사(1999), 16면(고영한 집필).

16) 이정렬, 계약법중해(각론), 피데스(2019), 25면.

17) 대표적으로 곽윤직(주 14), 122면; 편집대표 곽윤직, 민법주해(14), 채권(7), 박영사

다만, 1유형, 2유형을 구별하지 않고 기부는 신탁법상 신탁으로 추정하는 것이 타당하며, 다만, 기부받는 자에게 부과된 의무가 법적 의무가 아니라 윤리적 의무인 경우에는 단순한 증여에 불과하다는 주장도 제기되고 있다.[18]

검토하건대, 1유형과 2유형을 구별하는 이유는 2유형의 경우 기부금모집자가 경제적 이익을 얻지 않고 일정한 공익 목적을 위하여 기부금품을 사용해야 한다는 점에 있는 것으로 보인다. 2유형의 경우, 예를 들면 "저소득층 자녀에 대한 생활비 지원"이라는 공익적 목적을 내걸고 금품을 모집하는 경우에 금품을 수령하는 측이 해당 금품을 위 목적으로 사용해야 할 '채권적 의무'를 부담하고 기부자에게 이를 강제할 권리가 인정되는지 문제가 된다. 신탁적 양도는 독일의 신탁이론에서 비롯된 개념으로 「수탁자에게 재산을 제한이 없는 완전한 형태로 권리를 이전하나, 수탁자는 해당 재산을 특정의 방법으로 사용해야 할 '채권적 의무'를 부담하는 경우」를 의미한다.[19] 2유형의 경우 일정한 공익 목적을 위한 사용은, 특별한 사정이 없는 한, 당사자의 법률행위의 내용을 구성할 정도로 중요한 사항이라는 점에서 기부금모집자에게 '채권적 의무'가, 기부자에게 '채권적 권리'가 인정된다고 할 것이다. 따라서 2유형에 대해서 원칙적으로 신탁적 양도로 보는 통설이 타당하다. 다만, 기부금모집자가 일정한 공익 목적을 위하여 해당 금품을 사용해야 할 법적 의무가 아니라 도덕적 의무를 진다고 의사해석을 할 수 있는 경우에는 민법상 증여로 볼 수 있다. 가령 모금 행사에서 소액을 익명으로 기부하는 경우에 기부자에 대하여 일정한 공익목적에의 사용을 법적으로 강제하고자 하는 의사가 있다고 보기 어려울 것이다.[20] 이와 같은

(1999), 17면(고영한 집필); 편집대표 김용덕, 주석민법(채권각칙 2)(제5판), 한국사법행정학회(2021), 51면(손철우 집필).

18) 이연갑, "기부금법과 신탁법리", 민사법학 제39-1호(2007), 399면 이하.

19) Hein Kötz, Trust und Treuhand, Vandenhoeck & Ruprecht(1963), S. 125.

20) 이연갑(주 18), 401-402면.

경우에는 민법상 증여로 볼 수 있는 것이다. 증여는 당사자 일방이 무상으로 일정한 재산을 상대방에게 준다는 의사표시를 하고, 상대방이 이를 승낙함으로써 성립하는 계약인바,[21] 수증자가 증여자로부터 이전받은 재산으로부터 경제적 이익을 누릴 것을 그 요건으로 하는 것은 아니기 때문이다.

한편, 1유형의 경우 기부의 법적 성질을 민법상 증여로 추정하는 것이 타당하다. 부담부증여는 수증자로 하여금 일정한 급부의무를 부담하도록 하는 부관이 붙어 있는 특수한 증여인바, 증여자가 단순히 증여목적물의 사용 목적을 지정한 것만으로는 수증자에게 일정한 급부의무 자체가 발생한 것은 아니므로 부담부증여로 볼 수 없다.[22] 가령 고령자가 대학교에 기부를 하면서 '백신 개발을 위하여 사용할 것'이라는 조건을 붙여서 기부를 한 경우에 부담부증여로 해석하기는 어려울 것이다.[23] 해제조건부증여로 볼 수 있는지 문제가 되나, 지정된 목적에 사용하지 않는 경우에 증여의 효력이 소멸되는 것으로 의사해석을 할 만큼 수증자에게 불리한 형태의 증여는 예외적인 사정이 없는 한 인정되기 어려울 것이다.[24]

한편, 기부를 신탁법상 신탁으로 추정하는 견해는 기부자로 하여금 기부받는 자를 통제할 수 있는 이론적 틀을 제공한다는 점에서 타당하나, 당사

---

[21] 민법 제554조 참조; 송덕수, 채권법각론, 제4판, 박영사(2019), 157면.

[22] 윤철홍, 채권각론, 전정2판, 법원사(2015), 183면. 대법원 판결도 같은 입장이다. 대법원 1972. 7. 25. 선고 72다909 판결(미간행)은 "부담부증여라 함은 수증자에게 일정한 급부를 할 채무를 부담시키는 것을 말하고 단순히 증여의 목적물의 사용 목적을 지정함에 지나지 않은 경우에는 부담부증여라고 할 수 없다."라고 판시하고 있다.

[23] 이와 달리 고령자가 개인이나 단체에 기부를 하면서 그 개인이나 단체에게 일정한 급부의무를 부담하도록 하였다면 부담부증여로 볼 수 있을 것이다.

[24] 대법원은 지정목적 등과 다르게 사용된 경우라 하더라도 그것을 이유로 곧바로 출연계약의 이행거부나 해제까지도 인정할 수 있는 것인지 아니면 계약의 부수적 사항에 대한 위반에 지나지 않는 것이어서 계약의 효력 자체를 부정할 사유는 아니라고 할 것인지에 관해서도 여러 사정을 종합하여 논리와 경험칙에 따라 합리적으로 판단해야 한다고 일반론을 설시한 바 있다(대법원 2012. 10. 25. 선고 2011다61370 판결(미간행)).

자가 계약서에 신탁이라는 문언을 쓰지 않은 경우에도 신탁을 인정할 수 있는지 검토가 필요하다. 신탁이 성립하기 위해서는 ① 위탁자의 수탁자에 대한 재산의 이전, ② 수탁자의 일정한 목적에 따른 재산의 관리, ③ 신탁설정 의사가 인정되어야 한다.[25] 신탁설정의사를 확인할 수 있는 지표 중의 하나는 상대방으로 하여금 이전된 재산을 상대방의 고유재산과 분별하여 관리하게 함으로써 상대방의 도산위험으로부터 이전된 재산을 보호하고자 하는 것이 당사자의 의사인지 여부이다.[26] 신탁재산은 수탁자의 고유재산과 별개의 재산으로 취급되어야 하므로 도산절연성이 인정된다는 점, 즉 신탁재산의 독립성은 신탁의 법률관계를 다른 법률관계와 구별하게 하는 핵심표지이기 때문이다.[27] 그런데 기부의 경우에 과연 기부를 받는 자에게 분별관리의무가 인정될 수 있는지, 기부를 받는 자가 파산하는 경우에 기부금의 도산절연효과가 인정될 수 있는지 상당한 의문이 있는바, 신탁법상 신탁으로 추정하기는 어려울 것이다. 더군다나 공익신탁법이 시행되고 있는 현 시점에서 공익신탁법에 의하지 않은 별도의 공익신탁을 인정하는 것은 정책적으로 타당하지 않다.

나. 기부금품의 모집 및 사용에 관한 법률의 내용

기부와 관련하여 기부를 받는 개인, 단체에 대한 적정한 통제가 문제가 된다. 최근에 발생한 새희망씨앗 사건,[28] 이영학 사건[29]은 기부금이 기부

---

[25] 정순섭, "사채원리금 지급대행계약의 법적 성질론", 증권법연구 제5권 제1호(2004), 332면 이하.

[26] 허준석, "신탁 성립에 관한 연구 – 성립 요건과 범위를 중심으로", 박사학위논문, 서울대학교(2019. 8), 274면 이하.

[27] 이계정, "분양계약 해제에 따른 부당이득의 법률관계와 수분양자 보호방안", 자율과 정의의 민법학(양창수대법관고희기념논문집), 박영사(2021), 808면.

[28] 주식회사 새희망씨앗과 사단법인 새희망씨앗을 설립해 두 법인을 함께 운영한 윤모 씨가 소외계층을 돕는다며 127억 원이 넘는 기부금을 받은 뒤 정작 후원은 하지 않은 사건이다. 한겨레(2019. 5. 26.), 「기부금 사기」, 새희망씨앗 회장 징역 6년 확정',

의 목적에 맞게 사용되는지를 통제할 수 있는 시스템이 부족하다는 점을 악용한 대표적인 예이다. 기부금품 모집 절차를 통제하고 모집된 기부금품이 적정하게 사용될 수 있도록 하기 위하여「기부금품의 모집 및 사용에 관한 법률」30)이 시행되고 있다. 그 주요 내용은 다음과 같다.

1) 등록의무

1,000만 원 이상의 기부금품을 모집하기 위해서는 모집·사용계획서를 작성하여 등록청에 등록을 하여야 한다(동법 제4조 제1항). 국제적으로 행하여지는 구제사업, 천재지변이나 이에 준하는 재난의 구휼사업(救恤事業), 불우이웃돕기 등 자선사업, 기타 공익을 목적으로 하는 사업의 경우에만 기부금품 모집등록이 허용된다(동법 제4조 제2항).

2) 모집목적 용도 사용 강제

모집자는 대통령령에서 정하는 비율을 초과하지 않는 범위에서 기부금품의 일부를 기부금품의 모집, 관리, 운영, 사용, 결과보고 등에 필요한 비용에 충당할 수 있으며, 그 외에는 모집목적 외의 용도로 사용할 수 없다.31) 이러한 모집비용 규제 조항에 대해서는 미국 등 다른 나라의 입법례에서 찾기 어려운 과도한 규제이므로 이를 법에서 정할 것이 아니라 기부자가 기부

---

https://www.hani.co.kr/arti/society/society_general/895317.html(2022. 7. 11. 방문).

29) 이영학이 희소병을 앓고 있는 딸 치료비로 약 13억 원의 후원금을 받은 후, 실제로 희소병 치료에 706만 원만을 사용하고 대부분은 이영학의 쌍꺼풀 수술, 전신 문신 시술, 자동차 구입 등에 사용한 사건으로 딸의 친구를 추행하고 살해하여 무기징역형이 확정되었다. 서울신문(2022. 6. 20.), '「천사 아빠」 대국민 사기…13억 후원금 펑펑', https://www.seoul.co.kr/news/newsView.php?id=20220620500015&wlog_tag3=naver(2022. 7. 11. 방문).

30) 이하 '기부금품법'이라고 약칭한다.

31) 기부금품법 제12조, 제13조. 모집비용 충당비율은 10억 원 이하는 모집금액의 15% 이하, 10억 원 초과 100억 원 이하는 모집금액의 13% 이하이다(기부금품법 시행령 제18조 참조).

를 할 때 판단자료로 사용할 수 있도록 하면 충분하다는 주장이 제기되고 있다.[32] 실제 분석 결과 행정효율성이 낮아질수록(기부금을 모집목적에 사용하는 비율이 낮을수록) 기부금 모집에 부정적 영향을 주었으며 고액기부자의 경우 비영리단체의 행정효율성에 민감하게 반응하였기 때문이다.

모집된 기부금품을 사용한 경우에는 등록청에 '1. 모집자의 성명 또는 명칭, 2. 등록일자 및 등록번호, 3. 모집금품의 총액 및 수량, 4. 기부금품의 사용명세'를 지체 없이 알려야 하고 모집자의 인터넷 홈페이지에 30일 이상 게시하여 일반인이 열람할 수 있도록 해야 한다.[33] 기부자는 위와 같이 공개된 사항만으로는 기부금품의 모집상황 및 사용명세를 파악하기 어렵다고 판단하는 경우에는 자신의 기부금품을 접수한 모집자에게 장부의 공개를 요청할 수 있으며, 이 경우 모집자는 요청에 따르도록 노력해야 한다.[34]

3) 기부금품 사용완료보고

모집자는 기부금품의 사용을 끝낸 날부터 60일 이내에 등록청에 기부금품 사용완료보고를 해야 한다. 구체적으로 모집자는 기부금품 모집 및 사용명세 보고서에 회계감사기관이 작성한 회계감사보고서를 첨부하여 등록청에 제출해야 하며, 다만, 기부금품 모집의 금액이 1억 원 이하인 경우에는 회계감사보고서 제출이 생략되는 대신 기부금품 사용에 따른 영수증 등 지출증명서류를 제출해야 한다.[35]

---

32) 신현재·이석원, "비영리단체의 행정효율성이 기부금 모금에 미치는 영향 분석", 한국정책과학학회보 제12권 제3호(2008. 9), 276면, 292-294면; 이상신, "기부금품의 모집·사용 및 기부금품법의 쟁점", 공익법인연구(법무법인(유한) 태평양·재단법인 동천 공동편집), 경인문화사(2015), 402면.

33) 기부금품법 제14조 제2항, 동법 시행령 제19조 제3항.

34) 기부금품법 시행령 제19조 제4항.

35) 기부금품법 제14조 제3항, 동법 시행령 제20조. 구체적인 서류 양식은 행정안전부, 기부금품 모집제도 해설서(2012. 1) 참조.

다. 기부금모집자에 대한 적정한 통제의 문제

기부금품법은 위와 같이 모집금품이 모집목적 용도로 사용하도록 일정한 정보의 공개의무, 형사제재의 부과 등의 수단을 취하고 있다. 그러나 과연 이러한 수단만으로 기부금모집자의 적정한 모집금품 사용을 강제할 수 있는지 의문이 있을 수밖에 없다.

기부된 금품이 모집목적으로 사용될 수 있으려면 이해관계인인 기부자가 민사법적으로 이를 강제하고 감독할 수 있는 수단이 인정되어야 하는데 앞서 본 기부의 법적 성질에 비추어 그러한 수단을 인정하기 쉽지 않다. 기부를 받는 사람과 이를 통하여 이익을 얻는 사람이 동일한 1유형의 경우는 위에서 검토한 바와 같이 '증여'로 볼 수 있으므로 모집자가 기부자에 대하여 어떤 의무를 부담한다고 보기 어렵다. 또한, 기부를 받는 사람과 이를 통하여 이익을 얻는 사람이 다른 2유형의 경우에 '신탁적 양도'로 볼 수 있는 경우에는 기부자가 일정한 공익목적으로 금품을 사용할 것을 강제할 수 있는 채권적 권리가 인정되지만, 다수의 기부자가 소액을 기부하는 경우에는 '신탁적 양도'로 보기 어려우므로 기부자가 모집자를 통제하는 것이 어렵다.

결국 고령자가 자신이 중요하게 여기는 공익 목적을 위하여 기부라는 수단을 사용할 수 있으나, 실제 자신의 기부가 그 목적을 위해 쓰이도록 강제할 수 있는 장치가 부족하다는 점에서 기부라는 수단은 한계가 있다.[36]

---

36) 부산대학교에 305억 원을 기부하기로 약정하고 4회에 걸쳐 총 195억 원을 기부한 이후에 기부자(송금조, 진애언)가 당초 취지대로 기부금을 쓰지 않는다는 이유로 부산대학교에 증여계약 해제를 원인으로 채무부존재확인의 소를 제기한 사실은 기부가 자칫하면 기부자의 의도와 달리 사용될 위험성을 일깨워준다. 위 송사(訟事)의 자세한 내용은 진애언, 외로운 기부, 지난 10년간의 편지, 경암교육문화재단(2016) 참조.

2. 공익법인 설립

고령자는 자신이 생각하는 공익적 가치의 실현을 위하여 공익법인을 설립하는 방안도 검토할 수 있다. 공익법인에 대하여는 「공익법인의 설립·운영에 관한 법률[37]」이 상세하고 규율하고 있는데, 재단법인이나 사단법인으로서 사회 일반의 이익에 이바지하기 위하여 학자금·장학금 또는 연구비의 보조나 지급, 학술, 자선에 관한 사업을 목적으로 하는 법인이 '공익법인'에 해당된다(동법 제2조). 따라서 고령자가 생각하는 공익적 가치가 학자금·장학금 또는 연구비의 지급, 학술, 자선 이외의 것인 경우에는 공익법인 설립이 아니라 민법상 비영리 사단법인, 비영리 재단법인을 설립해야 한다. 이하에서는 고령자가 사회적 기부의 목적으로 공익법인을 설립하는 방안을 중심으로 살펴본다.

가. 공익법인법의 주요 내용

1) 설립허가와 최소 기본재산의 확보

공익법인을 설립하기 위해서는 까다로운 주무 관청의 설립허가를 받아야 한다(공익법인법 제4조). 주무 관청은 설립허가신청이 접수되는 경우에 관계 사실을 조사하여 재단법인은 출연재산의 수입, 사단법인은 회비·기부금 등으로 조성되는 재원(財源)의 수입으로 목적사업을 원활히 수행할 수 있다고 인정되는 경우에만 설립허가를 한다(동법 제4조 제1항). 판례는 비영리법인 설립에 관한 주무 관청의 허가와 관련하여 허가를 할 것인지 여부는 주무 관청의 정책적 판단에 따른 재량에 맡겨져 있다고 보고 있다.[38] 따라서 고령자가 공익법인 설립를 추진하던 중 설립허가를 받지 못한 경우에는 그 불허가처분에 대하여 주무 관청이 재량권을 일탈·남용하였다는 특별한

---

37) 이하 '공익법인법'이라고 약칭한다.
38) 대법원 1996. 9. 10. 선고 95누18437 판결(공 1996하, 3041).

사정이 없는 한 이를 다투는 것이 어려울 것이다.[39]

공익법인의 재산은 기본재산과 보통재산으로 나뉘는데, 기본재산은 '1. 설립시 기본재산으로 출연한 재산, 2. 기부에 의하거나 기타 무상으로 취득한 재산 등'이 이에 해당되며, 기본재산 이외의 재산은 보통재산에 해당한다.[40] 공익법인은 출연재산에서 발생하는 과실, 회비, 기부금 등의 보통재산으로 목적사업을 수행하는 것이 원칙이며, 기본재산의 운용수익이 감소하거나 기부금 또는 그 밖의 수입금이 감소하는 등의 사유가 있어 목적사업의 수행이 현저히 곤란한 경우에 주무 관청의 허가를 받아 기본재산을 보통재산으로 편입할 수 있다.[41] 이와 같이 공익법인의 목적사업 수행을 위해서는 기본재산을 원칙적으로 사용할 수 없으므로, 보통재산의 확보를 위하여 상당한 액수의 재원을 요구할 수밖에 없다. 실제 경기도교육청은 교육사업을 위한 공익법인 설립을 위해서 공익재단법인은 기본재산 최소 5억 원, 공익사단법인은 기본재산 최소 3억 원의 확보를 요구하고 있다.[42]

2) 공익법인의 기관

민법상 사단법인이나 재단법인 모두 이사가 대외적으로 법인을 대표하고 대내적으로 법인의 업무를 집행하는 필수기관인바,[43] 공익법인에서도

---

39) 주무 관청의 허가를 받지 못한 경우에 재판에 의해 이를 다툴 수 없다는 기술도 있으나(고상현, "공익법인의 성립", 공익법인연구(법무법인(유한) 태평양·재단법인 동천 공동편집), 경인문화사(2015), 68면; 편집대표 김용덕, 주석민법(총칙 1)(제5판), 한국사법행정학회(2019), 669면(송호영 집필)), 행정청의 재량에 속하는 처분이더라도 그 재량권의 한계를 넘거나 그 남용이 있는 때에는 이를 취소할 수 있으므로(행정소송법 제27조) 정확한 기술이 아니다. 위 95누18437 판결도 같은 취지이다.

40) 공익법인법 시행령 제16조 제1항, 제2항. 공익법인의 기본재산과 보통재산에 대한 전반적 설명으로는 박수곤, "공익법인의 조직과 운영", 공익법인연구(법무법인(유한) 태평양·재단법인 동천 공동편집), 경인문화사(2015), 152면 이하.

41) 공익법인법 제11조 제3항 제3호. 공익법인의 기본재산을 잠식할 수 있는 근거로 작용할 수 있으므로 신중한 접근이 필요하다(고상현, "한국의 공익법인제도와 그 개선방향", 숭실대학교 법학논총 제44집(2019. 5), 15면).

42) http://www.goeyi.kr/s/?code=sub01040304(2022. 7. 11. 방문).

마찬가지이다. 민법상 법인의 경우 이사의 수에는 별다른 제한이 없으나[44] 공익법인에서는 5명 이상 15명 이하의 복수의 이사를 두도록 함으로써 이사회를 필수기관으로 운영하도록 하고 있다.[45] 이사 선임행위의 성질은 공익법인과 이사 사이의 위임과 비슷한 계약이라고 보아야 하나,[46] 구체적으로 이사가 어떤 의무를 부담하는지에 대해서는 공익신탁의 수탁자가 부담하는 의무와 같은 맥락에서 보아야 하는바, 이에 대해서는 후술하기로 한다 (Ⅲ. 2. 가. 참조).

공익법인법은 이사회를 필수적인 기관으로 규정하여 이사회로 하여금 중요사항을 심의 결정하도록 하고 있다. 민법과 달리 이사회를 필수적인 기관으로 둠으로써 이사의 전횡을 방지하고 목적사업 수행의 적절성을 기하고 있다. 이사회는 이사로 구성되는데, 이사회를 구성할 때에는 출연자 또는 이사와 특별한 관계에 있는 자(예, 6촌 이내의 혈족, 4촌 이내의 인척, 배우자 등)는 이사 현원의 5분의 1을 초과할 수 없다.[47] 이사회는 공익법인의 핵심적 사항을 심의 결정하는데 구체적으로 '1. 공익법인의 예산, 결산, 차입금 및 재산의 취득·처분과 관리에 관한 사항, 2. 정관의 변경에 관한 사항, 3. 공익법인의 해산에 관한 사항, 4. 임원의 임면에 관한 사항 등'을 심의 결정한다.[48]

한편, 공익법인법은 이사의 사무집행을 감독하기 위하여 2명의 감사를 두어야 한다(동법 제5조 제1항). 민법상 감사는 필수기관이 아니지만 공익법인법은 필수기관으로 규정하고 있다. 이해관계를 갖는 내부감시자의 부재 문제를 해결하기 위해서 제3자 감시자를 둔 것이다.[49] 수인의 감사는 각자

---

43) 곽윤직·김재형, 민법총칙, 제9판, 박영사(2014), 192면.

44) 민법 제58조 제2항 참조.

45) 공익법인법 제5조 제1항.

46) 박수곤(주 40), 100면; 곽윤직·김재형(주 43), 192면; 송덕수, 민법총칙, 제6판, 박영사(2021), 653면.

47) 공익법인법 제5조 제5항, 동법 시행령 제12조.

48) 공익법인법 제7조 제1항.

단독으로 직무를 행한다.[50] 감사는 이사와 특별한 관계가 있는 자가 아니어야 하며 그 중 1명은 법률과 회계에 관한 지식과 경험이 있는 자 중에서 주무 관청이 추천할 수 있다.[51] 감사의 중요업무는 공익법인의 업무와 재산상황을 감사하고, 이사에 대하여 감사에 필요한 자료의 제출 또는 의견을 요구하며, 공익법인의 업무를 감사한 결과 불법 또는 부당한 점이 있음을 발견한 때에 이를 이사회와 주무 관청에 보고하는 일이다.[52] 감사는 공익법인의 업무와 재산상황을 감사한 결과 불법 또는 부당한 점이 있음을 발견한 때에는 지체 없이 주무 관청에 보고하여야 하며, 이사가 공익법인의 목적범위 외의 행위를 하거나 그 밖에 위법행위나 정관을 위반하는 행위를 하여 공익법인에 현저한 손해를 발생하게 할 우려가 있을 때에는 이사의 직무집행을 유지(留止)할 것을 법원에 청구할 수 있다(동법 제10조 제2항, 제3항).

3) 공익법인의 감독

공익법인법은 공익법인이 그 목적에 맞는 사업을 영위하고 있는지를 적정하게 감독하기 위하여 주무 관청이 공익법인의 업무를 감독하도록 하고 있다. 공익법인이 공익적인 목적사업 수행을 이유로 세제혜택을 받으므로 과연 적절하게 사업을 수행하고 있는지를 국가가 감독하는 것이다. 주무 관청이 법인사무를 검사·감독하는 방법에는 특별한 제한이 없다.[53] 다만, 공익법인법은 주무 관청의 법인사무에 대한 감독조치를 구체적으로 규정하고 있다. 즉, 주무 관청은 공익법인이 공익법인법에 위반된 행위를 하거나 정관에 위반한 행위를 한 경우, 목적사업 외의 사업을 수행하거나 수행하려한 경우 등에는 그 시정을 요구할 수 있고, 시정을 요구한 날부터 1개월이

---

49) 이중기, 공익신탁과 공익재단의 특징과 규제, 삼우사(2014), 159면.

50) 박수곤(주 40), 138면.

51) 공익법인법 제5조 제8항.

52) 공익법인법 제10조 제1항, 제2항.

53) 편집대표 김용덕, 주석민법(민법총칙 1)(제5판), 한국사법행정학회(2019), 711면(송호영 집필부분).

지나도 이에 응하지 아니한 경우에는 이사의 취임승인을 취소할 수 있다(동법 제14조 제2항). 또한, 수익사업을 하는 공익법인에 대하여는 '수익을 목적사업 외의 용도에 사용하거나 해당 사업을 계속하는 것이 공익법인의 목적에 위배되는 경우'에 그 사업의 시정이나 정지를 명할 수 있다(동법 제14조 제3항). 끝으로 주무 관청은 '공익법인이 목적사업 외의 사업을 한 경우, 공익법인법에 위반된 행위를 하거나 정관에 위반한 행위를 한 경우, 공익을 해치는 행위를 한 경우 등'의 사유가 있는 경우에는 설립허가를 취소할 수 있는데(동법 제16조 제1항), 공익법인의 설립허가취소는 기본권의 주체인 법인의 의사에 반하는 해산을 초래한다는 점에서 그 사유를 엄격하게 해석하여야 한다.[54]

4) 세제혜택

비영리법인이 출연받은 재산에 대하여는 원칙적으로 상속세 및 증여세 납세의무가 있으나 자선, 학술 등의 공익을 목적으로 하는 공익법인에게 일정한 세제 혜택을 부여하고 있다. 공익법인이 국가와 마찬가지로 공익을 대변한다면 국가가 그 부의 증가에 대하여 세금을 내지 않듯 공익법인도 세금을 내지 말아야 한다고 할 수 있기 때문이다.[55] 우선 상속재산 중 피상속인이나 상속인이 위와 같은 공익법인에게 상속세 과세표준신고기한까지 출연한 재산에 대하여는 상속세 과세가액에 산입하지 않는다.[56] 또한, 공익법인이 출연받은 재산의 가액은 증여세 과세가액에 산입하지 않는다.[57] 다만, 공익법인 등이 조세회피의 수단이 되는 것을 방지하고자 공익법인 출연

---

54) 김진우, "공익법인의 규제와 감독", 공익법인연구(법무법인(유한) 태평양·재단법인 동천 공동편집), 경인문화사(2015), 204면.

55) 이창희, 세법강의, 제20판, 박영사(2022), 570-571면.

56) 상속세 및 증여세법(이하 '상증세법'이라고 약칭한다) 제16조 제1항. 한편, 상속세 과세표준신고기한은 상속개시일이 속하는 달의 말일부터 6개월 이내이다(상증세법 제67조 제1항).

57) 상증세법 제48조.

을 피해 상속세를 피한 뒤 상속인이나 상속인의 특수관계인이 공익법인으로부터 이득을 얻는 경우에는 상속세를 추징하며, 공익법인에 재산을 증여한 뒤에 공익법인으로부터 이득을 얻는 경우에는 공익법인으로부터 증여세를 추징한다.[58] 나아가 공익법인이 출연받은 재산을 출연받은 날부터 3년 이내에 직접 공익목적사업에 사용하지 아니한 경우에도 증여세를 부과하도록 하고 있다.[59]

한편, 공익법인도 법인세를 납부할 의무가 있으나, 순자산의 증가 전체를 과세하지는 않고 일정한 범위 안의 소득(수익사업)만 과세하고, 과세대상 소득이라도 그만큼의 돈을 고유목적사업에 썼거나 일정기간 안에 쓸 예정이라면 그 부분에 대해서는 세금의 전부 또는 일부를 면제해 주고 있다.[60] 이에 따라 공익법인은 고유목적사업준비금을 비용으로 계상함으로써 계상한 고유목적사업준비금을 해당 사업연도의 소득금액을 계산할 때 손금에 산입할 수 있는 것인데, 고육목적사업준비금의 설정 한도는 세법에서 정하는 이자소득과 배당소득의 경우 100%까지 설정이 가능하며, 기타 수익사업에서 발생한 소득의 경우에는 50%까지 설정이 가능하다.[61]

나. 고령자의 공익법인을 통한 기부의 한계

1) '미르재단 사건'[62]에서 보듯이 공익법인이 목적과 다른 사업을 하거

---

58) 상증세법 제16조 제4항, 제48조 제3항.

59) 상증세법 제48조 제2항 제1호.

60) 법인세법 제29조 참조. 자세한 설명은 이창희(주 55). 568-569면 참조. 고유목적사업준비금을 설정하여 손금에 산입하고 손금에 산입한 사업연도의 종료일 이후 5년 이내에 그 준비금을 고유목적사업에 사용하지 않은 경우에는 위와 같은 세금 혜택을 받을 수 없다(법인세법 제29조 제6항).

61) 법인세법 제29조 제1항.

62) 국제신문(2016. 10. 31.), '최순실 사건 정리, 미르재단 보도부터 검찰 소환까지', http://www.kookje.co.kr/news2011/asp/newsbody.asp?code=0100&key=20161031.99002160919(2022. 7. 27. 방문).

나 목적사업을 하더라도 방만하게 업무집행을 할 위험성이 있으므로 적정한 거버넌스가 설계되어야 한다. 회사와 같은 영리법인의 경우 이윤동기에 의해 활동을 감시할 주주가 존재하고, 주식에 대한 시장평가에 의하여 이사의 전횡이 통제될 수 있다. 그러나 공익법인의 경우 출연자가 직접적으로 감시권한을 가지지 않으며 주식시장이 존재하지 않으므로 공익법인의 활동 감시에 많은 어려움이 따른다. 그렇다고 하여 국가가 자신의 권한을 이용하여 과도하게 감시를 하면 공익법인 설립 의욕과 공익에 대한 열정이 꺾이게 된다. 이러한 점이 공익법인 지배구조 설계에 있어서 해결하기 어려운 난제이다.[63] 자율성의 존중과 적정한 감독을 절충하려는 노력이 필요하다.[64]

우리 공익법인법은 이러한 난제를 풀기 위해서 영리법인에서 사용되고 있는 지배구조와 국가의 감시권한을 복합적으로 사용하고 있다. 즉, 공익법인법은 이사회와 감사를 필수기관으로 두어 이사의 업무집행을 견제함으로써 영리법인의 지배구조를 활용하는 한편, 주무 관청에 광범위한 업무 감독권한을 수여하고 있다. 그런데 이러한 지배구조를 통해 실제 공익법인의 업무집행이 효율적으로 감시되고 있는지에 대해서는 의문이 있다. 공익법인이 독립적으로 활동하는 것도 중요하지만, 공익법인의 출연자가 이사의 전횡이 발생한 경우에 이를 시정하기 위한 견제장치가 필요할 수 있는바 그와 같은 장치가 충분하지 않다.[65] 또한, 공익법인의 활동 상황에 대한 정보

---

63) Klaus J. Hopt & Thomas von Hippel, "Preface", Comparative Corporate Governance of Non-Profit Organizations(Hopt & von Hippel ed.), Cambridge (2010), p. 47.

64) 공익법인, 공익신탁에 있어서는 자율성을 중시하는 사법의 영역과 국가의 감독을 강조하는 공법의 영역이 서로 뒤섞여 있는 것이다(Kathryn Chan, The Public-Private Nature of Charity Law, Hart Publishing(2016), pp. 23 이하).

65) 물론 공익법인의 출연자 내지 기부자가 이사회의 구성원이 되거나 감사가 되는 경우에 이사의 전횡을 통제할 수 있으나 그렇지 않은 경우에는 이사의 전횡을 통제할 수 있는 장치가 마련되어 있지 않다.

의 공시가 강제되지 않으므로 공익법인의 출연자의 정보 접근 권한이 제한되어 있다.[66] 다음으로 업무집행기관인 이사가 출연자에 대하여 부담하는 의무가 명확하지 않다. 이사가 공익법인에 대해서는 위임계약상의 선관주의의무 내지 신인의무를 부담하지만 공익법인의 출연자에 대한 관계에서 어떠한 의무를 부담하는지 불분명하다. 이로 인하여 앞에서 본 바와 같이 출연자가 이사의 적정한 업무집행을 강제할 만한 수단을 확보하기 어려운 것이다.

결국 고령자가 공익 가치를 실현하기 위하여 공익법인 설립이라는 수단을 사용할 수 있으나, 까다로운 설립허가 절차를 거쳐야 하는 점, 상당한 규모의 재산을 출연해야 하므로 소액을 출연하고자 하는 고령자가 이용하기 어려운 점,[67] 고령자가 상당한 금원을 출연하더라도 이사의 전횡을 효율적으로 견제하기 위한 거버넌스가 확립되었다고 보기 어려운 점 등에 비추어 고령자의 공익법인을 통한 기부모델은 일정한 한계가 있다.

2) 공익법인의 존속에 있어서 전적으로 출연자 내지 기부자의 출연에 의지하는 경우에 해당 공익법인의 존속이 불투명해질 수 있다. 또한 공익법인의 활성화를 위해서는 공익법인의 공익성을 침해하지 않는 범위 내에서 사익을 추구하는 것도 용인할 필요가 있다. 공익법인의 출연자에 대하여 공익적인 동기만을 요구하는 것은 현실적이지 않다. 이에 비추어 공익법인법이 공익법인으로 하여금 목적달성을 위한 수익사업을 할 수 있도록 한 것은 타

---

66) 이사회를 구성할 때에는 출연자 또는 이사와 특별한 관계에 있는 자는 이사 현원의 5분의 1을 초과하지 않는 범위에서 선임될 수 있으므로(공익법인법 제5조 제5항, 동법 시행령 제12조), 특별한 관계에 있는 자를 통해 이사의 활동을 감시하거나 중요 정보에 대하여 접근할 수는 있다.

67) 김진우, "공익신탁의 법적 구조", 비교사법 제19권 제1호(2012. 2), 17면. 경기도교육청이 교육사업을 위한 공익법인 설립을 위해서 공익재단법인은 기본재산 최소 5억 원, 공익사단법인은 기본재산 최소 3억 원의 확보를 요구하고 있음은 앞에서 본 바와 같다.

당하며(동법 제4조 제3항), 고령자가 공익법인 설립을 고려할 수 있는 하나의 유인이 될 수 있다.

공익법인이 수익사업을 하기 위해서는 주무 관청의 승인을 받아야 한다 (동법 제4조 제3항). 이러한 수익사업 승인 제도는 공익법인의 수익사업을 사전에 심사·관리함으로써 공익법인이 무분별하고 부적절한 수익사업에 나서는 것을 억제하고 공익법인으로 하여금 본래의 설립 목적인 공익성을 유지하며 건전한 활동을 계속할 수 있도록 하기 위한 것으로 설명되고 있다.[68] 다만, 공익법인법이 공익법인이 할 수 있는 수익사업의 범위를 '목적 달성을 위한 수익사업'이라고 명기하고 있음에도 주무 관청이 이를 매우 제한적으로 해석하고 있는 경향은 타당하지 않다. 가령 서울특별시 교육청이 발표한 공익법인 운영 인·허가 세부 기준에 따르면 재단법인이 할 수 있는 수익사업으로 '부동산임대업'만 인정하고 있다.[69] 지나친 규제 중심적 행정이라고 볼 수 있는바, 주무 관청이 각 공익법인의 특성에 맞게 해당 목적사업과 관련된 범위 내에서 수익사업을 할 수 있도록 승인하는 것이 요청된다. 예를 들어 박물관을 운영하는 재단법인의 경우 역사·문화재에 관한 유료 강좌 개설이라는 수익사업을 적극 고려할 수 있다.[70] 시민사회 발전을 위한 재단법인의 경우 사회성과연계채권(social impact bond) 사업을 통한 이윤창출이 가능하도록 해야 한다. 사회성과연계채권 사업은 공익법인 등이

---

68) 대법원 2006. 9. 22. 선고 2004도4751 판결(공 2006, 1853).

69) https://www.sen.go.kr/web/services/bbs/bbsList.action?bbsBean.bbsCd=383 &searchBean.searchKey=&appYn=&searchBean.searchVal=&searchBean.sta rtDt=&startDt=&searchBean.endDt=&endDt=&ctgCd=&sex=&school=&g rade=&year=&month=&schoolDiv=&establDiv=&hopearea=&searchBean. deptCd=&searchBean.currentPage=11(2022. 7. 27. 방문).

70) 비영리법인으로 등록한 박물관의 경우 '박물관 경영에 필요한 경비로 충당하기 위해, 박물관의 고유 목적사업에 지장이 없는 범위 내에서 수익사업을 수행할 수 있도록 하여야 한다.'는 제안에 대하여는 양지연·김성규·최종호, "사립 박물관 비영리법인화 및 발전방안 연구", 한국미술기획경영연구소(2011), 127면.

민간투자금을 모집해 공공복지 사업을 수행하고 목표한 성과를 달성하였을 때 정부예산을 집행하여 민간투자자에게 이자와 함께 상환하는 방식이다.[71] 공공사업(예를 들면 출소자 교육)을 전문적인 역량과 열정이 있는 시민단체(공익법인)에 맡김으로써 특정 사회문제를 방치했을 때 발생할 것으로 예상되는 사회적 비용을 절감할 수 있고, 시민단체(공익법인) 입장에서는 공익을 증진시키면서 경제적 이익을 얻을 수 있는 장점이 있는 사업이다.[72]

앞서 언급한 바와 같이 국가가 공익법인에 대하여 과도한 감시를 하면 공익법인 설립의 의욕과 공익에 대한 열정이 꺾이게 되는바, 지나친 규제 중심적 행정에 의해 공익법인을 통한 기부모델이 위축되고 있는 것은 아닌지 검토가 필요하며, 우선적으로 수익사업 승인에 대한 전향적인 태도가 요청된다.[73]

Ⅲ. 고령자를 위한 기부모델로서 공익신탁

고령사회에서 기부 문화의 확산을 위해서는 사회지도층의 모범적 기부

---

71) 사회성과연계채권에 대하여는 Jeffrey Liebman & Alina Sellman, Social Impact Bonds - a guide for state and local governments, Harvard Kennedy School (2013). pp. 8 이하.

72) 종전에 시민단체(공익법인)가 일정한 공익사업을 한다고 하면 정부가 재정 지원을 하면서도 사업성과에 대해서는 제대로 감시가 이루어지지 않아 예산이 방만하게 사용되는 문제가 있었다. 이러한 문제를 해결하기 위해서 사회성과연계채권(social impact bond) 사업이 새로운 모델로 제시되는 것이다. 사회성과연계채권 사업에서는 시민단체(공익법인)가 일정한 성과를 달성하지 않으면 정부예산의 집행을 요구할 수 없게 된다.

73) 공익법인이 공익사업 수행과 수익사업 수행을 병행하는 것이 현재의 경향이라는 점에 대하여는 Matthew Harding, "Charity and law: past, Present and future", Singapore Journal of Legal Studies(Sep 2020), pp. 572-573. 공익법인에 대한 과도한 수익사업 통제는 공익법인의 유용한 활동을 잠재적으로 위축시킬 우려가 있다는 지적으로는 Dana B. Reiser, "Charity law's essentials", 86 Notre Dame L. Rev. 1, 25, 54-55 (2013).

확대와 이를 위한 기부방법의 편리성 증대가 필요한바, 이 점에서 주목해야 하는 것이 공익신탁이다. 법무부는 "기부는 쉽게, 운영은 투명하게, 사용은 내 뜻대로"를 캐치프레이즈로 내걸고 2014. 3. 18. 공익신탁법을 제정하여 2015. 3. 19. 시행하였다. 이하에서는 공익신탁의 구체적 내용을 살펴본다.

1. 공익신탁법의 내용

가. 공익신탁의 의의

공익신탁은 공익사업을 목적으로 하는 신탁으로서 법무부장관의 인가를 받은 신탁을 말한다(법 제2조 제2호). 신탁은 '위탁자가 수탁자에게 재산을 이전하고 수탁자는 수익자의 이익 또는 특정 목적을 위하여 재산을 관리하는 법률관계'를 의미하는데, 공익신탁은 수익자가 존재하지 않으므로 특정 목적을 위하여 재산을 관리하는 '목적신탁'에 해당된다.

공익신탁을 설정하는 방법은 신탁을 설정하는 방법과 다르지 않다. 따라서 공익신탁은 ① 위탁자와 수탁자와 사이의 신탁계약에 의해, ② 위탁자의 유언에 의해, ③ 위탁자가 자신을 수탁자로 정하는 신탁선언에 의하여 설정할 수 있다.[74] 신탁선언에 의한 신탁의 경우 신탁재산의 이전이 외부적으로 드러나지 않아 신탁의 성립여부를 파악하기 어려우므로 공정증서를 작성하는 방법으로 설정해야 하나, 공익신탁은 법무부의 인가를 받아 설정되며 그 내용이 공시되므로 공정증서를 작성할 필요는 없다.[75]

공익신탁법은 공익신탁을 통해 영위할 수 있는 공익사업을 제2조 제1호에서 열거하고 있는데, 대표적으로 학문·과학기술·문화의 증진을 목적으로 하는 사업, 아동·청소년의 건전한 육성을 목적으로 하는 사업 등이 있

---

74) 신탁법 제3조 제1항.

75) 신탁법 제3조 제2항. 신탁선언에 의한 신탁에 대한 설명으로는 최수정, 신탁법, 개정판, 박영사(2019), 191면 이하; 편집대표 이계정, 온주 신탁법 제3조, 온주편집위원회, 단락번호 28 이하(이연갑 집필부분).

다. 공익신탁법 제2조제1호하목에서는 "그 밖에 공익 증진을 목표로 하는 사업으로서 대통령으로 정하는 사업"이라고 규정하고 있는데, 이에는 "1. 국토의 합리적 이용, 정비 또는 보전을 목적으로 하는 사업, 2. 국민생활에 필수적인 재화나 용역의 안정적 공급을 목적으로 하는 사업, 3. 공익신탁법 제2조제1호가목부터 파목까지의 사업 또는 제1호·제2호의 사업에 준하는 것으로서 공익 증진을 목적으로 하는 사업"이 있다.[76] 이와 같이 공익신탁법은 구체적인 예를 열거하고, 그 외에도 공익사업으로 인정될 수 있음을 명확히 하여 공익사업의 개념을 개방적으로 규율하고 있다. 이러한 태도는 영국과 일본의 입법례와 일치한다. 영국의 공익법(Charities Act 2011)은 공익목적(charitable purpopose)의 예를 12가지로 열거하면서도 열거한 사항에 해당하지 않아도 공익목적에 해당할 수 있다고 규정하고 있으며,[77] 일본의 「공익사단법인 및 공익재단법인의 인정 등에 관한 법률」(公益社団法人及び公益財団法人の認定等に関する法律, 이하 '公益認定法'으로 약칭한다)은 공익사업을 22개 종류로 열거하면서도 열거한 사항에 해당하지 않아도 일정한 요건이 충족되면 공익사업에 해당할 수 있다고 규정하고 있다.[78]

문제는 위에서 열거한 공익사업을 하기만 하면 바로 공익신탁에 해당된다고 보아야 하는 것인지에 있다. 가령 아동·청소년의 건전한 육성을 목적으로 하는 사업을 할 목적으로 신탁이 설정된 경우에 바로 공익신탁이라고

---

76) 공익신탁법 시행령 제2조. 본 논문에서 별도의 법령 표시 없이 '시행령'이라고 표시한 경우에는 '공익신탁법 시행령'을 의미한다.

77) Charities Act 2011 §3(1). Charities Act를 공익단체법이라고 번역을 할 수 있으나 공익법인 이외에 단체가 아닌 공익신탁도 규율하므로 '공익법'으로 번역하기로 한다. 참고로 영국에서 기본이 되는 세 가지 공익사업 구조가 있는데 첫째는 공익신탁(charitable trust)으로 법인격이 인정되지 않으며, 둘째는 공익법인(charitable company)으로 법인격이 인정되며, 셋째는 비법인공익단체(charitable unincorporated association)으로 법인격이 인정되지 않는바(Peter Luxton, The Law of Charities, Oxford(2007), pp. 255-272), 위와 같은 공익사업 구조 전반을 Charities Act가 관장하고 있다.

78) 公益認定法 제2조 제4호 별표.

보아야 하는지 문제가 된다. 영국의 경우 공익신탁으로 인정되려면 「공공의 이익(public benefit)」을 위한 신탁이라는 요건을 충족해야 한다.[79] 이를 위해서는 공익신탁이 추구하는 공중의 이익이 특정되어야 하며, 특정인이나 특정 집단을 위해 설정된 것이 아니어야 하고 정치적 목적을 추구하여서는 아니 된다.[80] 우리 공익신탁법이 그 요건으로 「공공의 이익」을 명시적으로 규정하고 있지 않지만, 공익신탁의 인가 요건으로 "특정 개인이나 단체에 기부하거나 그 밖의 이익을 제공하는 것을 사업내용으로 하지 아니할 것"을 규정하고 있는 점(법 제4조 제8호 나목), 공익신탁의 본질 등에 비추어 우리 법상으로도 「공공의 이익」의 요건을 충족해야 공익신탁으로 인정된다고 보아야 할 것이다.[81]

나. 인가제로 전환

구 신탁법상 수탁자가 공익신탁을 인수하기 위해서는 주무 관청의 허가를 얻어야 했으나 공익신탁법은 주무 관청을 법무부로 단일화하고 허가제에서 인가제로 전환함으로써 공익신탁의 활성화를 꾀하였다. 법무부장관은 일정한 요건을 갖춘 경우에는 반드시 인가를 하여야 하며 인가를 거부할 재량이 없다. 따라서 법무부장관의 불인가결정에 대해서 사법적으로 구제를 받기가 이전보다 쉬워졌다.

공익신탁 인가신청을 제출하는 경우에 법무부장관은 3개월 이내에 인가 여부를 결정하여야 하므로 신속하게 공익신탁을 설정할 수 있다는 장점이 있으며,[82] 3개월 이상 소요되는 까다로운 설립허가 절차를 거쳐야 하는 공

---

79) Charities Act 2011 §2(1)(b), 4.
80) Graham Virgo, The Principles of Equity and Trusts, 4th ed., Oxford(2020), pp. 165-168.
81) 同旨 이연갑, "공익신탁법에 관한 약간의 검토", 법조 제64권 제5호(2015. 5), 9면 이하; 김진우(주 67), 11면.
82) 법 제5조 제1항 참조.

익법인 설립과 구별된다.

다. 기부금 집행의 적절성과 투명성 확보를 위한 장치

신탁의 특징은 신탁재산을 수탁자에게 이전한다는 점에 있는데 필연적으로 수탁자가 자신의 권한을 남용할 수 있는 위험이 따른다. 특히 공익신탁의 경우에는 수익자가 존재하지 않으므로 위와 같은 위험이 증대된다.

이에 공익신탁법은 기부금이 수탁자에 의해 적정하고 투명하게 집행되도록 다음과 같은 장치를 두고 있다. 우선 신탁재산의 자산총액이 100억 원이상인 대규모 공익신탁의 경우에는 회계전문가의 회계감사를 받도록 하고 있다(법 제17조, 시행령 제12조). 또한, 수탁자와 신탁관리인은 신탁행위로 달리 정하지 않는 한 신탁사무 수행에 필요한 경비 외에 보수 등을 지급받지 못하도록 하고 있다(법 제13조). 제3의 영역(third sector)에 속하는 공익신탁에 있어서 수탁자는 자발적인 동기에 입각하여 무상으로 업무를 수행해야 한다는 공익신탁의 기본원칙이라는 점을 밝힌 것이다. 아울러 공익신탁에 출연된 금전이 보수 용도로 집행되는 경우에 공익목적을 위한 재원이 고갈될 수 있기 때문에 위와 같은 규제를 둔 것이다. 공익신탁에 있어서 기부금 중 목적사업에 사용되는 금원의 비율이 높은지 여부는 해당 공익신탁에 대한 신뢰에 있어서 매우 중요한 요소로 평가된다는 점에서 위와 같은 규제의 정당성을 인정할 수 있다.[83] 나아가 공익신탁법은 수탁자는 신탁재산을 수탁받은 날로부터 3년 이내에 신탁재산을 공익사업에 사용하여야 한다는 점을 명확히 함으로써(법 제11조 제5항 본문), 수탁자가 신탁재산을 모아두기

---

[83] 영국에 있어서도 공익신탁, 공익법인에 대한 신뢰에 있어서 대중이 고려하는 가장 중요한 요소는 ① 기부금 중 목적사업에 사용하는 비율이 높은지, ② 해당 공익신탁 등이 고도의 도덕적 기준에 맞게 운영되는지, ③ 일정한 영향력이 있는지로 밝혀졌다. Charity Commission for England and Wales, "Public trust in charities 2021: web version", 2021(https://www.gov.uk/government/publications/public-trust-in-charities-and-trustees-experience-of-their-role/public-trust-in-charities-2021-web-version, 2022. 7. 28. 방문).

만 할 뿐 실제로는 공익사업에 사용하지 않는 문제를 시정함으로써 공익사업을 신속히 이행하도록 하고 있다.[84]

그 외에 공익신탁에 있어서 수탁자를 적절하게 통제하는 장치로 중요한 것은 신탁관리인 선임의 강제(법 제18조), 공시의무의 부과(법 제10조)인바, 이 점에 대해서는 「2. 공익신탁의 대리비용의 해결」 부분에서 다루기로 한다.

라. 신탁재산의 운용방법

공익신탁은 신탁재산의 운용방법에 대하여 특칙을 두고 있다. 신탁법상 수탁자는 신탁행위로 달리 정한 바가 없으면 신탁재산에 속하는 금전의 관리는 '1. 국채, 지방채 및 특별법에 따라 설립된 법인의 사채의 응모·인수 또는 매입, 2. 국채나 그 밖에 제1호의 유가증권을 담보로 하는 대부, 3. 은행예금 또는 우체국예금'의 방법으로 하여야 한다(신탁법 제41조). 그러나 공익신탁법 제11조 제1항은 "공익신탁의 신탁재산 중 금전은 「신탁법」 제41조 각 호의 방법으로만 운용하여야 한다."라고 규정하여 신탁행위로 이와 다르게 정할 수 없음을 명확히 하고 있다. 위 규정은 강행규정으로 해석되므로 신탁행위로 금전의 운용방법에 관하여 달리 정하더라도 이는 효력이 없다.[85] 이처럼 공익신탁법은 신탁재산의 관리방법을 법에서 정한 안정적인 방법으로 한정하고 이에 반하는 경우에 신탁위반으로 본다는 점에서 법률 리스트 원칙(legal list rule)을 따르고 있다고 볼 수 있다.[86] 공익사업을 위

---

84) 박준 감수, 공익신탁법 해설, 법무부(2016)(이하 '공익신탁법 해설'이라고 약칭한다), 64-65면.

85) 이연갑(주 81), 16면.

86) 수탁자는 법으로 정한 투자대상리스트에 한정하여 투자해야 한다는 원칙이 법률 리스트 원칙이다. 법률 리스트 원칙이 적용되면 수탁자는 안정성이 높은 국채 등 한정된 투자대상리스트에 국한하여 투자를 해야 하고, 주식에 대한 투자가 금지된다(John H. Langbein, "The Uniform Prudent Investor Act and the Future of Trust Investing", 81 Iowa L. Rev. 641, 643-644 (1996)). 그러나 수탁자의 투자에 대한 재량을 지나치게 축소하게 되면 수탁자가 시장의 변화에 유연하게 대응하기 어려워 수익자가 손실

한 재원을 확실히 보호하기 위하여 수탁자의 투자 권한을 축소한 것이다. 다만, 위와 같은 공익신탁재산의 경직된 운용 방식이 공익신탁 활성화를 가로막고 있는 것이 아닌지 검토할 필요가 있는바, 이 점에 관하여 후술하기로 한다(Ⅳ. 4. 참조). 신탁재산을 위와 같이 운용하여 소득이 발생한 경우에 70% 이상을 공익사업에 사용하여야 한다(법 제12조 제1항). 공익신탁의 기능에 맞게 운용소득의 상당 부분을 공익사업을 위해 사용하게 하면서도 신탁재산의 증식을 꾀하기 위하여 절충적으로 비율을 정한 것이다.[87]

한편, 수탁자는 신탁재산을 공익사업 및 수익사업 외의 용도로 사용하여서는 아니된다(법 제11조 제4항). 여기서 수익사업은 신탁의 목적 달성을 위하여 필요한 범위에서 수행하는 공익사업 외의 사업을 말하므로(법 제2조 제3호), 공익신탁 목적과의 관련성이 수익사업 해당 여부의 관건이 될 것이다. 공익법인에서와 마찬가지로 공익신탁에 있어서도 공익성을 해하지 않는 범위 내에서 수익사업의 범위를 다소 넓게 인정하는 것이 공익신탁의 재원 확보와 공익신탁의 활성화에 기여할 수 있을 것이다.

마. 신탁재산의 취득과 관리처분에 관한 특칙

공익신탁법은 "수탁자는 금전(신탁법 제41조 각호에 규정된 재산을 포함한다)이 아닌 신탁재산을 신탁행위 외의 방법으로 취득하여서는 아니 된다."라

을 볼 수 있다. 이에 따라 통일신중투자자법(the Uniform Prudent Investor Rule Act)은 '신중 투자자의 원칙(prudent investor rule)'을 채택하였는데, 투자에 있어서 선관주의의무 위반을 포트폴리오 전체의 맥락에서 판단한다는 점이 특징이다(the Uniform Prudent Investor Act §2(b)).

87) 참고로 영국의 공익신탁의 경우 신탁재산 운용 소득의 일정 비율을 공익사업에 사용하여야 한다는 법리는 존재하지 않으며 단지 공익신탁의 최선의 이익을 위해 합리적인 범위에서 신탁재산을 사용해야 한다고 보고 있다. 합리성이 인정되는 한 운용 소득을 비축하는 것이 가능하다. Charity Commission for England and Wales, "Charity reserves: building resilience", 2016 (https://www.gov.uk/government/publications/charities-and-reserves-cc19, 2022. 7. 28. 방문).

고 규정함으로써 부동산, 동산 등의 물건 등을 신탁행위 외의 방법으로 취득하는 것을 금지하고 있다(동법 제11조 제2항). 이는 수탁자가 부동산이나 고위험 상품에 투자하는 행위를 규제하여 신탁재산의 부실화를 방지하고 공익신탁의 공공성을 확보하기 위한 규정이다.[88]

그러나 수탁자의 신탁재산 취득에 대해서 과도한 제한을 하고 있다는 점에서 문제가 있다. 가령 공익신탁의 목적인 '아동·청소년의 건전한 육성'을 위해 결손가정의 아동·청소년이 숙식을 할 수 있는 건물을 매입할 필요가 있음에도 위 규정에 따르면 수탁자는 건물을 매입할 수 없게 된다. 마찬가지로 '아름다운 숲 보존'을 위해 신탁된 금전으로 숲을 매수하는 행위는 투기목적이 아닌 한 공익에 부합하므로 허용하는 것이 타당할 것이다. 부동산, 동산 등의 취득이 공익신탁의 목적에 부합한다면 수탁자가 이를 매수하는 것을 허용하는 것이 타당하고, 일률적으로 금지하는 것은 과도한 규제로 볼 수 있다. 만약 수탁자가 투기 목적으로 신탁재산을 운용하여 신탁재산의 상태가 악화되었다면 수탁자 해임, 인가 취소 등의 방법에 의해 규제하는 것이 보다 바람직할 것이다.[89]

공익신탁법은 신탁재산의 부실화를 방지하기 위하여 공익사업 수행을 위하여 필수적인 재산을 매도, 증여, 임대, 교환, 용도 변경 또는 담보로 제공하거나 일정 금액 이상을 장기 차입하기 위해서는 법무부장관의 승인을 받아야 함을 명확히 하고 있다(동법 제11조 제6항). '필수적인 재산'이란 당해 신탁재산의 가액, 대체가능성, 용도, 공익사업에서 차지하는 비중, 신탁재산운용 현황 등에 비추어 그 재산을 처분할 경우 공익신탁이 유지될 수 없거나, 당소의 공익사업 수행이 불가능 또는 현저히 지장을 초래하는 재산을 의미한다.[90] 위 규정은 강행규정이므로 법무부장관의 승인이 없었다면 해

---

88) 공익신탁법 해설, 63면.
89) 이연갑(주 81), 19면; 황현영, "공익신탁 활성화를 위한 입법·정책적 과제", 한양법학 제29권 제2집(2018. 5), 310면.
90) 공익신탁법 해설, 66면.

당 거래행위는 무효로 보아야 할 것이다.

바. 세제혜택

공익신탁은 공공의 이익을 추구하므로 공익법인과 마찬가지로 일정한 세제 혜택을 부여하는 것이 타당하다. 이에 공익신탁법은 공익신탁에 출연하거나 기부한 재산에 대한 세금을 법이 정하는 바에 따라 감면할 수 있음을 명기하고 있다(법 제28조).

구체적으로 보면 상속재산 중 피상속인이나 상속인이 공익신탁을 통하여 공익법인등에 출연하는 재산의 가액은 상속세 과세가액에 산입하지 아니하며, 증여자가 공익신탁을 통하여 공익법인등에 출연하는 재산의 가액은 증여세 과세가액에 산입하지 아니한다.[91] 한편, 공익신탁의 신탁재산에 생기는 소득에 대하여는 공익신탁이 수익하는 것이 아니므로 법인세를 과세하지 않으며,[92] 법인이 공익신탁에 기부한 경우에 기부금의 일정액을 손금으로 산입할 수 있다.[93] 나아가 소득세법에서는 공익신탁의 이익에 대해서는 소득세를 과세하지 않고, 공익신탁에 기부한 개인은 일정액을 필요경비로 인정받거나 세액공제를 받을 수 있음을 규정하고 있다.[94]

2. 공익신탁의 대리비용의 해결 – 공익신탁의 거버넌스

신탁은 재산관리를 위하여 다음과 같은 두 가지 틀을 사용하고 있다.[95]

---

91) 상증세법 제17조 제1항, 제52조. 한편, '공익법인등'의 의의는 상증세법 제16조 제1항, 동법 시행령 제12조에서 규율하고 있다.

92) 법인세법 제51조. 위탁자에게도 과세하지 않는다(소득세법 제12조 제1호). 이에 대한 자세한 설명은 이창희(주 55), 578-579면.

93) 법인세법 제24조 제3항 제1호, 동법 시행령 제39조 제1항 제2호 나목.

94) 소득세법 제12조 제1호, 제34조 제3항, 제59조의4 제4항.

95) 이계정, 신탁의 기본 법리에 관한 연구-본질과 독립재산성, 경인문화사(2017), 152-153면.

하나는 수탁자에게 재산권을 이전하는 것이고, 다른 하나는 이를 통해 신탁재산을 위탁자의 지배로부터 이탈하도록 하는 것이다.[96] 재산관리를 위하여 수탁자에게 그 명의까지 이전함으로써 수탁자는 위탁자로부터 독립하여 재량을 발휘하고 신탁 목적을 위해 신탁재산을 관리한다. 또한 수탁자 앞으로 명의가 이전함으로써 위탁자가 사망하는 등 위탁자에게 사정변경이 생겨도 위탁자와 독립하여 지속적으로 재산관리가 이루어지도록 설계되며, 신탁재산의 도산절연성이 인정된다. 그런데 수탁자에게 재산을 이전하고 수탁자에게 재량을 부여함에 따라 상당한 대리비용(agency cost)을 수반하게 된다.[97] 수탁자가 신탁의 목적을 영위하기 위하여 업무처리를 해야 하나 이기적 동기에 의하여 자신의 이익을 우선시하는 기회주의적 업무처리를 할 수 있는 가능성이 많기 때문이다.

공익신탁에 있어서도 위탁자가 직접 공익사업을 수행하는 것이 아니라 수탁자에 의해 공익사업이 집행되어야 하므로 대리비용이 발생할 수밖에 없는바, 이러한 대리비용의 문제를 어떻게 해결하여야 하는지, 수탁자의 적정한 기부금 집행을 어떻게 유도해야 하는지 문제가 된다.

이를 위해 공익신탁은 신인의무의 부과, 신탁관리인 선임의 강제, 공동수탁자와 이사회에 의한 감시, 공시의무의 부과 등의 방법을 취하고 있는바, 구체적으로 살펴보기로 한다.

가. 신인의무의 부과

신탁은 대리비용의 문제를 해결하기 위하여 수탁자에게 엄격한 의무인

---

96) 新井 誠, 信託法, 第4版, 有斐閣(2014), 131면은 위 두 가지가 신탁으로서 필요한 최소한의 실질이라고 한다.

97) 대리비용에 대한 설명으로는 Michael C. Jensen & William H. Meckling, "Theory of the Firm: Managerial Behavior, Agency Costs and Ownership Structure", 3 J. Fin. Econ. 305, 308-309 (1976); 박세일 외 6인 공저, 법경제학, 재개정판, 박영사(2019), 491-492면; 이계정, "신탁의 경제적 분석", 법조 통권 제742호(2020. 8), 97-98면.

신인의무(fiduciary duty)를 부과하고 있는데, 공익신탁에 있어서도 마찬가지이다(법 제11조 제3항 참조, 신탁법 제34조 제3항[98]). 수탁자가 부담하는 신인의무는 크게 충실의무(duty of loyalty)와 주의의무(duty of care)로 나눌 수 있다.[99]

충실의무는 이익충돌금지원칙(no conflict rule)과 이익향수금지원칙(no profit rule)을 그 내용으로 한다.[100] 수탁자는 이익충돌금지원칙에 따라 자신의 이익과 신탁 목적이 충돌하는 상황을 초래하거나 그러한 상황에 처해서는 아니 되며, 만약 자신의 이익과 신탁 목적이 충돌하는 경우에는 신탁 목적을 우선시하여야 할 충실의무를 부담한다. 또한, 수탁자는 이익향수금지원칙에 따라 신인관계상의 지위를 이용하여 이익을 얻는 것이 금지된다. 예를 들면 수탁자는 신인관계상의 지위를 이용하여 얻은 기회나 지식을 이용하여 이익을 취득할 수 없다. 이러한 충실의무의 잣대를 통해 수탁자가 이해관계가 상충되는 상황에서 과연 공익사업을 위해 행위하였는지, 공익사업을 해하는 자기거래(self-dealing)를 한 것이 아닌지 수탁자의 행위에 대한 엄격한 사후감독이 이루어질 수 있다. 수탁자가 이러한 충실의무를 위반한 경우에는 수탁자는 이득토출책임(disgorgement)을 진다. 이득토출책임(disgorgement)은 피해자의 손실 여부와 관계없이 이득자로 하여금 위법행위로 얻은 이익을 반환하게 하는 법리를 말한다.[101] 이러한 이득토출책임

---

98) 공익신탁법 제11조 제3항은 "수탁자는 누구의 명의로도 「신탁법」 제34조제1항 각 호의 행위를 해서는 아니 된다. 다만, 신탁행위로 달리 정하거나 법무부장관의 승인을 받은 경우에는 그러하지 아니하다."라고 규정하고 있는데 신탁법 제34조 제1항은 충실의무(duty of loyalty)에 관한 규정이다. 그러나 공익신탁의 수탁자도 다른 신탁의 수탁자와 다를 바가 없으므로 주의의무(duty of care)도 부담한다고 보아야 할 것이다.

99) John H. Langbein, "Rise of the Management Trust", 143 Tr. & Est. 52, 54 (2004).

100) Graham Virgo(주 80), pp. 459 이하; Graham Moffat, Trusts Law, 5th ed., Cambridge(2009), pp. 855 이하; 이중기, 충실의무법, 삼우사(2016), 21면 이하; 이연갑, "수탁자의 보상청구권과 충실의무", 민사판례연구(30), 박영사(2008), 301면 이하; 이계정(주 97), 91면.

은 우리 신탁법에도 도입되었다. 이득반환청구권은 수탁자가 충실의무를 위반하여 수탁자 또는 제3자가 신탁재산과 관련한 이익을 취득하였을 것을 요건으로 한다.[102] 이러한 요건이 충족되면 수탁자는 신탁재산에 손해가 발생하였는지 관계없이 수탁자는 '이득 전부'를 신탁재산에 반환하여야 하는바, 공익신탁에서 수탁자의 충실의무 준수를 강제할 중요한 수단이 된다.

한편, 주의의무(duty of care)는 업무처리에 있어서 신중한 사람(prudent person)이라면 같은 상황에서 기울였을 것으로 예상되는 주의로 사무처리를 하여야 함을 의미한다.[103] 우리 신탁법은 수탁자는 "선량한 관리자의 주의로" 신탁사무를 처리하여야 한다고 규정하고 있는바(신탁법 제32조), 이러한 의무는 해당 법률관계와 제반 상황에 비추어 합리적으로 사무를 처리할 의무로 이해되므로 주의의무(duty of care)와 다르지 않다.[104] 따라서 공익신탁의 수탁자는 주의의무를 부담한다.

수탁자에게 신인의무를 부과하는 목적은 수탁자의 권한남용에 대한 억

---

101) 이득토출책임에 대한 설명으로는 Andrew Burrows, The Law of Restitution, 3rd ed., Oxford (2011), pp. 633 이하; James Edelman, Gain-Based Damages: Contract, Tort, Equity and Intellectual Property, Hart Publishing(2002), pp. 83 이하; 이계정, "부당이득에 있어서 이득토출책임의 법리와 그 시사점", 저스티스 제169호(2018), 50면 이하 참조.

102) 신탁법 제43조 제3항 참조.

103) LLoyd Hitoshi Mayer, "Fiduciary Principles in Charities and Other Nonprofits", The Oxford Handbook of Fiduciary Law(Criddle, Miller & Sitkoff ed.), Oxford(2019), pp. 113 이하; 제3차 신탁법 리스테이트먼트(the Restatement (Third) of Trust) §77(1), (2); 통일신탁법(The Uniform Trust Code, 이하 'UTC'라고만 한다) §804. 참고로 UTC는 신탁에 관한 법을 표준화하기 위하여 표준주법위원 전국회의(National Conference of Commissioners on Uniform State Laws)에 의하여 제정되었다. 현재 UTC를 전부 또는 부분적으로 채택한 주는 오하이오 주, 테네시 주, 버지니아 주를 비롯하여 36개 주에 이른다. (https://my.uniformlaws.org/committees/community-home?CommunityKey=193ff839-7955-4846-8f3c-ce74ac23938d (2022. 7. 27. 방문)).

104) 최수정(주 75), 301면.

제(deterrence)에 있다. 공익신탁의 수탁자로 하여금 자신의 행위에 대하여 신인의무에 따른 엄격한 기준이 적용된다는 점을 인식하게 함으로써 기부금을 적정하게 집행하도록 유도할 수 있는바, 신인의무의 부과는 수탁자의 권한남용을 통제할 수 있는 중요한 장치이다.[105]

한편, 공익법인에 있어서 이사가 공익법인에 대하여 부담하는 의무도 신인의무로 보아야 할 것이다. 앞서 언급한 바와 같이 이사 선임행위의 성질은 공익법인과 이사 사이의 위임과 비슷한 계약이라고 볼 수 있는바, 이사가 위임계약에 기한 선관주의의무(민법 제681조)를 부담한다고 볼 수 있다. 그런데 위임계약에 따라 이사가 부담하는 선관주의의무의 내용이 구체적으로 무엇인가 하는 것은 사실상 백지상태에 있다. 신인의무의 법리는 고도의 신뢰관계에 기하여 위임에 따른 사무를 처리하는 자가 그 재량을 어떻게 행사하여야 하는지, 어떻게 처리하는 것이 적정한 사무처리인지 대한 구체적인 규범을 제시하고 있다는 점을 주목해야 한다. 따라서 신인의무를 인정할 수 있는 표지,[106] 즉 ① 타인의 사무를 처리함에 있어 상당한 재량이 인정되고, ② 본인의 최선의 이익을 위하여 사무처리 할 것이 기대되고, ③ 본

---

105) 참고로 수탁자가 수탁자로서의 지위와 개인적 지위가 충돌하는 거래를 한 경우에 더 이상의 심리 없이(with no further inquiry) 신인의무 위반을 인정하는 법리를 심리배제 원칙이라고 한다(Sitkoff & Dukeminier, Will, Trusts, and Estates, 10th ed., Wolters Kluwer(2017), p. 599; 가정준, "미국법상 이사의 책임과 의무", 비교사법 14권 1호(2007), 8면). 심리배제 원칙을 적용함으로써 수탁자의 자기거래 등을 추가 입증 없이 무효로 함으로써 수탁자의 권한 남용을 엄격하게 통제할 수 있다(이계정(주 97), 101면).

106) 이와 같은 전형적인 신인관계의 표지에 대하여는 Graham Virgo(주 80), pp. 448-451; P. Finn, "Fiduciary law and the modern commercial world", *Commercial Aspects of Trusts and Fiduciary Obligations*(McKendrick ed.), Oxford(1992), p. 9; Joshua Getzler, "Ascribing and Limiting Fiduciary Obligations: Understanding the Operation of Consent", *Philosophical Foundations of Fiduciary Law*(Andrew S. Gold & Paul B. Miller ed.), Oxford(2016), p. 43; Hospital Products Ltd v United States Surgical Corporation [1984] HCA 64; (1984) 156 CLR 41, 96-97; Galambos v. Perez [2009] 3 SCR 247, 249.

인이 그 사무처리를 감독하거나 통제하는 것이 어려운 취약한 지위에 있을 것이 충족되는 경우에는 해당 위임계약에 한하여 선관주의의무에 신인의무가 포함된다고 해석함이 타당하다.107) 공익법인에 있어서 이사는 상당한 재량이 인정되고 공익법인의 최선의 이익을 위하여 사무처리를 하여야 하고, 공익법인이 이사의 사무처리를 감독하는 것이 어려운 지위에 있는바, 이사가 부담하는 선관주의의무에는 신인의무도 포함된다고 보는 것이 타당하다. 특히, 공익법인의 이사나 공익신탁의 수탁자나 모두 재량을 가지고 공익사업을 집행한다는 점에서 같은 기능을 담당하는데, 공익신탁의 수탁자는 신인의무라는 엄격한 의무를 부담함에 비하여 공익법인의 이사는 그보다 가벼운 의무를 부담한다고 보는 것은 구체적 타당성에 반한다. 법형식에 구애받지 말고 실질을 중시하여 공익법인의 이사에 대하여도 신인의무를 인정하여야 할 것이다.108)

나. 신탁관리인 선임의 강제

공익신탁에는 수익자가 존재하지 않으므로 수탁자의 적정한 업무집행에 대한 감독이 부실해질 수 있다. 위탁자가 수탁자를 감독할 수 있지만 위탁자가 사망하는 등 위탁자가 부재하는 공익신탁이 있을 수 있으므로 수익자를 대신하여 수탁자를 감독할 기관이 필요하다. 이에 따라 공익신탁법은 신탁관리인의 선임을 강제하고 있다. 신탁법은 수익자가 없는 신탁에 대하여 신탁관리인 선임을 강제하고 있지는 않으나,109) 공익신탁의 경우 인가

---

107) 위임계약에 기한 선관주의의무에 신인의무가 포함될 수 있다는 점에 대하여는 이계정, "변호사 보수청구 제한의 근거로서 신의칙과 신인관계 - 법관의 합리적 재량 행사의 문제를 겸하여", 서울대학교 법학 제60권 제4호(2019), 41면 이하.

108) 영국에서도 공익법인(charitable company)의 이사(director)는 공익신탁의 수탁자와 유사하다는 이유로 신인의무를 인정하고 있으며(Peter Luxton(주 77), p. 277), 미국에서도 법형식에 구애받아서는 안 된다는 점에 근거하여 공익신탁의 수탁자뿐만 아니라 공익법인의 업무집행자에 대하여 신인의무를 인정한다(Dana B. Reiser (주 73), p. 9; LLoyd Hitoshi Mayer(주 103), pp. 109-116).

신청서에 신탁관리인의 인적사항을 기재하여야 하므로 신탁관리인의 선임이 실질적으로 의무화되어 있다.[110] 신탁관리인은 신탁행위에 의하여 선임되므로[111] 공익신탁 설정 시에 신탁행위에 의하여, 즉 위탁자의 지정에 의하여 선임된다. 소액 기부를 통해 공익신탁이 설정되는 경우에는 수탁자가 주도적 역할을 하므로 수탁자가 선임될 신탁관리인을 제시하고 이를 다수의 위탁자인 소액 기부자가 승인하는 형태로 신탁관리인이 선임될 것이다.

신탁관리인은 공익신탁의 목적 달성을 위한 수탁자감시기구로 수익자신탁에서 수익자가 가지는 권한을 행사할 수 있다.[112] 수익자가 가지는 권리는 「협의의 수익권」과 「광의의 수익권」으로 대별할 수 있고, 광의의 수익권에는 신탁재산을 보호하기 위한 권리(신탁재산보호권)와 수탁자를 감독하기 위한 권리(수탁자감독권)로 나뉜다.[113] 신탁관리인이 신탁재산으로부터 발생하는 이익을 향유할 수 없음은 명백하므로 신탁재산에 관한 급부와 관련된 권리인 「협의의 수익권」을 행사할 수 없음은 명백하다. 그러나 ① 신탁재산에 대한 강제집행의 이의권(신탁법 제22조 제2항), ② 신탁재산에 대한 원상회복청구권(동법 제43조 제1항), ③ 수탁자에 대한 이득반환청구권(동법 제43조 제3항), ④ 신탁위반 법률행위에 대한 취소권(동법 제75조 제1항) 등의 「신탁재산보호권」, ⑤ 수탁자에 대한 해임권(동법 제16조), ⑥ 수탁자가 신탁행위로 정한 사항을 위반할 염려가 있는 경우에 수탁자에게 그 행위를 유지(留止)할 것을 청구할 수 있는 권리(동법 제77조 제1항), ⑦ 수탁자에 대한 신탁사무 처리 등에 관한 설명요구권(동법 제40조 제1항) 등의 「수탁자감독권」을 행사할 수 있는 광범위한 권한을 가진다고 보아야 할 것이다.

---

109) 신탁법 제67조 참조.

110) 공익신탁법 시행령 제3조 제1항 제5호 참조.

111) 그 외에도 신탁관리인은 법원에 의하여 선임된다(신탁법 제67조 제1항).

112) 정순섭, 신탁법, 지원출판사(2021), 499면; 최수정(주 75), 165면.

113) 수익권의 내용에 대한 자세한 논의로는 이계정, "신탁의 수익권의 성질에 관한 연구", 민사법학 제77호(2016. 12), 106면 이하.

공익신탁법은 신탁관리인에 대하여 수탁자에 대한 손해배상청구권과 유지청구권, 서류 열람·복사 청구권 등을 규정하고 있으나(법 제18조), 이는 신탁관리인의 권한을 한정적으로 열거한 것이 아니라 중요 권한을 예시한 것으로 보는 것이 신탁법리에 부합한다.

한편, 신탁관리인은 수탁자와 마찬가지로 신탁이 목적을 달성하도록 업무처리를 해야 하는 지위에 있다는 점에서 신탁법상 수탁자와 유사하다. 따라서 앞서 본 바와 같이 수탁자가 부담하는 충실의무와 주의의무를 부담한다.[114] 이에 따라 신탁관리인은 자신의 이익보다 신탁목적을 우선시하여 업무처리를 하여야 한다.

공익신탁에서 수탁자를 감독할 수익자는 없지만 수익자의 신탁감독권한을 행사할 수 있는 신탁관리인 선임이 강제되므로 수탁자의 부적절한 업무처리에 대한 감독이 이루어질 수 있다. 공익신탁의 성공적 정착을 위해서는 적정한 신탁관리인을 선임하는 것이 필수적이다.[115]

다. 공동수탁자와 이사회에 의한 감시

공익신탁에서 수탁자를 여럿 두는 공동수탁자를 통하여 수탁자를 감시할 수 있다. 공동수탁자는 '공동으로' 신탁사무를 처리해야 하는데,[116] '공동으로'는 공동수탁자 전원의 동의를 의미하므로 수탁자 1인의 전횡을 방지할 수 있고 업무에 있어서 신중을 기할 수 있다. 효율적인 업무처리를 위해서는 일본과 미국처럼 수탁자의 과반수로 업무처리를 할 수 있도록 하는 것이 타당하나,[117] 신탁법은 수탁자들이 서로 감시함으로써 신탁위반행위

---

114) 同旨 정순섭(주 112), 501면.

115) 참고로 신탁관리인은 수탁자를 감시해야 하므로 신탁관리인이 수탁자와 특수한 관계에 있으면 공익신탁 인가를 받을 수 없다(법 제4조 제6호).

116) 신탁법 제50조 제2항.

117) 일본의 경우 신탁사무의 처리는 수탁자의 과반수로 결정하며(일본 신탁법 제80조 제1항), 미국의 공익신탁에서도 수탁자의 과반수로 업무처리를 결정해야 한다는 법리가 널리 받아들여지고 있으며(Evelyn Brody, "Charity Governance: What's

를 방지하고 신중하게 업무처리를 하도록 공동수탁자 전원의 동의를 요구하고 있다.118) 공익신탁의 경우에도 공동수탁자를 둠으로써 수탁자 한 명이 독단적으로 업무처리를 할 위험을 방지할 수 있다. 공익신탁이 발달한 영국의 수탁자 현황을 보면 공동수탁자가 선임된 공익신탁이 상당히 많다.119)

한편, 공익신탁에 있어서도 공익법인과 마찬가지로 이사회를 두어 수탁자를 감시할 수 있다. 신탁사무처리에 있어서 의사결정과 집행을 구분하는 것은 얼마든지 가능하며 신중한 의사결정을 위해서는 이사회를 둘 수 있다.120) 주식회사에 있어서 업무집행에 관한 의사결정기구인 이사회의 적정한 작동이 대리비용의 감소에 기여해 왔는바, 공익신탁에 있어서도 이사회를 둠으로써 신탁의 공익목적을 대변하고 수탁자의 독단적인 결정을 제어할 수 있다.

라. 공시의무의 부과

수탁자의 전문성을 고려할 때 신탁 당사자 사이에 정보의 불균형(informational asymmetry)이 발생할 수 있으며, 이러한 정보의 불균형으로 인하여 수탁자의 기회주의적 행위에 대한 통제가 쉽지 않을 수 있다. 이에 수탁자의 업무에 대한 적절한 감독을 위하여 수탁자에게 정보제공의무를 부과하고 있다.121) 수탁자에게 정보제공의무를 부과함으로써 수탁자는 장부 등 서류의 작성과정에서 스스로를 감독할 수 있고, 위탁자와 신탁관리인 등은 제공받은 정보를 가지고 업무처리 현황을 파악하여 감독권능을 적절하

Trust Law Got to Do with It?", 80 Chi.-Kent L. Rev. 641, 663 (2005)), UTC는 신탁 전반에 위와 같은 과반수원칙을 채택하고 있다(UTC §703 참조).

118) 김상용 감수, 신탁법 해설, 법무부(2012), 426면; 최수정(주 75), 91-92면.

119) https://register-of-charities.charitycommission.gov.uk(2022. 7. 17. 방문).

120) 공익신탁에서 위와 같은 의사결정과 집행의 분리가 바람직하다는 견해로는 Evelyn Brody(주 117), p. 668.

121) Joshua Getzler(주 106), p. 44; 이계정(주 97), 105면 이하.

게 행사할 수 있다.

공익신탁법에서도 마찬가지로 수탁자에 대하여 정보제공의무를 부과하고 있다. 수탁자는 해당 사업연도의 사업계획서, 사업보고서, 대차대조표, 손익계산서 등을 작성하여 법무부장관에게 제출하여야 하며, 법무부장관은 이러한 서류를 공시하여야 한다(법 제10조, 제16조, 시행령 제11조). 법무부는 「공익신탁의 공시에 관한 고시」를 제정하였는바, 위 고시는 공익신탁 고시의 구체적 범위, 공시 방법과 절차를 규정하고 있어서 실제 공익신탁의 운영현황을 알 수 있는 서류가 공익신탁 전자공시시스템의 인터넷 홈페이지에 게시되고 있다.[122]

한편, 앞서 본 바와 같이 신탁관리인은 신탁사무 처리 등에 관한 설명요구권, 장부와 서류에 대한 열람·복사 청구권을 가지는바, 이러한 신탁관리인의 정보제공청구권은 수탁자 감독에 매우 중요한 의의를 가지므로 신탁행위로도 제한할 수 없다(신탁법 제61조 제3호 참조). 따라서 수탁자는 신탁관리인에 대하여도 정보제공의무를 부담한다고 볼 수 있다.

마. 소결

고령자가 자신이 생각하는 공익적 가치의 실현을 위해서 공익신탁 설정이라는 수단을 적극적으로 고려할 수 있다. 공익법인 설립에 비해서 공익신탁은 인가만 받으면 되고, 소액으로 설정할 수 있다는 장점 이외에도 다음과 같은 장점이 두드러진다. 즉 수탁자의 적정한 기부금 집행을 유도하고 대리비용 문제를 해결하기 위해서 신인의무와 이득토출책임의 부과, 신탁관리인 선임의 강제, 공동수탁자와 이사회에 의한 감시, 공시의무 부과 등의 다양한 수단을 강구하고 있고, 신탁재산에 도산절연성이 인정되는 점에 비추어 상당한 강점이 있다. 아울러 고령자가 공익신탁에 기부한 경우에 위탁자로서 수탁자의 권한 남용을 통제하기 위한 신탁법상의 수단(수탁자 해임

---

122) https://www.trust.go.kr(2022. 7. 27. 방문) 참조.

권, 수탁자에 대한 원상회복·손해배상청구권 등)을 행사할 수 있다는 점에서도 강점이 있다.

3. 공익신탁법의 법적 쟁점

공익신탁법은 공익신탁의 구조, 수탁자의 의무, 신탁재산의 운용 방법 등 자세한 내용을 담고 있으나 여전히 명확하지 않은 점이 있다. 이하에서는 공익신탁법의 법적 쟁점에 대하여 논하기로 한다.

첫째, 공익신탁법과 자본시장과 금융투자업에 관한 법률(이하 '자본시장법'이라고 한다)과의 관계를 검토해야 한다. 공익신탁의 수탁자가 일정한 보수를 받고 계속적이거나 반복적인 방법으로 공익신탁을 인수하는 경우에 자본시장법에 따른 인가를 받아야 하는지 문제가 된다. 자본시장법에 따르면 신탁업은 금융투자업의 일부로서 이를 영위하기 위해서는 금융위원회의 인가를 받아야 하기 때문이다(자본시장법 제8조 제1항). 실제 공익신탁 현황을 보면 공익신탁의 수탁자는 은행 등 신탁업자로 한정되어 설정되고 있는바,[123] 자본시장법이 적용될 수도 있다는 우려가 이러한 현상의 배경이 되고 있다.

그런데 자본시장법은 투자자를 보호하기 위하여 신탁업자를 규제하고 있는 것인바, 자본시장법이 상정하고 있는 신탁은 급부를 요구할 수 있는 수익자가 존재하는 수익자신탁을 대상으로 한다고 볼 수 있다. 또한, 신탁업은 금융투자업의 일부로 금융투자업에는 '투자매매업, 투자중개업, 집합투자업, 투자자문업, 투자일임업, 신탁업'이 있는바(자본시장법 제6조 제1항), 금융투자업은 투자자에게 수익을 돌려주는 구조의 금융상품과 관련된 업(業)을 의미한다. 그러나 공익신탁은 투자자에게 수익을 돌려주는 구조와

---

123) KB 국민은행, 하나은행, 신영증권 등이 대표적인 공익신탁의 수탁자이다. https://trust.go.kr/trust.do?searchType=2(2022. 7. 27. 방문).

무관함이 명백하므로 공익신탁을 업으로 한다고 하여 금융투자업을 한다고 보기는 어렵다. 따라서 공익신탁법에는 자본시장법이 적용되지 않으며 공익신탁의 수탁자는 자본시장법에 따른 인가를 받을 필요가 없다고 해석하는 것이 타당하다.

원래 공익신탁법을 제정할 때에는 공익활동의 전문가 또는 공익법인이 자발적 동기에 의하여 공익신탁의 수탁자가 되는 방식을 상정한 것으로 보이는바,[124] 위와 같은 해석은 공익신탁법의 제정취지와 부합한다. 은행 등 신탁업자는 본질적으로 보수 없이는 업무를 집행하지 않으므로 자칫하면 공익신탁의 신탁재산이 신탁업자에 대한 보수 지급에 의해 고갈될 수 있다는 점에서 신탁업자는 적절한 공익신탁의 수탁자가 되기 어렵다.[125] 영국의 공익신탁의 경우에도 공익신탁의 수탁자를 금융기관에 한정하지 않고 18세 이상의 자연인이거나 법인이면 결격 사유가 없는 한[126] 공익신탁의 수탁자가 될 수 있다.[127] 우리 공익신탁법 제4조 제3호는 수탁자의 결격사유에 대하여 정하고 있는바, 그러한 결격사유가 없으면 공익신탁의 수탁자가 된다고 해석하여야 할 것이다.[128]

---

124) 법무부, 공익신탁법 제정 특별분과위원회 회의록(이하 '공익신탁법 제정 희의록'으로 약칭한다), 2011, 25면("공익수탁의 수탁자는 수 명의 사회적 명망이 있는 사람이 수탁자로 등장하는 공익신탁을 생각하고 있습니다"), 33면("공익신탁의 출범 초기 단계에서는 신탁업자는 수탁자로서 적절하지 않다는 생각을 하고 있습니다").

125) Peter Luxton(주 77), p. 340. 수탁자가 자발적인 동기에 입각하여 무상으로 서비스를 제공하는 것이 공익신탁의 기본원칙임은 앞에서 언급한 바와 같다.

126) 결격사유는 Charities Act 2011 §178 참조.

127) Charity Commission for England and Wales, "The essential trustee: what you need to know, what you need to do", 2018(https://www.gov.uk/government/publications/the-essential-trustee-what-you-need-to-know-cc3/the-essential-trustee-what-you-need-to-know-what-you-need-to-do, 2022. 7. 17. 방문). 법인이 수탁자가 되는 경우를 '법인수탁자(corporate trustee)'라고 칭하며 대표적으로 Mercer's Company가 있다(https://www.mercers.co.uk/our-role-as-corporate-trustee, 2022. 7. 17. 방문).

128) 일본의 경우에 공익신탁의 수탁자 대부분이 신탁은행이지만 수탁자의 범위를 확대

둘째, 공익신탁의 장점 중의 하나는 소액을 출연하는 다수의 위탁자의 기부를 통해 공익신탁을 설정할 수 있다는 점인바, 이와 관련하여 신탁업자의 집합운용 금지 규정이 적용되는지 문제가 된다. 자본시장법은 '각각의 신탁계약에 따른 신탁재산별로 운용하지 아니하고 여러 신탁계약의 신탁재산을 집합하여 운용하는 행위'를 금지하고 있는데,[129] 다수의 위탁자로부터 기부받은 돈을 공익신탁의 수탁자가 집합하여 운용하는 것이 금지되는지 문제가 되는 것이다. 그러나 앞서 본 바와 같이 자본시장법은 투자자 보호를 위하여 제정된 법으로 신탁재산의 집합 운용 금지도 투자자(수익자) 보호를 위해서 마련된 것인바, 공익신탁은 수익을 목적으로 하지 않으며 투자자(수익자)가 존재하지 않으므로 공익신탁재산의 운용과 관련하여 신탁업자의 집합운용 금지 규정은 적용되지 않는다고 보아야 할 것이다.[130] 이와 달리 해석하게 되면 소액을 출연한 다수의 위탁자를 위하여 각 신탁재산별로 운용해야 하는 비효율을 낳게 된다. 실제 현재 공익신탁의 수탁자로 역할을 하고 있는 은행은 이 부분에 대한 법무부의 명확한 입장이 없어서 각 위탁자별로 통장을 개설하고 있는 상황인바, 공익신탁의 활성화를 저해하는 요인으로 작용하고 있다.[131]

셋째, 앞서 본 바와 같이 상속재산 중 피상속인이나 상속인이 공익신탁을 통하여 공익법인등에 출연하는 재산의 가액은 상속세 과세가액에 산입

하는 것이 타당하다는 의견이 개진되어 수탁자 자격을 공익신탁사무의 적정한 처리를 할 수 있는 능력을 가진 자연인 또는 법인으로 정하는 공익신탁법 개정안이 제안되었다(商事法務 編, 公益信託法の見直しに関する中間試案, 別冊 NBL(No. 164, 2018. 1), 41-43면). 우리로서는 개정안을 마련할 필요 없이 해석상으로도 위와 같은 결론이 도출될 수 있다. 참고로 일본의 공익신탁법은 아직 개정되지 않은 상태이다.

129) 자본시장법 시행령 제109조 제3항 제5호.

130) 同旨 이중기, "법인과 비교한 신탁의 특징-공익신탁에의 활용을 중심으로", 서울대학교 법학 제55권 제2호(2014. 6), 543-544면.

131) 하나은행에서 공익신탁 업무를 담당하였던 배정식 센터장(현재 법무법인 가온 패밀리오피스센터 본부장 재직 중)과의 2021. 11. 23.자 인터뷰를 반영하였다.

하지 않는데(상증세법 제17조 제1항), 이를 위해서는 상속세 과세표준신고기한까지 신탁을 이행하여야 한다.[132] 여기서 상속세 과세가액 불산입의 요건으로 정하고 있는 「신탁 이행」의 의미가 문제가 된다.

이에 대해서는 「신탁 이행」은 공익신탁계약을 체결하고 수탁자에게 신탁재산을 이전하는 것을 의미한다는 견해(1설)와 공익신탁계약의 체결, 수탁자 앞으로 신탁재산 이전에 더하여 공익법인등에 출연을 완료하는 것까지 의미한다는 견해(2설)가 있을 수 있다.

검토하건대, ① 「신탁 이행」의 문언상 의미는 신탁계약에서 발생하는 채무의 이행을 의미하는바, 신탁계약을 통해 위탁자는 수탁자 앞으로 신탁재산을 이전할 채무를 부담하므로 위탁자가 수탁자 앞으로 신탁재산을 이전한 경우에 「신탁 이행」이 이루어졌다고 볼 수 있는 점, ② 공익신탁의 수탁자는 목적사업을 수행하기 위해 자신이 적절하다고 생각하는 방법과 시기를 고려하여 신탁재산을 지출할 수 있다고 보아야 하므로, 「신탁 이행」을 상속세과세표준 신고기한(상속개시일이 속하는 달의 말일부터 6개월 이내)까지 공익법인등에 대한 출연까지 완료해야 하는 것으로 보아 신속한 출연을 강제할 이유가 없는 점, ③ 공익신탁법은 수탁자는 신탁재산을 수탁받은 날로부터 3년 이내에 공익사업등에 사용하여야 하고, 법무부장관의 승인에 의하여 그 기간을 연장할 수 있다고 규정하고 있는바(법 제11조 제5항), 2설에 따르면 3년이 아니라 6개월 이내에 신탁재산의 사용을 강제하는 것이 되어 위 공익신탁법 규정과 충돌하는 점, ④ 공익신탁은 철회불능신탁(irrevocable trust)이어야 상속세 혜택을 받을 수 있으므로 철회불능의 내용을 포함할 수밖에 없는바,[133] 위탁자가 수탁자에게 신탁재산을 이전하면 위탁자가 이를 회복할 수 없고 공익목적을 위해 계속 사용되는 것이 예정되어 있는 점 등에 비추어 1설이 타당하다.

---

132) 상증세법 시행령 제14조 제2항. 상속개시일이 속하는 달의 말일부터 6개월 이내가 상속세 과세표준신고기한이다(상증세법 제67조 제1항).
133) 상증세법 시행령 제14조 제1항 제2호 참조.

넷째, 공익신탁에 있어서 씨프레(cy-près) 원칙이 적용되는지 문제가 된다. 영미 신탁에서 씨프레 원칙이란 '위탁자가 공익을 위하여 신탁을 설정한다는「일반적 공익 의사(general charitable intent)」를 표시하고 공익신탁을 설정하였는데, 당초 공익신탁 목적이 달성 불가능하거나 그 목적이 위법인 경우에는, 법원은 그 공익신탁을 종료시키기보다는 위탁자의 일반적 공익 의사와 일치하는 다른 유사한 공익목적을 위하여 해당 신탁재산이 사용되도록 하여야 한다.'는 원칙을 의미한다.134) 씨프레 원칙은 원래의 공익신탁의 목적을 달성하고 남은 신탁재산의 처리에 있어서도 적용된다.135) 씨프레 원칙은 공익목적을 위해 출연된 재산은 가급적이면 유사한 공익목적을 위해 쓰이도록 하는 것이 바람직하다는 가치판단을 반영한 것이다. 다만, 위탁자의 의사를 존중하고자 위탁자의 일반적인 공익 의사의 존재를 씨프레 원칙의 요건으로 삼고 있는바, 위탁자가「특별한 공익 의사(special charitable intent)」, 즉 특정한 목적의 실현만을 의도하여 신탁을 설정한 것으로 볼 수 있는 경우에는 씨프레 원칙은 적용되지 않는다.136)

그런데 공익신탁법은 위탁자에게 일반적 공익 의사가 있는지 여부를 묻지 않고 공익신탁 출연 재산을 다른 공익신탁등137)이나 국가 또는 지방자치단체에 귀속되는 것으로 규정하고 있어 위탁자의 의사 존중을 전제로 한 원래의 씨프레 원칙과는 다소 거리가 있다. 구체적으로 보면 공익신탁이 종료된 경우에 '신탁행위'로 다른 공익신탁등이나 국가 또는 지방자치단체를 귀속권리자로 정한 경우에는 그에 따라 이전된다(법 제24조 제1항). 다만, 신탁행위로 이와 다르게 귀속권리자를 정한 경우에는 그러한 신탁행위는 아

---

134) Graham Virgo(주 80), pp. 190 이하; UTC §413(a) 참조.
135) Peter Luxton(주 77), p. 561; UTC §413 comment.
136) UTC는 위탁자에게 일반적 공익 의사(general charitable intent)의 존재를 추정하고 있다(UTC §413 comment 참조). 영국은 공익신탁이 일단 유효하게 성립한 후에 후발적으로 공익신탁 목적이 불가능해진 경우에 일반적 공익 의사(general charitable intent)의 존재를 추정하고 있다(Graham Virgo(주 80), p. 200).
137) 공익신탁과 공익법인을 의미한다(법 제4조 제8호 나목).

무런 효력이 없으므로 법 제24조 제2항 소정의 귀속권리자가 없는 경우에 해당한다.

한편, 신탁행위로 귀속권리자를 정하지 않았거나 정했으나 해당 귀속권리자가 없는 경우에는 법무부장관이 유사한 목적의 공익신탁등에 증여하거나 무상 대부하여야 한다(법 제24조 제2항).[138] 법무부장관이 이러한 권한 행사를 위해서는 그 전제로 종료된 공익신탁의 잔여 신탁재산이 국가에게 귀속되어야 할 것인바, 그 법적 근거는 잔여재산의 귀속이 정하여지지 않은 경우에 잔여재산이 국가에 귀속된다는 신탁법 제101조 제5항이 될 것이다.[139] 이 경우에 법무부장관은 보관수탁관리인을 선임하여 신탁재산을 관리할 수 있다.[140] 보관수탁관리인은 영국 공익법상 공적 보관자(official custodian) 제도를 변용한 것이다. 영국의 공적 보관자의 주된 기능은 법인격이 없는 공익신탁을 위하여 토지 소유명의를 보유하는 것인바, 이를 통해 수탁자가 변경될 때마다 명의 변경을 해야 하는 불편함을 피할 수 있다.[141] 우리 공익신탁법은 이와 맥락을 달리한다. 즉, 잔여 신탁재산을 일단 국가에 귀속시키면 이를 유사 공익신탁등에 활용하는 것이 행정적(行政的)으로

---

138) 공익신탁법은 공익신탁 인가를 위해서는 '공익신탁이 종료한 경우 남은 재산을 유사 공익사업을 목적으로 하는 다른 공익신탁등이나 국가 또는 지방자치단체에 증여한다는 취지'를 신탁행위로 정할 것을 규정하고 있다(법 제4조 제9호 가목). 이를 두고 반드시 사전에 신탁행위로 귀속권리자를 정해야 하고 그렇지 않으면 인가를 받을 수 없다고 해석할 수 없다. 위에서 본 바와 같이 법 제24조 제2항은 신탁행위로 귀속권리자를 정하지 않았음을 전제로 한 규정이기 때문이다. 법무부에서 발간한 공익신탁법 해설도 법 제24조 제2항을 위와 같이 해석하고 있다(공익신탁법 해설, 96면).

139) 입법으로 이를 명확히 할 필요가 있다는 지적으로는 임채웅, "공익신탁", 공익법인연구(법무법인(유한) 태평양·재단법인 동천 공동편집), 경인문화사(2015), 338면.

140) 법 제24조 제3항. 보관수탁관리인은 선임된 목적 범위 내에서 수탁자의 지위에 있는 것으로 본다(공익신탁법 시행령 제14조 제3항).

141) Philip H. Pettit, Equity and the Law of Trusts, 12th ed., Oxford(2012), pp. 313-314; Charities Act 2011 §90.

곤란할 수 있으므로 잔여 신탁재산을 사적 영역으로 남겨두고자 보관수탁관리인 제도를 고안할 것으로 이해할 수 있다.[142] 이러한 취지대로 보관수탁관리인 제도가 운영되기 위해서는 잔여 신탁재산이 수탁자로부터 국가에 귀속된 후 법무부장관의 재량에 따라 보관수탁관리인에 이전하는 구조보다는 수탁자에서 바로 보관수탁관리인에게 이전하는 구조로 입법을 하는 것이 타당했을 것이다.

위에서 본 바와 같이 공익신탁법은 위탁자의 의사를 배제하고 있는바, 공익신탁의 잔여재산이 귀속권리자 지정을 통해 위탁자나 그 승계인 또는 공익과 관련이 없는 자에게 이전될 가능성을 배제하고 있다. 이러한 공익법인법의 입장은 공익적 필요를 강조한 나머지 귀속권리자를 자유롭게 정할 수 있는 위탁자의 선택권을 지나치게 제한한다는 점, 공익신탁의 설립을 주저하게 만드는 요인이 된다는 점에서 타당하다고 보기 어렵다.[143] 향후 위탁자의 의사를 존중하는 방향으로 개정하는 것이 바람직하다.

Ⅳ. 공익신탁의 활성화를 위한 제언

기부문화의 활성화를 위해서 공익신탁법이 제정되었으나 실제 공익신탁이 활발하게 활용되지 못하고 있는 상황이다. 2015. 7. 최초 인가를 시작으로 2015년 13개, 2016년 6개, 2017년 5개, 2018년 2개, 2020년 6개, 2021년 1개, 2022년 1개가 인가되어 인가된 총 34건이 인가되어 운용되고 있을 뿐이다.[144] 공익신탁이 수행하고 있는 공익사업을 보면 "장애인·노

---

142) 공익신탁법 제정 희의록, 345면("보관수탁관리인이 갖고 있는 게 양도할 때나 여러 가지 측면에서, 사적영역에 있던 재산이 사적영역에 있고, 그래서 다시 사적영역으로가는 게 편리하다는 거죠"), 349면("국고에 들어가면 마음대로 쓸 수가 없기 때문에 그렇게 했을 것 같아요.").

143) 同旨 이연갑(주 81), 31면 이하.

144) https://trust.go.kr/trust.do?searchType=2(2022. 7. 27. 방문). 공익신탁법의 제정이 공익신탁 활성화를 통해 기부문화 활성화라는 입법 목적을 달성하였는지에 대

인의 지원", "아동·청소년의 건전한 육성을 목적으로 하는 사업", "환경
보호를 목적으로 하는 사업" 등 우리 사회에 꼭 필요한 사업을 위해 공익신
탁이 설정되고 있다. 이러한 공익사업은 고령자층에서도 특별한 관심을 둘
수 있는 사업이므로 고령자층에 공익신탁의 효용을 널리 알리는 것이 필요
하다.

다만, 공익신탁법이 제정·시행된 이후에 공익신탁이 생각만큼 활성화
되고 있지 못한바, 이하에서는 공익신탁의 활성화를 위한 제언을 하고자
한다.

1. 사익신탁과 공익신탁의 결합

가. 공익신탁법은 처음부터 오로지 공익사업을 목적으로 한 신탁이 설정
되는 경우를 상정하여 공익신탁을 규율하고 있다. 그러나 실제 공익신탁은
사익신탁과 결합되었을 때 활성화될 수 있다. 특히 고령사회에서 고령자는
자신의 생존하는 기간 동안의 생활비, 치료비에 대한 부담을 고려하여 공익
신탁을 설정해야 하므로 사익신탁을 이용하면서 부수적으로 공익신탁을
활용할 가능성이 높기 때문이다.

공익신탁이 활성화되어 있는 미국의 경우 공익잔여신탁(Charitable
Remainder Trust: CRT)과 공익선행신탁(Charitable Lead Trust: CLT)의 형태를
띤 공익신탁이 널리 활용되고 있다.[145]

한 비판적 분석으로는 황현영, "「공익신탁법」의 입법영향분석", 국회입법조사처
(2018. 12).

145) 공익잔여신탁과 공익선행신탁에 대한 설명은 Denis Clifford, Make Your Own
Living Trust, 13th ed., Nolo(2017), p. 206; https://www.schwabcharitable.org/
maximize-your-impact/develop-a-giving-strategy/align-your-giving-vehicles/
charitable-lead-trust(2022 7. 17. 방문); https://www.schwabcharitable.org/
public/file/P-11194199(2022 7. 17. 방문); https://www.53.com/content/fifth-
third/en/financial-insights/personal/wealth-planning/what-is-charitable-trust-

공익잔여신탁(CRT)은 기부자가 현금이나 부동산, 주식 기타 자산을 수탁자[146])에게 기부하는 철회불능신탁으로, 공익잔여신탁이 설정되면 기부자는 생존하는 동안(또는 일정기간) 신탁재산의 운용 수익을 받고 사망하면 잔존 신탁재산이 수탁자(수탁자가 공익단체인 경우) 또는 수탁자를 통해 기부자가 지정한 공익단체에 귀속되게 된다. 즉 기부자가 생존하는 동안에는 기부자가 수익자가 되는 사익신탁으로 운영되다가 기부자가 사망하면 공익신탁으로 전환되는 것이다. 철회불능신탁이므로 기부자의 채권자는 신탁재산에 대해서 강제집행을 할 수 없다.[147])

공익잔여신탁(CRT)을 설정하는 이유는 크게 두 가지이다. 첫째, 공익잔여신탁을 설정하면 세제혜택이 주어진다. 기부자는 공익잔여신탁을 설정하는 즉시 기부금 공제(income tax charitable deduction)의 혜택이 주어진다. 또한, 기부자가 기부를 통해 수탁자에게 자산을 이전하는 경우에 자본이득세(capital gain tax)가 이연된다. 둘째, 기부자는 자선잔여신탁을 설정하면 자산을 유동화할 수 있는 이익을 누릴 수 있다. 기부자가 자신이 직접 자산을 매각하는 경우에 자본이득세를 부담하게 되어 매각이 주저되는 상황에

---

do-i-need-one.html(2022 7. 17. 방문); https://hls.harvard.edu/alumni/giving-to-hls/planned-giving/gift-plans/charitable-remainder-trusts(2022 7. 17. 방문); https://alumni.harvard.edu/college/college-giving/gift-planning/charitable-lead-trusts(2022 7. 17. 방문). 국내 문헌으로는 이상신, 법인, 신탁 그리고 기부자 조언기금 : 고액기부자들의 기부선택을 위한 주요 3가지 제도 연구, 아름다운재단 기부문화연구소(2014), 191면 이하; 오준석, "공익신탁제도에 관한 한국과 미국의 세제상 비교연구", 조세학술논문집 제32집 제1호(2016), 183면.

146) 공익단체, 학교, 사회복지기관, 금융기관이 수탁자가 될 수 있다.

147) State Street Bank & Trust Co. v. Reiser, 389 N.E.2d 768 (Mass. App. 1979) 사건에서 매사추세츠 주 항소법원은, 철회가능신탁 위탁자의 채권자가 신탁재산에 대하여 강제집행을 하지 못하도록 하는 것은 법 형식을 지나치게 따르는 것이므로 부당하다고 하면서 채권자가 직접 신탁재산에 대하여 강제집행을 할 수 있다고 판시하였고, UTC는 위 판결을 지지하는 입장을 채택하였다(UTC §505(a)(1) 참조). 그러나 철회불능신탁(撤回不能信託)에 대하여는 위탁자의 채권자는 강제집행을 할 수 없다.

서 공익잔여신탁의 이용을 통해 자본이득세를 부담하지 않고 자신의 자산을 유동화하여 일정한 수익을 얻을 수 있는 것이다.[148]

공익선행신탁(CLT)은 기부자가 자신의 자산을 수탁자에게 기부하면 수탁자는 일정 기간 동안 신탁재산에서 발생하는 운용 수익을 공익단체나 공익목적 재단에 기부하고,[149] 그 기간이 끝나면 신탁재산을 수익자에게 귀속시키는 형태의 철회불능신탁이다. 공익잔여신탁(CRT)과 달리 공익신탁으로 운영되다가 일정 기간이 끝나면 사익신탁으로 전환된다. 주로 기부자 또는 기부자의 상속인이 수익자가 되는데, 신탁 종료 후 잔여재산이 기부자에게 귀속하는 유형의 신탁인 '양도자 공익선행신탁(Grantor Charitable Lead Trust)'과 기부자의 상속인 또는 수익자로 지정된 자에게 귀속되는 유형의 '비양도자 공익선행신탁(Non-Grantor Charitable Lead Trust)'으로 나눌 수 있다. '양도자 공익선행신탁'의 경우 양도자는 공익단체나 공익목적 재단에 지급되는 액수에 대하여 소득공제를 받을 수 있다. 한편, '비양도자 공익선행신탁'은 기부자의 재산을 최종적으로 자신이 원하는 상속인(수익자)에게 이전하면서 세제혜택을 받을 수 있다는 점에서 유용하다. 즉 기부자의 재산이 생전에 상속인(수익자)에게 귀속되는 경우에는 증여세를, 사후에 상속인(수익자)에게 귀속되는 경우에는 상속세 납부의무가 있으나, 공익선행신탁을 통해 공익단체나 재단에 기부된 액수를 공제한 나머지 재산의 가치에 대해서만 증여세 내지 상속세를 납부하면 되므로 상당한 세제 혜택을 볼 수 있다.[150]

이와 같이 미국에서 공익신탁이 전적으로 공익사업을 위해서 설정되는

---

148) 하버드를 비롯한 미국의 대학은 이러한 공익잔여신탁의 장점을 홍보하여 기부를 적극 권하고 있다. https://hls.harvard.edu/alumni/giving-to-hls/planned-giving/gift-plans/charitable-remainder-trusts/(2022 7. 17. 방문).

149) 수탁자가 공익단체나 재단인 경우에는 자신에게 귀속시킨다.

150) https://www.fidelitycharitable.org/guidance/philanthropy/charitable-lead-trusts.html(2022 7. 17. 방문).

것이 아니라 위탁자의 사익 추구와 결합해서 이용됨에 따라 공익신탁이 활성화되었다는 점을 주목할 필요가 있다.

나. 고령사회에서 공익신탁을 통하여 기부문화를 활성화하기 위해서는 고령자에게 매력적인 기부모델을 제시하는 것이 요청된다. 미국의 공익잔여신탁의 경우 기부자는 생존하는 동안 지속적으로 운용 수익을 받을 수 있어 생활비, 치료비를 걱정하지 않고 공익신탁을 설정할 수 있고 세제혜택까지 받는바, 고령자에게 적합한 공익신탁모델이 될 수 있다. 우리나라는 기부의 무상성에만 초점을 두어 공익신탁을 통해 이익을 얻는 자가 공익법인 등이 아닌 경우에는 세제 혜택을 받을 수 없도록 하였으며(상증세법 제17조, 제52조, 동법 시행령 제14조 제1호), 공익신탁 출연 재산은 다른 공익신탁등이나 국가 또는 지방자치단체에 귀속되어야 하고 사인(私人)에게 귀속될 수 없는바, 공익잔여신탁·공익선행신탁의 도입이 어려운 측면이 있다.151) 그러나 기부의 활성화를 위해서는 기부재산으로부터 일부 수익을 인정하는 공익신탁의 유형을 적극적으로 고려하고 이에 대하여 세제혜택을 부여하는 방안이 적극 고려되어야 한다. 공익신탁 출연 재산을 사인(私人)에게 환원할 수 없도록 규정한 것은 공익법인법 제13조의 영향을 받은 것으로 보인다.152) 신탁의 장점은 위탁자의 요구를 반영하여 다양한 형태로 신탁을 설계할 수 있다는 '유연성(flexibility)'에 있는바, 이러한 신탁의 장점을 무시하고 공익신탁을 공익법인과 같이 규율하는 것은 타당하지 않다. 더군다나 해산한 공익법인의 잔여 재산을 국가나 지방자치단체에 강제 귀속시키는 공

---

151) 同旨 이상신, "유산기부 활성화를 위한 세제 개선방안", 외법논집 제43권 제2호 (2019. 5), 87면.

152) 공익법인법 제13조는 "① 해산한 공익법인의 남은 재산은 정관으로 정하는 바에 따라 국가나 지방자치단체에 귀속된다. ② 제1항에 따라 국가나 지방자치단체에 귀속된 재산은 공익사업에 사용하거나 이를 유사한 목적을 가진 공익법인에 증여하거나 무상대부(無償貸付)한다."라고 규정하고 있다.

익법인법의 태도는 법인의 자율성을 무시하고 국가의 권한을 지나치게 강조한다는 점에서 많은 비판을 받고 있다.[153] 공익신탁에 대한 경직된 위와 같은 규정은 개선되어야 한다.

고령사회에서 유언대용신탁이 주목을 받고 있다.[154] 유언대용신탁은 위탁자가 생전에 설정하는 신탁으로 수익자가 될 자로 지정된 자가 위탁자 사망 시에 수익권을 취득하거나 위탁자 사망 이후에 신탁재산에 대한 급부를 받는 신탁을 말한다. 고령자의 의사를 보다 적극적으로 반영하는 재산승계 수단이 필요하다는 점이 입법이유로 설명되고 있다.[155] 유언대용신탁을 공익신탁과 결합하면 공익신탁 활성화에 기여할 수 있다. 유언대용신탁을 통해 고령자가 생전에는 자신을 수익자로 하는 사익신탁을 설정하였다가, 사망하는 즉시 잔존 신탁재산를 공익신탁으로 전환하는 방안을 검토할 수 있다. 이 경우에 고령자로서는 생전 수익권을 확보하므로 생활비·치료비에 대한 걱정 없이 공익신탁을 설정할 수 있는 장점이 있고, 이미 확고하게 구축된 유언대용신탁의 틀에 공익신탁을 결합하면 되므로 공익신탁 설정 비용을 절약할 수 있는 장점이 있다.

향후 공익신탁법의 개정을 통해 사익신탁과 공익신탁이 결합된 신탁을 인정하고 그 중 공익 목적을 위해 사용되거나 사용될 부분에 대해서 세제혜택을 부여하는 것을 적극적으로 고려하여야 한다. 사익신탁과 공익신탁을 결합하는 형태를 인정하는 경우에 공익신탁의 세제혜택을 남용할 우려가 있으면 이를 억제할 수 있는 장치를 마련하면 되는 것이고 그러한 우려가 있다고 하여 사익신탁과 공익신탁의 결합을 봉쇄하는 것은 공익신탁의 활성화에 역행하는 것이다.

---

153) 이중기, "공익단체 구조조정법제의 개혁", 저스티스 통권 제143호(2014. 8), 128면; 이연갑(주 81), 33면.
154) 이계정(주 4), 103면.
155) 김상용 감수, 신탁법 해설, 법무부(2012), 487면.

2. 공익활동 전문가가 수탁자로 활동

앞서 언급한 바와 같이 공익신탁법을 제정할 때에는 공익활동 전문가 또는 공익단체(이하 '공익활동 전문가등'이라고만 한다)가 자발적 동기에 의하여 공익신탁의 수탁자가 되는 방식을 상정하였으나 공익신탁 현황을 보면 공익신탁의 수탁자가 신탁업자로 한정되어 설정되고 있다. 공익활동 전문가등을 수탁자로 하여 그 노하우와 기부자의 재원을 결합하는 공익신탁의 장점이 활용되지 못하고 있다.156) 신탁업자가 공익신탁의 수탁자가 되는 현상이 지속되는 경우에, 이윤추구를 최대한의 목적으로 하는 금융기관의 본질상 금융기관이 나서서 공익신탁의 활성화를 꾀하기는 어려우므로 공익신탁이 점점 사장될 수 있다. 실제 금융기관은 위탁자가 기부한 재원을 공익활동 전문가등에 그대로 전달하는 창구 역할을 담당하고 있어서 공익신탁에서 상정하고 있는 수탁자의 적극적 역할과는 거리가 멀다.

공익활동 전문가등으로서도 공익신탁을 적극 활용할 유인이 떨어진다. 공익활동 전문가등으로서는 공익신탁을 하지 않아도 금융기관인 수탁자라는 창구를 통해 공익신탁에 기부된 금전을 쉽게 전달받을 수 있기 때문이다. 가장 큰 문제는 공익활동 전문가등이 실제 공익신탁의 재원을 사용하면서도 공익신탁법의 규율을 받지 않고 배후에서 활동할 수 있다는 점이다. 공익신탁법은 기부금 집행의 적절성 확보와 대리비용 문제 해결을 위해 수탁자에 대한 보수금지, 신인의무의 부과, 신탁관리인 선임의 강제, 공시의무의 부과 등의 다양한 수단을 강구하고 있는바, 실제 신탁재산을 사용하는 공익활동 전문가등이 이러한 통제수단의 적용을 받지 않게 되는 문제가 있다.

공익신탁이 활성화되어 있는 영국의 경우 다양한 공익활동 전문가등이 수탁자로 왕성하게 활동하고 있다.157) 공익활동 전문가등이 공익사업을

---

156) 이와 같은 공익신탁의 활용방안에 대하여는 이중기(주 130), 543면 이하.

기획하고 그 취지에 동감하는 다수의 시민이 자발적으로 기부하고 공익활동 전문가등이 수탁자로서 이를 집행하는 구조가 이상적인바, 공익신탁이 이러한 형태로 변모될 수 있도록 영국의 노하우를 벤치마킹하는 것이 필요하다.

앞서 논한 바와 같이 현재의 해석론으로도 공익활동 전문가등이 수탁자가 될 수 있지만 공익신탁법의 개정을 통해 자본시장법과의 관계를 명확히 할 필요가 있고, 공익활동 전문가등이 수탁자로 적극 나설 수 있도록 세제 혜택 등의 장려책이 검토되어야 한다.

3. 전문적인 공익신탁 관리기관 설치

공익신탁을 관리·감독하는 기관은 법무부이다. 구 신탁법상 공익신탁은 주무 관청의 감독을 받았으나 공익신탁법이 주무 관청을 법무부장관으로 단일화한 것은 감독업무의 통일성 측면에서 일응 긍정적으로 평가할 수 있다.

그러나 법무부가 담당하고 있는 수많은 국가사무에 비추어 공익신탁에 대한 전문성을 담보하기 어려운 측면이 있다. 미국의 허쉬(Hershey) 사건158)에서 보듯이 국가기관은 정치적으로 편향된 결정을 하기 쉬워 공익신

---

157) https://register-of-charities.charitycommission.gov.uk(2022. 7. 17. 방문).

158) 펜실베니아 주에 위치한 허쉬 컴퍼니의 창업주 허쉬(Milton S. Hershey)는 공익신탁(the Milton Hershey School Trust)에 출연하여 밀튼 허쉬 스쿨(the Milton Hershey School)을 설립하였다. 허쉬는 위 공익신탁에 6천만 달러 상당의 허쉬 컴퍼니 주식을 양도하고 사망하였다. 2000년도에 들어 위 공익신탁의 수탁자는 신탁재산을 다양화하기 위해서 위 주식을 처분하려고 하였으나 주지사에 출마할 생각이었던 펜실베니아 주 검찰총장(Attorney General)은 정치적 동기, 즉 위 주식의 처분을 막아 펜실베니아 주민의 환심을 사려는 동기(위 주식의 처분에 의해 허쉬 컴퍼니의 소유자가 바뀜으로써 허쉬 컴퍼니에서 일하는 주민이 불리한 지위에 있게 된다고 주장하였다)에 입각하여 주식의 처분을 금지하는 신청을 하였고 결국 법원은 이를 받아들였다. 이로 인하여 수탁자는 주식 처분의 적기를 놓쳤고, 계속해서 위 주식

탁 업무에 있어서 일관성을 확보하기 어렵다.[159]

이와 관련하여 영국의 공익위원회(Charity Commission)를 참조할 필요가 있다.[160] 영국의 공익위원회는 의회에 대하여 직접 책임을 지는 정치적으로 독립된 공공기관이자 법인격을 가진 비행정부기구(non-ministerial department)이다.[161] 공익위원회가 달성하고자 하는 핵심목표는 ① 공익신탁·공익단체에 대한 대중의 신뢰 구축, ② 공익 요건(the public benefit requirement)에 대한 인식과 이해의 증진, ③ 수탁자의 업무수행에 있어서 법령 준수, ④ 공익 재원의 효율적 사용 증진, ⑤ 기부자, 수익자 및 일반 공중에 대한 공익신탁·공익단체의 책임을 고양하는 데 있다.[162] 나아가 공익위원회의 주된 기능은 ① 어느 신탁 내지 단체가 공익성을 가지는 지에 대한 판단(등록적격심사), ② 공익신탁·공익단체의 적정한 운영에 대한 격려와 지원, ③ 공익신탁·공익단체의 명백한 위법행위나 부실운영에 대한 조사와 시정, ④ 공

의 가치는 폭락하여 공익신탁이 실제 상당한 손해를 입은 사건이다. 허쉬 사건에 대한 자세한 소개는 Sitkoff & Dukeminier(주 105), pp. 792 이하.

159) Evelyn Brody, "Whose Public? Parochialism and Paternalism in State Charity Law Enforcement," 79 Ind.L.J 937, 946 (2004)("Political cynics believe that "A.G." stands not for "attorney general" but for "aspiring governor").

160) 영국의 공익위원회에 대하여는 Richard Fries, "The Charity Commission for England and Wales", Comparative Corporate Governance of Non-Profit Organizations((Hopt & von Hippel ed.), Cambridge(2010), pp. 896 이하; Greyham Dawes, "Charity Commission regulation of the charity sector in England and Wales: the key role of charity audit regulation", Comparative Corporate Governance of Non-Profit Organizations(Hopt & von Hippel ed.), Cambridge(2010), pp. 849 이하; 김진우·이지민, "민간공익단체에 대한 국가감독 체계의 개선방향에 관한 연구 - 영국법으로부터의 시사점", 외법논집 제42권 제1호(2018. 2), 372면 이하; 이희숙·정순문, "공익위원회 설치와 법제 개선 방향- 정부 공익법인법 전부개정안과 해외 사례 비교를 중심으로", 민사법학 제95호(2021. 6), 74면 이하.

161) Richard Fries(주 160), p. 900; Charities Act 2011 §13.

162) Charities Act 2011 §14.

익위원회 활동 또는 목표 달성과 관련된 정보의 수집, 평가와 홍보, ⑤ 정부에 대한 제언과 정보 제공이다.[163]

특히 영국의 공익위원회의 주된 업무가 공익신탁·공익단체에 대한 지속적인 안내와 지원에 있다는 점을 주목할 필요가 있다.[164] 오로지 공익신탁·공익단체와 관련된 업무만을 담당하므로 어떻게 하면 효과적으로 공익을 증진할 수 있는지에 대한 노하우가 축적되어 있어 그 노하우를 널리 전파하는 역할을 하는 것이다.[165] 이처럼 공익위원회는 공익신탁·공익단체에 대한 규제중심적 행정을 펼치는 기관이 아니라 공익신탁·공익단체가 자율적으로 공익사업을 수행할 수 있도록 지원과 격려를 하는 기관이라는 점에서 긍정적으로 평가되고 있다.[166]

우리나라의 경우 법무부에 대해서 공익신탁에 대한 지원을 하는 역할을 기대하기 어렵다. 공익신탁의 활성화를 위해서는 공익신탁을 전담하고 전문적인 지식을 바탕으로 공익신탁을 지원할 기관이 필요한바, 영국의 공익위원회와 같은 독립적인 기관의 설립이 검토되어야 한다.[167] 한편, 현재 공익법인(公益法人)은 주무 관청이 감독을 하고 있어 전문성을 확보하기 어렵고 주무 관청에 따라 업무처리가 달라지는 문제가 있다.[168] 향후 공익사업

---

163) Charities Act 2011 §15.

164) Richard Fries(주 160), p. 907.

165) 실제 영국 공익위원회는 공익신탁·공익단체를 효율적으로 운영하기 위한 안내서를 계속 홈페이지에 업로드하고 있다. https://www.gov.uk/guidance/charity-commission-guidance(2022. 7. 27. 방문).

166) Richard Fries(주 160), p. 910. 영국 국민을 상대로 한 설문조사에 따르면 영국 국민은 공익위원회가 공익신탁·공익단체의 법령 준수에 국한해서 업무를 처리하기보다는 공익신탁·공익단체가 사회에 대한 책임을 다하도록 업무를 해야 한다는 견해가 우세하였다. https://www.gov.uk/ government/publications/public-trust-in-charities-and-trustees-experience-of-their-role/public-trust-in-charities-2021-web-version(2022. 7. 27. 방문).

167) 同旨 황현영(주 89), 311-312면.

168) 김진우·이지민(주 160), 387면.

을 담당하는 공익신탁과 공익법인 모두에 대해서 전문적인 지원과 감독을 할 수 있는 독립된 관리기관을 검토할 필요가 있다.[169]

4. 공익신탁의 신탁재산의 운용 관련

공익신탁은 신탁재산의 운용방법에 대하여 매우 엄격한 규정을 두고 있는바, 공익신탁의 수탁자는 신탁재산에 속하는 금전의 운용을 반드시 '1. 국채, 지방채 및 특별법에 따라 설립된 법인의 사채의 응모·인수 또는 매입, 2. 국채나 그 밖에 제1호의 유가증권을 담보로 하는 대부, 3. 은행예금 또는 우체국예금'의 방법으로만 하여야 한다. 공익사업을 위한 재원을 확실히 보호하기 위한 입법취지를 이해할 수 있으나,[170] 예금 금리가 낮은 상황에서 이러한 공익신탁재산의 운용 방식이 오히려 공익사업을 위한 재원의 형성을 가로막고 있는 것이 아닌지 검토할 필요가 있다. 자칫하면 이러한 방식은 인플레이션 리스크(inflation risk)를 피하기 어려워 결국에는 원본이 잠식될 수 있다. 공익신탁에 거액을 기부할 의사가 있는 고령자도 자신이 기부한 거액의 돈이 실제에 있어서 묶이게 된다는 점을 고려하면 기부를 주저할 수 있다. 수탁자가 신탁재산을 수탁받은 날로부터 3년 이내에 공익사업등에 사용할 의무가 있으나 공익사업등에 사용하는 데 장기간이 걸리는 등의 사유가 있으면 사용기한이 연장될 수 있는바,[171] 장기간 공익사업등에 사

---

169) 2021. 7. 30. 주무 관청을 대체하여 공익법인을 관리·감독하는 시민공익위원회를 설치하고자 하는 공익법인법 개정안이 발의된 바 있다. 이에 대해서 시민공익위원회가 과연 영국의 공익위원회와 같이 독립적으로 운영될 수 있는지에 대해서 우려가 제기되고 있다(이희숙, "시민공익위원회 의의와 한계", 더나은미래(2021. 8. 18.), https://futurechosun.com/archives/58415, 2022. 7. 27. 방문).

170) 공익신탁법 제정 회의록, 181면("공익신탁의 경우에 적극적으로 주식을 취득할 수 있다고 하는 게 좀 이상하지 않나요?"), 182면("공익신탁이라는 게 신탁재산을 가지고서 공익사업을 하는 게 기본 원칙인데, 그걸 가지고 주식을 산다? 그건 좀")

171) 법 제11조 제5항.

용되어야 하는 신탁금전의 운용수익이 통상의 운용수익과 비교하여 저조할 수 있다.

영국의 공익위원회가 발간한 공익신탁의 수탁자에 대한 투자안내서를 보면 수탁자는 합리적인 주의를 기울여 공익신탁에 적합한 상품에 투자하되, 분산투자를 통하여 위험을 줄여야 한다는 점을 강조하고 있을 뿐 투자 대상에 대하여는 수탁자에게 권한을 부여하고 있다.[172] 따라서 수탁자가 위와 같은 주의의무를 기울이는 한 주식에 대한 투자고 가능하다. 미국의 경우에는 여러 가지 대상에 분산하여 투자를 함으로써 위험을 줄이고 수익을 극대화할 수 있다는 포트폴리오 이론을 수용한 '신중 투자자의 원칙(prudent investor rule)'이 공익신탁에도 적용된다.[173] 개개의 투자 중 일부가 고위험군의 투자라고 하더라도 다른 부분의 투자는 안전한 투자로 인정되는 경우에 포트폴리오 전체적으로 보아 건전한 투자로 인정될 수 있다는 것으로 공익신탁의 수탁자가 주식에 투자를 할 수 있음을 전제로 하고 있는 것이다.

공익신탁에 있어서 수탁자의 권한을 축소하여 공익사업을 위한 재원의 안정적 보호를 강조할 것인지 아니면 수탁자의 권한을 확대함으로써 재원의 확충을 꾀하고 다른 견제수단에 의해 수탁자의 재량을 감독할지에 대해서 지속적인 고민이 필요한바, 공익신탁을 활성화할 수 있는 유인 제공을 위해서는 후자를 전향적으로 검토하는 것이 바람직할 것이다. 향후 공익잔

---

172) Charity Commission for England and Wales, "Charities and investment matters: a guide for trustees", 2017(https://www.gov.uk/government/publications/charities-and-investment-matters-a-guide-for-trustees-cc14, 2022. 7. 28. 방문).

173) Susan N. Gary, "Is it prudent to be responsible? The legal rules for charities that engage in socially responsible investing and mission investing", 6 Nw. J. L. & Soc. Pol'y. 106, 107 (2011). 참고로 Uniform Prudent Investor Act §2(b)는 "A trustee's investment and management decisions respecting individual assets must be evaluated not in isolation but in the context of portfolio as a whole …"이라고 규정하고 있다.

여신탁, 공익선행신탁 등의 도입을 고려할 때 공익신탁재산의 탄력적 운용에 대하여 같이 검토되어야 할 것이다.

V. 결 론

본 논문에서는 고령자에게 제시될 수 있는 적절한 기부모델에 관하여 공익신탁을 중심으로 검토하였다. 본 논문의 내용을 요약하면 다음과 같다.

첫째, 고령자를 위한 기존의 기부제도로 단순한 기부, 공익법인 설립이 있다. 기부의 경우 기부의 법적 성질에 비추어 기부금이 지정된 공익목적을 위해 쓰이도록 강제할 수 있는 장치가 부족하다는 점에서 한계가 있다. 공익법인 설립의 경우 이사의 전횡을 효율적으로 견제하기 위한 거버넌스가 확립되었다고 보기 어렵고, 설립허가라는 까다로운 절차를 거쳐야 하고 상당한 규모의 재산을 출연해야 한다는 점에서 한계가 있다.

둘째, 고령자를 위한 기부모델로서 공익신탁은 수탁자의 적정한 기부금 집행을 신인의무의 부과, 신탁관리인 선임의 강제, 공동수탁자와 이사회에 의한 감시, 공시의무의 부과 등에 의해 강제하고 있는 점, 공익신탁 설정을 위해 인가만 받으면 되는 점, 소액으로 설정할 수 있다는 장점이 있다.

셋째, 공익신탁을 둘러싼 법적 쟁점과 관련하여 공익신탁법에는 자본시장법이 적용되지 않는다고 보아야 하므로 공익신탁의 수탁자는 자본시장법에 따른 인가를 받을 필요가 없고, 신탁재산 집합운용 금지 규정도 적용되지 않는다. 또한, 상속세 과세가액 불산입의 요건으로 정하고 있는 '신탁이행'은 공익신탁을 위해 수탁자 앞으로 신탁재산을 이전하는 것을 의미하며, 공익신탁법은 원래의 씨프레 원칙과는 다른 구조로 입법을 하였는바 위탁자의 의사를 배제하고 있다는 점에서 타당하지 않다.

넷째, 공익신탁의 활성화를 위해서는 사익신탁과 결합하는 형태의 공익신탁을 인정하고, 공익활동 전문가가 수탁자로 활동하며, 영국의 공익위원회와 같이 전문적으로 공익신탁을 관리 · 지원하는 기관이 설치되도록 공익신탁법이 개정되어야 하고, 현재의 경직된 공익신탁재산의 운용 방식을 재검토해야 한다.

우리나라는 2020년에 1인당 국내총생산(GDP)을 기준으로 세계 10위에 진입하였으나 세계 기부 지수(the CAF world giving index)에서 110위에 그치고 있다.174) 향후 공익신탁을 중심으로 적정한 기부제도가 활성화되어 우리나라가 이러한 오명에서 벗어날 수 있기를 고대하며, 본 논문이 조그마한 역할을 하였으면 하는 바람이다.

---

174) Charities Aid Foundation, CAF World Giving Index: A global pandemid special report, 2021, p.20(https://good2give.ngo/wp-content/uploads/2021/06/caf-world-giving-index-2021.pdf, 2022. 7. 28. 방문).

<참고문헌>

<국어문헌>

1. 단행본

곽윤직, 채권각론, 제6판(중판), 박영사(2014).

곽윤직·김재형, 민법총칙, 제9판, 박영사(2014).

김상용 감수, 신탁법 해설, 법무부(2012).

박세일 외 6인 공저, 법경제학, 재개정판, 박영사(2019).

박준 감수, 공익신탁법 해설, 법무부(2016).

송덕수, 민법총칙, 제6판, 박영사(2021).

_____, 채권법각론, 제4판, 박영사(2019).

윤철홍, 채권각론, 전정2판, 법원사(2015).

이계정, 신탁의 기본 법리에 관한 연구 - 본질과 독립재산성, 경인문화사(2017).

이상신, 법인, 신탁 그리고 기부자조언기금 : 고액기부자들의 기부선택을 위한 주요
3가지 제도 연구, 아름다운재단 기부문화연구소(2014).

이정렬, 계약법중해(각론), 피데스(2019).

이중기, 공익신탁과 공익재단의 특징과 규제, 삼우사(2014).

_____, 충실의무법, 삼우사(2016).

이창희, 세법강의, 제20판, 박영사(2022).

주성수, 시민사회와 제3섹터, 한양대학교 출판부(1999).

정순섭, 신탁법, 지원출판사(2021).

진애언, 외로운 기부, 지난 10년간의 편지, 경암교육문화재단(2016).

최수정, 신탁법, 개정판, 박영사(2019).

행정안전부, 기부금품 모집제도 해설서(2012. 1).

편집대표 곽윤직, 민법주해(14), 채권(7), 박영사(1999).

편집대표 김용덕, 주석민법(총칙 1)(제5판), 한국사법행정학회(2019).

_____, 주석민법(채권각칙 2)(제5판), 한국사법행정학회(2021).

편집대표 이계정, 온주 신탁법, 온주편집위원회.

2. 논문

가정준, "미국법상 이사의 책임과 의무", 비교사법 14권 1호(2007).

고상현, "한국의 공익법인제도와 그 개선방향", 숭실대학교 법학논총 제44집(2019. 5).

_____, "공익법인의 성립", 공익법인연구(법무법인(유한) 태평양·재단법인 동천 공동편집), 경인문화사(2015).

권혁남·전상길, "고령자의 고용 장애 요인과 고령인구 활용에 관한 국가별 전략 연구", 국제지역연구 제18권 제1호(2009).

김도균, "고령 노인의 인간 존엄성 존중 - 자율성, 정체성, 취약성의 측면에서", 서울대학교 법학 제61권 제4호(2020. 12).

김진우, "공익법인의 규제와 감독", 공익법인연구(법무법인(유한) 태평양·재단법인 동천 공동편집), 경인문화사(2015).

김진우, "공익신탁의 법적 구조", 비교사법 제19권 제1호(2012. 2).

김진우·이지민, "민간공익단체에 대한 국가감독체계의 개선방향에 관한 연구 - 영국법으로 부터의 시사점", 외법논집 제42권 제1호(2018. 2).

박수곤, "공익법인의 조직과 운영", 공익법인연구(법무법인(유한) 태평양·재단법인 동천 공동편집), 경인문화사(2015).

신현재·이석원, "비영리단체의 행정효율성이 기부금 모금에 미치는 영향 분석", 한국정책과학학회보 제12권 제3호(2008. 9).

양지연·김성규·최종호, "사립 박물관 비영리법인화 및 발전방안 연구", 한국미술기획경영연구소(2011).

오준석, "공익신탁제도에 관한 한국과 미국의 세제상 비교연구", 조세학술논문집 제32집 제1호(2016).

이계정, "고령사회에서의 신탁의 역할-신탁의 공익적 기능에 주목하여", 서울대학교 법학 제61권 제4호(2020. 12).

_____, "변호사 보수청구 제한의 근거로서 신의칙과 신인관계 - 법관의 합리적 재량 행사의 문제를 겸하여", 서울대학교 법학 제60권 제4호(2019).

_____, "부당이득에 있어서 이득토출책임의 법리와 그 시사점", 저스티스 제169호(2018).

_____, "신탁의 경제적 분석", 법조 통권 제742호(2020. 8).

_____, "신탁의 수익권의 성질에 관한 연구", 민사법학 제77호(2016. 12).

_____, "분양계약 해제에 따른 부당이득의 법률관계와 수분양자 보호방안", 자율과 정의의 민법학(양창수대법관고희기념논문집), 박영사(2021).

이동진, "고령사회에서 의료법의 과제 - 원격의료, 공동결정, 자원투입제한", 서울대학교 법학 제61권 제4호(2020. 12).

이상신, "기부금품의 모집·사용 및 기부금품법의 쟁점", 공익법인연구(법무법인(유한) 태평양·재단법인 동천 공동편집), 경인문화사(2015).

_____, "유산기부 활성화를 위한 세제 개선방안", 외법논집 제43권 제2호(2019. 5)

이연갑, "기부금법과 신탁법리", 민사법학 제39-1호(2007).

_____, "공익신탁법에 관한 약간의 검토", 법조 제64권 제5호(2015).

_____, 수탁자의 보상청구권과 충실의무, 민사판례연구(30), 박영사(2008).

이중기, "법인과 비교한 신탁의 특징-공익신탁에의 활용을 중심으로", 서울대학교 법학 제55권 제2호(2014. 6).

_____, "공익단체 구조조정법제의 개혁", 저스티스 통권 제143호(2014. 8).

이희숙·정순문, "공익위원회 설치와 법제 개선 방향- 정부 공익법인법 전부개정안과 해외 사례 비교를 중심으로", 민사법학 제95호(2021. 6).

임채웅, "공익신탁", 공익법인연구(법무법인(유한) 태평양·재단법인 동천 공동편집), 경인문화사(2015).

정순섭, "사채원리금 지급대행계약의 법적 성질론", 증권법연구 제5권 제1호(2004).

허준석, "신탁 성립에 관한 연구-성립 요건과 범위를 중심으로", 박사학위논문, 서울대학교(2019. 8).

황현영, "공익신탁 활성화를 위한 입법 정책적 과제", 한양법학 제29권 제2집(2018. 5).

황현영, 「공익신탁법」의 입법영향분석", 국회입법조사처(2018. 12).

<외국문헌>

1. 단행본

新井 誠, 信託法, 第4版, 有斐閣(2014).

商事法務 編, 公益信託法の見直しに関する中間試案, 別冊 NBL(No. 164, 2018. 1).

Hein Kötz, Trust und Treuhand, Vandenhoeck & Ruprecht(1963).

Andrew Burrows, The Law of Restitution, 3rd ed., Oxford (2011).

Kathryn Chan, The Public-Private Nature of Charity Law, Hart Publishing (2016).

Chapman, Mawson, Robinson & Wistow, How to work effectively with the third sector : a discussion paper for public sector organisations, Durham University(2018).

Denis Clifford, Make Your Own Living Trust, 13th ed., Nolo(2017).

Jeffrey Liebman & Alina Sellman, Social Impact Bonds - a guide for state and local governments, Harvard Kennedy School(2013).

Peter Luxton, The Law of Charities, Oxford(2007).

Graham Moffat, Trusts Law, 5th ed., Cambridge(2009)

Philip H. Pettit, Equity and the Law of Trusts, 12th ed., Oxford(2012).

Graham Virgo, The Principles of Equity and Trusts, 4th ed., Oxford(2020).

Sitkoff & Dukeminier, Will, Trusts, and Estates, 10th ed., Wolters Kluwer (2017).

2. 논문

Bach-Mortensen & Montgomery, "What are the barriers and facilitators for third sector organisations (non-profits) to evaluate their services?", Syst Rev 7, 13 (2018).

Evelyn Brody, "Charity Governance: What's Trust Law Got to Do with It?", 80 Chi.-Kent L. Rev. 641 (2005).

_____, "Whose Public? Parochialism and Paternalism in State Charity Law Enforcement," 79 Ind.L.J 937 (2004).

Greyham Dawes, "Charity Commission regulation of the charity sector in England and Wales: the key role of charity audit regulation", Comparative Corporate Governance of Non-Profit Organizations (Hopt & von Hippel ed.), Cambridge(2010).

P. Finn, "Fiduciary law and the modern commercial world", Commercial

Aspects of Trusts and Fiduciary Obligations(McKendrick ed.), Oxford(1992).

Richard Fries, "The Charity Commission for England and Wales", Comparative Corporate Governance of Non-Profit Organizations(Hopt & von Hippel ed.), Cambridge(2010).

Susan N. Gary, "Is it prudent to be responsible? The legal rules for charities that engage in socially responsible investing and mission investing", 6 Nw. J. L. & Soc. Pol'y. 107 (2011).

Joshua Getzler, "Ascribing and Limiting Fiduciary Obligations: Understanding the Operation of Consent", Philosophical Foundations of Fiduciary Law(Andrew S. Gold & Paul B. Miller ed.), Oxford(2016).

Matthew Harding, "Charity and law: past, Present and future", Singapore Journal of Legal Studies(Sep 2020).

Klaus J. Hopt & Thomas von Hippel, "Preface", Comparative Corporate Governance of Non-Profit Organizations(Hopt & von Hippel ed.), Cambridge(2010).

Michael C. Jensen & William H. Meckling, "Theory of the Firm: Managerial Behavior, Agency Costs and Ownership Structure", 3 J. Fin. Econ. 305 (1976).

John H. Langbein, "The Uniform Prudent Investor Act and the Future of Trust Investing", 81 Iowa L. Rev. 641 (1996).

_____, "Rise of the Management Trust", 143 Tr. & Est. 52 (2004).

LLoyd Hitoshi Mayer, "Fiduciary Principles in Charities and Other Nonprofits", The Oxford Handbook of Fiduciary Law(Criddle, Miller & Sitkoff ed.), Oxford(2019).

Dana B. Reiser, Charity law's essentials, 86 Notre Dame L. Rev. 1 (2013).

3. 인터넷 등 참고자료

한국자선단체협의회, 유산 기부에 대한 인식 조사 보고서, 2019. 8(file:///C:/ Users/user/Downloads/%E2%98%85%ED%95%9C%EA%B5%AD%EA

%B0%A4%EB%9F%BD%20%EA%B2%B0%EA%B3%BC%EB%B3%B4%
EA%B3%A0%EC%84%9C_%EC%9C%A0%EC%82%B0%20%EA%B8%B
0%EB%B6%80%EC%97%90%20%EB%8C%80%ED%95%9C%20%EC%9
D%B8%EC%8B%9D%20%EC%A1%B0%EC%82%AC.pdf, 2022. 7. 11.
방문).

통계청, 2020년 한국의 사회지표(http://kostat.go.kr/portal/korea/kor_nw/1/1/
index.board?bmode＝read&aSeq＝388792, 2022. 7. 11. 방문).

_____, 2021년 고령자 통계 참조(https://kostat.go.kr/portal/korea/kor_nw/1/
1/index.board?bmode＝read&aSeq＝403253, 2022. 7. 11. 방문).

문화일보(2021. 6. 28), '부모보다 가난해지는 최초의 세대…「믿을 건 나밖에 없다」',
http://www.munhwa.com/news/view.html?no＝20210628010306213
36001(2022. 7. 11. 방문).

한겨레(2021. 9. 29.), '고령인구 비중 높아지는데 노인 빈곤율은 OECD 최고',
https://www.hani.co.kr/arti/economy/economy_general/1013181.ht
ml#csidx335d46712c79f7cbe7e89ee02099daf(2022. 7. 11. 방문).

한겨레(2019. 5. 26.), '「기부금 사기」, 새희망씨앗 회장 징역 6년 확정', https://
www.hani.co.kr/arti/society/society_general/895317.html(2022. 7. 11.
방문).

서울신문(2022. 6. 20.), '「천사 아빠」 대국민 사기…13억 후원금 펑펑', https://
www.seoul.co.kr/news/newsView.php?id＝20220620500015&wlog_
tag3＝naver(2022. 7. 11. 방문).

국제신문(2016. 10. 31.), '최순실 사건 정리, 미르재단 보도부터 검찰 소환까지',
http://www.kookje.co.kr/news2011/asp/newsbody.asp?code＝0100
&key＝20161031.99002160919(2022. 7. 27. 방문).

이희숙, "시민공익위원회 의의와 한계", 더나은미래(2021. 8. 18.), https://future-
chosun.com/archives/58415(2022. 7. 27. 방문).

Charity Commission for England and Wales, "Public trust in charities 2021:
web version", 2021(https://www.gov.uk/government/publications/
public-trust-in-charities-and-trustees-experience-of-their-role/public-
trust-in-charities-2021-web-version, 2022. 7. 28. 방문).

_____, "Charity reserves: building resilience", 2016 (https://www.gov.uk/government/publications/charities-and-reserves-cc19, 2022. 7. 28. 방문).

_____, "Charities and investment matters: a guide for trustees", 2017(https://www.gov.uk/government/publications/charities-and-investment-matters-a-guide-for-trustees-cc14, 2022. 7. 28. 방문).

_____, "The essential trustee: what you need to know, what you need to do", 2018(https://www.gov.uk/government/publications/the-essential-trustee-what-you-need-to-know-cc3/the-essential-trustee-what-you-need-to-know-what-you-need-to-do, 2022. 7. 17. 방문).

Charities Aid Foundation, CAF World Giving Index: A global pandemid special report, 2021, p.20(https://good2give.ngo/wp-content/uploads/2021/06/caf-world-giving-index-2021.pdf(2022. 7. 28. 방문).

https://kostat.go.kr/portal/korea/kor_nw/1/2/2/index.board?bmode=read&aSeq=370326&pageNo=&rowNum=10&amSeq=&sTarget=&sTxt=(2022. 7. 11. 방문).

https://kostat.go.kr/portal/korea/kor_nw/1/1/index.board?bmode=read&aSeq=403253(2022. 7. 11. 방문).

https://insfiler.com/detail/rt_social_participation_8-0002(2022. 7. 11. 방문).

https://www.mercers.co.uk/our-role-as-corporate-trustee(2022. 7. 17. 방문).

https://www.schwabcharitable.org/maximize-your-impact/develop-a-giving-strategy/align-your-giving-vehicles/charitable-lead-trust(2022 7. 17. 방문).

https://www.schwabcharitable.org/public/file/P-11194199(2022 7. 17. 방문).

https://www.53.com/content/fifth-third/en/financial-insights/personal/wealth-planning/what-is-charitable-trust-do-i-need-one.html(2022 7. 17. 방문).

https://hls.harvard.edu/alumni/giving-to-hls/planned-giving/gift-plans/charitable-remainder-trusts(2022 7. 17. 방문).

https://alumni.harvard.edu/college/college-giving/gift-planning/charitable-le ad-trusts(2022 7. 17. 방문).

https://www.fidelitycharitable.org/guidance/philanthropy/charitable-lead-tru sts.html(2022 7. 17. 방문).

https://register-of-charities.charitycommission.gov.uk(2022. 7. 17. 방문).

https://www.sen.go.kr/web/services/bbs/bbsList.action?bbsBean.bbsCd = 383 &searchBean.searchKey = &appYn = &searchBean.searchVal = &searc hBean.startDt = &startDt = &searchBean.endDt = &endDt = &ctgCd = &sex = &school = &grade = &year = &month = &schoolDiv = &establD iv = &hopearea = &searchBean.deptCd = &searchBean.currentPage = 11(2022. 7. 27. 방문).

https://www.gov.uk/guidance/charity-commission-guidance(2022. 7. 27. 방문).

https://www.gov.uk/government/publications/public-trust-in-charities-and-tr ustees-experience-of-their-role/public-trust-in-charities-2021-web-ver sion(2022. 7. 27. 방문).

https://my.uniformlaws.org/committees/community-home?CommunityKey = 193ff839-7955-4846-8f3c-ce74ac23938d(2022. 7. 27. 방문).

https://trust.go.kr/trust.do?searchType = 2(2022. 7. 27. 방문).

제9장
고령사회에서 계약법 · 소비자법[*]

이동진

I. 서 론

보통 65세 이상인 인구의 비율이 전체 인구의 7% 이상 14% 미만이면 고령화사회(aging society), 14% 이상 20% 미만이면 고령사회(aged society), 그이상이면 후기고령사회 또는 초고령사회(post-aged or super-aged society)라고 한다. 서구 선진국 대부분이 20세기 초 고령화사회 또는 고령사회에 진입한 반면, 우리나라는 2000년에야 고령화사회에 진입하였다. 그러나 우리나라는 그로부터 불과 18년 뒤인 2018년에 고령사회에 진입하여 고령화 속도가 유례없이 빠르다는 평가를 받고 있다.[1]

고령화는 가족질서의 변화와 함께 진행되고 있다. 과거 고령자가 상대적으로 젊은 자녀 등의 동거부양을 받으면서 삶의 수요의 대부분을 젊은 자녀등을 통하여 충족시키던 것과 달리, 오늘날 고령자는 고령자 1인 또는 고령자들로만 구성된 가구에서 독립적으로 생활하는 경우가 많다. 과거에는 고령자들이 별다른 자산을 갖지 못한 경우가 많았으나 오늘날의 고령자들 중

---

[*] 이 글은 같은 제목으로 재산법연구 제38권 제4호(2022. 2.)에 게재되었음을 밝혀둔다.
[1] UN은 2019년부터 2050년까지 사이에 가장 빨리 고령화될 것으로 추정되는 나라로 우리나라를 꼽고 있는데, 그 추정치는 23%로, 가장 고령화가 많이 진행된 북미와 유럽이 150년에 걸쳐 도달한 수준에 불과 50년만에 이르는 것이 된다. 이동진, "고령사회에서 의료법의 과제 - 원격의료, 공동결정, 자원투입제한 -", 서울대 법학 제61권 제4호(2020), 38면. 다른 통계는 그보다 훨씬 빠른 고령화를 예상하고 있다. 조정은·노미리, "고령소비자 보호정책의 현황과 과제", 소비자법연구 제5권 제3호(2019), 68면.

에는 상당한 자산을 축적한 경우가 적지 아니하다. 근래 고령자에 편입되고 있는 베이비부머(baby boomer) 중에는 보다 젊은 세대가 향후 가질 것으로 예상되는 자산보다 더 많은 자산을 갖고 있는 사람도 상당수이다. 고령자의 소비성향이 다소 낮은 편이기는 하나, 고령자의 경제활동의 전체 경제에서의 중요성은 높아질 수밖에 없다.2)

이러한 상황은 고령사회에서 계약법과 소비자법이 어떠한 역할을 할 수 있고 하여야 하는지 생각해보게 한다. 고령인구가 많아지면서 고령소비자를 대상으로 한 상품이나 서비스, 상술, 판매방법이 증가하고 있다. 고령소비자에게는 법질서가 일반적으로 상정하는 인간상과 다소 다른 모습도 있다. 보통의 소비자와 그에 대한 상품, 서비스, 상술을 전제한 계약법 · 소비자법이 고령인구에게도 적절하고 충분한 것인지 검토할 필요가 있다.

이 글에서는 이러한 관점에서 고령사회에서 계약법 · 소비자법의 문제를 살펴보고자 한다. 먼저 고령자가 소비자거래와 관련하여 어떠한 특성을 갖고 있는지 보고(아래 II), 고령소비자를 위한 특별법적 대응 내지 대응 가능성을 살펴본 다음(아래 III), 이어서 일반법적 대응 내지 대응 가능성을 모색한다(아래 IV).

II. 고령소비자 · 고령소비의 특성과 고령소비자피해의 양상

1. 고령소비자 · 고령소비의 특성

고령자를 일정한 기준연령에 의하여 규정하기는 어렵다. 우선 고령자에

---

2) 우리나라의 경우, 배순영, "고령사회, 고령소비자문제와 종합대응", 한국소비자법학회 편 고령소비자보호, 2017, 11면 이하. 다만, 우리나라는 고령자의 소비지출이 다른 나라에 비하여도 낮은 편이라는 점에 유의할 필요가 있다. 가령 김진훈, "고령자 가구의 소비특성 및 소비패턴 결정요인", 한국노년학 제36권 제3호(2016), 907-909면.

관한 법령이 설정한 연령기준이 서로 다르다. 고용상 연령차별금지 및 고령자고용촉진에 관한 법률 제2조 제1호 및 같은 법 시행령 제2조 제1항은 55세 이상인 자를 고령자로 정의하고, 장애인·고령자 등 주거약자 지원에 관한 법률 제2조 제1호는 65세 이상인 자를 고령자로 정의한다. 고령자라는 개념을 쓰지는 아니하나 노인장기요양보험법 제2조 제1호는 65세 이상인 자를 "노인"으로 정한다. 반면 다수의 고령자 관련 통계조사는, 과거의 관례에 따라, 60세 이상을 고령자로 구분하고 있다. 사정은 다른 나라에서도 별로 다르지 아니하다.[3] 미성년자가 어느 정도 공통적인 특성을 띠는 집단인 반면,[4] 고령자는 사람마다 서로 매우 다른 능력과 활동을 보이곤 한다.[5] 고령자를 통일적으로 규정하고 규율하기 어려운 까닭이다.

그럼에도 불구하고 고령소비자에게 일정한 공통적 특성이 있다는 점 또한 부정할 수 없다. 첫째, 고령소비자는 의사소통 및 정보처리능력이 떨어지기 쉽다. 감각의 퇴화, 점진적 신경의 퇴화, 경우에 따라서는 뇌손상으로 인하여 목표가 되는 정보를 구별해내는 데 더 많은 주의력을 요하는 반면 여기에 투입할 에너지는 전반적으로 줄어든다.[6] 사회와 사회적 활동에서 멀어짐에 따라 정보·지식에서의 소외도 나타난다. 특히 최신의 IT 기술 등에 어둡기 쉽다. 둘째, 나이가 들면서 호르몬이 변화하여 안전과 건강에 대한 욕구가 증대된다.[7] 또한 감퇴된 능력에 대하여 불안감을 가지고 그것이

---

3) 박신욱, "사법의 영역에서 고령자의 보호에 대한 비교법 연구 - 우리나라와 독일의 상황을 중심으로 -", 한국소비자법학회 편 고령소비자보호, 2017, 113-114면.

4) 미성년자의 경우 한 사회의 성원으로서 fresh start를 보장하여야 한다는 필요에 비추어 규범적으로 기준연령을 설정할 수 있기도 하다. 미성년자 보호 제도의 이러한 취지에 대하여는 양창수·김재형, 민법 I 계약법, 제2판, 2015, 612면.

5) 박신욱(주 3), 122면; 조정은·노미리(주 1), 70면. 또한, Radmacher, Rechtsschutz zugunsten ältere Verbraucher am Beispiel unerlaubter Telefonwerbung, 2020, S. 38 ff.

6) 이를 노력부족가설(effortfulness hypothesis)이라고 한다. 조정은·노미리(주 1), 72면.

7) 박신욱(주 3), 122면. 또한 Yankova/Hören, Besondere Schutzbedürftigkeit von

노출되는 데 대하여 수치심을 느끼기도 한다.[8] 외로움, 사회적 고립감 때문에 뻔한 상술이라 하더라도 거래교섭에 긍정적으로 반응하고 잘 알지 못하는 사람도 쉽게 믿는 경향이 생긴다.[9] 즉, 정서적 측면에서도 취약해진다. 그밖에 소비와 직접 관계된 것은 아니나, 고령자는 더는 소득 활동을 할 기회가 많지 아니하여 큰 피해를 입으면 장기적으로 빈곤상태가 될 가능성이 높다는 점도 중요하다.

현대 소비자법의 발전 자체가 이른바 소비자상(消費者像)이 민법이 전제하는 합리적 인간상과 구별된다는 사실에 근거한다. 소비자는 동종(同種)의 거래를 반복적으로 하고 있고 상당한 자원을 갖고 있는 사업자에 비하여 경제력, 지적 능력, 정보 및 교섭력에서 열위에 있고, 이러한 소비자와 사업자의 관계 내지 차이는 역전되거나 교환될 수 없는 체계적인 것이라는 점이 바로 그것이다.[10] 사정은 고령소비자의 경우에도 다르지 아니하다. 그러나 고령소비자는 앞서 본 바와 같은 몇 가지 특성으로 인하여 일반 소비자보다 소비자로서의 취약성이 증폭되고 또 일반 소비자와는 다소 다른 형태로 나타날 수 있다.

고령자가 새로운 주요 소비자집단으로 등장함에 따라 고령자를 주된 대상으로 하는 상품과 서비스, 상술(商術)도 나타나게 되었다. 가령 그 자체 고령자를 주된 대상으로 하는 노인복지시설 입소 계약이나 이른바 상조(喪助) 서비스, 건강기능식품이나 여행(관광)계약이 그러하다. 상품이나 서비스 자체가 반드시 고령자를 대상으로 하는 것은 아니나 판매방법상 고령소비자가 주로 문제 되는 경우도 있다. 가령 방문판매나 전화권유판매는 낮에 집에 있는 고령자가 주된 대상이 되곤 한다.

Senioren nach dem UWG?, WRP 2011, 1231, 1238.

8) 조정은·노미리(주 1), 72면; Radmacher(주 5), S. 57 ff.

9) Rademacher(주 5), S. 50 ff.

10) 서희석, 소비자계약의 법리, 2018, 17면 이하. 또한, Grunnewald/Pfeifer, Verbraucherschutz im Zivilrecht, 2010, S. 1 ff.

2. 고령소비자피해의 양상

고령소비자의 여러 특성 중 판단 및 결정능력이 상대적으로 부족하고, 그러한 사실 자체에 대하여 종종 수치심을 느끼곤 한다는 사정은 고령소비자가 거래상 피해를 입었을 때에도 구제를 받기 위하여 노력하지 아니한 채 피해를 감수할 가능성을 높이는 요소이기도 하다.[11] 때문에 고령소비자피해의 규모를 제대로 파악하기는 어렵다. 그러나 그 추이를 살펴볼 수는 있다.

한국소비자원이 2020. 5. 7. 발표한 빅데이터 분석 결과에[12] 따르면 고령소비자의 상담건수와 전체 상담건수에서 고령소비자 상담의 비중은 지속적으로 증가하고 있다.[13]

	2017년	2018년	2019년	계	연평균증감률
60대 이상	67,330	77,584	72,101	217,015	3.5%
60대 미만	666,604	635,972	589,492	1,892,068	△6.0%

상담건수가 가장 빠르게 증가한 부문은 금융활동으로, 연평균 15.3% 증가하였다. 개별 품목 상담건수는 연평균 투자자문(컨설팅)이 211.5%, 주식이 120.8%, 안마의자가 28.0%, 헬스장 등이 25.4%, 인터넷정보이용서비스

---

11) 윤태영, "고령 소비자 계약에 관한 소고", 중앙법학 제11권 제2호(2009), 47면.

12) 한국소비자원, 2020. 5. 7.자 보도자료. https://www.kca.go.kr/kca/sub.do?menu-key＝5084&mode＝view&no＝1002936063 (최종방문 2021. 12. 10.).
이러한 경향은 이듬해에도 이어졌으나, COVID-19의 영향도 엿보인다. 한국소비자원 2021. 5. 3.자 보도자료. https://www.kca.go.kr/home/sub.do?menukey＝4002& mode＝view&no＝1003124644 (최종방문 2021. 12. 10.).

13) 고령소비자의 상담건수 구성비 증가 추이 자체는 그 이전부터 지속적으로 나타난다. 배순영(주 2), 10면. 이는 인구구성비의 변화와 소비활동 참여 정도의 변화, 고령소비자피해의 증가 모두의 영향을 받으므로 그 주된 원인을 이야기하기 위해서는 보다 정밀한 분석이 필요하다.

가 36.3% 증가하였다. 각 품목 내에서 상담이 가장 많았던 것은 상조 서비스(6,679건, 금융활동), 정수기대여(3,175건, 생활·가전), 건강기능식품(4,715건, 건강·의료·식품), 이동전화서비스(8,245건, 정보통신), 국외여행(4,198건, 여가활동)이다.

판매방법 별로는 연평균 전자상거래 관련 상담이 51.2%의 증가율을 보여 가장 빠르게 증가하였고 전화권유판매가 24.5%, 방문판매가 4.5% 증가하여 그 뒤를 이었다. 판매방법 별 상담건수는 전화권유판매가 9,753건으로 가장 많았는데, 주로 투자자문(컨설팅), 주식 관련 상담의 증가로 인한 것이다. 전자상거래 중에서는 국외여행이 781건, 방문판매 중에서는 상조 서비스가 2,070건으로 가장 많은 상담이 접수되었다.

판매방법	연평균 증가율	접수건수	연평균 증가율 상위품목	접수 상위품목
전자상거래	51.2%	8,278건	투자자문(컨설팅)	국외여행
전화권유판매	24.5%	9,753건	주식	투자자문(컨설팅)
방문판매	4.5%	7,571건	의료용구	상조 서비스

구체적으로는, 최신형 스마트폰을 무료로 제공하고 기존 휴대전화의 할부원금을 지원하며 중도해지 시 위약금을 면제한다는 등 파격적인 계약조건을 광고하거나 전화로 구매를 권하여 구매하였는데 그러한 사항이 계약서에 기재되어 있지 아니하고 이후 청구되는 금액과 조건이 전혀 다른 예, 무료로 알고 구매한 부가서비스 등에 대하여 요금이 청구된 예, 국외여행계약의 해지를 거부하거나 과도한 위약금을 요구한 예, 홈쇼핑을 통하여 상조서비스에 가입하면 김치냉장고와 같은 사은품을 제공하는 것처럼 광고하고 거래한 다음 중도해지 시 이를 이유로 환불액을 크게 줄여 중도해지를 막거나 장례 현장에서 추가금액을 요구한 예, 건강기능식품 홍보관에서 사은품을 준다면서 회원가입이나 개인정보제공을 요구하여 계약을 체결하는 것임을 의식하지 못한 채 계약이 체결되거나 사업자가 시음(試飮)을 권하며 제품을 개봉해주거나 개봉하게 하여 환불이 곤란하게 한 예, 특정 질병에

효과가 있다는 등의 허위 또는 과장광고를 한 예, 지하철 및 신문광고에서 파격할인을 광고하여 보청기를 구입하였는데 심한 소음이 들리고 잘 안 맞는 예[14] 등이 피해사례로 보고되고 있다. 이른바 효도관광 중 제품홍보관 등에 들러 건강기능식품을 사지 아니할 수 없는 분위기를 조성한 예, 계약금만 내면 요양시설에 입소할 수 있다고 속인 뒤 계약금을 가로챈 예도 흔히 들을 수 있다.

Ⅲ. 고령소비자 문제에 대한 특별법적 대응

1. 판매방식에 착안한 규제

(1) 방문판매와 전화권유판매

전통적으로 소비자법은 특히 소비자 보호가 필요한 몇몇 전형적인 거래방식에 대한 규제로부터 발전해왔다. 우리나라에서도 같은 이유에서 거래방식에 착안한 몇몇 개별법령이 제정, 시행되었고, 이것이 소비자법의 중심

---

14) 2018년 소비자24 포털에 업로드된 "어르신을 위한 소비생활 꿀팁" 시리즈 참조. https://www.consumer.go.kr/user/bbs/consumer/281/760/bbsDataView/1786. do?page = 1&column = bbsDataTitle&search = 어르신&searchSDate = &search EDate = &bbsDataCategory = (스마트폰); https://www.consumer.go.kr/user/bbs/consumer/281/760/bbsDataView/1794.do?page = 1&column = bbsDataTitle&search = 어르신&searchSDate = &searchEDate = &bbsDataCategory = (전자상거래); https://www.consumer.go.kr/user/bbs/consumer/281/760/bbsDataView/1780. do?page = 1&column = bbsDataTitle&search = 어르신&searchSDate = &search EDate = &bbsDataCategory = (상조서비스); https://www.consumer.go.kr/user/bbs/consumer/281/760/bbsDataView/1781.do?page = 1&column = bbsDataTitle &search = 어르신&searchSDate = &searchEDate = &bbsDataCategory = (건강기능식품); https://www.consumer.go.kr/user/bbs/consumer/281/760/bbsDataView/1836.do?page = 1&column = bbsDataTitle&search = 어르신&searchSDate = & searchEDate = &bbsDataCategory = (보청기) (각 최종방문 2021. 12. 10.).

을 이루고 있다. 그중에서 모든 소비자에게 일반적으로 적용될 수 있는 거래방식이지만 현실적으로 특히 고령소비자에게 적용될 가능성이 훨씬 높은 것이 방문판매와 전화권유판매이다.

방문판매란 판매업자가 방문을 하는 방법으로 그의 영업소, 대리점, 그 밖에 총리령으로 정하는 영업장소 이외의 장소에서 소비자에게 권유하여 계약의 청약을 받거나 계약을 체결하여 재화나 용역을 판매하는 행위를 말한다(방문판매 등에 관한 법률 제2조 제1호). 이에 대하여 전화를 이용하여 소비자에게 구매를 권유하거나 전화회신을 유도하여 재화 등을 판매하는 것은 전화권유판매라고 한다(방문판매 등에 관한 법률 제2조 제2호). 전형적으로 스마트폰 통신판매가 여기에 해당한다. 이들은 영업소 등에 방문하지 아니하고도 소비자가 상품이나 서비스에 대한 정보를 얻고 거래를 할 수 있다는 점에서 소비자에게 이익이 되는 측면이 있고, 때문에 그 자체 금지되지는 아니한다. 그러나 소비자가 스스로 구매 여부를 결정할 마음의 준비를 하고 영업소에 방문하는 경우와 달리 방문판매의 경우 방문판매자의 일방적 방문을 받아 준비되지 아니한 상태에서 거래에 응하게 되고, 특히 방문판매업자에게 자택 문을 열어주어 방문판매업자가 자택에 들어온 경우 방문판매업자가 나가게 하지 못하는 한 자신이 먼저 그 장소를 벗어나 상황을 피할 방법이 마땅치 아니하여 상황을 피하기 위하여 원치 아니하는 계약의 체결에 응할 가능성이 높아지며, 전화권유판매도 방문판매보다 정도는 덜하나 기습적인 측면이 있다.15) 즉 두 경우 모두 충동적이거나 곤혹스러운 상황에서 거래가 이루어질 위험이 있는 것이다. 이들이 여러 나라에서 규제의 대상이 되고 있는 이유이다. 이에 대한 해결책으로는 소비자에게 일정기간 아무런 사유 없이 철회할 권리, 즉 철회권을 부여하는 것이 일반적이다. 우리나라에서도 방문판매와 전화권유판매의 경우 계약서를 받은 날과 재화나 용역을 공급받은 날 중 늦은 날부터 14일 내에는 청약을 일방적으로 철

---

15) Radmacher(주 5), S. 46 ff.

회할 수 있게 한다(방문판매 등에 관한 법률 제8조 제1항 제1호).

의사표시의 흠에 관한 규율(민법 제109조, 제110조)이 의사형성과정의 흠을 주장, 증명할 것을 요구하는 것과 달리 소비자법상 철회권은 일정한 기간 내에 일방적으로 철회할 수 있게 함으로써 소비자의 (종종 매우 미묘할 의사형성과정의 취약성의) 증명부담을 피한다. 그 결과 일반적인 소비자보다 더 취약한 소비자에게도 동일한 보호를 제공한다. 철회권이 고령소비자에게도 유효한 구제수단이 될 수 있는 이유이다. 그러나 고령소비자는 철회권을 제대로 행사하지 못하는 경우가 많다. 이는 철회권을 행사할 수 있다는 사실을 알지 못하거나 이해하지 못하기 때문이기도 하지만, 철회권을 행사할 수 있다 하더라도 결심하고 실행에 이르기까지 더 많은 시간이 소요되어 기간을 도과하기 쉽기 때문이기도 하다. 2014년 70세 이상의 고령소비자에 대하여 철회권 행사기간을 두 배로 연장하는 방문판매 등에 관한 법률 일부개정안이 발의되고,[16] 학설상으로도 철회권 행사기간을 1.5배 등으로, 또는 각 사유마다 세분하여 연장하여야 한다는 견해가 주장되고 있는 이유이다.[17] 그 외에 독일에서는 학설상 고령자와 방문판매나 전화권유판매로 계약을 체결하려는 경우 등에는 소비자가 그러한 기습적 상황 전 일정한 대기기간(Wartefrist)을, 계약의 효력요건으로, 두어야 한다는, 즉 방문 또는 전화 전 약속을 하면서 24시간 또는 72시간 뒤로 정하여야 한다는 입법론도 주장되고 있다.[18]

---

16) 강기정 의원 대표발의 방문판매 등에 관한 법률 일부개정법률안(의안번호 9698호). 방문판매 등에 관한 법률 제8조 제1항에 "다만, 70세 이상의 소비자(이하 "고령소비자"라 한다)가 계약을 체결한 때에는 다음 각 호의 기간의 2배의 기간(거래 당사자 사이에 다음 각 호의 기간의 2배의 기간보다 긴 기간으로 약정한 경우에는 그 기간) 이내에 그 계약에 관한 청약철회등을 할 수 있다"는 단서조항을 신설하고, 제3항의 "3개월", "30일"을 각 "3개월(고령소비자는 6개월)", "30일(고령소비자는 60일)"로 개정하는 것을 그 내용으로 하였다.

17) 김미혜, "고령소비자 보호를 위한 법제개선방안", 단국대 법학논총 제40권 제1호 (2015), 328-329면; 윤태영(주 11), 63면; 조정은·노미리(주 1), 77면.

18) Wedemann, "Ältere Menschen - eine besondere Herausforderung für Rechtsprechung, Gesetzgebung und Beratung", NJW 2014, 3419, 3422 f.

철회권의 행사기간을 일반적으로 연장하는 안이 고령소비자 문제에 대한 적절한 대응이 될 수 있는지는 의문이다. 이 안에 대하여는 고령소비자에 대한 거래기피가 생길 수 있다는 우려가 있다.[19] 이는 있을 수 있는 일이나, 방문판매나 전화권유판매가 고령소비자 기타 취약한 소비자를 실질적인 주고객으로 하고 있다면 반드시 타당한 우려는 아닐 것이다. 오히려 문제는 14일로는 부족한 고령소비자에게는 21일도 반드시 충분하다고 할 수 없을 것이라는 점에 있다. 비교법적으로 14일의 철회권 행사기간은 결코 짧은 편이 아니다.[20] 성급한 거래를 후회한다면 철회하기로 마음을 먹고 실행하는 데에 현실적으로도 충분하다. 14일 내에 철회권을 행사하지 못하였다면 그 사이 거래가 후회스러운 것이었는지 파악하는 데 필요한 정보와 조언을 얻지 못하였거나 기간 내에 실제로 철회권을 행사하는 데 어려움을 겪었기 때문일 가능성이 높다. 그러한 고령소비자에게 21일의 기간을 준다 하여 상황이 크게 개선되지는 아니할 것이다. 오히려 거래를 지나치게 불안정하게 할 우려가 있다. 그로 인한 불이익 중 (비용 전가 정도에 따라 다르겠으나) 일부는 좀 더 현명한 소비자의 부담이 될 것이다. 방문 전 대기기간을 두는 안도 이러한 문제에 대한 해결로는 별로 설득력 있어 보이지 아니한다. 이는 기습적 거래를 철회권으로 사후적으로 보상하는 대신 사전적인 대응으로 바꾸는 것인데, 앞서 언급한 고령소비자의 철회권 행사의 문제 자체에는 도

---

19) 최시억, 방문판매등에 관한 법률 일부개정법률안(의안번호 9698 강기정의원 대표발의) 검토보고서, 2014, 4면은, 공정거래위원회의 위와 같은 의견을 보고하고 있다.

20) 미국의 16 CFR § 420.1은 3일, 유럽의 art. 9(1) Consumer Rights Directive는 14일을 각 철회권 행사기간으로 규정한다. 각국의 태도의 개관은, Twigg-Flesner, Schulze and Watson, "Protecting rational choices: information and the right of withdrawal", Howells, Ramsay and Wilhelmsson (eds) Handbook of Research on International Consumer Law, 2nd ed., 2018, pp. 132 ff. 일본의 特定商取引に關する法律 第9条, 第9条の2, 第24条는 각각 방문판매와 과량(過量)거래, 전화권유판매에 대하여 8일, 1년, 8일의 철회권 행사기간을 정하고 있다. 같은 법은 통신판매에 대하여는 철회권 규정을 두지 아니한다.

움이 되지 아니하고 철회권과 기능이 중첩되기 때문이다. 이는 고령소비자의 사생활 보호를 위한 제도이지 거래상 이익 보호를 위한 제도는 아니다. 이들 중 어느 안이든 일정한 연령의 고령자에 한하여 적용한다면 그 또한 현실성이 없다. 이는 거래상대방의 연령을 확인할 것을 전제하는데, 이는 과도한 개인정보 수집이고 비합리적인 고령자 차별이라는 비판을 받기 쉽다.

이러한 문제에 대응하기 위해서는 소비자의 권리를 쉽게 이해할 수 있는[21] 표준화된 설명양식을 마련하여[22] 이를 설명에 이용하도록 강제하고, 이를 보통 소비자를 위한 설명양식과 같이 교부하게 하는 것이 도움이 되리라고 생각한다. 고령소비자가 반드시 알아야 할 정보만 큰 글씨로 쉽게 설명하고, 아울러 가족이나 상담기관 등의 조언을 구할 것을 권하는 내용을 여기에 포함하면 좋을 것이다.[23] 또한 그 실효성을 확보하기 위하여 철회권 행사기간의 기산점을 이에 관한 적법한 설명이 이루어진 날로 변경하는 한편,[24] 고령소비자 등의 권리추구의 어려움을 경감시켜줄 수 있도록 표준

---

21) 용어의 개선(가령 철회권 대신 반품권)에 관하여는 고형석, "방문판매에 있어서 고령소비자 보호에 관한 연구", 중앙법학 제20집 제2호(2018), 141-142면. 그러나 법령상의 용어변경보다 중요한 것은 알기 쉬운 설명이다.

22) 방문판매 등에 관한 법률 제7조 제1항 제6호는 "청약의 철회 및 계약의 해제(이하 "청약철회등"이라 한다)의 기한·행사방법·효과에 관한 사항 및 청약철회등의 권리 행사에 필요한 서식으로서 총리령으로 정하는 것"을 설명의 대상으로 삼고 있고, 같은 조 제2항은 그러한 사항이 적힌 계약서를 발급하게 하고 있으나, 방문판매 등에 관한 법률 시행규칙 제10조, 별지 제6호의 서식은 매우 행정적인 형태의 "청약 철회·계약 해제 통보서"일 뿐이다.

23) 이러한 제3자의 조언을 구하도록 권유하는 설명에 대하여는 우선, Wedemann(주 18), S. 3421 f. 다만, Wedemann은 개별 거래에서 그 상대방이 고령자인 경우 이러한 지적의무(Hinweispflicht)를 입법하여야 한다고 하나, 본문의 주장은 설명의 방법으로 교부하는 표준양식에 고령소비자를 위한 것을 별도로 포함하고 그곳에 일반적으로 그러한 설명을 넣자는 취지이다.

24) 이 점은 소비자 철회권 일반에 대하여 종래부터 지적되어온 사항이다. 우선 고형석(주 21), 145면; 동, "청약철회권의 행사기간 및 기산일에 관한 연구", 홍익법학 제13권 제3호(2012), 311면 이하; 김진우, "소비자철회권의 개념 및 요건에 관한 입법론적

적 철회권 행사 서비스를[25] 마련할 필요가 있다. 이렇게 하면 사업자로서는 고령소비자와 보통의 소비자에게 동일한 설명을 하고 동일한 철회권 행사기간을 부여하므로 더 불리해졌다고 하기 어려운 반면, 고령소비자는 자신을 위한 설명양식에 주목하여 같은 철회권 행사기간을 더 잘 활용함으로써 보통의 소비자보다 불리한 점을 어느 정도 상쇄할 수 있을 것이다.

(2) 통신판매·전자상거래

통신판매는 모든 소비자에게 일반적으로 적용되는 판매방식이지만 고령소비자에게 특히 더 친한 판매방식이기도 하다. 통신판매란 우편·전기통신, 그 밖의 방법으로 재화 또는 용역의 판매에 관한 정보를 제공하고 소비자의 청약을 받아 재화 또는 용역을 판매하는 행위 중 방문판매 등에 관한 법률 제2조 제3호의 전화권유판매를 제외한 것을 말한다(전자상거래 등에서의 소비자보호에 관한 법률 제2조 제2호). 전화권유판매가 제외되므로 현실적으로 주된 규율대상은 홈쇼핑을 통한 판매이다. 통신판매의 핵심은 거래의 전 과정이 비대면으로 이루어진다는 데 있고, 전자상거래 등에서의 소비자보호에 관한 법률의 관련 규정도 비대면거래라는 점에 집중되어 있다(전자상거래 등에서의 소비자보호에 관한 법률 제13조 이하). 이러한 점에서는 고령소비자와 보통의 소비자 사이에 별 차이가 없다. 다른 한편 통신판매가 갖는 문제를 고려하여 같은 법은 철회권을 부여하면서 7일의 행사기간을 인정하고 있고(전자상거래 등에서의 소비자보호에 관한 법률 제17조),[26] 그에 대한 정보제

연구", 소비자문제연구 제47권 제1호(2016), 199면.

25) 방문판매업자 등은 공정거래위원회 또는 지방자치단체의 장에게 주소, 전화번호, 전자우편주소 등을 포함하여 신고하게 되어 있으므로(방문판매 등에 관한 법률 제5조) 이를 이용하여 철회권을 간이하게 행사할 수 있도록 원스톱 행사방법을 포함시킬 수 있다. 가령 당해 사업자와 당해 거래가 자동적으로 특정되는 QR코드를 넣고, 그 전송기록이 자동적으로 소비자보호기관에도 전달되도록 하여 증명기능을 하거나, 소비자보호기관의 정형화된 신청만으로 철회권 행사의 뜻을 대신 전달할 수 있게 하는 등으로 개별적으로 내용증명우편을 보내는 불편을 덜 수 있다.

공의무도 규정하고 있다(상거래 등에서의 소비자보호에 관한 법률 제13조 제2항 제5호). 이에 대하여는 별다른 논의가 없었으나, 위 (1)에서와 같은 개선을 검토할 수 있을 것이다. 고령소비자가 통신판매의 전형적인 거래상대방이라고 할 수는 없으나 (1)의 개선은 사업자로 하여금 거래상대방이 고령소비자인지 여부를 확인할 것을 요구하지 아니하므로 사업자에게 특별히 부담이 되지도 아니한다.

근래에는 전자상거래에 의한 고령소비자의 피해도 증가하고 있다. 전자상거래는 전자거래의 방법으로 상행위를 하는 것으로서, 거래의 일부가 전자문서 등 전자적 방식으로 처리되면 족하고 거래의 전 과정이 비대면이어야 하는 것은 아니다(전자상거래 등에서의 소비자보호에 관한 법률 제2조 제1호, 전자문서 및 전자거래 기본법 제2조 제5호). 전자상거래에 대한 규율은 주로 거래의 일부가 전자적인 방식으로 처리된다는 점과 관계되어 있다(전자상거래 등에서의 소비자보호에 관한 법률 제5조 내지 제11조). 그런 만큼 통신판매에 해당하지 아니하는 전자상거래에 대하여는 따로 철회권이 인정되지 아니한다. 전자상거래를 활용하기 위해서는 전자거래를 할 수 있는 능력이 있어야 하고, 스스로 전자상거래를 선택한 것이며, 사업자가 거래상대방이 고령소비자인지 여부를 알아야 하는 것도 아니므로, 그러한 소비자에게 그 연령을 묻지 아니하고 동일한 보호를 제공하면 족하다. 전자상거래에서도 고령소비자 보호가 문제 될 수 있음은 물론이나, 이에 대하여는 다른 대응을 강구하여야 한다. 아래 IV. 2. 참조.

2. 상품 또는 서비스의 특성에 착안한 규제

(1) 건강기능식품과 노인복지시설

고령소비자를 주 대상으로 하는 판매방법 이외에 고령소비자를 주 수요

---

26) 이는 유럽의 원격지거래에서 철회권의 행사기간(7일)을 참조한 것이다.

자로 하는 상품이나 서비스도 있다. 건강기능식품은 이러한 상품의 대표적인 예이다. 고령소비자는 건강에 대한 관심과 걱정이 보통의 소비자보다 훨씬 많다. 의사결정능력도 좀 더 취약하다. 건강기능식품 중에는 이러한 빈틈을 노려 허위·과장광고를 하거나 부당한 상술로 효과가 불분명한 제품을 충동적으로 다량 구매하게 하는 예가 있다.

건강기능식품에 관한 법률은 기능성 표시·광고에 대하여 사전심의를 받게 하고(제16조, 제18조), 영업자의 준수사항 중 하나로 "판매 사례품이나 경품을 제공하는 등 사행심을 조장하여 제품을 판매하는 행위를 하지 말 것"을 정하고 있었다(제10조 제1항 제4호). 먼저 그중 기능성 표시·광고의 사전심의 규정이 헌법재판소의 위헌결정에 의하여[27] 그 효력을 상실하였다. 이것이 타당한지는 의문이다. 일반적으로 상업적 광고에 대한 사전심의가 헌법상 검열금지의 적용대상이라는 데는 동의할 수 없고,[28] 특히 건강보조식품 광고는 고령소비자 등의 취약성을 파고드는 측면이 있을 뿐 아니라 사업자가 영세한 경우가 많아 사후 규제만으로는 실효성을 확보하기 어려우며 사전규제의 필요성이 큰 것이다. 적어도 의료법 제57조의2와 같은 우회적인 형태의 사전심의는[29] 필요하리라고 본다. 다음, 건강보조식품에 관한 법률 제10조 제1항 제4호의 규제는 부당한 상술 중 건강보조식품에서 전형적인 한 예를 금지하고 있을 뿐, 적용대상이 되는 행위유형이 지나치게 특정적이어서 문제가 되는 모든 사안유형을 포섭하지 못하고, 특히 주로 식품과 의약품의 안전성에 초점을 맞추고 있는 식품의약품안전처 소관 법령으로 되어 있어 법집행이 효율적이기 어렵다. 경품제공 등의 판매방법은 한때

---

27) 이 규정은 헌법재판소 2010. 7. 29. 선고 2006헌바75 결정에서 합헌으로 결정되었으나 이후 2018. 6. 28. 선고 2016헌가8, 2017헌바476 결정에서 위헌 결정되어 모두 효력을 상실한 이래 별다른 대체 입법 없이 오늘에 이르고 있다.

28) 이동진, "전문직 표시·광고규제의 몇 가지 쟁점: 의료광고를 중심으로", 의료법학 제17권 제6호(2016), 195-198면.

29) 의료법 제57조의2는 자율심의기구의 심의를 거치게 하는 방법으로 헌법상 사전검열 금지의 원칙위반을 피한다.

독점규제 및 공정거래에 관한 법률 제23조 제1항 제3호에서 금지하는 '부당하게 경쟁자의 고객을 자기와 거래하도록 유인하는 행위'로 경품류제공에관한불공정거래행위의유형및기준지정고시에 의하여도 규제되었으나, 공정거래위원회가 2016년 '기업의 마케팅 수단 다양화와 소비자 혜택 제고'를 이유로 이를 대체 없이 폐지하여 지금은 일반법적 규제가 존재하지 아니한다. 적어도 전형적으로 고령소비자를 상대로 행해지는 일정한 사행적 상술은 규제의 대상이 되고 실효적인 법집행이 확보될 필요가 있을 것이다.

고령소비자를 대상으로 할 수밖에 없는 또 다른 서비스의 예로 노인복지시설 이용계약을[30] 들 수 있다. 노인복지법 및 같은 법 시행규칙은 이와 관련하여 각각의 입소대상과 입소비용의 부담 등을 정할 뿐이다.[31] 그리하여 그중 국가나 지방자치단체가 비용을 부담하지 아니하고 입소대상자 본인이 비용을 부담하는 경우 그 계약과 관계의 진행은 사적 자치에 맡겨져 있다. 이 계약[이른바 실버타운(silver town) 입주계약]은 대체로 보증금과 월 이용료를 납부하고 그 대신 전용시설의 전용거주와 공용편의시설의 이용, 그 안전관리, 기본적인 의료 및 여가 관련 서비스 등의 이익을 제공받는 것을 그 내용으로 한다. 거래상대방이 고령소비자인 만큼 운영주체의 원상회복의무나 손해배상의무를 경감하거나, 부당한 실비정산, 시설비의 부당한 고객

---

30) 노인복지법은 노인복지시설을 노인주거복지시설, 노인의료복지시설, 노인여가복지시설, 재가노인복지시설, 노인보호전문기관, 노인일자리지원기관, 학대피해노인 전용쉼터의 7종으로 나누고(노인복지법 제31조) 각각의 입소대상을 구분한다(노인복지법 제33조의2, 제34조, 제36조 등). 그중 노인주거복지시설은 국가와 지방자치단체 및 사인(私人)이 설치할 수 있고, 양로시설, 노인공동생활가정, 노인복지주택으로 나뉜다(노인복지법 제32조, 제33조).

31) 노인복지법 제32조 제2항, 노인복지법 시행규칙 제14조, 제15조, 제15조의2. 다만, 입소의 순위 등을 정할 뿐 아니라, 노인복지주택을 제외한 나머지 시설의 경우 일정한 사람에게는 국가와 지방자치단체가 비용의 전부 또는 일부를 부담하므로 그로부터 사실상 비용 등이 제한될 수 있다. 다른 한편 노인장기요양보험법 제23조 제2호의 '시설급여'는 지정받은 장기요양기관이 제공하고 공단으로부터 시설 급여비용을 지급받는데, 이 금액은 법정되어 있다(노인장기요양보험법 제38조 이하).

부담, 보증금을 동시 반환하지 아니하는 내용, 일방적 비용변경, 중도해지 시 과다한 위약금 부과 등을 정한 계약조항을 두어 피해가 발생하곤 하였다. 이에 공정거래위원회는 1999년과 2003년 및 2004년 불공정약관에 대하여 시정조치를 명하였고,[32] 2013년에는 '장기요양급여 이용표준약관'을 제정하여 오늘에 이르고 있다.[33] 표준약관은 비용을 세분하고 그 부담 주체를 명시하는 한편, 이용자와 제공자 및 대리인 또는 보호자 세 당사자의 권리의무를 명확히 하고 있다. 공정거래위원회는 사업자나 사업자단체에게 표준약관의 사용을 권장할 수 있는데, 이때 표준약관 사용을 권장받은 사업자나 사업자단체는 그와 다른 약관을 사용하는 경우 표준약관과 다른 주요 내용을 고객이 알기 쉽게 표시하여야 한다. 이에 위반하면 500만 원 이하의 과태료에 처해진다(약관의 규제에 관한 법률 제19조의3 제5항, 제6항, 제34조 제3항 제3호). 그러나 이 표준약관은 표준약관에 불과하여 반드시 회피하기가 어렵지 아니할 뿐 아니라 장기요양기관과의 계약을 염두에 둔 것으로 장기요양기관 아닌 노인복지시설과의 계약에는 그대로 적용되지 아니한다. 이것만으로는 고령소비자 보호에 충분하지 아니한 것이다.[34] 독일에서는 1974년 양로원, 노인주거주택, 성년 요양시설에 관한 법률(Gesetz über Altenheime, Altenwohnheime und Pflegeheime für Volljährige; Heimgesetz)이 제정되었고, 1990년 이에 일부 사법(私法)적 규제를 도입하였으며, 2009년에는 그중 사법(私法)적 규율을 분리하여 요양·후견급여를 수반하는 주거공간에 관한 계약의 규율에 관한 법률(Gesetz zur Regelung von Verträgen über Wohnraum mit Pflege- oder Betreuungsleistungen; Wohn- und Betreuungsvertragsgesetz; WBVG)을 제정하였다. 같은 법은 "쉽게 이해할 수 있는 말로"

---

32) 전경숙, "노인복지주택의 설치 및 운영의 문제 사례와 개선방안", 한국생활과학회지 제18권 제5호(2009), 1163-1164면.

33) 현행 표준약관은 2014. 9. 19. 개정 공정거래위원회 표준약관 제10068호이다.

34) 윤태영, "실버타운 입주계약에서의 고령 소비자 보호", 재산법연구 제31권 제3호(2014), 189면.

시설 및 서비스, 사회법에 따른 품질검사결과 등을 설명할 의무, 서면방식 및 무기한계약의 원칙과 동거인의 계약승계권, 요양·후견수요변경 시의 계약적응(Vertragsanpassung), 요금인상사유, 쌍방의 해지권과 해지사유의 제한, 서비스 품질기준 등을 명시하고 있을 뿐 아니라, 요금 등이 "전체적으로, 그리고 개별적 내용에 비추어 급여와의 관계에서 적절한(angemessen)" 범위에서만 유효하다고 정한다. 또한 이용자로부터 담보를 받을 수 있는 경우와 그 금액을 규제하고 담보가 금전으로 교부된 경우 다른 재산과 분별하여 관리하도록 법정한다.35) 일본의 고령자의 거주안정확보에 관한 법률(高齢者の居住の安定確保に関する法律)도 고령자에 대한 임대주택이나 유료노인홈 주택사업을 등록하게 하면서(제5조) 그 등록기준 중 하나로, 입소계약이 서면으로 체결되고 그 내용에 거주부분이 명시되며 보증금 및 사용료 이외에 권리금 등 일체의 금전을 받지 아니하고 선불금 반환액의 산정기준을 명시하며 일정한 사유가 있는 경우 선불금을 반환하는 것으로 약정할 것을 요구한다(제8조 제1항 제6호). 우리나라에서도 고령소비자를 상대로 한 계속적 계약으로서의 특수성을 고려하여 강화된 적절성 통제(Angemessenheitskontrolle)를 도입하고, 이러한 계약에서 발생하는 전형적 문제를 보다 상세하게 규율하며, 보증금 등의 보호를 위하여 분별 관리나 보험가입 등을 요구하는 내용의 특별법을 제정할 필요가 있다.36)

(2) 이른바 고령금융소비자의 보호

소비자는 원래 사업자가 제공하는 물품 및 용역을 소비생활을 위하여 사용 또는 이용하는 자를 뜻한다(소비자기본법 제2조 제1호 전단).37) 그러나

---

35) Tamm, "Das Wohn- und Betreuungsvertragsgesetz (WBVG): Zivilrechtlicher Verbraucherschutz für Heimbewohner", VuR 2016, 370.

36) 비슷한 취지로 윤태영(주 34), 189면; 전경숙(주 32), 1165-1166면. 또한, 송순영·강성진, 취약계층 소비자보호 대책 평가 및 개선, 2011, 77면.

37) 소비자기본법 제2조 제1호 후단은 일정한 범위의 소규모 생산자를 소비자에 포함시

이른바 금융소비자 보호 문제는 금융투자상품에 투자하는 개인을 보호할 것인가, 또 어떻게 보호할 것인가 하는 문제이다. 소비와 투자로 구별되는 것이다. 그럼에도 불구하고 '금융소비자'라는 표현하에 그 보호를 문제 삼는 이유는 이른바 일상생활의 금융화에 있다. 즉, 오늘날 은퇴 후 소득, 교육, 의료서비스와 같이 국가가 공급하던 것을 금융거래에 의존시키는 경향이 증가하였고, 각자가 자신의 금융적 후생과 의사결정 및 그 결과에 대하여 책임을 지게 되었는데, 다른 한편 금융서비스가 복잡해지고 고도화되어 투자에 내몰린 개인이 적절한 판단과 선택을 하기는 훨씬 어려워졌다는 것이다.[38]

2020년 제정되어 2021년 시행된 금융소비자 보호에 관한 법률은 금융상품에 관한 계약의 체결 또는 계약 체결의 권유를 하거나 청약을 받는 것에 관한 금융상품판매업자의 거래상대방 또는 금융상품자문업자의 자문업무의 상대방인 전문금융소비자 또는 일반금융소비자를 널리 금융소비자로 규정하고(금융소비자 보호에 관한 법률 제2조 제8호) 이를 다시 전문금융소비자와 일반금융소비자로 나눈 다음(금융소비자 보호에 관한 법률 제2조 제9호, 제19호), 일반금융소비자와 사이에 금융상품계약체결등을 하는 경우 금융상품판매업자등은 적합성원칙, 적정성원칙, 설명의무(금융소비자 보호에 관한 법률 제17조 내지 제19조)를 준수하여야 한다고 규정한다. 이들 규정 위반이 있으면 위법계약으로 이를 해지할 수 있다(금융소비자 보호에 관한 법률 제47조). 그 밖에 일반금융소비자는 계약을 체결하였어도 금융상품의 종류에 따라 7일

키고 있다. 전단의 소비자를 본질적 의미의 소비자, 후단의 소비자를 정책적 의미의 소비자라고도 한다. 그 이외에 개별 소비자보호입법은 각각 약간 다른 소비자 개념을 정한다. 고형석, "소비자의 개념에 관한 연구", 중앙대 법학논문집 제40집 제1호 (2016), 96면 이하; 송오식, 소비자계약법, 2021, 93-94면.

38) Smith and Dixon, "What next for the financial consumer: more disclosure? Caveat vendor? FinTech online?", Howells, Ramsay and Wilhelmsson (eds) Handbook of Research on International Consumer Law, 2nd ed., 2018, pp. 387 ff.

또는 14일 내에 사유 없이 철회할 권리도 갖는다(금융소비자 보호에 관한 법률 제46조).

먼저 흥미를 끄는 점은 적합성원칙과 관련하여 모든 금융상품에 대하여 "일반금융소비자의 연령"을 파악하도록 하고 있다는 사실이다(금융소비자 보호에 관한 법률 제17조 제2항 제1호 가목, 제2항 제4호, 금융소비자 보호에 관한 법률 시행령 제11조 제2항 제2호 가목, 제3호 가목).[39] 고령 금융소비자가 금융상품에 대한 이해에 어려움을 겪을 가능성이 높고 쉽게 불완전판매의 표적이 될 뿐 아니라, 상대적으로 장래 소득이 많지 아니하여 위험을 감수할 능력과 선호도 다르다는 점을 고려한 것이다.[40] 금융상품판매업자등은 고령 금융소비자에게 적합하지 아니한 상품을 권유하여서는 아니 된다(금융소비자 보호에 관한 법률 제17조 제3항).[41] 이는 적정성원칙의 적용과 관련하여서도 유지된다. 명문 규정은 없으나 이미 연령에 관한 정보가 수집되어야 하는 한 설명의무도 고령 소비자의 특성에 맞게 이행되어야 할 것이다. 또한 앞서 소비자 철회권과 관련하여 제안한 바, 즉 적절한 설명이 이루어진 때부터 철회권의 행사기간이 기산하여야 하고, 조언을 구할 것을[42] 고령 소비자에 대

---

39) 보장성 상품의 경우에는 법률이 명시하고 있으나 투자성 상품과 대출성 상품에 대하여는 시행령에서 규정하고 있다는 점이 눈에 띈다.

40) 실제로 2019년 DLF 불완전판매와 라임펀드 사건 피해자 중 60세 이상 고령자의 비중이 각각 45%를 상회하였다고 한다. 이성복, 해외의 고령 금융소비자 보호 강화 추세와 시사점, 2020, 1-2면.

41) 금융투자협회는 '표준투자권유준칙'에 '고령 투자자에 대한 금융투자상품 판매시 보호 기준'을 신설하였고, 보험협회도 '고령금융소비자보호 가이드라인'을 마련하였으며, 각 금융기관도 고령금융소비자보호내부준칙에서 이들을 준수할 것을 비롯한 일련의 보호기준을 수립하고 있다. 이들 준칙은 70세 이상을 고령투자자, 80세 이상은 강화된 판매절차가 적용되는 초고령투자자로 정의하고, 고령투자자 전담창구를 설치하도록 하고, 장외파생상품에 대한 투자권유를 하는 경우 기준이 되는 나이는 65세로 정하고 있다. 가령 우리은행의 예: https://spot.wooribank.com/pot/Dream?withyou=CQCCS0083 (최종방문 2021. 12. 10.).

42) 고령 금융소비자를 위한 전문조력인 제도에 대하여는 이승진 · 지광석, "고령소비자의 금융거래에 관한 권익 향상 방안", 한국소비자법학회 편 고령소비자보호, 2017,

한 설명의 내용에 포함하여야 한다는 점은 여기에서도 타당하다. 독일에서는 고령 금융소비자에 대하여는 연령에게 적합한 방식으로 정보를 제공하여야 하고 묵시적 조언계약(Beratungsvertrag)상 조언의무의 내용도 그러한 점을 고려하여 정하여져야 한다는 견해가 주장되고 있다.[43]

Ⅳ. 고령소비자 문제에 대한 일반법적 대응

1. 인법(人法)과 계약법적 대응

(1) 인법적 대응

고령자의 법률행위 내지 거래상의 이익을 보호하고 고령자의 권익을 지키기 위한 일반적인 제도로 가장 먼저 떠오르는 것은 성년후견이다. 민법 제9조 제1항은 "가정법원은 질병, 장애, 노령, 그 밖의 사유로 인한 정신적 제약으로 사무를 처리할 능력이 지속적으로 결여된 사람"에 대하여 성년후견을 개시할 수 있게 하고 있고, 민법 제12조, 제14조의2는 각각 같은 사유로 "사무를 처리할 능력이 부족한 사람"에 대하여 한정후견을, "일시적 후원 또는 특정한 사무에 관한 후원이 필요한 사람"에 대하여 특정후견을 개시할 수 있게 한다. 그러므로 이론적으로는 "노령"으로 인한 정신적 제약으로 사무처리능력에 흠이 생기면 후견절차를 개시할 가능성이 있다.[44] 고령자에게 상대적으로 빈번한 치매는 실제로도 대표적인 후견개시사유 중 하나이다. 후견이 개시되면 피성년후견인의 경우 원칙적으로 법률행위를 취소할 수 있고(민법 제10조 제1항), 피한정후견인의 경우에도 동의가 유보된

248면 이하.

43) Wedemann, "Schutz alter Menschen bei Anlagegeschäften", ZBB 2014, 54, 61 ff.

44) 이 점에서 정신질환이나 장애를 요구하는 독일민법 제1396조와 구별된다. 그러나 가정법원 실무상 성년후견개시사유는 뇌병변, 치매, 발달장애, 정신장애 등이고, "노령"은 논의되지 아니한다. 이동진(주 1), 50면.

법률행위를 단독으로 한 때에는 법률행위를 취소할 수 있다(민법 제13조 제1항, 제4항). 동의유보가 되어 있지 아니할 때에도 한정후견인이나 특정후견인이 피후견인의 거래상 이익을 보호할 수 있도록 조언자로서 역할을 하고 권익이 침해된 경우 권리구제를 위한 조치를 취할 것이 예정되어 있다. 이른바 지원된 의사결정(supported decision-making)이다.[45]

그러나 전체 고령인구에 비하여 성년후견제도의 이용인구는 반드시 많다고 할 수 없다.[46] 고령인구의 전부 또는 그 대다수에 대하여 후견절차를 개시하는 것이 반드시 바람직하다고 할 수도 없다. 고령자는 일정한 전형적 취약점이 강화되어 나타나나, 그들 중 상당수는 여전히 자기의 사무를 스스로 처리할 수 있고, 일상생활을 별 문제없이 누릴 수 있다. 이들에 대하여 후견절차를 개시하는 것은 그들의 자기결정권을 침해하는 일이고 자원낭비이기도 하다.

후견절차가 개시되지 아니하는 경우 인법(人法)적 측면에서 고려할 수 있는 또 다른 장치는 의사능력이다. 민법에는 일반적인 의사능력에 관한 규정이 없으나[47] 판례·학설은 일반적으로 의사능력이 없는 사람이 한 법률행위는 무효라는 데 일치한다.[48] 그러므로 고령소비자가 의사무능력 상태에서 법률행위를 한 것으로 평가될 수 있다면 그러한 법률행위에 대하여 사후에 무효를 주장할 수 있다. 나아가 이 경우 판례·학설은 제한능력자에 대한 민법 제141조 단서를 유추하므로,[49] 고령소비자는 현존이익에 한하

---

45) 일반적으로 Diller, "Legal Capacity for All: Including Older Persons in the Shift from Adult Guardianship to Supported Decision-making", 43 Fordham Urb. L.J. 495 (2016).

46) 이동진, "한국 성년후견제도의 현황과 전망, 과제", 가족법연구 제32권 제1호(2018), 191면 이하.

47) 다만, 민법 제1063조 제1항은 "피성년후견인은 의사능력이 회복된 때에만 유언을 할 수 있다"고 정하고, 2016년 개정 민사소송법 제62조의2는 의사무능력자를 위한 특별대리인 제도를 도입하고 있다.

48) 우선, 김용덕 편집대표 주석민법[총칙 2] 제5판, 2019, 419면(김종기 집필부분).

여 반환하겠다고 주장할 수 있다.

문제는 어떠한 경우에 의사무능력이라고 인정될 수 있는가 하는 점이다. 의사능력은, 논자에 따라 다소간 편차가 있지만, 대체로 자기의 행위의 의미와 결과를 인식, 판단하여 정상적인 의사결정을 할 수 있는 정신적 능력을 말한다고 설명된다.[50] 구체적으로는 두 가지 논점이 제기된다. 하나는 의사능력이 문제 된 (법률)행위와 관련하여 상대적으로 결정되어야 하는가 아니면 상정 가능한 (법률)행위 일반에 대하여 절대적으로 결정되어야 하는가 하는 점이다. 또 하나는 인식적 요소와 의지적 요소가 둘 다 고려되는 것인가, 즉 둘 중 어느 하나만 손상되면 의사무능력이 되는 것인지, 아니면 둘 중 어느 하나만 고려되는가 하는 점이다. 판례는 "특히 어떤 법률행위가 그 일상적인 의미만을 이해하여서는 알기 어려운 특별한 법률적 의미나 효과가 부여되어 있는 경우 의사능력이 인정되기 위하여서는 그 행위의 일상적인 의미뿐만 아니라 법률적인 의미나 효과에 대하여도 이해할 수 있을 것을 요한다"고 하여 그때그때 문제 되는 행위에 비추어 의사능력 유무를 정하여야 한다는 입장을 취하고,[51] 의지 측면뿐 아니라 인식 측면도, 어떤 의미

---

49) 대법원 2009. 1. 15. 선고 2008다58367 판결: "무능력자의 책임을 제한하는 민법 제141조 단서는 부당이득에 있어 수익자의 반환범위를 정한 민법 제748조의 특칙으로서 무능력자의 보호를 위해 그 선의·악의를 묻지 아니하고 반환범위를 현존 이익에 한정시키려는 데 그 취지가 있으므로, 의사능력의 흠결을 이유로 법률행위가 무효가 되는 경우에도 유추적용되어야 할 것"; 이준현, "의사무능력자의 법률행위", 인권과 정의 제404호(2010), 94면.

50) 우선 윤태영, "유엔장애인권리협약과 의사결정대행제도의 개선 방안 - 소비자 보호를 목적으로 한 의사무능력 법리 활용 가능성을 중심으로 -", 아주법학 제11권 제1호(2017), 45면 참조.

51) 대법원 2006. 9. 22. 선고 2006다29358 판결; 2009. 1. 15. 선고 2008다58367 판결. 이는 독일의 학설이 말하는 상대적 의사무능력(relative Geschäftsunfähigkeit)에 해당한다. 독일에서는 상대적 의사무능력을 인정하는 경우 거래안전을 해한다면서 이에 반대하는 것이 통설이다. 독일민법 제105조a가 일상거래에 대하여 의사무능력자가 한 경우에도 이행된 범위에서 효력을 인정하는 것은 이러한 절대적 의사능력을 전제한 것이다. 그러나 스위스와 오스트리아에서는 상대적 의사무능력을 인정하고 있다.

에서는 오히려 더 중요하게, 고려하고 있다.[52] 이와 같이 보는 경우 적어도 상당한 정도의 인지 및 이해능력의 감퇴 및 의사결정의 흠이 인정되는 고령자에 대하여는 특히 복잡하거나 위험한 거래를 할 의사능력을 다소 너그럽게 부정할 여지도 있다.

그러나 어떤 인식도, 이해도, 의지도 없는 사람이 아닌 한 어느 정도의 인지 및 이해능력과 의사형성능력을 가지고 의사능력이 있다고 볼 것인지는 궁극적으로는 규범적 문제인데, 이와 관련하여 정신장애인의 자기결정권을 최대한 존중할 것을 요구하는 국제연합 장애인권리협약(UN Convention on the Rights of Persons with Disabilities; CRPD)이 문제 된다.[53] 이 협약이, 제한능력과 성년후견은 물론, 의사능력의 정당성에 대하여도 의문을 제기한다는 견해가 있다. 의사능력이 인적 요소에 결부되지 아니하고 그때그때의 거래의 난이(難易) 등을 고려하여 상대적 또는 기능적으로 결정되는 한 의사능력이 그 자체 협약 위반이라고 할 수 있을지 의문이나, 의사능력의 문턱을 상대적으로 높게 설정하는 것이 좀 더 의심스러워졌다는 점은 부정할 수 없다.[54] 이러한 경향에 비추어볼 때 고령소비자 피해를 의사무능

우선, MünchKommBGB/Spickhoff, 9. Aufl., 2021, § 104 Rn. 55 ff.

52) 이에 대하여 인식 측면을 고려하는 것은 차별적이라면서 의지 요소만 고려하여야 한다는 견해로, Hyoung Seok Kim, "Judging Capacity in Korean Private Law", Journal of Korean Law 18 (2019), 325, 327.

53) CRPD는 2016년 12월 성립하여 현재까지 150개국 이상이 가입한 가장 성공적인 국제인권협약으로 우리나라도 이를 비준하였다. CRPD 자체는 정신질환자나 정신장애인에 대하여 특별한 언급을 하고 있지 아니하나, 2014년 3-4월에 개최된 제11회 회의에서 채택된 일반논평 제1호(General Comment No. 1)는 정신장애인 문제에 집중하면서 제한능력, 비자의입원, 치료감호 등이 모두 법 앞의 평등 및 장애만을 이유로 하는 차별의 금지를 정한 CRPD 제12조 위반이라고 주장하였다. 가령 paras. 15 and 17 of General Comment No. 1 (CRPD/C/GC/1). 헌법재판소 2019. 12. 27. 선고 2018 헌바161 결정은 민법 제9조가 헌법에 위반되지 아니한다고 하였으나, 재판관 이선애, 문형배는 법정의견에 대한 보충 의견에서 성년후견제도가 엄격하게 해석, 운용되어야 한다고 지적하였다. 한정후견에서 동의유보에 대하여도 같은 말을 할 수 있을 것이다. 이동진(주 1), 54면.

력에 의하여 구제하는 데는 상당한 한계가 있다.

(2) 계약법적 대응

계약법에서는 우선 민법 제104조가 문제 된다. 민법 제104조는 "당사자의 궁박, 경솔 또는 무경험으로 인하여 현저하게 공정을 잃은 법률행위는 무효로 한다"고 규정한다. 실제로 무학문맹인 67세의 노파, 별로 교육을 받지 못하고 시골에서 생계를 유지하는 66세의 노인, 무학문맹으로서 평생 농사만 짓고 살아온 80세 노인 등에 대하여 민법 제104조를 적용한 판례가 있다.[55] 그러나 이러한 사안은 고령만을 이유로 한 것이 아니라는 점에 유의하여야 한다. 무경험은 거래 일반에 관한 경험 및 지식이 부족한 것을 의미하므로, 전형적으로 나이가 어린 경우가 그에 해당하고, 나이가 많다 하더라도 학력이 부족하고 사회생활의 경험이 없을 때에는 무경험이 될 수 있으나, 고령이라는 이유만으로 무경험이 될 수는 없다.[56] 고령이 궁박의 사유가 되기 어려움을 물론이다. 고령자는 때때로 경솔할 수 있지만 경솔 자체는 자신의 잘못이므로 이를 고려하는 데 주저되는 부분이 있고 경솔만을 이유로 민법 제104조를 적용한 예도 찾아보기 어렵다.[57] 정부가 2004. 10. 21. 제17대 국회에 제출한 민법 개정안은 1976년 개정 독일민법 제138조

---

54) 독일에서는 의사능력이 CRPD 위반이라는 견해도 있다. Lachwitz, "Auswirkungen der UN-Behindertenrechtskonvention auf das deutsche Geschaftsfahigkeits- und Betreuungsrecht", KJ (2012), 365. 이러한 점에서 의사무능력을 더 넓게 인정함으로써 성년후견을 활용하는 데 있어서 어려움을 피하려는 윤태영(주 50), 49면 이하의 논의에는 찬성하기 어렵다. 의사무능력의 활용이 이들을 사실상 시장에서 퇴출시키거나 낙인이 될 수 있다는 지적도 있다. 김미혜(주 17), 320면; 조승현, "고령소비자의 거래와 그 법적 문제점에 관한 고찰 - 소비자법의 새로운 쟁점 -", 민주법학 제49호(2012), 210-211면.

55) 각각 대법원 1979. 4. 10. 선고 79다275 판결; 1987. 5. 12. 선고 86다카1824 판결; 1992. 5. 22. 선고 91다40351 판결.

56) 김용덕 편집대표 주석민법[총칙 2] 제5판, 2019, 521면(이동진 집필부분).

57) 이동진(주 56), 520-521면.

제2항을 참조하여 이를 '판단력의 부족'으로 개정하는 것으로 정하고 있었다. 이처럼 개정한다면 고령을 고려할 여지가 다소 넓어진다. 실제로 독일에서는 고령을 판단력 부족의 사유 중 하나로 보고 있다.[58] 이와 같이 개정함이 옳을 것이다.

그러나 이와 같이 하더라도 민법 제104조가 적용되기 위해서는 여전히 급여와 반대급여의 현저한 불균형이 필요하다.[59] 당사자의 판단력 부족 및 급여와 반대급여의 불균형의 정도는 상관적으로 고려되어야 하나,[60] 여전히 고령소비자의 피해를 민법 제104조에 의하여 구제할 수 있는 경우는 드물 것이다. 고령소비자피해 중에는 거래조건의 불공정성보다 당해 거래가 그 고령소비자에게 필요하였는지가 문제 되는 경우가 더 많기 때문이다.

별로 논의되고 있지 아니하나, 이러한 경우 중 일부 극단적인 예는 민법 제103조에 의하여 공서양속(公序良俗) 위반으로 구제될 가능성이 있다. 민법 제103조는 (일방) 당사자에게 객관적으로 불리한 결과를 필수적 요건으로 하나,[61] 고령의 계약당사자의 필요와 여건에 비추어 명백히 피하여야 할 종류의 거래, 예컨대 필요에 비하여 과다하거나 위험하거나 아예 불필요한 거래는, 그 성립과정의 흠까지 고려하였을 때 공서양속 위반이라고 할 여지가 있다. 이는 금융소비자 보호의 맥락을 벗어나 좀 더 넓은 범위에서 적합성 내지 적정성원칙을 적용하는 셈이 될 것이다.[62] 이때 고령자에게 맞는 방식으로 거래의 내용을 설명하고, 특히 의심스러운 거래의 경우 제3자의 조언을 얻도록 권하거나 (철회권이 없다는 사정을 고려하여) 대기기간을

---

58) MünchKommBGB/Armbrüster, 9. Aufl., 2019, § 138 Rn. 275.

59) 민법 제104조의 적용범위를 넓히려는 여러 시도와 이에 대한 반론은, 이동진(주 56), 508면 이하.

60) 이동진(주 56), 511-512면.

61) 김용덕 편집대표 주석민법[총칙 2] 제5판, 2019, 468-469면(이동진 집필부분). 즉, 순수한 법률행위 성립과정의 불법은 민법 제103조 위반으로 처리할 수 없다. 반면, 객관적으로 불리한 결과는 법적인 측면이 아닌 사실적 측면에 의하여 인정될 수도 있다.

62) 적합성원칙의 계약 일반에의 확장 가능성에 대하여는 윤태영(주 50), 52-53면도 참조.

설정하는 등의 조치를 취하였는지 여부를 민법 제103조 위반 여부 판단에서 상관적으로 고려할 필요가 있다.[63] 그러나 이는 당해 거래가 그 자체 명백하고 중대하게 고령소비자의 필요에 부적합하여야 비로소 문제 되므로, 그 적용범위가 넓기는 어렵다.

이러한 고령소비자를 위한 강화된 정보제공 등 의무가 착오, 사기 및 강박(민법 제109조, 제110조)을 이유로 하는 취소의 맥락에서도 고려될 수 있는가? 어려울 것이다. 위 정보제공 등 의무는 정보제공 등이 이루어지지 아니한 경우 고령소비자가 자유롭지 아니한 의사결정을 하거나 오해에 기초한 의사결정을 할까봐 인정된 것이 아니라 고령소비자의 의사결정이 본래 취약점이 있음을 고려하여 신중한 의사결정, 지원된 의사결정을 유도하기 위한 것으로 착오, 사기, 강박 법리가 고려하는 요소와는 결을 달리하기 때문이다. 물론 일반 소비자에게는 그러하지 아니하나 고령소비자에게는 혼동이나 착오를 유발하기에 충분한 광고 등을 통하여 고령소비자를 착오에 빠뜨려 계약체결에 이르렀다면 당연히 사기가 고려될 수 있다. 고령소비자에 대한 광고 등의 기준이 달리 설정되는 이상 고령소비자에 대한 기망행위가 위법한지 여부는 고령소비자에 대한 의무를 위반하였는지 여부에 따라 가려야 하기 때문이다.

어떤 기준을 적용하더라도 여전히 내용 자체에는 흠이 없거나 적어도 무효로 할 만한 흠은 없는데, 의사형성과정에는 문제가 있는 경우도 있다. 소비자에게 상황 상 불안을 야기하거나 그의 인간관계를 이용한 상술, 이른바 과량(過量)거래 등이 그 예이다. 일본의 소비자계약법(消費者契約法) 제4조 제3항, 제4항은 이러한 곤혹(困惑)에 의한 거래, 과량거래의 소비자는 그 계약

---

63) 독일에서 비슷한 제안으로, M. Roth, "Die Rechtsgeschäftslehre im demographischen Wandel. Stärkung der Autonomie sowie Schutzkonzepte bei Älteren und Minderjährigen", AcP 208 (2008), 451, 476 ff. 같은 문헌이 적시하듯, 이러한 해석은 부분적으로 영국 판례의 시사를 받은 것이다. 가령 Boustany v Piggot [1993] EGCS 85, PC.

을 취소할 수 있다고 정한다. 이들 규정은 반드시 고령소비자에 한하여 적용되는 것은 아니지만, 그 주된 적용대상은 고령소비자이다.[64] 우리나라에서도 이러한 규정을 신설하자는 주장이 있다.[65] 사업자와 소비자 사이의 거래에 대하여 또는 당사자 사이에 전형적인 교섭력 차이가 나타나는 거래 일반에 대하여 이러한 일반규정을 도입하는 것을 검토할 만하다.

한 가지 문제는 이들 대안은 어느 것이나 사업자가 자신의 거래상대방이 소비자 내지 고령소비자로서 특히 보호가 필요한 상황에 있다는 점을 알았거나 알 수 있었어야 그 적용이 가능하다는 사실이다. 계약법은 양 당사자의 자기결정 내지 자율과 자기책임 내지 신뢰를 고르게 배려하므로, 상대방이 보호할 필요가 있는 사람이라는 사실을 알지 못하였고 알 수도 없었던 사람에게 특별한 부담이나 의무를 지울 수는 없는 것이다. 그런데 현실에서는 이러한 조건이 충족되지 아니하는 경우도 상당하다. 특히 근래 고령소비자피해가 증가하고 있는 통신판매나 전자상거래에서는 이러한 조건이 충족되기 어렵다. 사업자가 이를 이용할 소지도 있다.

2. 부정경쟁방지법적 대응

(1) 고령소비자에 대한 부정경쟁행위

오늘날 고령소비자 보호에 관한 논의가 촉발된 것은 무엇보다도 2005년 유럽연합이 공표한 불공정상거래지침(Unfair Commercial Practices Directive, 05/92/EC)이 '취약한 소비자(vulnerable consumer)'라는 범주를 도입하면서

---

64) 後藤巻則・齋藤雅弘・池本誠司, 条解消費者三法 第2版, 2021, 68-69, 73-74頁(後藤巻則 執筆).

65) 김미혜(주 17), 325-327면. 한편, 고형석(주 21), 141, 144-145면은 방문구매의 경우까지 소비자법의 규율대상으로 확장하고, 부당권유로 인한 계약과 과량거래에 취소권을 부여하여야 한다고 하나, 이들 중 방문구매와 과량거래는 이러한 일반 규정으로 해결할 수 있으리라고 보인다. 부당권유에 대한 규제는 현행 사기법리 등의 해석으로도 가능할 것이다.

그 구체적인 예 중 하나로 '노령으로 인하여 소비생활에서 상당한 제약을 받는 소비자'를 든 데 힘입은 바 있다.[66] 유럽에서 고령소비자 보호가 우선적으로 부정경쟁방지법과 관련하여 논의된 이유이다. 지침 제5조는 제1항에서 '불공정한 상행위는 금지된다'고 규정하고, 제2항에서 '상행위는 (a) 직업적 기준(professional diligence)의 요구에 반하고 (b) 그것이 미치거나 그것이 지향된 평균적 소비자 또는 특정집단의 소비자에 향한 상행위인 경우 그 집단의 평균적 구성원의 그 상품에 관한 경제적 행태를 실질적으로 왜곡하거나 왜곡하기 쉬울 때에는 불공정하다'고 정한다. 그리고 제3항에서 '그들의 정신적 또는 신체적 취약성(infirmity), 연령 또는 잘 속는 면(credulity) 때문에 그 상행위 또는 기초가 된 상품에 특히 취약한 명확히 식별될 수 있는 집단의 소비자만의 경제적 행태를 실질적으로 왜곡하기 쉬운 상행위는, 그것이 사업자가 합리적으로 예견할 수 있었던 식이었을 때에는, 그 집단의 평균적 구성원의 관점에서 평가된다. 이는 과장된 언명 또는 글자 그대로 받아들여지기를 의도하지 아니한 언명을 하는 통상적이고(common) 정당한 광고행위에 영향이 없다'고 함으로써, 일정한 경우 고령소비자 등 취약한 소비자에 대한 부정경쟁행위는 그들을 기준으로 판단되어야 함을 밝힌다. 이에 따라 유럽연합에 속한 각 나라에서는 고령소비자를 포함한 취약한 소비자에 대한 별도의 기준 도입이 논의되고 있다.[67]

이러한 접근은 우리나라에서도 도입할 만하다고 보인다. 오늘날의 상거래방법상 사업자는 종종 개개의 소비자가 어떤 사람인지를 알지 아니한 채 거래한다. 금융상품 거래와 같은 일부 예외를 제외하면 사업자로 하여금 개개의 소비자에 대하여, 가령 그들의 연령에 대하여 정보를 수집하고 그에 따라 적절한 정보를 제공하거나 적절한 권유를 할 것을 의무화하기도 쉽지 아니하다. 과다한 비용이 지출될 수 있을 뿐 아니라 과다한 개인정보

---

66) 김성천, 취약소비자 보호법제 개선방안 연구, 2015, 13면 이하.

67) 독일의 예는 박신욱(주 3), 117면 이하; Beater, Unlauterer Wettbewerb, 2011, S. 604 ff.

수집과 고령자에 대한 차별 문제가 생길 수도 있는 것이다. 이러한 상황에서도 사업자는 그 성질상 또는 광고 등의 표시 또는 (고령소비자가 아니라면 걸려들지 아니할 만한) 상술 내지 거래조건, 유통경로를 통하여 고령소비자를 주된 대상으로 삼을 수 있다. 이처럼 사업자가 고령소비자를 주 대상으로 삼으면서도 구체적인 거래상대방이 고령소비자라는 사실을 인식하지 아니하는 방법을 취하는 경우, 전통적인 계약법적 장치로 이를 구제하기는 어렵다. 그러나 사업자가 일반적으로 적용하는 광고 기타 마케팅과 거래의 방법에 대하여 부정경쟁행위로 규제하는 것은[68] 가능하다.[69] 이는 시선을 계약체결에서 그 이전의 단계, 즉 계약체결로 유인하는 상행위(commercial practice)로 옮기기 때문이다.

이러한 접근은 평균적인 또는 보통의 소비자를 전제할 때 가령 '기업의 마케팅 수단 다양화와 소비자 혜택 제고'의 관점에서 부당한 경쟁방법이라고 보기 어려운 행위라 하더라도, 그 대상이 평균적인 또는 보통의 소비자가 아닌 고령소비자라는 점을 전제할 때에는 (비록 기업의 마케팅 수단이 다소 제한되고 나아가 어떤 충분한 능력을 갖고 있는 고령소비자의 혜택은 다소 줄지라도) 부정경쟁행위라고 할 수 있는 경우가 있음을 뜻한다. 가령 독점규제 및 공정거래에 관한 법률의 해석·운용상으로는 폐지된 경품규제가 고령소비자를 주 대상으로 하는 거래에서 다시 도입될 수 있다.[70] 이익형량은 당해 상품이나 서비스, 상술 내지 판매방법이 고령소비자를 대상으로 한 것인지, 고령소비자를 포함한 소비자 전부를 대상으로 한 것인지 구별하는 과정에

---

68) 주지하는 바와 같이 우리의 부정경쟁행위 규제는 부분적으로는 독점규제 및 공정거래에 관한 법률에, 부분적으로는 부정경쟁방지 및 영업비밀 보호에 관한 법률에 의하여 이루어진다. 이 글에서 부정경쟁행위는 이들을 포괄하는 것이다.

69) 물론 이 경우에도 사업자에게 당해 상품 또는 서비스가 주로 고령소비자에게 적용되리라는 점에 대한 일반적인 인식가능성은 있어야 한다. Beater(주 67), S. 612 f.

70) 실제로 법집행 측면을 고려한다면 앞서 본 건강기능식품에 관한 규제 중 경품 등을 이용한 사행적 판매방법 규제는 공정거래위원회가 집행하는 것으로 함이 바람직하리라고 보인다.

서 이루어진다. 고령소비자 등 특히 취약한 소비자를 합리적(비용)으로 식별하여 보호할 방법이 있는지까지 고려할 수도 있다. 합리적인 비용으로 고령소비자를 식별하여 고령소비자에게 적합한 판매방식 등을 취할 수 있다면 그렇게 할 의무가 있다는 접근이다.

이를 위해서는 소비자기본법이나 독점규제 및 공정거래에 관한 법률 등에 명문의 규정을 둘 수도 있으나, 해석으로 이러한 결론을 도출하는 것도 불가능하지는 아니할 것이다.

(2) 이른바 후속계약의 효력 문제

나아가 이러한 의무가 인정된다면 적어도 사업자가 이러한 의무를 위반하였고, 그로 인하여 고령소비자가 계약을 체결하였다고 보이는 경우 그 계약상대방, 즉 고령소비자로 하여금 그러한 이른바 후속계약(Folgevertrag)을 취소할 수 있게 해줄 필요가 있다. 현행법상으로도 부당광고 등으로 계약을 체결한 경우 피해자는 손해배상을 구할 수 있는데(표시·광고의 공정화에 관한 법률 제10조) 이는 많은 경우 계약을 취소한 것과 (경제적으로) 같은 기능을 한다.[71] 이와 같이 하는 경우 사업자가 구체적 소비자가 고령소비자인지 여부를 인식하였거나 인식할 수 있었어야 할 것을 요구하지 아니하고 무과실 책임을 지울 수 있다.[72] 우리나라에서도 반드시 그러한 취지인지 분명하지는 아니하나 정보제공의무 위반으로 인한 계약에 대하여는 효력을 부인하는 규정을 두어야 한다는 견해가 있다.[73]

독일에서는 부정경쟁방지법 제13조a로 이러한 규정을 두었으나,[74] 이

---

71) 우선, 이동진, "분양광고에 의하여 유발된 착오와 표시광고법상 책임", 재산법연구 제35권 제4호(2019), 50면 이하.

72) 이 점에서는 표시·광고의 공정화에 관한 법률 제10조의 책임도 무과실책임이라는 점을 참고할 수 있을 것이다.

73) 김미혜(주 17), 330-331면. 정보제공의무 위반시 사업자의 인식 가능성이나 고령소비자의 착오 야기 여부를 묻지 아니하고 계약체결상 과실책임 또는 취소 가능성을 인정하여야 한다는 조승현(주 54), 225-228면도 비슷하다.

규정의 엄격한 요건 등으로 인하여 실무상 사용되지 아니하는, '죽은' 규정이 되었고, 결국 대체 없이 폐지되었다는 점을 들어, 이러한 접근에 부정적인 견해가 있다.[75] 그러나 우리 독점규제 및 공정거래에 관한 법률 등 부정경쟁행위에 관한 법령은 널리 소비자의 피해의 배상도 인정하고 있다. 이는 소비자의 (사적) 이익도 보호하겠다는 뜻이다. 특히 적절한 거래가격과의 차액으로 손해액을 산정하는 한 이는 사실상 계약취소와 비슷해진다. 그런데 고령소비자피해 중 상당수는 객관적인 경제적 가치가 아닌 고령소비자에게 불필요한 거래를 또는 불필요한 정도로 하게 한 데서 생기므로, 금전배상만을 인정하는 우리 손해배상법에서는 이를 손해배상으로 고려할 수 없다. 이 경우에도 다른 경우와 같이 보호하려면 일종의 원상회복으로 계약구속력에서 벗어날 방법을 인정할 필요가 있고, 오히려 이쪽이 더 정합적이라고 보인다.

V. 결 론

고령자법의 다른 여러 문제에서 그러한 것처럼 고령소비자의 보호 또는 고령자의 거래이익의 보호 문제 또한 고령자를 연령을 기준으로 일률적으로 규정하고 그들 모두가 일정한 속성을 가지고 있다고 전제한 채 규율을 마련할 수 없다는 데에서 비롯한다. 고령자 중에는 깊고 넓은 지식과 지혜, 충분한 정신적 및 신체적 에너지, 굳은 의지와 침착함을 갖고 있는 사람도 있고, 고령자 아닌 성인 중에도 경솔하거나 유혹에 쉽게 흔들리고 각종 정보를 잘 처리하지 못하는 사람이 있다. 그럼에도 불구하고 일정한 연령이 넘으면, 자녀와 거리가 멀어지고 사회활동이 줄어들면, 상대적으로 다수의

---

74) Fezer, "Das wettbewerbsrechtliche Vertragsauflösungsrecht in der UWG-Reform", WRP 2003, 127.
75) Rademacher(주 5), S. 287 ff. 같은 견해는 철회권의 실질화 등 다른 방법으로 대응하면 족하다고 한다.

고령자가 일정한 취약성을 보인다. 사업자는 바로 이러한 빈틈을 노려 취약한 고령소비자를 상대로 한 상품이나 서비스, 상술을 발전시킬 수 있다. 그러한 한 대응할 필요도 있다. 고령화가 급격하게 진행되어 고령인구의 비중이 커지고 가족관계도 변화하여 그들의 경제활동의 규모가 증가하고 종류도 다양해지고 있는 이상 이는 시급한 과제이다.

이처럼 고령소비자의 취약성 자체보다도 그러한 전형적 경향을 이용하는 사업자가 문제인 이상, 대응도 그러한 점에 초점을 맞추는 것이 바람직하다. 무엇보다도 사업자의 영업행위가 고령소비자를 지향하는 한 그 정당성도 전형적 고령소비자를 기준으로 판단되어야 한다. 그에 위반한 계약에 대하여는 취소권을 부여할 필요가 있다. 고령소비자를 주 대상으로 하는 상품이나 서비스, 상술, 판매방식 등에서는 고령소비자에 맞춘 정보제공 및 (신중한 결정을 위하여 필요하다면) 철회권이나 대기기간 등을 도입하고, 지원된 의사결정을 위하여 제3자의 조언을 얻도록 권유하며, 고령소비자에게 맞도록 상품과 서비스를 설계하고 고령소비자에게 적합하지 아니한 상품이나 서비스는 권유하지 아니하도록 하고, 고령소비자가 상당수 포함되어 있으나 그 밖의 소비자에게 같은 방식으로 작동하는 상품, 서비스, 상술, 판매방식의 경우 고령소비자를 위한 간명한 안내를 포함시켜 사업자는 통일된 방식으로 거래하되 고령소비자 스스로 주어진 기회, 가령 철회권을 적절히 활용하여 대응할 수 있도록 돕는 방안을 고려할 수 있다. 그 외에 특히 고령소비자만을 위한 상품이나 서비스로 고령소비자피해가 자주 문제 되는 거래에 대하여는 별도의 소비자보호법령을 제정하고, 보다 강화된 적절성통제 내지 내용통제를 가할 수 있겠다. 일반 사법(私法)의 법리도 고령자를 고려하여 맥락에 따라 합리적으로 변용할 필요가 있다. 현실적으로는 고령소비자피해구제를 돕는 전문적인 상담 및 조언 서비스도 중요하다.

고령소비자 보호는 몇 개의 법 규정으로 이루어질 수 없다. 오히려 고령소비자를 위한 다양한 상품과 서비스가 발전하고, 고령소비자를 염두에 둔 법집행이 거듭되어, 고령소비자 자신도 충분히 보호받고 있다는 느낌을 받고 법제도를 신뢰하게 되어야 가능하다. 그러나 법제도의 발전 또한 필요하다는 데는 의문이 없다. 문제는 고령자가 형식적 기준으로 식별되고 차별적으로 규율될 수 있는 인구집단이 아니고 또 그래서도 안 된다는 데 있다. 고령자의 자율성과 존엄을 존중하고 고령자를 차별하지 아니하면서 보호할 방안을 발전시키는 것은 간단한 일이 아니다. 고령자를 모든 경우에 특별히 보호하는 것은 가능하지 않을 수도 있다. 다만 여러 법 분야에 걸친 약간씩의 개선으로 고령소비자피해 중 중요한 부분을 어느 정도 줄이는 것은 가능할 수 있다. 이 글의 제안이 그러한 길을 모색하는 데 도움이 되기를 기대한다.

<참고문헌>

고형석, "방문판매에 있어서 고령소비자 보호에 관한 연구", 중앙법학 제20집 제2호(2018).

＿＿＿, "소비자의 개념에 관한 연구", 중앙대 법학논문집 제40집 제1호(2016).

＿＿＿, "청약철회권의 행사기간 및 기산일에 관한 연구", 홍익법학 제13권 제3호(2012).

김미혜, "고령소비자 보호를 위한 법제개선방안", 단국대 법학논총 제40권 제1호(2015).

김성천, 취약소비자 보호법제 개선방안 연구, 2015.

김진우, "소비자철회권의 개념 및 요건에 관한 입법론적 연구", 소비자문제연구 제47권 제1호(2016).

김진훈, "고령자 가구의 소비특성 및 소비패턴 결정요인", 한국노년학 제36권 제3호(2016).

박신욱, "사법의 영역에서 고령자의 보호에 대한 비교법 연구 - 우리나라와 독일의 상황을 중심으로 -", 한국소비자법학회 편 고령소비자보호, 2017.

배순영, "고령사회, 고령소비자문제와 종합대응", 한국소비자법학회 편 고령소비자보호, 2017.

서희석, 소비자계약의 법리, 2018.

송순영·강성진, 취약계층 소비자보호 대책 평가 및 개선, 2011.

송오식, 소비자계약법, 2021.

양창수·김재형, 민법 I 계약법, 제2판, 2015.

윤태영, "고령 소비자 계약에 관한 소고", 중앙법학 제11권 제2호(2009).

＿＿＿, "실버타운 입주계약에서의 고령 소비자 보호", 재산법연구 제31권 제3호(2014).

＿＿＿, "유엔장애인권리협약과 의사결정대행제도의 개선 방안 - 소비자 보호를 목적으로 한 의사무능력 법리 활용 가능성을 중심으로 -", 아주법학 제11권 제1호(2017).

이동진, "고령사회에서 의료법의 과제 - 원격의료, 공동결정, 자원투입제한 -", 서울대 법학 제61권 제4호(2020).

_____, "분양광고에 의하여 유발된 착오와 표시광고법상 책임", 재산법연구 제35권 제4호(2019).

_____, "전문직 표시 · 광고규제의 몇 가지 쟁점: 의료광고를 중심으로", 의료법학 제17권 제6호(2016).

_____, "한국 성년후견제도의 현황과 전망, 과제", 가족법연구 제32권 제1호 (2018).

이성복, 해외의 고령 금융소비자 보호 강화 추세와 시사점, 2020.

이승진 · 지광석, "고령소비자의 금융거래에 관한 권익 향상 방안", 한국소비자법학회 편 고령소비자보호, 2017.

이준현, "의사무능력자의 법률행위", 인권과 정의 제404호(2010).

전경숙, "노인복지주택의 설치 및 운영의 문제 사례와 개선방안", 한국생활과학회지 제18권 제5호(2009).

조승현, "고령소비자의 거래와 그 법적 문제점에 관한 고찰 - 소비자법의 새로운 쟁점 -", 민주법학 제49호(2012).

조정은 · 노미리, "고령소비자 보호정책의 현황과 과제", 소비자법연구 제5권 제3호 (2019).

Beater, Unlauterer Wettbewerb, 2011.

Diller, "Legal Capacity for All: Including Older Persons in the Shift from Adult Guardianship to Supported Decision-making", 43 Fordham Urb. L.J. 495 (2016).

Fezer, "Das wettbewerbsrechtliche Vertragsauflösungsrecht in der UWG-Reform", WRP 2003, 127.

Grunnewald/Pfeifer, Verbraucherschutz im Zivilrecht, 2010.

Hyoung Seok Kim, "Judging Capacity in Korean Private Law", Journal of Korean Law 18 (2019), 325.

Lachwitz, "Auswirkungen der UN-Behindertenrechtskonvention auf das deutsche Geschaftsfahigkeits- und Betreuungsrecht", KJ (2012), 365.

Münchener Kommentar zum BGB, 9. Aufl., 2021.

Radmacher, Rechtsschutz zugunsten ältere Verbraucher am Beispiel unerlaubter Telefonwerbung, 2020.

M. Roth, "Die Rechtsgeschäftslehre im demographischen Wandel. Stärkung der Autonomie sowie Schutzkonzepte bei Älteren und Minderjährigen", AcP 208 (2008), 451.

Smith and Dixon, "What next for the financial consumer: more disclosure? Caveat vendor? FinTech online?", Howells, Ramsay and Wilhelmsson (eds) Handbook of Research on International Consumer Law, 2nd ed., 2018.

Tamm, "Das Wohn- und Betreuungsvertragsgesetz (WBVG): Zivilrechtlicher Verbraucherschutz für Heimbewohner", VuR 2016, 370.

Twigg-Flesner, Schulze and Watson, "Protecting rational choices: information and the right of withdrawal", Howells, Ramsay and Wilhelmsson (eds) Handbook of Research on International Consumer Law, 2nd ed., 2018.

Wedemann, "Ältere Menschen - eine besondere Herausforderung für Rechtsprechung, Gesetzgebung und Beratung", NJW 2014, 3419.

ders, "Schutz alter Menschen bei Anlagegeschäften", ZBB 2014, 54.

Yankova/Hören, Besondere Schutzbedürftigkeit von Senioren nach dem UWG?, WRP 2011, 1231.

後藤巻則・齋藤雅弘・池本誠司, 条解消費者三法 第2版, 2021.

찾아보기

공저자 약력

전종익
서울대학교 법과대학 졸업
서울대학교 법학박사
헌법재판소 헌법연구관
미국 Cornell Law School LL.M.
현 서울대학교 법학전문대학원 교수
〈천연자원과 헌법〉, 그 외 논문 다수

김도균
서울대학교 법과대학 졸업
독일 Kiel 대학교 법학박사
현 서울대학교 법학전문대학원 교수
〈권리의 문법〉, 〈한국 사회에서 정의란 무엇인가〉, 그 외 논문 다수

정긍식
서울대학교 법과대학 졸업
서울대학교 법학박사
한국법제연구원 선임연구원
현 서울대학교 법학전문대학원 교수
〈조선시대 제사승계의 법제와 현실〉, 〈한국 가계계승법제의 역사적 탐구〉 등 논저 다수

강광문
중국 북경대학 국제정치학과 졸업
일본 동경대학 법학박사
미국 하버드대학 로스쿨 방문학자
현 서울대학교 법학전문대학원 교수
〈일본 헌법과 헌법소송〉, 〈일본법 강의〉, 그 외 논문 다수

이동진
서울대학교 법과대학 졸업
서울대학교 법학박사
서울중앙지방법원·서울북부지방법원 판사
현 서울대학교 법학전문대학원 교수
〈민법주해[III]〉, 〈주석민법[총칙2] 제5판〉, 〈주석민법[채권각칙2] 제5판〉, 그 외 논문 다수

이계정
서울대학교 사회학과 졸업
서울대학교 법학박사
서울중앙지방법원 등 판사, 사법연수원 교수
미국 U. C. Berkeley LL.M.
현 서울대학교 법학전문대학원 부교수
〈주석민법[물권1] 제5판〉, 〈주석민법[채권각칙5] 제5판〉, 〈신탁의 기본법리에 관한 연구〉,
　그 외 논문 다수

고령사회의 법적 과제

초판발행	2023년 7월 10일
지은이	전종익 · 김도균 · 정긍식 · 강광문 · 이동진 · 이계정
펴낸이	안종만 · 안상준
편 집	한두희
기획/마케팅	조성호
표지디자인	이소연
제 작	고철민 · 조영환
펴낸곳	(주) **박영사**
	서울특별시 금천구 가산디지털2로 53, 210호(가산동, 한라시그마밸리)
	등록 1959. 3. 11. 제300-1959-1호(倫)
전 화	02)733-6771
f a x	02)736-4818
e-mail	pys@pybook.co.kr
homepage	www.pybook.co.kr
ISBN	979-11-303-4497-3 94360
	979-11-303-2631-3 (세트)

정 가   28,000원